文化创意产业译丛

文化产业

第三版

[英] 大卫·赫斯蒙德夫（David Hesmondhalgh） 著
张菲娜 译

The Cultural Industries, 3e

中国人民大学出版社
·北京·

“文化创意产业译丛”编委会

“文化创意产业译丛”总序

当今世界，文化与经济、政治之间相互交融，文化与科技的结合日益紧密，文化已经成为一个产业，而且正在发展成为一个重要的产业群。文化产业逐步成为经济活动的核心，从而也越来越受到各国政府的高度重视。包括新闻、出版、广播、电影电视、艺术欣赏、广告、动漫、娱乐等在内的文化产业，在使国民获取信息、学习知识，享受审美、娱乐的同时，创造出了巨大的社会财富，在国民生产总值中所占的比重越来越大，成为国民经济的一个重要组成部分。党的十六大把发展文化事业和文化产业提高到增强我国综合国力的高度来认识，我国政府在“十一五”规划纲要中提出要积极发展文化事业和文化产业，创造更多更好适应人民群众需求的优秀文化产品。这是一项具有战略意义的重要举措。

与传统的一般物质产品的生产方式相比，文化产品作为精神产品，它在生产、流通、分配和消费等方面都有着自己独特的发展轨迹和运行规律。近年来我国文化事业和文化产业获得了快速健康的发展，但是由于我国的文化产业发展刚刚起步，无论是对文化产业运行规律的认识还是对文化产品经营所积累的经验都还远远不够。而西方国家在文化产业理念、经营管理以及实际运作等方面都进行了较长一段时间的探讨，积累了一些成功的经验，把这些成果介绍到国内，对我国文化产业的发展必定有很强的借鉴意义，也可使我们知己知彼，提高我国文化产业运作的管理水平和整体竞争力。为此，我们邀请一些专家对国外文化产业理论研究和实际运作的著作进行了认真的筛选，组织翻译这套“文化创意产业译丛”，由中国人民大学出版社出版发行。这套译丛中既有在西方和整个世界影响巨大的名著（如马克卢普的《美国的知识生产与传播》等），也有近年来在西方刚刚出版就产生很大影响的著作（如《文化产业》、《文化与艺术经济学》等）。这套“文化创意产业译丛”是个开放的系列，我们将不断把国外文化产业研究的优秀作品纳入其中，也期待着各界向我们推荐相关的优秀作品。

当前，文化产业的国际化趋势正在加强，这种国际化趋势使我国的文化产业融入国际文化产业的竞争大舞台之中，我国的文化产业公司与一些大的国际文化公司同台竞技，共处一个竞争平台，这无论是对我们的文化产业研究者还是对文化企业的经营者都提出了更高的要求。我们相信，这套“文化创意产业译丛”所引介的“他山之石”，一定会为建设我国的文化产业大厦添砖加瓦，从而对推动我国文化产业的研究、促进我国文化产业的发展起到积极作用。

在编选、翻译这套“文化创意产业译丛”的过程中，我们得到了国内文化产业研究界很多专家的大力支持，也得到了原新闻出版总署副署长邬书林等领导同志的关心和指导，中国人民大学出版社的很多同志为此付出了大量的心血，在此一并表示感谢！

“文化创意产业译丛”编委会

再一次致海伦
更多关于文化的内容……

我们的生命注定充满汗水，直至生命终结。

心灵像身体一样饥渴；给我们面包，还有玫瑰。

——詹姆斯·奥本海默（James Oppenheim）

当下的矛盾对立越突出，人们就越喜欢谈未来，把它当作营造虚假和谐与提振社会士气的源泉。

——C·怀特·米尔斯（C. Wright Mills）

事物更像它们现有而非昔日的样子。

——德怀特·D·艾森豪威尔（Dwight D. Eisenhower）

第三版前言

21 世纪第一个 10 年的后半期，关于文化生产转型的呼声空前高涨。那时候，我们正处在 Web 2.0 时代。学术写作迫切需要发展到“媒介研究 2.0”甚至“媒介研究 3.0”时代，因为旧有版本已经无望更新。（出于某些原因，没有提到版本 1.1、1.2 等。）历史是一堆空话。数字网络使得文化生产得以民主化，也让世界变得更加美好：数字乐观主义者到底是在做出预测，还是在描述他们的所思所想？究竟哪一个是当下的真实情况，我们并不是总能得出清晰的答案。一些具有民主化动机的主张，显然建立在对“旧媒体”权力集中的批判上。它们的支持者恰恰对 YouTube、博客和维基百科等潜在的民主和解放特质感兴趣。他们假设乌托邦要么已经到来，要么已露端倪，但奇怪的是，他们对位于其中的作为一个整体的文化生产的走向和趋势却缺乏批判能力。深层的经济和社会矛盾触发了 2008 年开始的全球经济衰退以及 2010—2011 年的全球抗议潮，但数字乐观主义者却根本没有意识到这一点。

我并不是悲观主义者，本书的目的也不是证明所有你认为好的事物实际上很坏。我的目的很单纯，就是从历史的视角公正地分析文化生产如何发生变迁以及为什么会发生变迁。本书认为，人造文化产品长期以来一直存在，它们富有挑战性，给人以启发并充满魅力……本书还指出了互联网是如何使我们的文化生活变得更加丰富的。但是，文化生产权力的集中化趋势并未退去，而且可能正以新的姿态展现在我们面前。要挑战已经建立的秩序，可能需要一个新的信仰。

与第二版相比，在本书的第三版中我做了大量的修订、扩充和更新工作，尤其是第六章到第十一章（即本书第三篇）。在诸多改动之中，有两章专门论述数字化网络，其中一章是关于数字网络对现存文化产业的影响的。在本书第二版出版之后，又有上百种图书或论文出版或发行，我当时写作的时候很多并没有覆盖到。然而，我意识到现在我也不得不忽略许多有价值的文献，或者没有找到时间研读。

感谢圣智（Sage）出版集团的米拉·斯蒂尔（Mila Steele）、莱丽莎（阿里）·帕德尔斯卡［Ralitsa (Ali) Padelska］、克里斯蒂安·德·比卡乐（Christiaan De Beukalaer）对我研究的辅助工作。还有我在利兹大学传播研究所（Institute of Communications Studies at the University of Leeds）的好多同事，这里不再一一致谢。我非常感激朱迪斯·斯坦波（Judith Stamper），在我为修订本书进行研究时，他承担了研究所代理主任的角色。

本书前两版中所感谢过的人，请原谅我这里不再重复。但是，杰森·汤因比（Jason

Toynbee）这个名字我必须再次提及，因为他是如此慷慨地帮助我并提出了建议。

与我共同生活的海伦·斯图亚特（Helen Steward）、罗莎·赫斯蒙德夫（Rosa Hesmondhalgh）和乔·赫斯蒙德夫（Joe Hesmondhalgh）都是非常令人愉快的人。我恐怕自己不是这样的人。他们对我写作的影响远远比他们认为的要多。

在比斯顿（Beeston）、圣奥尔本斯（St. Albans）、布莱顿（Brighton）和保加利亚等地居住的阿克宁顿（Accrington）移民及其名誉会员，让我在欢笑之余也不忘思考。此外还有会议党武装队（the conference party posse），虽然通常被称作"北方佬"，但其实他们中没有一个人来自英格兰以北。我很想念我和海伦在牛津的朋友，并至今仍哀悼盖里·康威（Gary Conway）。我为我的妹妹茱莉和她可爱的丈夫伊恩·科尔肖（Ian Kershaw）感到自豪。就算本书出到第 20 版，也不足以表达我对妈妈和爸爸的感激之情，他们是如此坚毅而富有爱心。

目　录

第二篇 政策变迁

第三篇 文化产业中的变迁与延续：1980—2012

导 论
变迁与延续，权力与创意 1

一、概述变迁以及延续的重要性 2

几乎所有的评论家都认可以下事实：自从 20 世纪 80 年代初以来，文化产业便经历了显著的转变。下面，我列举其中一些主要的变化，并在后文中详细阐述。

- 在当今世界上许多国家及地区，文化产业已经逐渐成为经济活动的核心。文化产业公司不再被视为与“真正的”经济活动隔着一层的次级品。曾几何时，人们还认为只有生产耐久而“有用”的商品才是“真正的”经济活动。事实上，一些文化产业公司已经成为全球商业巨头，并且跻身于全球最受热议的公司之列。
- 文化产业公司的所有权与组织形式发生了剧烈的变化。大型公司不再专注于某个特定的文化产业门类，如电影、出版、电视或唱片；相反，它们开始跨行业运作。这些大型的综合公司竞争空前激烈，在复杂的网络中联盟、合作、合资。
- 尽管如此，从事文化产业的中小型公司的数量也在增加；同时，大、中、小型文化公司之间的关系也越来越错综复杂。
- 数字化、互联网和移动技术使受众获取内容的渠道宽度和广度倍增，也使得小型生产对于数以百万计的人来说更加容易，还促使那些有能力的公司走出信息技术领域，参与更多新兴文化产业和消费电子产业的竞争。如今，在文化生产与消费上，微软、谷歌、苹果、亚马逊与新闻集团、时代华纳、索尼公司同等重要。
- 文化产品在各国之间的流通持续增加。影像、声音和文字相互借用，达到了空前的规模，创造出新的混合文化产品，而且，文化本真性的价值得到了重新肯定。文化贸易长期为美国所主宰的状况也将一去不复返。
- 文化产业探询受众需求的方式也发生了改变。受众研究、市场营销和小众定址也更加受到重视。

● 文化政策和文化规制经历了重大转变。长期存在的公共所有制及规制的传统已被摈弃。重要的政治决策越来越多地在国际层面上制定。同时，文化产业在城市政策和社会政策领域越来越重要，成为复兴当地经济和增强竞争优势的一条途径。

3 ● 企业在广告上的花费急剧膨胀，但在 2008—2009 年金融危机时期略受影响。广告业的繁荣助推了文化产业的成长。

● 受众的文化品位和文化习惯日益复杂。文化文本的生产和消费以及品位与时尚的变化不断加速。

● **文本(*text*)**[①] 经历了根本的转型（我认为这是最合适用来囊括各种类型的文化产品的集合名词，包括节目、影片、唱片、书籍、卡通、影像、杂志、报纸等文化产业所生产的各种产品）。宣传和广告内容不但渗透到一些以前曾受到保护的领域，尤其是欧洲电视市场，而且也扩及其他类文化产业。各类文化产品不断丰富，它们横跨更广的门类以及更宽的文化活动种类。

但是，发生在文化产业中的这些变迁，到底在何种程度上代表了文化生产和消费方式主要的、划时代的转变呢？毕竟，除了上述变迁之外，还有许多东西得以延续，虽然这些延续不变的因素往往被那种过分强调变迁的观点抹杀。例如，电视作为一种信息与娱乐资源，在人们的生活中依然扮演着重要角色；明星仍然是文化公司产品促销的主要机制；美国依然被认为是全球流行文化的中心；版权依然是文化
4 公司和成功生产商的主要盈利工具。因为这些“延续”与上述的“变迁”是交织在一起的，这就引发出我欲谈及的**“文化产业的变迁与延续模型”**。变迁与延续相互交织——这是本书所要阐述的中心论点。

在关于变迁的问题上，许多评论家比我深入得多。例如，一些人认为，数字化对文化生产的改变超出了我们的认知。互联网和移动电话获得了胜利。音乐产业行将消失抑或已然消亡。电视过时了。图书出版也终结了。然而，这些产业继续倾泻着巨量的产品，雇佣着成千上万的人员，创造着不可估量的利润，占据着我们大量的时间。一些乐观的人看到了新时代的端倪，在那里，生产者和观众之间的樊篱消失了，“用户”成为新的创作者。这类评论经常暗示或者明确表示，所有的旧理念和旧模式都要被扔进历史的故纸堆，文化生产的进程远远落后于时代，因为我们现在生活在“信息时代”而非“工业时代”（或者其他用来简化过去时光的术语）。还有一些人看到了转型即将到来。在很多情况下，我们很难弄明白自己正在阅读的是关于当下之事的分析，还是对于未来的预测。

我们需要一种更加均衡的评估，一种基于较长历史时期的视角，而不是基于对新的数字时代的歌功颂德。例如，我们需要理解文化产业一直以来与相邻产业的竞争关系（通常也有合作关系），其中最重要的就是电信产业与消费电子产业。如今，信息技术产业也加入到这种产业互联体之中。互联网和网络的发展，IT 企业向文

① 我用粗斜体标注第一次出现的关键概念，用黑体标注关键短语和句子，用斜体标注一般重点。关键概念在本书最后的术语表中也有体现。

化市场的进军，确实给几十亿人的日常文化体验带来了不可估量的变化。但是，它是否改变了文化生产和消费的基本机制（fundamental dynamics）？为了阐述这类关于变迁与延续的问题，我们需要理解这种基本机制到底是什么。以此作为开头，本书提供了这样一种认识。但前提是，我们必须首先思考文化产业在现代社会中所扮演的独特角色，而最佳解决途径就是提出这样一个问题：为什么文化产业很重要？答案与文化产业现有或潜在的权力（power）有关。

二、为什么文化产业很重要

现代社会中文化产业的重要性有赖于三个相关因素：文化产业创造和流通那些影响我们的知识、理解和经验的产品（文本）的能力，文化产业作为创意和知识系统管理者的角色，文化产业作为促进经济、社会及文化变迁的机制。下面我逐一讲解。

1. 文化产业对文本的创造和流通

文化产业致力于创造和流通的产品——“文本”，比其他产业类型的产品多得多——这**对我们认知世界产生着重要影响**。用较具研究价值的话来说，对文本所产生之影响的本质及程度的争论，构成了“媒介研究的争论核心”（Corner，2000：376）。这一论争最大的贡献在于证明了媒介影响力具有复杂的、可商榷的且往往是间接的本性，但有一点是毋庸置疑的：媒介确实具有某种影响力。我们不但受到报纸、广播新闻节目、纪录片以及分析型书籍等信息性文本的影响，同时也受到娱乐性文本的影响。电影、电视剧、卡通、音乐、电子游戏等扮演着报道的角色，为我们提供了连续不断的世界图景。至关重要的是，它们利用并帮助我们建构了自身内在的私人生活和公共形象：我们的幻想、情感和认同。

总的来说，信息和娱乐文本构成了我们的自我感知：我们是男人或是女人，非洲人或是阿拉伯人，加拿大人或是纽约人，异性恋或是同性恋。它们塑造了我们关 5
于如何在现代社会中生活及民主、正义、权力如何运作的观念。[①] 它们帮助我们形成了关于消费主义的对与错以及地球未来前景的观点。由于这些原因，文化产业的产品就不仅仅是消磨时间的一种方式，而是一种更有价值的事物。同样，我们花费在文本体验上的大量时间，虽然其时我们可能心烦意乱，但这确实使文化产业在我们的生活中扮演着一个有力的角色。

因此，研究文化产业有助于我们理解文本何以形成，以及文本何以在当代社会中扮演核心角色。重要的是，我们所消费的大部分文本都是由实力强大的大公司发行和传播的。正如我们所见，这在互联网时代及互联网出现之前的几十年都是一样

① 参见一种有趣且有价值的理论——媒体化（Lundby，2009）。媒体化（Mediatisation）是一个过程，即媒体越来越渗入其他制度，如政治、体育、家庭、宗教等，而媒体本身也成为为其权力代言的一种制度。

的。这些公司与其他所有的公司一样，对追逐利润情有独钟。它们希望环境能有助于整个产业赚取巨额利润，要是能使它们企业自身获得最多利润那就更好了。这又引出了一个至关重要的问题：文化产业的终极目标，是否服务于其所有者、执行者及其政商盟友的利益？

对于这样一个重大问题，我们应力避简单化的答案。通贯本书，我始终赞成这种看法：文化产业及其生产的文本是**复杂的、矛盾的、充满争议的**。（有些极具影响力的文化产业分析对这些方面却不予重视，详见第一章。）在文化产业发达的社会中，文化产业公司倾向于支持能让它及其政治盟友挣到足够多钱的环境。在这种环境中，对新产品有着不断的需求，一般竞争法之外的监管最小化，政治和经济相对稳定，具备愿意努力工作的劳动力，等等。然而，在当代社会，并非所有生产与传播文本的文化产业，都能处在这样良好的环境之下，它们经常（并非偶然地）不得不“纠正”与资本主义利益不符的受众思想、男尊女卑的结构，以及制度上的种族主义偏见。（我将在第二章和第十一章进一步谈论这个问题。）

如果这种现象是真的，那么它为什么会发生？其中部分原因在于一个简单的经济因素，即相互竞争的文化公司要维持企业整体经营绩效并超越其他竞争者，就必须不断满足受众对耸人听闻、亵渎性、叛逆性信息的欲望与需求。但是，也有社会和文化层面的原因：深植于社会之中的社会和文化因素强化了我们对艺术和娱乐的
6 期望。这引领我们进入本书的第二个主题，也把我们带入一个近年来常被学术界和公共论争忽略的领域。

2. 文化产业对创意和知识的管理

基本上，文化产业与一种特殊类别产品的管理与销售有关。自从文艺复兴，尤其是19世纪的浪漫主义运动（the Romantic Movement）以来，出现了一种普遍的倾向，即认为“艺术”是人类创意的最高形式。作为对该倾向的回应，社会学家和马克思主义者反驳道：艺术创作与其他类型的劳动没有太大不同，因为二者都涉及物质与经验的生产［沃尔夫（Wolff，1993）书中第一章有关于此观点的很好的总结］。这种论述大力抨击了“艺术家”带有神秘而特殊的创造能力的观点，认为他们与常人无异。但是，在被称为“艺术”的人类创意领域，确有一些与众不同。故事、歌曲、图像、诗歌和笑话等的创作、表演，不论其采取何种表现形式，都蕴含着一种特殊的创作形式，用以实现娱乐、告知，也许还有启迪和教化的目的。我想用一个较为冗长的术语“符号创意”（symbolic creativity）[1] 来取代“艺术”一词，因为“艺术”一词意指所有与个人天赋和更高指称相关的意涵。同样，我也偏爱用另一个词来代替“艺术家”，这就是“符号创作者”（symbol creators）或者“符号制作者”（symbol makers），即诠释、编译或改写故事、歌曲和图像的人。这是一个囊括性更广的术语，可以吸收与之相关的作品并分享知识，就像分享艺术和娱乐那样。

---

[1] 这个术语是从威利斯（Willis，1990）那里借鉴而来的，但是不同的是，我将焦点放在了“产业化的符号创意”上，而他关注的是作为消费者的年轻人的创意。

所以，“符号创作者”或者“符号制作者”这一术语试图覆盖演员、作者（记者、图书作者、编剧、诗人、博主、广告撰稿人）、喜剧家、音乐家、画家、摄影师、电影摄影师、助理摄影师、雕刻师、舞蹈家，以及一系列不同产业中的不同人物，如电视、电影、戏剧和音乐中的导演、制片人和设计师。[①]

多年来，符号创作者一直被忽视或者位于文化产业学术研究的边缘位置。这可能是由于人们对符号创作者的作品不理解，不愿意将他们的作品视为杰作进而崇 7
拜。社会学家更强调生产系统或者生产体制而不是天才。20 世纪 80 年代的媒介研究和文化研究领域，许多研究者开始考察受众的愉悦体验和解读式行为，比他们的前人更加刻苦而勤勉。但这导致了流行范式（fashion）的跃迁，不仅远离了对符号创作者的分析，而且远离了一般意义上的文化生产。一些人强硬地暗示，受众已经超越了制作人，因为他们有了按照自己的意愿制造文本的自由，因此文化生产和文化产业研究变得不相关了，或者说至少不像某些人所宣称的那样迫切了（Fiske，1987）。

文化研究和媒介研究并未完全走远（见第一章），但是很少关注符号创作过程是如何组织和流通的。20 世纪 90 年代，新一代学者已经开始将符号创作者重新摆回到研究图景之中（Born，1993；Toynbee，2000）。这是好事。毕竟，符号创作者是制作文本的主要劳动者。按照定义，不论文本制造因为复制、分配、营销以及酬劳等程序多么依赖产业系统，如果没有符号创作者，文本都是不可能存在的。然而这并不意味着我们现在就应该不切实际地为音乐家、作家、电影制片人等人的工作而举杯庆贺。符号创作能够丰富人们的生活但通常它是平淡无奇的。有时候，它温顺地为权贵服务，或者促进了商业主义而不是创意和知识。

其他研究传统，如文学或者艺术，多将焦点放在有才能或者受重视的符号创作者身上，有时几乎不涉及作家、音乐家等如何接近受众的问题，也不涉及他们的作品如何被发现、支持或者镇压。还有些研究无异于为西方文明歌功颂德［克拉克（Clark，1969）］。事实上我们需要更好的历史相对论方法来了解符号创意，了解文化、社会和商业之间的关系。威尔士文化产业研究学者雷蒙德·威廉斯（Raymond Williams）和法国社会学家皮埃尔·布尔迪厄（Pierre Bourdieu）提供了更好的范式（Williams，1981；Bourdieu，1996）。例如在 19 世纪的欧洲，符号创意的保护制度（systems of patronage）让位于市场中的符号创意组织，正是基于这一点，文化产业开始显现。从 19 世纪早期开始，市场机制便以一种崭新的、复杂的形式走上历史舞台（参见第二章）。考察文化产业所发生的变迁，有助于我们思考符号创意是如何在我们有生之年被组织并传播开来，以及文化产业是如何瞬息万变的。后者也是本书要点。

我必须再次强调文化产业的矛盾特性。文化产业组织以及传播符号创意的方式，反映出当代资本主义社会中一种显而易见的极端不平等与不公正（伴随着阶层、社会性别、民族与其他标准而生）。这些不公平阻挠人们进入文化产业领域——在数字化时代这种情况依然存在。即使是冲破此壁垒的人也被陈旧的监管束 8

① 文化生产以符号创作者为核心，但是也涉及符号创作者之外复杂的劳动分工问题。

缚，许多想要创作文本的人则为生计所困。与成功相比，失败才是家常便饭。生产一定类型的文本比生产其他物品要承受更为巨大的压力；对于那些想要“与众不同”的组织来说，获取能够使组织和文本生存的信息，真的是可遇而不可求。要努力使得一些文本比另一些文本有更多的机会被消费者看到，这便是文化产业所面临的残酷现实。然而，正因为原创的、与众不同的符号创意如此珍贵，文化产业是绝不可能被完全控制的。因此，文化产业的所有者和执行者不得不做出让步，给予并保障符号创作者拥有比其他职员更多的**自主权**（**autonomy**，即自主决策权）。这也恰恰说明了前面提到的文化产业的矛盾特性。荒谬的是，这种自由——说到底是有限的、暂时的自由——又能够充当一种控制形式，因为它使得人们对文化产业所提供的稀缺的、廉价的工作极度向往；正如我们即将在第七章见到的，文化产业工作者数量大大供过于求，导致工资水平难以提升。但是，符号制造者的相对自主权也可以解释上述的矛盾性，因为它至少为一些符号创作者从事奇特、有趣且令人愉快的工作提供了特定的自由空间。

文化产业公司也面临着其他困难。它们不得不为符号创作者所创作的文本寻找受众。通常，为单一产品寻找最大数量的潜在受众并非易事。不同的群体有不同的品位，因此文化产业公司的大部分工作，就是绞尽脑汁找出迎合受众喜好的文本，寻觅一条合适的途径将文本送到受众手中，并使受众意识到文本的存在。这的确是一个高风险产业。许多文本半路夭折，即使是那些文化公司期望获得成功的也难逃厄运。归纳上述发展过程我们可以得出结论：文化产业公司更重视文本的**发行**（**circulation**），对文本的生产则较少关注。

理解符号创意的重要性有助于解释如下事实，即本书的焦点是文化产业的变迁/延续模式，或者反过来说，探讨文化产业所生产的文本的变迁/延续，或者受众解读文本的方式的变迁/延续。至此我需要澄清，这并不意味着我只对文化产业的生产系统感兴趣。实际上，我的主要兴趣点是：**生产与人类的文化体验和知识体验有什么联系？**对许多学者而言，由于时间和精力有限，他们不得不先确定方向再进行研究。因此，与其先探究文本再倒推回产业层面，不如直接把焦点置于文化产业本身，而我的主要话题则是生产。

3. 文化产业是促进经济、社会及文化变迁的机制

文化产业的变迁与延续之所以重要的第三个也是最后一个原因，是文化产业在
9 许多经济活动中日益成为财富与工作机会的重要来源。衡量文化产业的相对规模很困难，而且如何才能更好地衡量，各方的说法也不一，有些有用，有些很啰唆（参见第六章）。而且这很大程度上依赖于我们如何定义文化产业，这一问题在接下来会讨论。这样说也许比较客观，即文化生产的经济角色在提升，但是还未达到评论家和政策制定者所说的那么重要、那么迅速。

文化产业也许正在提供越来越多的财富和就业岗位，这件事本身很重要，但是，探讨我们该如何理解**文化、社会和经济之间的关系**，也很有意义。过去几十年来，许多关于文化、社会和经济三者之间关系的重要争论，都与我们所称的“转型理论”有关。从工业社会到后工业社会（或曰信息社会）的转变，是否建立在当前

比以往更加重视知识的基础之上？这是一条思想轨迹，始于 20 世纪 60 年代和 70 年代的一些著作，例如丹尼尔·贝尔的著作（Daniel Bell，1974）；20 世纪 80 年代和 90 年代的一些学者予以传承，例如曼纽尔·卡斯特斯（Manuel Castells，1989、1996）。以“现代化”为特征的社会是否由于不断更迭、破碎与变迁而进入理性和意义分崩离析的“后现代”社会？（Harvey，1989；Lyotard，1984）在近期此类的争论中，许多新的评论家［最为知名的是卡斯特斯（Castells，1996）；以及拉什与尤里（Lash & Urry，1994）］表示，符号创意和信息越来越成为社会和经济生活的中心。这句话所隐藏的意思是，文化产业为其他产业的转型树立了一个榜样（拉什与尤里比哈维对此的阐释更为明确）。而其他一些学者却认为，文化产业本身也变得越来越像其他产业，正在失去其身为一个经济部门的特性（Padioleau，1987）。

商业和管理分析师也对这些学术论争做出了回应，他们越来越强调企业的“无形资产”，特别是商业品牌价值（Wolf，1999）。只有当产品的名字与标识被大量展示与传播时，品牌才会产生价值。诸如迪士尼之类的文化产业公司，由于在品牌建设上非常有经验（在某种意义上，每部电影、每个明星、每本书都可以看作一个品牌），因此它们像耐克和可口可乐等传统企业一样，成为所在领域的领跑者。

但是，关于信息、文化和知识在现代经济中日益提升的作用方面，品牌只是其中一部分。在 20 世纪 90 年代末 21 世纪初，互联网和万维网的崛起助推了这些论争并将之推向新的方向。看上去，一股势不可当的图书潮流出现了：关于“失重的世界”（Coyle，1999），以及在未来的知识经济中，我们可能会“依靠稀薄的空气生存”（Leadbeater，2000）而不是物质产品。关于“新经济”（参见 Henwood，
2003 对这一观点的批评）的谈论也很多，在新经济中，繁荣和衰退的传统经济周 10
期会被持续增长取代；传播技术、品牌、信息和文化则被视为这一新架构的核心。在一些学者看来，创意的概念特别重要。在“创意经济”（Howkins，2001）中，经济生活将建立在以各种各样的创意和创新为中心的基础上。

2000—2001 年所谓的互联网泡沫的破裂仅是一次临时的喘息。2005 年前后，在以信用为基础的经济增长和数字乐观主义强强联合的助推下，前所未有的宣传造势运动轰轰烈烈地展开了。一些人声称，创意将成为“下一个世纪社会和经济变迁的驱动者”（Hartley，2005：1）。领先的美国新闻杂志《新闻周刊》2006 年的年度专题预告为“知识革命”（Florida，2002、2005）。“用户原创内容”庆典所评选的 21 世纪最受关注的新闻事件中，包括《时代》杂志将“你”作为其“2006 年度人物”。数字化的文化产业应该会引领我们迈入这样一种经济——商品和服务的供给是为了满足利基市场的需求而非大众市场的需求，这给了小公司挑战大公司的能量（Anderson，2006）。更为严肃的分析家则写下了“网络化的信息经济”（Benkler，2006）和“融合文化”（Jenkins，2006）所带来的基于民主参与的文化等字句。

无论是信息社会、娱乐或体验经济还是基于符号与意义的经济，文化产业确实都扮演了促进变迁的核心角色。然而我们会惊奇地发现，那些研究文化产业的人是多么吝于从历史角度对文化产业的变迁进行系统分析。本书试图对此作出分析，主旨之一就是阐明各种概念以及是否夸大了“变迁”而忽视了“延续”。

三、本书论述纲要

对我来说，关于文化产业之变迁/延续模式，有两个问题尤其重要。这两个问题又各包含了一些次要问题。

第一，我们如何解释变迁与延续？推动变迁、确保延续的动力是什么？是一些什么样的人做出的关键决策使得文化产业不断变迁或者保持延续？他们代表了何种利益？

第二，**我们如何评估变迁与延续**？这包括两个方面：对变迁的测量与评估。哪些现象代表着文化产品生产和消费的基本转变？其中哪些现象仅仅是表面的变迁？
11 我们又能利用哪些政治和道德原则来思考，20 世纪末 21 世纪初，在文化产业的建构、组织和规制方式中，哪些是正确的，哪些是错误的呢？

导论的其他部分将进一步从语源学角度阐释本书所说的“文化产业”一词的内涵，解释我为什么选用这个词而不是其他的词。此外，我还描述了文化产业的特征，了解这些特征有助于解释文化产业在建构、组织及规制方面的变迁和延续情况。

紧随导论，本书第一篇共由三章构成，这三章为本书余下部分的内容建立了分析框架，并开始讲述大概自 20 世纪 80 年代以来文化产业变迁与延续的故事。第一章通过阐释严肃的分析家所采用的**理解文化产业的主要方法和文化的概念**，为评估与解释文化产业奠定了基础。本章使用一种综合性的研究方法：

- 对经济、政治和文化三股力量复杂交织的理解，我主要引用的是批判的政治经济学的观点，但是也借用了文化社会学和传播学研究的方法。
- 对文化生产和文本之间关系的社会学分析，文化生产实际上发生在文化组织内部，它有助于不同群体形成不同的文化体验。
- 理解社会理论和其他一些文化研究方法能够赋予文化本身以复杂性和重要性，包括文化与权力、不平等和社会正义之间的关系。

本章的主要目的是就一系列假设做出解释（这些假设是构成本书余下部分分析和争论的基础），并指出我的研究方法与其他人有何不同（当然我也引用其他人的方法）。

第二章说明如何评估文化产业中的变迁/延续模式。为此，我汲取了雷蒙德·威廉斯的思想，概括了**“文化生产的复合型专业化时代”**的关键特征。文化生产的专业复合形态发轫于 20 世纪早期的发达工业国家，到 20 世纪中期成为占主导地位的形式。其关键特征可以从以下范畴进行讨论：

- 在现代经济社会中，文化生产的地位如何？
- 谁拥有文化企业？文化企业的组织结构是怎样的？

12 - 生产是如何被组织起来的？（这包括与创意工作者不受商业主义和国家

控制的自主权或独立性相关的问题，以及创意/知识与商业之间的关系问题。）

- 文化工作的本质是什么？文化工作的回报是什么？
- 哪个国家和地区统治着全球和国际层面的文化生产？
- 应用了哪些传播技术？其效果如何？
- 我们如何描述文化产业所生产的文本的特征？

以上并非抽象的论点。实际上，我的目的是，在讨论本书所说的变迁之前，先对20世纪70年代以来工业化了的文化生产的面貌进行一个历史性的概括。这一历史性概括让我们可以就变迁与延续这两类问题进行提问，所提出的问题将在本章的余下部分展开。

首先是关于20世纪80年代以来变迁的**程度**的问题，即多少事物发生了变化。本书的主要目标之一，是评估20世纪80年代以来的变迁，到底是见证了一个文化生产全新时代的到来，还是仅仅代表了发生在复合型专业化时代内部的转变及相对有限（虽然仍然很重要）的转型。本书也提出了一些关于**评估**变迁与延续的更深层的问题。哪些变迁对人、文化、社会和民主是有益的，哪些不是？在第一章和导论（参见导论“为什么文化产业很重要”这一部分）所倡导的研究方法的基础之上，我也列出了评估文化生产所要遵循的一整套原则。

第三章探讨我们如何解释这些变迁，并对侧重于经济、政治、技术和社会文化因素的不同方面的各种观点作出评价。在讨论我们应该如何理解这些因素的时候，有些东西确实比较抽象，但这是必要的。当然，本章也有很具体的维度：本章首先讲述了文化产业近期发生的一个关于变迁与延续的故事，考察了经济、政治、技术、社会文化等因素的互动如何导致了20世纪60年代晚期至70年代西方社会发生的经济文化危机。我在本书中所讨论的很多关键的变迁就肇始于这一危机。一些作家所称的20世纪60年代末以来发达工业经济体的大萧条，是理解接下来的40年的重要的历史背景。因为危机带来了巨大的变革，全世界的政府都开始思考如何治理社会的方方面面。自20世纪70年代以来，政府逐渐开始采纳**新自由主义**(***neoliberalism***)的公共政策。

与之相联系，在这一时期，我们还见证了一种独特的思考知识、文化和经济之未来的方式，它对商业、传播和文化相关公共政策均有不小的影响。我称这种思维 13
方式为**信息社会论调**(***information society discourse***)。但是，新自由主义和信息社会论调并不能解决文化产业内部发生的所有事情。本章还将讨论其他三种形式的变迁，它们驱动了文化生产和消费的变革：商业战略的变迁、社会文化和文本的变迁、技术的变迁。通过强调这几重因素，我规避了一个问题，那就是研究文化产业变迁时难以逾越的障碍——简化论。

第四章和第五章构成了本书的第二篇。第三章所讨论的一些因素，为我们理解与电信、广播和计算机相关的政策变迁提供了基础，而这三者也带来了后面我们将要考察的许多问题。我分析了20世纪80年代和90年代政府如何改变了电信和广播政策，通过公共事业私有化和放松对媒介和文化的监管，来促进商业性文化产业的发展。政府还鼓励IT产业和电信产业的发展，虽然其所采用的方式会使这些产业之间的紧张关系和矛盾冲突恶化。熟悉媒介和传播研究的读者可能对私有化和放松监管的故事很熟悉。我的观点和现存观点不太一样，因为我强调变迁的国际化和周期性。我认为，四次相互叠交的浪潮构成了各国政府传播政策的变迁：

- 第一次浪潮出现于 20 世纪 80 年代的美国。
- 第二次浪潮出现于 20 世纪 80 年代中期到 90 年代中期的其他发达工业国家。
- 第三次浪潮出现于 1989 年以后的转型混合社会。
- 第四次浪潮持续至今，覆盖所有地区和政体，文化产业、电信及计算机等产业皆出现了集团化趋势。

第五章考察了其他两个关键的政策领域——文化政策和著作权法律——的变迁，这两个领域也受到了新自由主义、信息社会论调和第三章所讨论的其他因素的强烈影响。当然，这些政策变迁又成为其他变迁的重要基础。它们代表着与商业和资本相关的创意和文化产品在构思上所发生的转变。

第三篇建立在前两篇的基础上，继续考察文化生产不同领域的延续与变迁。我重申，本书一个关键的支撑性观点是，第二章所概括的文化生产复合型专业化时代的特征是否仍然存在。与第一篇所建构的框架一致，第三篇的每一章不仅考察变迁的程度，而且就我们如何衡量变迁进行说明。

14 在第六章，我考察了企业产权、公司结构以及现代经济中文化产业的变迁与延续。我追溯了 20 世纪 80 年代至 90 年代发生的合并与集团化浪潮。这一浪潮导致了新一代纵向一体化的、集团化的巨头的出现，在这些巨头之下，是两个梯队——大公司梯队和小公司梯队。随着扩张过度的公司从文化产业的某些领域退出，我也注意到一个相反的趋势——2005 年前后开始的去集团化趋势。我就文化生产在产权形式上是否真的越来越集中及其集中程度进行了考察。其中一个主要的进展就是 IT 巨头如微软和谷歌进军文化产业。这要求我们不仅要理解文化产业中公司之间的竞争与合作，还要了解周边产业如消费电子、电信和信息技术产业中公司之间的竞争与合作。最后，我提出了一个问题，即文化产业在多大程度上作为国家经济和全球商业的重要组成部分。我认为，应该将这些产业的稳定增长理解为文化商品化长期进程中的一个阶段。此外，我还对其充满矛盾性的结果进行了概括。

第七章处理**文化生产组织（the organization of cultural）**和**文化工作（cultural work）**中的变迁与延续问题。[1] 自 20 世纪 80 年代以来，如何控制风险和管理创意等长期存在的老问题，有了新的解答。特别是，对市场营销和市场调研的关注度逐渐上升。接着，我分析了一些现存的证据，是关于新闻业、剧院和广告业的，说的是文化企业为了追求利润，对创意产品的控制程度可能会越来越紧，限制也越来越多。此外，我还分析了商业化是否正在影响创意自主权。最后一部分讨论文化工作

[1] 与产权、集团化等贴有“宏观”标签的因素相比，文化产业的这些因素和其他维度有时候会被贴上“微观”的标签。使用宏观/微观二元论可能比较糟糕，但我认为是有价值的。在本书中，为了简要表达某些观点，我偶尔会用到这一方法。

环境方面的变迁。这些变迁是否代表了文化生产中社会关系的基本转变？随着文化产业的扩张，文化工作者的工作条件是否也获得了提升？

政府和企业对经济大萧条的应对，加上这一时期所发生的社会文化变迁，共同创造了一个新的商业环境。企业要想在这个新的商业环境中竞争，主要方式就是进行国际化运作。第八章评估了国际化运作对文化产业的重要性。文化产业**国际化**（***internationalisation***）不仅使得文化的国际流动更为错综复杂，也造就了越来越多的全球性企业巨头。因此，本章进一步思考：文化产业这种新的博弈状态，究竟是进入文化帝国 15
主义新阶段的标志，还是一种崭新的具有民主可能性的全球互联互通的标志？我也怀疑，用文化帝国主义和互联互通这样的二元论，是否能恰当地解决这一重要问题。本章重点对三个产业的变迁进行了评估，它们是电视（关注拉丁美洲和阿拉伯电视业）、电影（关注好莱坞、印度和中国香港的电影业）、音乐。

第九章聚焦于最近 20 年全球公认的最为关键的技术——**数字化**（***digitalisation***）——的发展，以及与之相关的互联网的崛起。我的着眼点是讨论与文化生产和消费相关的**数字乐观主义**（***digital optimism***）的重要潮流：对非专业“用户”和/或观众来说，数字化和互联网提供了更高层次的控制、创意和参与。因此，产业的、专业的、制度化的文化生产的力量正在消退，一个更为民主、充满活力的传播体制已经或者即将到来。接着，我概括了构成这一思维模式的主要评论，这反过来又生发了一系列关于如何评估数字化和互联网对文化生产之影响的问题：互联网接入和技术上的不平等，在多大程度上破坏了对民主的呼吁？新的权力集中趋势（例如，搜索引擎市场被为数不多的几家公司控制）以及特别搜索条款的运用，如何影响文化生产？如何诠释数字网络中密集出现的商业主义和监管？虽然我知道互联网和数字化带来了文化和政治上的好处，但是我还是要说，即使对于最为老到的数字乐观主义者的观点，我们也要持怀疑的态度，但这并不意味着我们就必须为数字化感到悲观。

第十章考察了互联网和数字化对第九章讨论的几种文化产业的影响。本章还分析了 21 世纪第一个 10 年唱片业所遭遇的主要危机，以及来自信息产业的新进入者（尤其是苹果公司和亚马逊）对发行日益增强的控制。本章提出了一个疑问：发生在许多国家的电视数字化，是否真的带来了有意义的消费者选择和控制？本章还调查了到目前为止数字化对报纸、期刊和图书的影响。在本章结尾，我调查了视频游戏（或者说数字游戏）是如何作为一种新的文化和传播媒介出现在大众面前的，以及它对于我们理解数字化有什么意义。

第十一章说明所有变迁/延续所引发的效应，并指出文化产业对社会和文化生活产生深刻影响的方式：**文本**（**text**）。20 世纪 80 年代至 90 年代，文化文本及其消费以何种重要形式发生了（或者没有发生）变迁（尤其是 1980—2012 年）？这些变 16
迁又是以何种方式对文化产业的制度、组织和经济产生了交互影响？我从三个特别重要又特别棘手的问题入手来评估文本，这三个问题是多元化、质量，以及文本为文化企业及其政治联盟利益服务的程度。

最后，结论部分概括本书的主要观点，并指出文化生产中的权力与社会正义之间的关系正在发生转变，理解这一点非常重要。

四、文化产业的定义问题

给“文化产业”这一术语下一个准确的定义很难，许多研究者的表述都令人困惑不已。关键的一步是认真对待“文化”这一概念。

倘若从最为广泛的人类学意义上来说，“文化”是一个“独特人群或社会团体的‘生活全貌’”（Williams，1981：11）。由这一定义很可能引申出下列论点：所有的产业都是文化产业，因为所有的产业都与文化的生产和消费有关。因此，通过这种定义方式，我们所穿的衣服，家庭和工作场所的器具，小汽车、公共汽车和火车等交通工具，我们所喝的饮料和所吃的食物，都是文化的一部分，而且它们几乎都是为了谋利而以产业化的方式被生产出来的。

实际上，如果我们将文化定义为“社会秩序得以传播、再造、体验及探索的一个必要（虽然并非唯一）的表意系统（signifying system）”（Williams，1981：13）的话，“文化产业”这一术语的使用就要比上面所说的严谨得多。简言之，文化产业通常指的是与**社会意义的生产（the production of social meaning）**最直接相关的机构（主要指营利性公司，但是也包括国家组织和非营利组织）。因此，几乎所有关于文化产业的定义都应该包括电视（包括有线电视和卫星电视）、无线电广播、电影、书报刊出版、音乐的录制与出版产业、广告以及表演艺术等。而所有这些文化活动的首要目标是与受众沟通并创作文本。

从广义上讲，所有文化制品皆是文本，因为它们可任人解读。小汽车具有所指的意涵，而且大部分小汽车都离不开设计与营销投入。但是，几乎所有小汽车的首要目的都不在于其所指的意涵，而在于运输。因此文本的定义关乎程度问题，关系到功能性与传播性两方面的平衡（参见 Hirsch，1990/1972，其中有类似的观点）。文本（歌曲、叙述、表演）产生于人们心灵上沟通的意愿，因而充满了丰富的表征意涵，而功用上却较为逊色。专栏 0—1 列出了本书主要的关注点——核心文化产业。它们之所以是核心文化产业，乃是因为**它们主要从事文本的产业化生产与流通**。

17 **专栏 0—1**

核心文化产业

以下产业主要参与文本的产业化生产与传播，由此组成了我基于本书之目的而界定的核心文化产业：

● 广播电视产业：广播与电视产业，包括新的有线电视、卫星电视和数字电视形态。

- 电影产业：包括以录像、DVD和其他形式为载体的电影的发行以及在电视上的播放。
- 音乐产业：唱片（当然也包括对音乐之外的其他声音的记录，但音乐是主要部分）、出版[①]以及现场演出。
- 印刷与电子出版：包括图书、CD-ROM、在线数据库、信息服务、杂志、报纸。
- 视频与电脑游戏（现在很多评论家更喜欢称之为数字游戏）。
- 广告、市场营销、公共关系：与其他文化产业相比，广告与市场营销的功能性成分更强，其目的是帮助出售其他产品。但是，广告与文本的创作息息相关，而且强烈仰赖符号创作者的工作（参见第二章，关于市场营销人员如何适应文化产业，第二章有更深入的讨论）。
- 网络设计：大部分互联网产业都是由高机能的力量所驱动的，但是网络设计这一工作蕴含的强烈的艺术元素使之成为文化产业的一部分。

所有这些核心文化产业都有其自身的运作方式，我在本书中也讨论了各种各样的观点。但是，研究"文化产业"最重要的著作之一，认为各种不同的文化产业之间实际上是以一种复杂的形式互动互联的。很大的原因可能是因为它们为了相同的资源而竞争。最重要的资源包括如下一些（Garnham，1990：158）：

- 有限的可支配的消费收入。
- 有限的广告收入。
- 有限的消费时间。
- 熟悉创意和技术娴熟的劳动者。

也许正是因为对相同资源的竞争，以及作为符号制品的主要生产者具有相同的特征，文化产业被认为是一个产业或者一个互联的生产系统（关于用哪个术语更好，经济和商业分析给出了不同的答案，但是我们不关心这一点）。这一观点不太好理解，就算学术分析家也说不清楚。

此外，还有其他一组文化产业，我称为周边文化产业。这些产业都非常重要，我 18
虽然称之为"周边"，但没有忽略其作品创意性的意思。与核心文化产业一样，周边文化产业也参与文本的生产。我之所以称之为"周边"，且对它的讨论比核心文化产业少，基于以下两个原因。原因之一：在现代社会，接触周边文化产业的人很少，因此在其他条件相同的前提下，周边文化产业的社会影响和文化影响都比核心文化产业小。原因之二：与核心文化产业一样，周边文化产业也主要从事文本创作，然而周边文化产业中符号的复制主要基于半工业化或非工业化的方法。举例来说，直到最近，剧院才开始表现出生产与再生产的产业化形式（参见第七章）。每年，艺术品（书画、装饰、雕塑）的制作、展览和出售都吸引了大量热钱，并引发了众多评论与关注，但是艺术品复制是受到限制的。艺术出版产业为了增加出版物的价值，一方面人为地限制复制品的数量，另一方面采用投入劳力的方法来生产出版物。

---

① 不仅包括灌制唱片，也涉及产权以及对音乐作品的控制权。

我只是顺便提一下这些文化产业，关于剧院，我会在第七章讨论。但是，为了让本书更具可读性、可写性，我不得不将精力聚焦于数量有限的几种文化产业，即专栏 0—1 所列出的核心文化产业。我注意到，核心文化产业和周边文化产业之间以各种重要的方式进行着互动。例如，演员和作家可能在电视台和剧院工作，艺术学院培养出来的艺术家可能在各种形态的商业生产（包括电影、广告和音乐）中进退自由。

边界产业特例

我对文化产业的定义中没有包括哪些类型的产业和商业活动？与对文化产业的所有定义一样，我的定义存在一些边界产业特例。

- 消费电子产业和文化产业的硬件设备：电视节目的制作是基于文化传播意图的行为，几乎所有文化产业的定义都把电视囊括其中。但是，电视机生产是否也是一种文化产业呢？消费电子产业研发技术并制造机器，通过它，我们能够体验到文本。其发展对于我们理解文化产业的变迁与延续极其重要，因为它提供了文本得以复制和传输的硬件（如高保真音响、电视机、MP3 和 DVD 播放器）。这些产品以及其他产品（如电冰箱、微波炉）的存在依赖于费尽心力的设计师和拿着微薄工资的流水线工人，但是
19 他们的工作不是以符号创作为核心，因此我将之排除在文化产业的定义外。
- 信息技术：软件产业与文化产业有着显著的相似性。创意团队奋力合作，所得的收入却有天壤之别。但是，软件的实际表现形式并不是上文所定义的文本。其功能层面的意义重于设计层面的艺术性。在软件产业中，占主导地位的是工程师，而不是艺术家和设计师。计算机硬件的设计和生产与消费电子产业类似，因此也不在我所定义的文化产业之内。
- 互联网产业：在最难界定的一些产业中，有一些与互联网产业有关。伊莱·诺姆（Eli Noam，2009：274－289）区分了 7 种亚产业，其中一些与 IT 和电信产业密切相关：互联网主干网基础设施（internet backbone infrastructure）、互联网服务供应商、宽带服务、导航软件、搜索引擎和网站目录、门户网站、互联网电话应用、媒体播放软件。我循着诺姆的脉络，也将这些产业与文化产业截然分开。但是，基于上述原因，将网页设计视为文化产业也是合理的。

诺姆认为，传媒产业、信息技术产业（在他看来包括消费电子产业，虽然我认为这是一个单独的产业）、电信产业和互联网产业是“信息产业领域”内部相互联系的组成部分（Noam，2009：5）。这是一个明智的举动。在本书中，我将通篇考虑这几组产业之间不断变化的关系，以及它们之间复杂的合作与竞争之舞。

为了让讨论更具体，我们来谈谈与文化产业相关的 IT 和互联网巨头。谷歌是文化产业公司吗？我的回答是：不是。因为其核心业务不是生产内容或文

本。尽管如此，与其他机构一样，谷歌对于我们理解文化产业极为重要。对于文化企业所生产的内容，谷歌逐渐成为重要的网关。谷歌旗下的谷歌图书（Google Books）项目，让大量难以找到的文化内容变得触手可及。如果不知道搜索引擎，就无法理解当代的广告环境（参见第九章）。但这并不意味着谷歌属于文化产业。苹果公司也不是。苹果公司设计和销售的设备对文化产业有深深的影响，但是它并不生产我们之前所讨论的一般意义上的文本。微软公司略有不同，因为它委托生产数字游戏——但这只是其所有业务中的冰山一角。亚马逊已经成为文化产业产品的重要零售商，其次是苹果公司（旗下的 iTunes 商店）。但是，亚马逊现在的零售范围不仅局限于文化产业，虽然它是靠文化产业起家并树立起品牌的。

现在，让我们再看看另外两种边界产业。

- 时尚：时尚是文化产业中迷人的“混血儿”（在此处我使用了这个术 20
语），这也是一个从事消费品生产的产业。流行时尚之所以是边界产业，是因为它透过特殊形态的组织创造出饶富生趣的作品，在功能性及意义性之间求得高度平衡。[可以重点学习麦克罗比的著作（McRobbie，1998）。]
- 体育产业：诸如足球和棒球等产业所呈现的场景，在许多方面与文化产业中的现场娱乐非常相似。人们花钱享受高水平表演者（或者水准不是那么高，这取决于你支持哪个队）的实况表演。但是它又与文化产业中的现场娱乐有着明显的不同。从本质上来讲，运动是竞争性的，然而符号创作却并非如此。运动是一种围绕一系列竞技规则的即兴行为，文本则需剧本或者事先设计。

关于边界产业的个案我还能再多写几页，因为它们与文化产业有许多相似之处，但是我认为对它们单独处理意义不大。我希望到目前为止我的观点已经厘清了：我的焦点是那些基于文本的产业化生产和发行，主要依赖于符号创作者工作的产业。

五、对此处使用的定义和假设的一些反对观点

在这一部分，我着手处理一些我和其他分析家所使用的文化产业的定义所引发的问题。在一些分析家看来，聚焦于符号创意是有问题的。在给文化产业下定义的问题上，基思·尼格斯（Negus，2006：201－202）反对我将焦点放在符号创意上，他的理由是，与音乐和电视产业一样，具有潜在影响意义的创意和发行，也是“食品、银行、烟草、保险”等产业的特征之一。尼格斯说得对，文化产业并非产生符号创意的唯一产业，我也同意不把符号创作者奉若比其他人更特别的神明。确实，

与电视节目和歌曲一样，香烟和银行账户也有文化上的意义。[①] 然而，如果我们模糊了这其中的区别，我们可能会失去一些更重要的东西。为了更恰当地理解文化生产，我们需要抓住文化产业的特性。

这意味着，我们要认识到两类活动之间的差别，一种是与人工制品（主要
21 由符号构成）生产高度相关的活动，另一种是其他类型的社会活动。毕竟，银行家和音乐家不一样，在我看来区别还很大（参见上文“为什么文化产业很重要”）。

对我聚焦于符号创作者的另一个反对意见是，认为我边缘化了其他文化工作者的重要性。根据财务惯例，好莱坞区分“线上”工作人员（符号创作者）和“线下”工艺和技术人员。一些人暗示说，与“线上”工作人员相比，“线下”工艺和技术人员相形见绌，因此聚焦于符号创作者就是制造了新的阶级不平等（Mayer，2011）。但实际情况要复杂得多。我所说的符号创作者是低酬的、未充分就业的、受压迫和受剥削的，相比之下，许多无名的技术人员面临的情况要好得多——原因可能是他们能够联合起来。我之所以聚焦于符号创作者，并非源于我渴望突出强调骄纵的创意精英而忽略受压迫的技术人员和不熟练的工作人员，而是基于理解与文化工作特殊本质相关的工作的现实状况，比如文化生产的状况。用雷蒙德·威廉斯的话说就是，从社会学的角度理解文化，就必须关注文化与“生产的具体手段之间的社会关系”，以及“社会生活中，从社会的层面定义和区分文化和文化生产的方法”（Williams，1981：30－31）。那些对基于符号创作来定义文化产业的反对意见，需要处理关于定义的争论并说明文化在现代社会中的重要性。

杰出的文化经济学家大卫·思罗斯比（David Throsby）最近提出了他称为“同心圆”（concentric circles）的文化产业模型。这一模型与我的模型和定义有根本性的不同，我这里想解释一下为什么他的模型不起作用。在某种意义上，我对文化产业的定义也是基于同心圆理论：在同心圆的中心，是现代社会中那些具有文化活动意义的产业化生产形式；在圆心的外围，是那些具有较少文化体验的半产业化的生产形式。思罗斯比和我的区别就在于，我们放置在核心和外围的内容有所不同。在思罗斯比的同心圆中，位于核心的是他认为创意内容占比最高的产业，他称为“核心创意艺术”（Throsby，2010：26）：“音乐、戏剧、舞蹈、视觉艺术、文学”（Throsby，2010：91）。围绕在这些艺术周围的，是另外一个环：其他的“核心产业”，如电影、博物馆和画廊。接下来的一圈是“更宽泛的文化产业如传媒、出版等”（Throsby，2010：26）。这一圈之外是商业内容占比最高的文化产业，如时尚和广告。其观点是，“创意理念和影响穿过同心圆，从核心向外围扩散”（Throsby，2010：26）。这基于这样一种假设，即“位于同心圆核心的纯创意艺术，在激励和维持整个文化产业中扮演着核心角色”（Throsby，2010：27）。思罗斯比举了电视编剧的例子，这类人员位于同心圆模型的核心，将自己的作品卖给位于更广阔的文化产业外圈的电视台。

22 我发现，思罗斯比书中的这一模型从社会学意义上来讲很奇怪。它没有说清楚

① 参见马托（Mato，2009）关于“所有产业都具有文化意义”的令人特别困惑的论述。

为什么“纯艺术”应该被视为广义文化产业的首要创意资源（我也不确定“纯”这个词在这一语境中是什么意思）。艺术只是潜在的创意理念资源的一部分，其他资源还包括符号创作者自身的体验，以及现存的商业文本。因此，电视编剧可以从他们的童年和现在的生活中汲取经验，从位于同心圆核心的戏剧和视觉艺术中获得体验。用现代的话来说，他们当然可能会吸收来自思罗斯比所定义的“商业化”产品的理念，而这些产品自然是位于同心圆外围的。这些产品可能包括他们看过的电视节目、近期的电影，甚至从广播中听来的歌曲。

我也不明白，为什么在思罗斯比的描述中编剧位于“核心”地位，这一地位不是应该由戏剧、舞蹈、视觉艺术和文学占据吗？作为自由职业者的编剧，不是思罗斯比放在同心圆外围的广播电视产业的一部分吗？使问题更加严重的是，他放置在同心圆核心位置的大部分产业，都按照是强调商业目的还是强调创意目的进行了划分。这在文化社会学中已经获得了认可（Bourdieu，1996；Thompson，2010，这只是成百上千例子中的两个）。某些编剧也许能够在有很高津贴的“艺术”世界里工作，或许为一部先锋电影项目服务。其他编辑可能受雇于一家主要的商业机构，在机构给他们的故事创意的基础上工作。思罗斯比似乎假设创意只能来源于“外面”的商业产业——显然他关于创意和商业的概念过于极端。

思罗斯比说得很明白，他的目的是保护艺术，避免其在文化产业中被边缘化。这是可以理解的，我也绝对捍卫艺术公共基金（参见第五章）。虽然被英国的政策制定者采用，但是思罗斯比的模型看上去建立在对文化生产的奇怪（错误）理解之上。[①]

六、替代性术语

很明显，“文化产业”这一术语无疑是具有争议而难以界定的，正如我上面所说，原因在于要给“文化”下定义本身就很难，何况还要加上“产业”二字。既然给文化产业下定义存在这么多问题，为什么不干脆放弃“文化产业”另换一个词呢？下面列出了一些可供选择的替代： 23

- 人们常将“文化产业”和“传媒产业”互换使用，我在本书中的焦点之一就是讨论哪些产业被称为传媒产业更合理。但是，传媒的概念在定义上也不是没有问题。
- 一些分析家使用了“信息产业”的概念，但是在伊莱·诺姆（Eli Noam，2009）最近一部开创性的著作中，这一概念所涉及的信息产业不仅包括传媒产业（接近我所定义的文化产业），还包括电信、互联网、信息和传播技

---

① 根据思罗斯比的观点，对核心产业和周边产业的划分应基于这样一种理念，即周边产业被视为“占统治地位的文化精英的品位的影射，因此较少受到政策的关注”（Throsby，2010：90，104）。但是我不想简单地就这么做。我的概念的形成不是基于“将艺术视为精英产业”这一流行的观点，它基于一种更大范围的理解和对核心文化产业的接触，而不是基于这些文化产业的政治、社会和艺术价值。

术（ICT）产业。诺姆对这一概念的发展是一次有价值的进步，因为他的分析描绘了应该被囊括在目录之内的各种各样的文化产业，并概括了这四大产业是如何关联在一起的（虽然仍各自独立）。

- 一本名叫《休闲产业》（*The Leisure Industries*）的信息量丰富的书，除了我所认为的文化产业，还将运动和旅游产业囊括在内（Robert，2004）。
- 商业分析师通常使用“娱乐产业”一词，尤其在美国。
- 毫无疑问，最接近“文化产业”的替代词是**“创意产业”**（***creative industries***）。现在，许多政策制定者和学术分析家都使用这一术语。本书第五章讨论了与之相关的一些问题，包括被贴上政策标签的“创意产业”和“文化产业”大体上有哪些区别。

休闲、信息、娱乐、传媒和创意等概念，我在本书中均有提到，但是我更喜欢用“文化产业”这一术语。使用“文化”一词，能够让我从历史的角度关注文化和经济、文本和产业、意义和功能之间相互影响之关系的重要性。此外，“文化产业”不仅涉及一种类型的产业行为，还激活了对这一行为进行思考的一个特定的传统。我自己的方法（我会在下一部分概括）就吸收利用了这一思维传统的精华。

七、从文化工业（“Cultural Industry”）到文化产业（“Cultural Industries”）

文化工业（“Cultural Industry”）的概念源于两位德裔犹太哲学家——西奥多·阿多诺和马克斯·霍克海默（Theodor Adorno & Max Horkheimer，1977/1944）合著的
24 一本书的章名。他们结合法兰克福学派的批判理论合写了《启蒙辩证法》（*Dialektik der Aufklarung*）一书，并将“Cultural Industry”一词作为目录章节名称的一部分。虽然该词以前也有人用过，但是出现在章名中还是头一次。此书创作于20世纪40年代的美国，正值二人逃离纳粹德国流亡美国之际。本书表现出对以下论点的深信不疑：虽然美国资本主义民主社会不像他们所处的德国政权那么恐怖和残暴，但实际上却是空洞、华而不实的。“Cultural Industry”的概念在当时振聋发聩。与19世纪、20世纪其他使用“文化”一词的学者一样，阿多诺和霍克海默将理想状态下的文化等同于艺术，等同于人类创意的独特、卓越的形态。对他们及其所属的黑格尔哲学传统而言，文化与艺术也许是部分等同的。他们秉持乌托邦式的观点，认为艺术能够担当对生活的其余部分进行批判的角色，也能够描绘出更美好的生活。阿多诺和霍克海默认为，文化已经商品化了，任人买卖，它几乎已经完全失去了扮演乌托邦式批判手段的能力。依他们所见，文化和产业本是对立的两面，但是现代资本主义民主却将二者一起互解。因此才出现了“Cultural Industry”一词。①

---

① 斯坦内特（Steinert，2003：9）指出，阿多诺和霍克海默从两种不同的意义上使用“Cultural Industry”一词：其一是作为文化生产具体形态之一的“商品生产”，其二是生产的具体分支。

到20世纪60年代末，文化、社会和商业之间的相互交织比以前更紧密。跨国公司投资电影、电视与唱片产业，在社会和政治层面上也更加凸显其重要性。阿多诺、霍克海默以及法兰克福学派的先贤和后进们持续研究文化产业中的变迁，并成为国际知名的左翼知识分子。“Cultural Industry”一词被广泛用于批评现代文化生活中人们所察觉到的限制与局限，也被法国社会学家［最有名的是莫林（Morin，1962）、余埃特等（Huet et al.，1978）、米亚基（Miège，1979）］、活动家和政策制定者接受，并且转化为“Cultural Industries”一词。[1]

那么，他们为什么喜欢用复数形式（Cultural Industries）而非单数形式（Cul-
tural Industry）呢？两者的区别具有启发性，而且这种区别极为重要。法国文化产
业社会学家反对阿多诺和霍克海默采用单数形式的“Cultural Industry”，因为它被
局限为“单一领域”，这样一来，现代生活中共存的各种不同形式的文化生产，都
被假设遵循着同一种逻辑。他们不仅想要指出文化产业的复杂程度，还想辨别不同
类型文化生产所遵循的不同逻辑。例如，广播产业的运作与新闻业的运作相差甚
远，也与出版或录音录像等“编辑”生产模式大相径庭（Miège，1987）。因此，法 25
国知识分子更愿意使用复数形式的“Cultural Industries”。[2]

在其他一些重要的领域，文化产业社会学家也对阿多诺和霍克海默的观点持反对意见。此派最重要的学者伯纳德·米亚基（Bernard Miège，1989：9－12）在其著作的英译本前言中解释了这一点。[3] 首先，他们摒弃了阿多诺和霍克海默对前工业时期文化生产的怀旧和依恋。在接下来对法兰克福学派的批判中，包括了阿多诺好友及同时代的沃特·本杰明（Walter Benjamin）。米亚基认为把工业化和新技术引入文化生产中确实导致了商品化趋势，但同时也带来了令人兴奋的新趋势与创新。相对于阿多诺和霍克海默文化悲观主义的忧虑而言，文化商品化的演变进程更为矛盾重重。（正如我在下一章将要提到的，这也是若干文化研究方法的共同观点。）其次，文化产业社会学家认为文化商品化进程并不是平坦、一帆风顺的。他们认为资本主义若要延伸到文化领域，需迎战该领域的限制和不完善。换句话说，他们把文化产业视为一个饱受争议和斗争不断的地带。阿多诺与霍克海默则始终认为此斗争过程已经消失无踪，文化早已被资本及号称“工具理性”的概念系统收编。

对阿多诺和霍克海默文化工业论进行修正意义重大。但本书重点不是简单地判明这两位德国知识分子在20世纪中期所写的东西是错的。阿多诺和霍克海默的研究很重要，因为他们提供的思维模式至今仍普遍为我们所用。我们会经常在报纸上发现对文化工业化的贬抑之辞，作家、教师和学生经常一面陷入文化工业的悲观主义之中，一面又享受并感受着被众多的文化产品丰富的生活。阿多诺和霍克海默对

---

① “政策制定者”一词通过位于巴黎的联合国教科文组织（UNESCO）得以在政策圈中散布开来。联合国教科文组织在1979年和1980年发起了一项大幅资助国际性文化产业的计划，1980年6月在蒙特利尔召开的一次会议使这项活动达到了顶峰，相关内容见UNESCO（1982）（英文版）。

② 很多学者（如Lash & Urry，1994；Garnham，2000。但不包括Garnham，1990）采用“Cultural Industries”一词，虽然二者之间的差异微乎其微。我亦偏好用“Cultural Industries”一词，因为这比法兰克福学派的方法更贴近现状。

③ 讨论文化产业的法国社会学著作的英译本很少，这本简陋的翻译作品几乎成为此研究领域最重要的资源。

文化工业化极度悲观主义的解读，是最完整也是最智慧的。米亚基和其他人认为，即使是这两位巨擘关于文化悲观主义最有才智的话语也是有缺陷的。不过，摒弃极度悲观主义，不代表要沾沾自喜地大肆宣扬文化产业。我要再次重申，本书的关键词是复杂的、矛盾的、充满争议的。这些措辞促使我努力去解释、评估接下来要讲的文化产业。使用“文化产业”这一术语不但能引起我们对文化产业化的关注，而且也不会使我们对文化产业的评估与解释简单化。

26

八、文化产业的特征：制作文本的产业

据米亚基和其他学者［包括著名的伽纳姆（Garnham，1990）］称，通过与资本主义其他生产形式进行对比，极有可能概括出文化产业的特征。专栏 0—2 列出了这些特征[①]：前四项是文化产业所面临的特殊问题；后五项是最常见的回答，或称为文化产业公司所采取的尝试性解决方案。这些特征与本书余下部分有重要关联，也有助于解释文化产业公司管理和组织文化生产的方式以及现行战略，揭示文化产业发生变迁的潜在原因，帮助我们理解符号创作者及想自行创建独立和/或另类文化组织的人所面临的限制和约束。这些特征还提供了一种理解不同文化产业之间差异的方法，有些特征在某种文化产业中表现明显，但是在另一种文化产业中表现不明显，或者同样的特征在不同的文化产业中有不同的表现。

专栏 0—2

文化产业的特征概要

问题：

- 高风险产业；
- 创意 VS 商业；
- 高生产成本和低复制成本；
- 准公共物品，制造稀缺的需求。

回答：

- 生产大量作品以弥补失败作品对畅销作品的冲击；
- 集中化、一体化与知名度宣传；
- 人为制造稀缺；
- 格式化：明星、类型与系列作品；
- 对符号创作者进行从宽控制，对发行与市场营销进行从严控制。

---

① 还有一些研究者也试图对与符号商品的生产和发行相关的产业的特征进行定义，虽然他们没有使用文化产业的概念，其中许多与伽纳姆的方法相一致（例如 Baker，2002；Caves，2000；Grant and Wood，2004）。我在这里对特征的概括与众不同，是以问答的形式来展现这些特征的。

1. 高风险产业 27

商业有风险，但文化产业面临的风险更大，因其以文本生产和买卖为主体。普林德（Prindle）于1993年写了一本有关电影产业的书，名字就叫做《危险的行业》（*Risky Business*）。对于受到布尔迪厄（Bourdieu，1984）影响的伽纳姆来说，风险来源于如下事实：受众对文化商品的使用方式具有高度的不稳定性与不可预测性，他们借此来标榜自己的独树一帜（Garnham，1990：161）。① 正因为如此，即使投入再多的营销费用，当红的表演者或作品也可能突然过时，下一个成功者难以预测。这些源于受众文本消费方式的风险，更因下述两个与生产有关的深层因素而加剧：第一，公司赋予符号创作者有限的自主权，希冀他们拿出原创而新颖独特的畅销之作，但是这也意味着公司陷入了竭尽全力控制符号创作者的持续斗争之中。第二，任一文化产业公司（公司A）必须与其他文化产业公司（公司B、C、D等）一起引导受众意识到某一新产品的存在、此产品的作用以及使用此产品的乐趣。即使公司A实际上拥有公司B或F，它也不能完全控制文本的知名度，因为要预测评论家、记者、广播电视制片人和推荐人等对文本的评价是很难的。

所有这些事实意味着，文化产业公司面临着高风险和不可预测性。这里是一些统计数据：

● 1998年，美国发行了将近3万张专辑，但销量超过5万张的不到2%（Wolf，1999：89）。

● 1999年，88张畅销唱片（仅占所有唱片的0.03%）的销售额占全美唱片销售收入的四分之一。

● 纽曼（Neuman，1991：139）指出了出版业的拇指法则，即80%的收益来源于20%的产品。

● 贝逖克（Bettig，1996：102）在研究中宣称，美国每年大约制作350部电影，但是只有10部左右卖座。

● 卓沃尔和格里斯潘（Driver & Gillespie，1993：191）的报告表明，英国杂志中只有三分之一到二分之一达到收支平衡，只有四分之一能够盈利。

● 莫兰（Moran，1977：444）引用的数据表明，20世纪80年代中期，美国平均每年出版的5万多种图书中，80%都遭遇财务危机。

然而，纵观整个文化产业，大公司成功地规避了这一风险：

●根据纽曼（Neuman，1991：136）的说法，电视的利润额一般是销售额 28
的20%。

● 康佩因［Compaine，1982：34，转引自纽曼（Neuman，1991：136）］则声称，动画片的利润额大概是销售额的33%，比美国文化产业的平均水平要高。

然而，利润的上下浮动很大，要视行业内和行业间的竞争程度而定：

① 即使我们不赞同这一观点，也不能否认文本消费的高度主观性与非理性。

- 戴尔列举了1992年的一组数字，显示出不同产业所拥有的不同的边际效益（运营收入按销售额划分）：有线电视为20%，广播电视接近17.5%，印刷与图书约12%，音乐、网络电视、杂志不到10%；电影和广告代理最高不超过10%。电影产业的利润从20世纪70年代的15%下降到80年代初的10%，而到80年代末就只剩下5%～6%了，而后在90年代初有所回升。(Dale，1997：20)
- 21世纪初，在文化产业内占支配地位的大公司，或者表现出极高的临时亏损（折射出合并或投资的巨额成本），或者给出了极低的利润率：2002年，迪士尼的利润率不到5%，维亚康姆不到3%。(Grant & Wood，2004：100)

虽然面临高风险，但是文化产业公司也可能获得高收益。但是对独立公司来说，获得高收益比较困难。

2. 创意VS商业

前几部分的论述似乎让我们有一种错觉，在文化产业中，符号创作者在相对自主的环境里工作，因为慷慨的企业给予了他们这种相对的自主。但是实际情况要复杂得多。这种自主性实际上是我们从历史的角度理解符号创意和知识之本质的产物，它并不全然与商业的逐利性相违背。西方社会对艺术进行了浪漫化的定义，它建立在这样一种理念的基础上：当艺术表现出某一作者最原始的自我表达时，它就是最特别的艺术。在某种层面上，这是将艺术神秘化了，因此，将创意与商业对立起来是错误的，但浪漫主义思想和现代主义思想恰恰这么做了。创作者需要获得报酬，一些令人大开眼界、发人深省、有趣、可爱的作品都是在商业体制下生产出来的。与商业化相对的浪漫化的创意概念，无论多么令人怀疑，其对于我们理解文化产业来说，还是产生了长期的影响。创意和商业之间的对立，有助于为大部分符号
29 工作者创造相对的、暂时的自主权，也增加了文化企业所处环境的不确定性和困难。其他领域也有类似的情况。例如，在科学领域和工程领域都存在紧张的关系，是应该“让公众获取知识”，还是应该“从知识中获取财务利益”？不去理解创意和商业之间的对立关系，就不可能真正理解文化生产的独特性。我将在第二章和第七章深入探讨这些问题。

3. 高生产成本和低复制成本

大部分文化商品都具有高固定成本和低可变成本的特征：唱片制作耗资惊人，因为要制作出创作者和听众都满意的最佳音质唱片，就必须在作曲、录音、混音、编辑等程序上耗费大量时间和精力。不过一旦“母带”制作成功，复制起来价格就极低了。这里，关键在于生产与复制成本之比。例如钉子，设计成本很低，只要付出很小的成本就可以生产出第一颗钉子，但是后续制作钉子的成本却并不会减少多少，因此其市场形态也与文化产业大相径庭。汽车与文化产业中的文本比较相似，但是仍然有很大差异。由于设计与工程方面的巨额投入，汽车的“原型”极其昂贵，但是由于材料和安检需要，依照原型生产出来的每一部单车价格也不菲。所

以，虽然汽车的固定成本很高，但可变成本与固定成本之比依然很低。文化产业中固定成本与可变成本的高比率意味着畅销作品非常有利可图。这是因为，超过收支平衡点以后，额外产品的单位销售利润暴增[①]，这也可以弥补由于受众需求的不稳定和不可预测性而产生大量失败作品所造成的损失。这导致了文化产业具有强烈的“受众最大化”倾向（Garnham，1990：160）。

4. 准公共物品

文化商品在使用中很少会被损坏。它们趋向于担当经济学家所称的“公共物品”的角色——一个人对此物品的消费行为不会减少其他人对它消费的可能性。我借给你一张我听过的CD，并不会以任何形式改变你对这张CD的体验。而如果我吃了一个蛋
糕，情况就不是这样了。对一辆汽车的使用也会减少它的价值。此外，由于文化物品 30
的产业化复制成本很低，因此文化公司不得不通过人为手段来限制其他人进入文化生产和文化服务领域，以此创造商品的稀缺性，使物品增值（见下文）。

那么，当文化企业试图从文化生产中赚取利润、生成资金的时候，又如何应对所面临的这一系列特殊问题呢？

5. 生产大量作品以弥补失败作品对畅销作品的冲击

对“受众最大化”的特别强调意味着，在文化产业中，公司会通过“过量生产”的方法，使畅销作品的利润与失败作品的亏损相互抵消（Hirsch，1990/1972）。通过各种手段，如制作大型目录或文化系列产品（Garnham，1990：161），等等，也就是说，只要大量发行，总会出现叫座的作品（Laing，1985：9；Negus，1999：34）。若果真如伽纳姆所言，每9种唱片中只有1种是畅销品，其余8种都是失败品，那么，只发行5种唱片的公司与发行50种唱片的公司相比，就多了一分在商海中沉船的危险。这就是迫使文化公司扩大规模的压力之一，虽然也有不少人对小公司情有独钟。近期非常流行的长尾理论（the“long tail” thesis）（Anderson，2006）是这样说的：商业企业日益趋向于为相对小的需求提供商品，但是这些小的需求加起来足以支撑企业的生存，因为数字化降低了发行成本。实际上，正如我们即将在第九章所看到的，有证据表明，长尾理论是有缺陷的。在畅销品或者最成功、最流行的文化产品中，关注度和收入仍然是高度集中的。

6. 集中化、一体化与知名度宣传

文化产业公司为管理风险并确保受众最大化，在其他各方面也有一些因应策略。

- 横向一体化：买断同一产业部门的其他公司，从而减少其他公司对受众及其时间的争夺。
- 纵向一体化：买断位于生产发行产业链上不同环节的其他公司。可以收购下游企业，例如电影制片公司收购一个电影发行公司；也可以收购上游企

① 很明显，文化产业不直接向消费者销售物品（最明显的是广播），而是按照与之相关的不同方式运作。此处，额外产品指的是受众，他们被“卖”给了广告主。参见第九章关于数字媒体的影响的讨论。

业，例如发行或播送公司（有线电视公司）收购节目制作商。

- 国际化：通过收购或参股海外公司，可以大量销售某种已经付出巨额制作成本的产品（虽然不得不再次付出新的营销费用）。
- 31 多部门与多媒体整合：收购与文化产业生产相关的其他领域，确保交叉宣传。
- 通过交往、送礼物及新闻稿等方式，“收编”（Hirsch，1990/1972）评论家、DJ 以及各种各样负责为文本做宣传的人为己用。这也是一种重要战略。

以上这些整合方式导致了更大、更强的公司的形成。从铝制品生产到生物化学品再到服装，几乎所有的重要产业都被大公司掌控着。虽然只有少量的证据表明文化产业比其他产业的**集中度**更高，然而可以证明的是，文化产业公司若不能成功扩张整合，状况将远比其他产业惨烈。以下事实可以解释这种情况：小型文化公司不能够借由制作大型目录来规避风险，所以失败率畸高。因此，在文化产业中，企业规模和能力非常重要，因为它们生产文本的能力会影响人们对该企业的运作情况、对其他产业的情况以及对生活各个方面的感受。

7. 人为制造稀缺

伽纳姆（Garnham，1990：38－39，161）曾提出一些有助于获取文化商品稀缺资源的方法（如上所述，文化商品往往表现出公共物品的特征，而不是稀缺物品），其中首要的就是纵向一体化。公司若掌握了发行和零售渠道，便可以控制发行进度，从而确保商品可以被消费者随时获得。其他重要的人为手段包括以下一些：

- 广告可以限制文化商品的销售利润；
- 版权可以防止文本的自由复制；
- 限制他者进入复制渠道的机会，使复制无法轻易达成。

8. 格式化：明星、类型与系列作品

文化产业公司应付高风险的另外一种方法，是把产品“**格式化**”（***formatting***），
从而将失败品带来的危险降至最低（Ryan，1992）。[1] 格式化的一种主要方法是**明**
32 **星机制**：在文本上列上名作家、名表演者的名字。明星机制需要辅以相当大的市场营销努力，才能让一个作家或者表演者突变成一颗新星，或者确保既有明星的光环继续闪耀。通常来说，只有那些被文化公司看好的特定文本才有使用该方法的优先权。明星机制的重要性还可以通过以下统计数字得到简单说明。20 世纪 90 年代，美国票房收入超过 1 亿美元的 126 部电影中，有 41 部至少由以下 7 位明星中的 1 位担纲出演：汤姆·汉克斯、朱丽娅·罗伯茨、罗宾·威廉斯、金凯利、汤姆·克

---

① “格式化”（format）这一术语广泛应用于电视产业，涉及某一种特定的节目概念，例如《谁想成为百万富翁》《老大哥》和《危险边缘》。通常是某一个节目在第一个市场获得成功，然后以版权的形式（不是节目本身）将节目理念出售到海外市场（Moran and Keane，2004）。赖安所使用的“格式化”不是指这个意思，但是“格式化”战略确实可以被理解为一种试图通过开发节目理念，分摊高昂的固定成本并压低变动成本，从而获取利润的方式。

鲁斯、阿诺·施瓦辛格和布鲁斯·威利斯。[参见标准普尔（Standard & Poor）的《电影及家庭娱乐产业调查》（*Movie and Home Entertainment Industry Survey*，2000－05－11，p. 14）。]

格式化的另外一个重要方法是类型化，例如“恐怖电影”、“嘻哈音乐专辑”、“文学小说”。类型的作用就像标签，或者商标，它向受众提示，可以通过体验本产品而获得各种快乐。虽然许多文化产品会同时大肆宣传创作者的姓名和产品类型，但除非创作者早已是一位明星，否则还是以类型化为主。

最后，创作系列作品也是格式化的一个重要类型，此时，作者身份和作品类型仍然非常重要，只不过程度没有那么深而已。该策略在出版领域有重要体现，如流行小说、漫画等。好莱坞越来越依赖续集和前传：2011 年 1 月，即将于当年在美国电影院上映的续集和前传有 27 部之多——比往年都多（Gray，2011）。

9. 对符号创作者进行从宽控制，对发行与市场营销进行从严控制

在前面对符号创作者的讨论中我已经指出，符号创作者在生产过程中被赋予自主权的程度之高，是其他产业中的劳动者所难以望其项背的。这其中有文化层面的几个原因：源自对符号创意的浪漫情怀与言论自由的传统，文化产业长期重视道德层面与创意层面的自主权。除此之外，也有经济层面和组织层面的原因。管理者认为畅销品及新类型、新明星、新系列品牌的创作，都离不开创意。符号创作者通常受到一定距离之外的“创意经理”的监管（Ryan，1992），例如编辑或者电视制片人，他们是协调公司创作者和商业目标的中间人。那些出名的符号创作者几乎就是某种特定品牌或质量的经验保证，因此他们可以得到巨额报酬；但是大部分创作人员依然怀才不遇，他们作为储备人员没有机会发挥其应有的作用和资源优势，而是呼之即来挥之即去，不得不四处寻找工作机会。一般情况下，许多产品会交由文化产业中的独立工作室去制作，主要是因为符号创作者和受众对官僚制的创意管理充 33
满怀疑，这再一次反映出受众对艺术和知识根深蒂固的文化观念。殊不知，这些工作室俯拾皆是，并常常在财务、执照和发行渠道等方面与大公司合作以壮大自身。为控制与管理创意相关的风险，高级管理者竭尽全力控制过量复制、发行和市场营销（我称之为**流通**），然后他们就可以在生产上大展拳脚了。在很多情况下，这叫做纵向一体化。

反对我的人可能会说，其他产业也具有你上文所说的文化产业的特性呀！这种反对的观点完全忽视了这一点：这是那些所提及产业的共性。[①] 有人认为，文化产业与其他产业相连，如果我们在文化产业外围架设一道临时性的多孔围墙，在文化产业中有效的观点，在其他产业中可能就无效了。事实并非如此。集中分析这些特性有助于我们理解文化生产和消费。但重点是，我们做到了吗？**文化产业公司以其特有的（虽然是可变的）方式对盈利的艰难作出了回应**，在本书对变迁与延续的论

① 由于具有特性，其他产业也被作为分析对象进行了分析。凯夫斯（Caves，2000：1）大体上归纳了几个例子，例如：制药行业，在新药开发的竞争上特别激烈；化学加工行业，在新产能的启动上竞争激烈；食品加工行业，在产品差异化和统治性品牌的崛起上竞争激烈。

述中，这些独特的推动变化的力量扮演着重要的角色。

九、致读者

我在“导论”部分一开始就指出为什么我认为文化产业很重要：它拥有影响公众的力量；它拥有管理符号创作者的种种方式；它引领了产业、社会和文化的变革。把本书的基本关注点和我个人的背景联系起来，可以使我的关注点更为具体。这也有助于提供我研究文化产业特殊路途的脉络。这种研究方法将在本书逐渐展开。

在我十几岁的时候，我被电视以及我父母所读的极端保守主义的报纸（典型的读者是英国北部的劳动阶级和下层中产阶级）激怒了，认为那些内容全是扭曲的谎言。20 世纪 70 年代晚期的英国，《每日邮报》（*The Daily Mail*）和《星期日快报》（*The Sunday Express*）不断攻讦试图争取社会正义的人士：行业工会、女权主义者和反种族歧视者。这些报纸还大言不惭地把英国描绘成解决北爱尔兰各种族派别
34 之间纷争的和平使者；在我 15 岁的时候，我知道了更多的爱尔兰历史，于是发现报纸所刊载的内容不过是些骗人的把戏。然而，这些报纸却对极右的新纳粹团体保持着温和的态度。在我成长的城市，满城的墙上涂满了新纳粹集团的胡刻乱画，矛头指向这里的英国南亚人社区（British South Asian community）。因此，从十几岁开始直到今天，我似乎认为，文化产业的角色就是维持权力关系，并且扭曲人们对此关系的理解。

我与媒介和大众文化的另一层主要关系是作为大众文化的一名粉丝，过去是并且至今仍然是。即使有些媒体的姿态与我支持的观点相反，我周围还是存在着大量令人兴奋、有趣以及好笑的大众文化。至今我仍能找到不少佳话，因此我不会将文化产业当作是像某些研究主题一样维系一致性的庞大体系。20 世纪 70 年代末 80 年代初开始流行的朋克音乐让我体验到最非凡的创意能量。顿时，小小的唱片收藏品大大扩展了我的情感范围：音乐可以是令人震撼的抑或是别样冷酷的、睿智的或者好战的、欢闹的或者极度严肃的。朋克音乐家经常一起讨论音乐产业，他们始终相信音乐产业必能有所作为，不但使创意成为可能，还会让音乐家单单经由创作就能得到相应的报酬。

对媒介及大众文化重要性（及矛盾性）的关注，引导我走进教育领域，在这里我幸运地遇到了许多学生，他们随时准备与我分享他们的观点。我酷爱美国大众文化（特别是古典音乐、好莱坞电影、黑人音乐及犹太喜剧），但对美国政府在全球地缘政治领域所扮演的角色极为厌恶，正是这些召唤我来到美国攻读硕士学位。教学相长的想法驱使我写下这本书，近几年有关文化产业的研究和写作经验也是原因之一。有一个假设是，最有声望的学术书籍对学生来说，必定晦涩难懂。我努力使本书能引起其他教师和研究者的兴趣，同时也尽量使之贴近学生：当较难的概念出现时我会加以解释，并且尽力说明为什么我认为这个问题很重要。我对某个主题中心的某些知识提出了假设，但我也努力避免过多的假设。

第一篇　分析框架

第一章 37
文化理论、文化生产理论

研究者曾采取何种方法来着手处理文化产业呢？何种研究传统能为本书的中心 38
议题——考察和评估 20 世纪 70 年代以来文化产业的变迁/延续模式——提供最有用的工具？这项研究是为了给导论中第二部分（为什么文化产业很重要）所提出的基本问题提供解决方法。换句话说，我们必须找到观察文本制造者、创意作品的管理和推广系统、变迁代理者等文化产业潜在权力的敏感视角。我们也需要综合各种方法，以便能分析“文化产业”这一术语的两个组成部分：“文化”部分和“产业”部分。本章开头，我想先介绍两种理论。乍一看，它们似乎为此类分析做出了巨大贡献，然而实际上其重要性却因为缺少对权力问题的关注而大打折扣。

一、媒介和文化经济学

文化经济学是经济学的一个分支，专门关注文化和艺术，媒介经济学（Media Economics，又称媒体经济学）则利用经济学概念来分析媒介。在经济学领域，二者都属于边缘学科。但是近年来，它们经历了繁荣，尤其是媒介经济学（Doyle，2002；Hoskins et al.，2004）。也许正如我们将在第四章看到的那样，政府政策中枯燥的科学（资本主义社会中用来讽刺政治经济学的说法）的影响越来越深远，可以对此做出解释。

经济学从 19 世纪发展到现代的形式后，经济学理论假设和目的一直受到新古典主义概念的支配，这使它们有别于 18 世纪的古典经济学。新古典经济学旨在为研究经济现象提供科学基础，并将自身从道德哲学的学科根基中分离出来。它“代表资本主义市场网络，受制于理性利己主义，其组织和结果均能够通过数学模型计算”（Murdock，2011：13）。虽然术语和分析过程非常专业且深奥难懂，新古典经济学却自称是一门应用型社会科学，旨在理解市场如何以及在什么条件下能够发挥最大功用。它将人们的福利等同于人们是否具有获得最大化满足的能力。它提供了如何计算最大满足度的方法，因此显示出其功利主义的根源，即一种追求幸福最大化的哲学（Mosco，1996：47－48）。在导论中我提出了我所关注的重点，即文化产品对公共生活和日常生活产生影响的方式，而涉及道德和公正之类的问题却被搁置
39 了。“将人类幸福和对于经济满足的乐观性等同起来”，许多文化经济学家承袭自新古典经济学的这一假设，对于评估文化产业却显得过于贫乏了。

虽然如此，认为经济学概念与当前文化生产研究没有关系，也是一个严重的错误。经济学不应该等同于新古典范式。任何学科都有非正统的多样性，也或多或少有对于本研究的精妙应用。[①] 本书中一个关键的问题是，分析家们是否认识到文化、符号和信息领域的细分与社会中其他形式的活动是不一样的，他们又是通过什么方式、应用哪些暗示来分析的？早期的一些文化经济学家（如马克·布劳格、威廉·鲍莫尔、威廉·鲍文）认识到了媒介、文化和艺术的独特本质，并将之写入其分析之中。这些著作也影响了其他更多的批判性分析传统对文化产业本质属性的理解（最著名的是 Miège，1989；Garnham，1990。见下文）。导论中对特色的分析引用了这些著作，并应用了一些经济学概念，如私人物品和公共物品的区别、生产成本和复制成本的关系、人为制造的稀缺性。[②]

问题是，许多经济学家在构建其研究方法时，只专注于分析媒介和文化生产的独特本质，却没有认识到这些本质特征的含义以及基本经济学概念的局限性。由于篇幅有限，我们这里就不展开讨论这种局限性了。[③] 我们关心的是，在经济政策形式的产生过程中，作为一门学科的经济学是如何扮演中枢角色的。在其最易招致不满的形式中，主流经济学为**新自由主义**研究方法推波助澜，新自由主义研究方法在本书所讨论的变迁与延续中占有重要地位（参见第三章）。

40 构成新自由主义文化研究方法的核心理念（源自新古典理论）是，“自由”而无监管的竞争将推动市场变得更有效。通过假设有效市场生产应该是公共政策的首要目标，**新自由主义**更进一步。在一些案例中，这种研究方法贬低或者将媒介和文化特征边缘化，认为经济模型可以像分析其他产品那样分析文化产品（如电视、图书、报纸）。著名经济学家罗纳德·科斯（Coase，1974：389）指出，“产品市场和观念市场”之间“没有根本区别”。也许最能形象说明这一观点的是马克·福勒（Mark Fowler）。在美国总统罗纳德·里根（极端保守主义者）1981 年宣布由福勒运作联邦通信委员会（Federal Communications Commission，FCC）后，福勒注意到，电视机就像“另一种机器……有图片的烤面包机”（Baker，2000：3）——这

---

① 温塞克（Winseck，2011：25－26）直接指出了奥地利政治经济学家约瑟夫·熊彼特（Joseph Schumpeter）在经济学上的影响，间接指出了他对文化和信息技术产业的多种研究方法的影响。熊彼特式的研究绝不是新古典主义的，它认识到资本主义的“创造性破坏”（creative destruction）。其理论假设是，对于“创造性破坏”进行管理是不可能的，因此它与新自由主义潮流不谋而合。

② 后来，媒介和文化经济学家又认识到文化生产的本质属性，如凯夫斯（Caves，2000、2005）、多伊尔（Doyle，2002：11－15）和皮卡德（Picard，2002：9－18）。

③ 以下是一些比较优秀的评论，按照技术难度升序排列：格兰德和伍德（Grand and Wood，2004：56－61）、格兰迪（Grandy，1992）、伽纳姆（Garnham，2000：45－54）、贝克（Baker，2002）。这些作者都不是经济学家，但都很好地运用了经济学概念去批评坏的经济。同时，理性的演员运用新古典主义的方法追求效用最大化，有经济学家已经认识到这一点，但许多媒介和经济学教科书却没有论及。

种挑衅性的话语暗示电视机和烤面包机没有区别，二者都是供人买卖的经济物品。

只有最极端的新古典经济学家表示反对说，负载着符号的文化产品给经济学和监管带来了一系列特殊的问题。虽然认识到了媒介和文化特征以及传统经济学分析方式的局限性，新古典经济学分析还是倾向于贬低文化市场问题的严肃性。在我看来，理查德·凯夫斯（Richard Caves，2000、2005）的著作是一个例证。另外一个例证是，“市场失灵”这一经济学概念被用于证明，对广播市场进行持续的公共干预是有效的，但这种干预以降低非经济目标为潜在的代价，如对市场体系中次要、残留的特征的民主和民权参与。

经济学概念是一面棱镜，我们通过它观察文化和文化产业；经济学又是一门学科，是政策干预的形式之一，这意味着我们对它要慎之又慎。[①]

二、传播学研究

自从 20 世纪 30 年代以来，研究者就开始运用社会学的方法来研究大众传播媒
介。到了 50 年代，传播学研究的既定传统在美国定型。此学科至今兴旺发达，并 41
传播到欧洲和其他地区。但它倾向于无视文化生产，贬低权力和社会正义问题。

多年来，该研究领域中占主导地位的关注点是媒介信息（messages）对受众所产生的“效果”，并倾向于设想这些效果是有限的和难以证明的（Lowery & DeFleur，1995）。这种传统受到行为主义的强烈影响，因为行为主义相信，要想更好地理解社会，最好是观察个体的外在行为，而非费力地（经由心理学或哲学）理解心智过程和事件，亦非（经由社会学）探究社会权力和社会地位问题。更有甚者，这种传统在探讨文化产品及文化机构时摒弃了对信息消费的分析。20 世纪 70 年代和 80 年代，一个功能主义者聚焦于人们从媒体中得到了什么，这导致主流传播学研究发生了彻底改造（Curran，2002：135）。“自由功能主义”，一个深奥而精致的社会学变体，将媒介首先看作社会整合的代理人，并强调惯例和延续（Dayan & Katz，1992）。

自由而多元的政治学为主流传播学研究奠定了基础。说它“自由”（liberal），我并不是说经济上的自由，就像“新自由主义”中的自由——强调的是无监管的市场的优点。我也不像北美洲其他学者那样以为自由就是“左翼分子”，与“保守主义”对抗。我认为，自由（liberal）是政治的一种表现形式，强调位于实体概念之上的个体的自由（freedom）和自治；自由主义者（liberals），可以是平等主义者或自由意志论者，也可以是左翼分子或者保守主义分子。说它“多元主义”（pluralism），我指的是一个权力高度分散的观念社会，该社会相信政府可以相对容易地与

---

① 特里·弗卢（Flew，2009）认为，我和其他学者如达斯·弗里德曼（Freedman，2008）为了以这种方式评估主流经济学，设计了一幅毫无价值的图景，但是我不同意。杰克逊（Jackson，2009）对以下问题做出了有力的评论：正统经济学和异端经济学都未能将“文化”这一概念恰当地放进对经济生活的解释说明中。

不平等势力相抗衡。与自由多元主义相比，其他一些理论更加强调集体主义、冲突和集权（Marsh，2002 对这种政治思想形态做出了有用的评价）。作为政治学的一种表现形式，传播学研究几十年来都没有能够系统地考量文化产业与更广泛的经济、政治、社会和文化进程到底有何相关性。

有必要认识到，一些被贴上“自由多元主义”标签的传播学研究，越来越关注与文化生产有关的权力和社会正义问题，这也是本书的根本关注点。有一个重要的传统观点是，媒介的影响力已经改变了政治传播。该理论强调，如果民主进程日益通过广播和印刷媒介来运行，那么这对于一个社会来说是危险的。例如，杰伊·布
42 鲁默和迈克尔·葛瑞威奇（Jay Blumler & Michael Gurevitch，1995）关于“公民传播危机”写了一些令人信服的文章，他们认为在一个“电视成为大部分人获取政治知识的渠道”的社会中，维持公民参与权是很困难的。秉持这一传统的另一些学者已经试图建立标准化模型，进而评估大众媒介在培养民主方面到底做得有多好（以及多坏）[例如，克里斯坦斯等（Christians et al.，2009）、麦奎尔（McQuail，1992）]。欧洲媒介研究团体（Euromedia Research Group）（Euromedia，1997；McQuail & Siune，1998；Trappel et al.，2010）及其独立合作人［例如多产的杰里米·汤斯托（Jeremy Tunstall），本书很多地方都会引用到他的观点］的著作，提供了关于文化政策和文化产业组织变迁的重要信息。与其他研究方法的对话也在增加，例如文化研究（见下文）对公共契约的深入分析，对儿童和年轻人新媒体应用情况的分析（Livingstone，2010）。从最终的自由多元主义政治学视角，综观传播学研究的各个流派和社会学研究可以看出，研究者十分关注文化产业如何影响民主进程以及公共生活。

三、政治经济学的研究方法

相较于文化经济学和自由多元主义传播学研究，在分析与文化生产相关的“权力”方面，政治经济学的方法更具解释力。政治经济学是一个对所有经济分析整体传统的统称，与主流经济学不一样，它将重点放在道德和规范问题上，这反映出该学科的道德哲学根基。然而，也并非只有那些对主流经济学持批判态度的政治左派（political left）才主张使用这一术语。政治左派批判主流经济学是因为后者排斥了权力与冲突的问题。当然，政治经济学也有强烈的保守传统。因此，一些作家使用**批判的政治经济学**（critical political economy）这一术语，来把他们的视角与以亚当·斯密（Adam Smith）、大卫·李嘉图（David Ricardo）及这些人在 20 世纪的继承者为代表的保守的古典理论家的著作区分开来。[①]

批判的政治经济学对文化（或媒介、传播，在这一理论中，文化、媒介和传播

① 参见莫斯可（Mosco，1995：22－69），里面有关于一般政治经济学方法的详细而丰富的分析，可以作为理解有关传播的政治经济学的基础。

这三个术语经常被不加选择地使用）的研究是在20世纪60年代末一部分学院派社会学家和政治学家的努力下发展起来的，他们十分关注在文化生产中雨后春笋般出现的私营商业。批判的政治经济学的方法经常被误解、简单化和遗漏。因为这种方法对媒介、文化公司及其政府中的同盟皆大加鞭挞，因此也就可以理解为什么那么多媒介研究机构被解散或者遭到抵制了。更令人惊奇的也许是其他各界对政治左派 43
和政治经济学亦充满敌意。（下文我会将“批判的政治经济学”简称为“政治经济学”，这在文化产业研究中非常普遍。）

一种常见的误解是将政治经济学的方法视为正统文化经济学的一个分支。实际上，政治经济学的明确目的在于挑战新古典经济学中道德视角的缺失。彼得·戈尔丁和格雷厄姆·莫多克（Golding & Murdock，2005：61－66）从四个方面区分了在媒介研究中政治经济学的方法与主流经济学的不同之处。

- 政治经济学对媒介的研究是整体性的，它将经济视为与政治、社会、文化生活休戚相关，而非一个彼此分离的领域。
- 批判的政治经济学对媒介的研究是历史性的，它密切关注文化中国家、公司和媒介三种角色的长期变迁。
- 批判的政治经济学对媒介的研究集中于**“关注私人企业与公共干预之间的平衡”**（Golding & Murdock，2005：61）。
- 最后，“也许是最重要的”，批判的政治经济学不仅超越“效率等技术性问题，还致力于**正义、公平和公共良善等基本道德问题”**（Golding & Murdock，2005：61）。

戈尔丁和莫多克为政治经济学研究方法下了一个重要的定义，而且也的确澄清了政治经济学与文化经济学的区别，但是有另外两个特征可以帮助我们进一步弄清此研究传统的独特之处。

- 政治经济学的方法注意到这一事实，即在资本主义制度下，文化是作为解释权力、名望和利益不平等的基本论据而被生产和消费的。虽然你不必是一个在资本主义制度下工作的马克思主义者，但透过政治经济学著作的论述，你对资本主义及其负面效应的认识依然是清晰的。
- 用政治经济学的方法研究文化产业的主要贡献，是将“文化产业在多大程度上为权贵利益服务”这一论争纳入学术的论辩范围。因此，政治经济学方法的中心主题一直是“文化产业的所有权和控制力”问题（参见第二章和第六章）。通过控制文化产业组织，权贵对文化产业享有所有权，这是否最终导致文本的流通将服务于这些财大气粗的所有者及其政府和商业联盟？这个问题如此重要，以至于一些作家、老师和学生误认为政治经济学的方法和下述观点等同：文化产业组织确实是以这种方式为其所有者的利益服务。事实上，就连许 44
多政治经济学的著述者要想精确地说明这一问题也面临重重困难及错综复杂的处境。

四、何种政治经济学

应该明确，政治经济学的方法将焦点放在与文化相关的道德问题和政治问题上，意味着它将对本研究作出重要贡献，我在导论中也提到了这一点。然而，某种形式的文化政治经济学则为我们提供了更为广阔的空间，它帮助我们理解是什么因素驱动了文化产业的变迁和延续。在这一点上，对政治经济学进行仔细的阐释就特别重要。这也有助于我们反驳对政治经济学的简化与误解。

文化政治经济学的提倡者和反对者经常把这一学科描绘成"一个单一而统合的方法"。文森特·莫斯可（Mosco，1995：82－134）选取了在三种地理和政治环境——北美、欧洲、第三世界（即亚非拉的发展中国家）——中发展起来的政治经济学理论，详细说明了不同类型的政治经济学思想之间的区别。在第八章，我将从第三世界出发，讨论有关文化依赖和媒介帝国主义的重要问题。但是此处我将通过讨论两种特殊的方法——北美的和欧洲的政治经济学方法——之间的紧张关系，来建立莫斯可政治经济学的有用分支：

- 关于北美政治经济学思想，可参见赫伯特·席勒（Herbert Schiller）、诺姆·乔姆斯基（Noam Chomsky）、爱德华·赫尔曼（Edward Herman）和罗伯特·麦克切斯尼（Robert McChesney）的著作。**席勒—麦克切斯尼理论**（Schiller-McChesney tradition）分门别类地记录了文化产业财富与力量的发展轨迹，以及文化产业与政商盟友之间的重要联系。
- **文化产业的研究方法**始于欧洲，由伯纳德·米亚基（Miège，1989；Miège，2000 有最新的陈述）和尼古拉斯·伽纳姆（Garnham，1990）首创，后为欧洲和其他地区专家学者所继承（Aksoy & Robins，1992；Bolaño et al.，2004；Bouquillon & Combès，2007；Bustamante，2004；Driver & Gillespie，1993；Ryan，1992；Straw，1990；Toynbee，2000）。[1]

45 在导论中，我提到了伯纳德·米亚基，他使复数形式的"文化产业"（Cultural Industries，与阿多诺和霍克海默的单数形式的"Cultural Industry"相对）一词流行起来，并使之成为顾及"文化研究的复杂性、争论性及正反感情并存的矛盾性"的研究范例。（许多老师和学生倾向于将阿多诺、霍克海默以及一些法兰克福学派学者的文化悲观主义与政治经济学等同起来，两者可以相互界定。但是，正如我们在导论中所看到的，米亚基建立了其对阿多诺和霍克海默的特殊的批判法。因此席勒一麦克切斯尼理论，与法兰克福学派理论的关注点似乎是互不相干的。）我此处

---

① 这个分支忽略了批判政治经济学的许多重要贡献，如詹姆斯·卡伦（James Curran）、彼得·戈尔丁、阿曼德·马特拉特（Armand Mattelart）、文森特·莫斯可以及格雷厄姆·莫多克的作品。虽然追寻的是不同的议题，然而，这些研究者撰述的最好的作品却构成了研究文化产业的主要实力。

对米亚基作品的赞赏表明，在对文化产业的变迁/延续的评估和解释方面，文化产业的研究方法比席勒—麦克切斯尼理论能够提供得更多。我认为，该方法在处理下列问题上更有优势：

- 矛盾性；
- 文化产业的独特状况；
- 生产和消费之间的紧张关系；
- 符号创作者；
- 信息与娱乐；
- 文化生产所处的社会关系中发生的历史变迁。

下面是简要的解释。

1. 矛盾性

席勒—麦克切斯尼理论强调了对权力的策略性运用。毫无疑问，对于商业来说，策略性地运用权力是很普遍的。虽然将席勒等人的研究方法视为“合谋理论”（政治经济学的研究方法有时也会被贴上合谋理论的标签）而不予理会是错误的，然而在强调协同策略方面，席勒—麦克切斯尼理论确实低估了系统中的矛盾性。文化产业的方法对文化的局部商品化和不完全商品化过程中存在的问题和矛盾的强调，更精确地描绘了文化生产的全貌。它也认为产业性、商业性文化生产内部存在矛盾，而非像席勒—麦克切斯尼理论所倡导的那样，假设公司和非营利的“另类”制作者之间存在一种极其简单的两极对立关系。

2. 文化产业的独特状况

文化产业的研究方法之所以擅长处理矛盾问题是由于另一个重要的优势：它不但能讨论宏观层次上整体经济和文化产业之间的利害关系（席勒—麦克切斯尼理论对此非常关注），还能“将文化的产业化生产形式同其他产业化生产形式相区别”（席勒—麦克切斯尼理论对此并不关注）。文化产业的方法，为文化生产的独特状况 46
提供了细目分类。

3. 生产和消费之间的紧张关系

顾名思义，文化产业的方法将焦点置于供应方——文化生产者、发行者以及他们所处的社会和政治环境上，但是它并没有忽视受众的能动性，这通常是政治经济学及某类媒介社会学的中心目标。相反，文化产业的方法将文化生产视作复杂的、矛盾的、充满竞争的商业过程，这主要是由受众对于文化文本的需要这种天性而滋生的问题。在文化产业的方法中，生产和消费不被看作是分离的实体，而是被视为一个独立过程的不同阶段。而在席勒—麦克切斯尼理论中，生产和消费之间的联系和紧张关系或多或少被忽略了。

4. 符号创作者

席勒—麦克切斯尼理论不懈地对集中、集团化和整合的过程进行分类整理是极为重要的（参见第六章更进一步的讨论）。但是，席勒、麦克切斯尼等人极少评论市场结构如何对文化生产的组织构成以及普通的日常文本制作产生影响。文化产业的方法将符号创作者——负责为文本输入创意的人员，如作家、导演、制片人、表演者——作为描述对象，然而这些在席勒—麦克切斯尼理论中几乎没有涉及。文化产业的方法强调文化工作者所面临的状况是这些过程（集中、集团化和整合）的结果。[①] 对这些重要问题的关注，使其拥有更好的装备来评估文化生产究竟在多大程度上以一种社会公平的方式被组织起来（参见第二章）。

5. 信息与娱乐

席勒—麦克切斯尼理论与自由多元主义传播研究一样，其首要关注点是信息媒
47 介。而文化产业的方法则在处理信息和娱乐两方面的艰巨任务上都更为成功。

6. 文化生产所处的社会关系中发生的历史变迁

最后，两种方法都对历史非常关注（McChesney，1993）。但是在对文化生产和消费所处的社会关系中发生的历史变动的察觉上，文化产业的方法比席勒—麦克切斯尼理论更为敏感。这种敏感表现为对一种关系的认识，即文化产业的某些学者实际是承继了雷蒙德·威廉斯的文化的历史社会学的观点（见第二章）。

五、文化社会学和组织管理研究

根据以上所述及本书导论，有一点现在应该已经清晰了，即政治经济学的方法，尤其是文化产业的方法，对于研究文化是很有帮助的。不过，即使是文化产业的方法也存在一些缺陷，虽然它要比席勒—麦克切斯尼理论对文化生产的组织动力学更感兴趣，但仍缺少对文化产业组织内部所发生事情的实证性关注。作为文化社会学特定的研究传统（主要根植于美国，并吸收利用了韦伯式的和互动论者的分析传统），“文化生产”视角在该领域做出了巨大贡献。近年来，我们见证了管理、商业和组织研究这些交叉学科领域的显著发展，这些领域的一些研究人员也开始将目光投向文化产业（Lampel et al.，2006）。这些快速增长的学科中的文化产业研究，继承了对产业组织内部的兴趣。这些工作能为用政治经济学方法研究文化产业提供有价值的补充。文化生产视角最有价值的贡献在于丰富了我们对“创意”这一概念的理解。与将文化理解为“具有天赋者的作品”相反，霍华德·贝克（Becker，1982）和理查德·彼得森（Peterson，1976）等认为具有创造性的文化工作和艺术工作都是复杂的协作和劳动分工的结果。诸多文化社会学文献中，特别有用的是彼

---

① 米亚基（Miège，1989）、伽纳姆（Garnham，1990）和赖安（Ryan，1992）多年来极少认真关注这一问题。然而最近，诸如麦克罗比（McRobbie，1998）和罗斯（Ross，1998）等文化研究者都开始关注这一问题。到 21 世纪初，在社会科学和人类学领域出现了“回归文化作品”（turn to cultural work）（参见 Banks，2007；以及本书第七章）。

得森和伯格（Peterson & Berger，1971）、赫斯基（Hirsch，1990［1972］）和狄马乔（DiMaggio，1977）等论述文化产业特性的著作。这与用文化产业的方法研究文本生产公司的独特策略颇为一致。例如，我在导论中对文化产业的特征的概括就受到了赫斯基论述的启发。对特殊产业的具体研究也非常有价值，例如科瑟等 48
（Coser et al.，1982）对图书出版业的研究。

美国社会学家的著作，与上述法国文化产业学者的理论发展具有相似性，同样具有相当的开创性，但是只限于将这些著作综合成一个更全面的图景，即讨论文化生产和消费如何适应更广阔的经济、政治和文化环境，并在其中获得收益时。美国组织社会学学者将文化产业视为与政治和社会文化冲突毫无关系的孤立系统，有关权力和支配的问题被扔到了一边。创意工作者不受社会重视，但不可否认的是，他们比其他产业工作者有更多的自主权。几乎没有人去关注敲诈欺骗、幕后交易、跨国娱乐公司的玻璃幕墙摩天大楼与年轻艺术家和音乐家囊中羞涩之间的巨大落差。从传播研究的取向来看，我认为这些问题是由于这些学者的论述中隐含着自由多元主义的政治观点。毫无疑问，这是民主化冲击使然。其目的是让创意变得神秘化，并试图理解和质疑对品位和价值的等级划分。社会学家，如霍华德·贝克，对于日常生活中文化生产者的资源匮乏非常感兴趣。虽然对简单且肤浅的假设（我们在面对庞大的文化产业公司时无能为力）进行了有力的反击，但文化社会学和管理研究看上去对权力问题不够关注。正如保罗·赫斯基（Hirsch，1990［1972］：643）撰文指出的，虽然他的组织研究方法对随后的管理和组织研究产生了高度的影响，但“很少探究社会系统组织的执行功能，而是作为临时拥护者，询问组织目标如何受社会约束”①。对政治经济学家来说，像媒介组织的临时拥护者那样行动可能并不客观。

六、激进的媒介社会学/媒介研究

如果关注“宏观”权力问题的政治经济学需要其他能够从“微观”层次研究文化生产世界（包括文化生产组织内部和外部）到底发生了什么的研究方法作为补充，那么我们需要放眼别处：在激进的媒介社会学和媒介研究以及文化研究方法 49
中，都能发现这种对“微观”层面权力问题的研究（我将回过头来讨论文化研究方法）。我在这里用了“激进”这个词，是因为这些研究方法将权力和不平等的恶性模式视为当今社会的特有结构，而不是像在自由多元主义视角中那样，将之视为可以矫正的社会瑕疵。自20世纪70年代初开始，美国的激进媒介社会学和欧洲新兴的媒介研究学科，在方法上与政治经济学的做法形成了互补。

美国的重要成就来自韦伯式的社会学传统，其关注点在于，新闻节目不仅简单地报道事实，还不得不服从新闻机构的命令（Tuchman，1978；Gans，1979）。根

① 保罗·赫斯基（Hirsch，2000）对这篇有影响力的文章有细考。

据这一观点，记者可以自主地为雇主工作，但是他们的工作却是由官僚政治的要求和惯例建构起来的。这些惯例最终还是会生产出那些完全不能揭示现存权力关系的文本。此类研究在英国重要的新闻研究中也得到了印证（Schlesinger，1978）。对娱乐的研究并不多，然而却做到了最好，为文化产业动力学提供了真实的洞见。以托德·吉特林的《透视黄金时段》（*Inside Prime Time*，1983）一书为例，该书通过对电视执行官的访问及探究重建媒介机构的历史，揭露了广电网中的商业规则如何导致了极端的保守主义。

法国社会学家皮埃尔·布尔迪厄（Pierre Bourdieu，1930—2002）在对文化生产的分析上做出了巨大的贡献。他的著作之所以对于分析文化产业特别有用，原因之一在于对本书导论中所提到的“创意和商业”之间紧张关系的解释。在《艺术的法则》（*The Rules of Art*，1996）一书中，布尔迪厄指出，“画家和作家应该独立于政治权力和商业规则”的思想在 19 世纪萌芽并发展。根据布尔迪厄的观点，文化生产的一种特殊结构逐渐创造出来：一种介于大规模生产（主要是短期商业产品）和受限制的小规模生产（艺术成功是主要目标，但从商业上讲能够带来长期的财务回报）之间的形式。布尔迪厄几乎没有处理流行文化问题，也未能很好地说明文化产业的崛起如何影响了 20 世纪文化生产领域的结构，但是他提供了关于文化生产中创意和商业之间复杂关系的最全面的分析。[①]

从某种程度上说，激进的社会学著作，像吉特林和布尔迪厄的著作，其对文化的研究方法与政治经济学的研究方法是兼容的。但是政治经济学试图全面理解当代
50 资本主义环境下文化生产的状况，对文化产业组织的经验研究不是其研究核心。激进的媒介社会学最大的作用在于，它竭尽所能把文化产业中的权力动力学与文化产业的意义以及文化产业组织生产的文本种类等问题联系了起来。接下来将具体讨论文本及其意义。

七、文本问题

到目前为止，我已经解释了为什么我们需要寻找研究文化产业的各种方法以充分处理与文化产业组织的权力相关的问题。导论中，我概括了一个观点，即产品拥有影响我们的知识和世界观的极为强大的潜能。例如，文化产业的产品是否为社会中的权力群体的利益服务，从而扩大了现存的不平等的鸿沟？何种方法和理论能帮助我们最好地理解文化产业的这些方面？自由多元主义传播研究对文本的处理在很大程度上并不完善。该学派有一个分支，运用定量**内容分析**法研究文化成果，目的是找出一种客观而又可供检验的意义评价方法（Hesmondhalgh，2006a）。正如约翰·菲斯克（Fiske，1990：137）指出的那样，“这可能是对我们平常借以接收信

---

① 篇幅所限，此处不对布尔迪厄的文化生产研究作评价。赫斯蒙德夫（Hesmondhalgh，2006a）有更深入的讨论。

息的较主观且具有选择性的方式的一个有用的检验”。然而，在效果研究（Effect Reseach）中，有一种将内容（content）理解为一条或者一组信息（message）的方法，统治了该学科好几十年。因此，我们需要引进一个更为复杂的意义（meaning），用于识别**多重含义(*polysemy*)**，即文本以多种方式被阐释的能力。我们也要考虑文本带来的审美体验——吸引或厌恶、取悦或疏远。意义，审美经验和情感，意味着不仅能解决内容问题，也能解决形式问题。至于“形式”（form），我的意思是指文本看上去、听起来是怎样的，其体裁特征、所讲故事、所作声明。（实际上，内容与形式从来没有分开过，二者总是互相影响。）

自由多元主义传播研究通常把文本有限地理解为“内容”或“信息”，从文化生产的视角来看（也有例外，见 Peterson，1997），常常有意忽视有关文本意义的问题。理查德·A·彼得森在概括文化生产的视角时坦然承认，自由多元主义传播研究对于文化制品的内容与形式没有兴趣，但是他同时声明对产品的兴趣可以弥补这种缺憾（Peterson，1976：10）。这表明，对生产的研究没有影响到对文本的研究，二者是两个各自独立的分析领域。如果我在导论中的观点是正确的，那么，文化产业的挑战便是透视这些关系并得出结论，而不是忽略它们。例如，我们应从历 51
史变迁的角度思考文化生产和消费是如何与文本的变迁产生联系的。

那些采取政治经济学的方法研究文化的学者，很少关注文本分析和文本的意义。对于文本意义的问题，米亚基的著作也仅仅是提了一下。伽纳姆的《资本主义与传播》（*Capitalism and Communication*）一书中的许多文章都抨击了媒介研究有“赋予文本特权”倾向，并“过于重视表象和意识形态问题”（Garnham，1990：1）。[①] 席勒—麦克切斯尼理论最根本的假设是，文化产业所生产出的大部分文本都是保守的、墨守成规的，但是他们却没有列举系统的证据来支持这一假设［也有例外，见贺曼·乔姆斯基（Chomsky，1988）的“宣传模型”，虽然其论述尚存问题］。的确，假设很少能被解释清楚。文本及其带给观众的体验、价值、意义和愉悦，是接下来我要考虑的问题，比我对方法的考虑还要多。

八、文化研究的成就与局限

文化研究领域有很多分歧和断裂之处，但是其核心却是**通过考量文化与社会权力的关系，试图对文化进行考察和反思**。以上所讨论的许多方法都对这一跨学科研究领域表现出明显的敌意。反过来，一些从事文化研究的学者也极力否定以上那些方法，包括政治经济学的方法和激进的媒介社会学的方法。不过，文化研究方法在最佳状态下的确能够提供得更多，它可以帮助我们理解意义和文化价值，并弥补其他研究方法的缺陷，尤其是当涉及文化产业的核心问题即文化、创意和文本时。我

① 伽纳姆的《释放、媒介与现代性》（*Emancipation, the Media and Modernity*，2000）一书在文本研究和符号形式研究上比其在 20 世纪 80 年代和 90 年代的著作更为翔实。

开始讨论文化研究对理解文化和权力的主要贡献，以及某些被贴上“文化研究”标签的方法的局限性，然后介绍一些较新的研究媒介产品和媒介产业的方法，它们声称借鉴了文化研究的方法。

第一，文化研究坚决主张**必须认真对待普通的、日常的文化**。这意味着质疑公
52 共论争及已确立的人文学科和社会科学采用等级方法理解文化的做法，文化研究拒绝将焦点放在神圣的、“高等文化”的文本上，而这也导致了一些研究者不加批判地“赞美”大众文化（见下文）。但是也有其他人选择不这么做，也许是因为“文化研究”这一术语并不适用于非批判性的研究者：他们更像幼稚的社会学家或文化评论家。文化研究不遗余力地坚持认为，我们应该广泛地思考文化中存在的相互作用的不同要素，而不是提前决定要分析哪一要素、不分析哪一要素。当然，这一更广泛的文化概念也有其国际维度。由于文化研究在 20 世纪 80 年代和 90 年代就开始国际化了，出身于欧美这一世界中心地带之外的学者们，包括流浪的犹太知识分子爱德华·萨义德（Said，1994）和佳亚特里·斯皮瓦克（Spivak，1988），为我们开拓了用不同方式思考文化的空间，他们认为文化是殖民主义的复杂产物。以前，政治经济学研究和自由多元主义传播研究经常对大众文化和非西方文化持蔑视态度；如今，文化研究方法对此进行了改进，不失为一个相当大的进步。文化研究的最佳成果是完成了对更大范围的文化体验的深入而严肃的思考，让其他文化写作传统望尘莫及。此外，虽然人类学和社会学的方法（包括经验主义社会学）也有这种民主的冲动，但是文化研究能够更全面地处理与符号权力有关的问题。

第二，**对“文化”这个难以理解的术语，文化研究进行了精准的提炼**。特别值得一提的是，文化研究对文化本原主义概念（essentialist notions of culture）提出了有力的批评，后者视不同地区、不同群体的文化为“唯一的、共享的文化”（Hall，1994：323），是有界限且固定不变的。而实际上，文化是错综复杂的，其概念空间里有多种不同的影响因素相互交织、冲突。而且，欧美大都市中心以外的学者们，以及来自早期欧美殖民地的移民学者，在发展有关文化的重要论述方面做了许多工作。对传统思考方式的挑战在以下方面有重要的暗示作用：通过对文化概念的更丰富的理解，文化研究极大地提升了对文本的政治学思考。政治经济学的著述家及他们在媒介研究和激进的媒介社会学领域的同盟者，一直非常关注文化产业生产的文本究竟为谁的利益服务的问题。但是文化研究将利益概念扩展到经济利益和政治利益之外，有力地进入到认知和认同的政治问题领域。如此一来，便能指出这些看似纯真的文本，是如何（进一步）排斥并边缘化了相对弱势的群体了。

第三，文化研究提出了**一些至关重要的政治问题，如“谁在说话”、谁有权对文化发表意见**。重要的是，那些试图批判（或者保护）资本主义、父权制、异性恋
53 主义、白人至上主义、帝国主义等的人，也在使用这些问题。在文化研究的诸多成果中，有对文化权威的持续不断的探究。例如，从事文化研究工作的人类学家觉察到，传统民族学家实际上是站在相对特权的位置上观察“原始”人群的土著文化，其客观性只是表面上的（Clifford，1988）。从某些方面讲，这回应了 20 世纪 60 年代以来社会思潮“解释性转变”中实证主义和客观主义的质疑。即使是从最为不济的角度考虑，它也沾了建构主义的边儿，怀疑是否任何人都有权对任何社会弱势群

体指手画脚。其他研究领域，如黑人研究、同性恋研究、女性研究等，不但将新声音带入文化研究之中，而且提出一些严肃且重要的政治问题，从一个特殊的主体地位（如白人、私立学校教育背景、男性）谈论其他人的文化实践。

第四，**文化研究将与文化相关的文本性、主体性、认同、话语和愉悦等问题放在首要位置**。它让我们脑洞大开，理解了“文化价值的判断”是如何与政治问题（社会认同，尤其是阶级、性别、种族和性等）联系起来的。这并不表示，“品位是社会背景的产物”（文化实证社会学倾向于采用此种说法）。文化研究探讨美学价值体系如何注入（feed into）文化权力。在一种文化中，谁的声音能被听到，谁的声音被边缘化了？谁的（哪种形式的）愉悦得到支持，谁的（哪种形式的）愉悦被认为是毫无意义的、腐朽的甚至危险的？这些都是关于话语的问题——与意义和文本在社会中的传播方式有关。文化研究也关注主体性、认同，以及使我们的本性显露无遗的非理性和无意识过程。上文所讨论的那些研究文化产业的方法对这些问题都不予考虑，但是文化研究学者却以极大的热情积极调查这些问题，他们指出，最不被接受和最受诟病的文化形式，恰恰就是社会中相对弱势的群体所消费的那一部分。在这一方面，女性主义者对肥皂剧（Geraghty，1991）和女性杂志（Hermes，1995）的研究极其重要。理论界对于理解观众的体验和解读有强烈的兴趣：对积极的观众，包括对影迷的研究，已经成为某种文化产业的核心主题。

文化研究竭尽所能为文化分析（与社会权力相关）提供潜在的价值工具。但是，有一些对媒介和流行文化的研究（它们或者声称采取了文化研究的视角，或者被其他人贴上了文化研究的标签），却对文化和文化生产下了错误的定义。在分析流行文化强大的政治潜力，以及“普通人”脱离文化产业的控制与媒介友好抗衡的
能力时，毫无疑问，20 世纪 80 年代和 90 年代后现代文化理论盛世期间的一些分析 54
家，陷入了不加批判地赞美当代流行文化的陷阱（Fiske，1987；McGuigan，1992，参见其中关于“非批判流行主义”的评价）。这与雷蒙德·威廉斯、斯图亚特·霍尔和爱德华·萨义德的研究很难说是同一类文化研究。

如今，这类流行主义者的分析见诸各大媒体和流行文化中。其目的也是好的：观众、记者或其他研究者对商业文化的态度是简单否定，而这类分析会把这类问题复杂化。新流行主义者认为，商业文化比批评家所说的要富有成果、有力量和丰富得多。至少，其中一些研究努力与观众交流观看诸如电视真人秀节目的体验（Hill，2005）。但是，其他贡献冒着夸大媒介民主化的危险，媒介民主化可能是文化产业扩张的结果，也可能与信息技术的发展相伴而生。例如，约翰·哈特利（John Hartley）挑衅性地提出了在媒介繁荣时期“民主娱乐”（Democratainment）的进程，和普通人在其产品中更多的表现（Hartley，1999：第 12 章）。格雷姆·特纳（Turner，2010：16）指出，哈特利提出的“民主娱乐”这个新词是“娱乐及其系统组件的偶然的、突发的结果”[①]。也许，我们从更近期的文化研究者的文字中可以发现后现代主义者的文化流行主义的遗产，他们赞美信息技术的解放性努力

① 格雷姆·特纳（Graeme Turner）也可能被认为是文化研究学者，他关于媒介和流行文化的著名评论“通俗转向”（demotic turn）表明：对于非批判性文化流行主义的最佳批判，来自那些全身心投入文化研究论战的人内部。

（例如 Jenkis，2006）。这些文化研究者与其他学科［如管理和商业研究（Shieky，2008）、法学（Benkler，2006）和社会学（Castells，2008）］的研究者为伍，他们都是“数字乐观主义”（digital optimism）运动的支持者。

九、媒介产业和媒介生产的文化研究方法

文化研究方法虽然能够潜在地帮我们理解文化，但是它在文化产业或者文化生产的应用方面却相对来说少得可怜，这种状况一直延续到 21 世纪第一个 10 年。最近出现了一些新的研究方法，它们与文化研究的关系各不相同，其潜在的贡献和缺陷也混杂其中。

55 1. 产业催生文化，文化催生产业

有一个旧的研究传统重点强调了在一个社会内部文化产业和文化外延之间的相互关系。基思·尼格斯（Negus，1999）提出这样一个观点：如果“一个产业催生了文化”是真的，那么“文化催生一个产业”也是真的。[①] 例如，用西蒙·弗里斯（Firth，2000：27）的话来说，这一观点假设：

> 流行音乐不是流行音乐产业发挥影响的结果；音乐产业是流行音乐文化的一部分……音乐产业不能被视作日常生活社会学的一部分——其活力是由文化定义的。

此类文化研究方法，可能围绕着“文化行为和权力的盛行模式如何反射其自身”这个问题展开研究。这是一个社会学的观点，与我们前面讨论的文化社会学有些重叠，如霍华德·贝克的研究，但是比文化社会学更强调权力和不平等问题，尤其是种族主义和性别歧视。例如，尼格斯（Negus，1992、1999）在对英、美两国唱片产业的研究中回答了两个问题：“社会性别”和“种族”这类流行概念是如何极大地影响了唱片公司的运作的，进而塑造了为购买者提供的唱片类型，以及这些概念是如何被市场化的。

2. 产品研究：用文化研究方法研究媒介产业

近期，媒介产业研究的一大主要进展就是新一代研究方法的出现，这一方法与“文化催生产业”的思路一致，但是它建立在运用其他理论和从新的角度运用理论上。于是诞生了一些丰富的研究方法（例如 Caldwell，2008；Havens，2006；Mayer et al.，2009）。梅耶、班克斯和考德瓦尔（Mayer，Banks & Caldwell）在关于“媒介产业的文化研究方法”的论文集的导论中提供了一些关于此种方法的提

---

① 基思·尼格斯（Keith Negus）这里所用的“文化”这一术语体现了其更为广义的人类学的观念。参见我在导论中对与“文化”术语的阐释有关的问题的定义。

示。**产品研究（Production Studies）**——他们鼓吹的文化研究方法——“从社会科学和人文科学中借用了一些理论灵感，但也许最重要的是，把媒介生产中人的真实 56
存在（lived realities）作为研究的主题”（Mayer et al.，2009：4）。根据梅耶、班克斯和考德瓦尔的观点，这类研究所搜集的经验主义证据包括程序和传统（routines and rituals），也包括以角色和技术作为表现形式的政治和经济力量，还包括根据文化差异和人口统计学差异对资源进行的分配。但是这类研究所归纳的问题非常狭隘，而且基本上只关注表象（representation）：考虑到社会中媒介模棱两可的重要性，媒介生产者是如何描述他们自己的呢？作为研究者的我们，又是如何描述那些多样的、有争论的表象的呢？（Mayer et al.，2009：4）正如上文所提到的（Hill，1997），这些关于表象的问题非常重要，一直是文化研究的核心问题。对于表象的关注，将这一新的媒介产业文化研究方法与通常的社会学方法区别开来了。但是，如果像梅耶、班克斯和考德瓦尔那样将表象作为探究的主题，那么他们所声称的另一个研究核心——“真实存在”——就可能被边缘化。此外，根据考德瓦尔对洛杉矶本地电影和电视工作者令人印象深刻的研究，文化产品研究给我们留下了思考：我们最终如何评估所观察到的事物？

我应该说清楚，我的目的不是反对人种论或者社会学田野调查，也不是断然地认为宏观就比微观重要。考虑到努力涵盖文化产业的历史变迁，展现在你面前的这本书的确有一个宏观的目标。但在文化产业研究中，宏观和微观应该整合在一起。在本书的其他研究中，我观察并访问了一些工作者，引用了人种论的多个研究成果。问题是，一个特别的研究项目（如媒介产业的文化研究），如何将理论和证据、微观和宏观、经验和规范连接起来。[1] 这些都是很难的问题，媒介产业的文化研究方法将在未来提供答案。毕竟，这是文化产业和文化产品分析的一个新（受欢迎的）方法。

3. 数字乐观主义

研究产品的另外一个非常有特色的文化研究流派，也继承了20世纪80年代和90年代传播学和文化研究中对观众行为的关注，并将之应用到21世纪早期的数字媒体中。该方法最有代表性的倡导者是亨利·詹金斯（Henry Jenkins），他的早期作品对粉丝行为进行了考察。在其著作《文化整合》（*Convergence Culture*）中，詹金斯分析了新媒体技术的各种实践，它们“使更多新形式的参与和合作成为可 57
能”（Jenkins，2006：256）。

在这一方面，詹金斯只是大批聪明的数字乐观主义者中的一员，他们赞美数字技术的民主化能力。正如我前面所指出的，数字乐观主义已超出文化研究的范畴。一支劲旅已经加入到流行主义者和乐观主义者的队伍中来，他们是记者、作家、博主（bloggers）和其他学科的学者，他们都继承了反主流文化的信仰，认为计算机有能力解放知识和创意。这使数字乐观主义成为一支可畏的文化力量（见第二章尤

① 简单的方法是借助中层理论（Middle Range Theory）的观点。参见阿尔福德（Alford，1998），他解释了为什么这还远远不够。

其是第九章，我会深度讨论此问题）。

4. 创意产业分析

20 世纪 90 年代，澳大利亚的文化研究发生了独特转型。受法国历史学家米歇尔·福柯（Michel Foucault）影响的研究者们，开始用批判的方法研究文化领域的政策制定。这一方法源自福柯的分析，他将现代政府形式与以前的形式相区别。这一方法对（温和地）束缚于现代权力形式中的概念和现象（如公民权利和心理治疗）特别感兴趣。这一方法呼吁一种独特的权力模型，它不像马克思主义理论那样强调集权，它强调的是分权。文化研究中，这一方法的主要倡导者是托尼·班尼特（Tony Bennett），他用福柯式的术语分析了博物馆的历史发展，虽然只举了一个例子。① 与文化研究不同，这一方法寻求与政策制定者进行对话，所以它是实用的，并且明确效忠于改革进程。

21 世纪第一个 10 年，这一方法的追随者们（虽然不是班尼特）将关注点转向政府政策的新形式上，企图提高文化产业的角色地位。这次政策常常被重新贴上“创意产业”的标签，其原因我将在第五章探讨。新一代准福柯式研究者（我的意思是，他们受福柯的影响，但是采用的方法却很古怪），将后现代主义者的文化流行主义和数字乐观主义的概念和话语结合在一起（Hartley，2005）。这一学派更为关注实用主义和政策，而不是像福柯及其追随者那样对现代权力形式进行批判。其结果是，一种独特的、充满矛盾的文化研究形式出现了，它促进了“创意产业”这一术语的日益流行，我将在第五章讨论（Hesmondhalgh，2007：148 - 149，2009a）。

58 5. 文化经济学

最后，关于经济生活的一个有趣的文化研究视角——“文化经济学”——有时候被理解为文化产业分析，但实际上，使用这一术语的大部分研究者（Amin & Thrift，2004；du Gay & Pryke，2002）的视野比这宽得多。他们的目的是把后结构主义的文化研究观念应用到产品和普通经济生活中去。福柯在这里是一个影响因素。文化经济学认为，经济实践范畴——如市场、经济和组织的关系——是由经济话语所设计和架构的（du Gay and Pryke，2002：2）。文化经济学将之作为分析的起点，而不是作为现有经济学分析或政治经济学分析的补充。这当然不是阻碍文化产业分析以及已经出版的一些著作，但是关于形成文化产业分析的独特方法（不同于产品方法或一般意义上的经济学方法），我们确实做得太少。文化经济学方法鼓励我们去质疑简单的二元论：一些政治经济学家和文化社会学家或者引用文化范畴，或者引用日益增长的经济学对那一范畴的入侵。但是这种对二元对立的解构，可能忽略了关于文化和商业关系的重要的政治和道德问题。例如，对商品化是否具有潜在的有害影响？所有社会都从商品化中保留下来一些东西——自然、人格或文

---

① 参见班尼特的，论文集（Bennett，1998），以及麦奎根（McGuigan，1996）关于将这一方法应用于文化政策时的评论。

化。当代社会能够从交换和私有化中保护哪些文化呢？根据是什么？［对这一问题的讨论可以参见约翰·弗洛（John Frow，1997），他本人就是一名文化研究者。本书第二章讨论文化产品时我会继续这个话题。］

十、本书采用的方法

包括但不限于以上的讨论，文化研究对于我们理解文化、权力和文化产品做出了极大贡献（虽然有时候其贡献值得商榷）。20 世纪 80 年代和 90 年代，文化研究不仅遭到保守主义者的抨击（他们对文化研究将研究重点放在文化差异上持质疑态度），也遭到自由主义者和激进主义者的攻击。对文化研究最强烈的攻击来自政治经济学和激进的媒介社会学中的左翼分子，那些家伙经常诬陷文化研究者与保守主义者蛇鼠一窝［如吉特林（Gitlin，1998）、米勒和费罗（Miller & Philo，2000）等］。但是文化研究依然如故，而这些政治左派也把它们作为攻击的靶子。喋喋不休的论争，至少在媒介、传播和文化研究领域创新了一种新观念——批判性研究分 59
崩离析，分为两个阵营：政治经济学阵营和文化研究阵营。这个观点不仅重复出现在已出版的书籍和已发表的文章中，还无休止地在研讨室、会议厅等处被提及，就好像政治经济学是 X，文化研究是 Y。甚至当一些学者声明要从这种纷争中逃脱出来时，他们却又随之步入另外一个阵营，倒戈攻击前一个阵营，多么讽刺（Grossberg，1995）。

在本书的前两版中，我觉得这种两极分化的观点值得商榷，我的方法是将文化和权力综合起来考虑。我声明：**对于研究媒介与流行文化来说，文化研究和政治经济学都不是精确而有效的方法**。这种二元对立的方法，将本章所讨论的各种方法之间的区别和冲突简化成两个极端。与一些幼稚的错误观念相反，政治经济学不同于“产品研究”，文化研究也不由“受众经验研究”或“文本分析”构成。从以上讨论中可以明白地看到这一点。实际上，文化研究与政治经济学绝对不是对立的，虽然看上去这两种方法各自划分了研究领域。我讨论媒介与流行文化理论和方法的真实目的是：理解各种方法的优势和局限性，并将它们最好的方面综合起来。将政治经济学和文化研究对立起来，是达不到这一目的的。

谢天谢地，这种粗鲁的对立思潮现在看起来已经退去了。20 世纪 80 年代和 90 年代，它如此突出，可能映射出两种不同立场的左翼政治力量之间的紧张关系：一种主要关注社会认同问题，如社会性别、种族歧视和性取向；另一种则关注经济、国际政治和资源再分配（后者也常被描述成马克思主义）。[①] 在某些人看来，对社会认同的关注意味着放弃通过建立联合体来反对由于经济和政治权力而导致的压迫的计划。

我们现在生活的时代，很多分析家认识到了地缘政治、金融权力（已有的关于

---

① 参见霍尔（Hall，1992），他描述了一种文化研究，影射其为左翼对马克思主义尤其是斯大林主义的反抗。

文化研究的知名分析总是忽略这一问题）和社会认同的重要性。二元论的退潮也许反映出，对媒介和流行文化感兴趣的人，现在可能会按照特定主题而不再是理论方法来为他们的观点划清界限，如分为政治传播学、媒介产业、媒介和性别、国际传播、新闻、互联网研究、电视研究、电影研究等。

60 政治经济学和文化研究的二元对立，我在本书的前两版中讨论得很具体，但是本版我删除了一些，有兴趣的读者可以参考以前的版本（Hesmondhalgh，2002、2007）。确实，我比较简单地处理了由文化和文化产业方法的差异性引起的一些长期存在的紧张和困境。我试图消除一两个与文化产业相关的长期困惑，并在本书中介绍我自己的理论性和方法论的分析方法。

● 分析家总会对媒介和流行文化研究的时点（moments）或进程（processes）作出界定。最常用的术语是：产品、受众、文本（有时候用“表现”和“内容”代替）、政策/监管。几乎每个人都强调这些相互联系的时点或进程的重要性［参见杜·盖等人（du Gay et al.，1997）的“文化流程图”，转引自赫斯蒙德夫（Hesmondhalgh，2002：43）］，好像他们相信，特定的时点或进程会对媒介有特别重要的影响，而这种影响是一种因果关系（Toynbee，2008）。几乎每个人都认识到，理解媒介和流行文化的最佳方式是，将这些不同的时点和进程列出来，然后挑选一两个加以重点关注。

● 文化、媒介和创意产业研究，倾向于将焦点放在生产动态以及政府政策和监管如何影响产品上，产品动态也与文本有关。这也是本书所采取的研究方法。

● 文化产业身兼双重角色——产品经济系统和文本生产者。产品身上印有文化的深刻烙印，而文本又是由经济因素决定的。如果我们想要批判由文化产业所生产的某些文化形态及其生产方式，那么我们需要考虑两方面的问题：政治经济学中的再分配问题、文化研究中的认同问题（Fraser，1997）。

● 但是，认识到理论和方法论的窘境，并没有那么简单。不同研究方法的重要分歧其实与方法论（在努力寻找理性之前，我们先要知道如何获取知识）和方法有关。简单地说，政治经济学家在认识论上倾向于现实主义，即假设在我们的认识之外还有一个物质世界，这个世界所具有的特殊性最终都能够被我们理解（Garnham，1990：3）。这种观点无异于认为我们能够获得关于客观现实的知识。文化研究学者则喜欢采用各种各样的建构主义和主观主义的认识论方法，在某种情况下旨在通过认识观察者对观察对象所施加的影响来获得更多的客观性［参见库卓（Couldry，2000b：12－14）关于女性主义认识论的论
61 述］；在另一些情况下，又激进地表现出对真理的怀疑态度。后结构主义和后现代主义的方法尤其如此。本书对这一方法持批判现实主义的观点（Hesmondhalgh & Toynbee，2008；Sayer，2000）。

● 另一个比较艰涩的理论问题是经济的**“简化论（*reductionism*）”**——出于一个简单的政治或经济的动机（如掌握生产资料的社会阶层的利益或者资本主义所有者和执行者的逐利需求），将复杂的文化事件和进程（如好莱坞电影

产业的模式、肥皂剧的本质，或者作为传播媒介之一的电视的发展）的属性归纳为传播媒介。确实有一些简化主义的话语没能够恰当处理各文化因素间复杂的关系，但一些政治或经济的解释确实是被简单化了的，这没什么可争论的。还有一个很重要的概念是**“决定论”**（***determination***），通常出现在马克思主义话语中，认为外因是事物发展的根据。这里有一些关于马克思主义决定论的令人将信将疑的论述，如认为“力”（force）不可避免地会导致某些事件的发生；还有一些更有用的分析，考察了外因如何对事件和进程设置限制和施加压力[参见威廉斯（Williams，1997：83－89）对这一区别的说明]。比较妥善的分析方法是，将文化中的经济的决定过程和其他过程与压力并列考虑，并思考它们是如何互动的。关于经济的决定论和简化论的论辩，导致政治经济学和其他方法之间异常紧张的关系。这里所提倡的更为实用的方法是，对特定时点进行界定，这些特定时点包括经济因素发挥决定作用的时点、其他因素（如以上所列举的）需要被重点强调的时点。正如我们将要看到的，这是本书第三章的重要部分，探讨文化产业的变迁与延续。

★★★

在本章中，我集中鉴定了与文化产业研究相关的主要方法的成就，并指出了其缺陷。这些方法可能会帮助我们理解导论中所提出的本书的核心问题：文化/创意和权力之间的关系，变迁与延续之间的关系。我也对我的方法进行了归纳，简言之，即**政治经济学的一个社会学式的变体，渗透着大量的文化研究和媒介研究的特性**。

评论及拓展阅读 62

本章所提到的方法，依赖于对文化、社会和民主之间关系重要性的理解，很多学者都以自己的方式作出了说明。在此我只对其中一些加以介绍。

作为关注文化、社会和权力之间关系的人，雷蒙德·威廉斯一直是一个关键人物。他的早期作品如《文化与社会》（*Culture and Society*，1958）和《漫长的革命》（*The Long Revolution*，1961）被引用得最多，但我建议从他晚期的文章开始，如《走向新千年》（*Towards 2000*，1983）和《我该说些什么》（*What I Came to Say*，1989）。保罗·琼斯（Paul Jones）的《雷蒙德·威廉斯的文化社会学》（*Raymond Williams's Sociology of Culture*）提供了一个不错的概览，虽然这项任务有点艰巨。

詹姆斯·卡伦（James Curran）综合了政治经济学、传播学研究和文化社会学的方法，也注意到了文化研究。他的著作《媒介和权力》（*Media and Power*，2002）、《媒介和民主》（*Media and Democracy*，2011）收录了一些著名的文章。卡伦和迈克尔·古勒维奇（Michael Gurevitch）合编的论文集《大众媒介和社会》（*Mass Media and Society*），在其第五版（2010）改名为《媒介与社会》（*The Media and Society*），我认为这是关于媒介的严肃作品中最好的导论性质的论文集。

查尔斯·埃德温·贝克（Charles Edwin Baker）是一名法学学者，受政治经济学影响较深，他有一系列关于文化产业及其在当代社会中角色的论著：《广告和民主出版》（*Ad-*

vertising and a Democracy Press，1994）、《媒介、市场与民主》（*Media Market and Democracy*，2002）、《媒介集中与民主》（*Media Concentration and Democracy*，2007）。

与文化产业相关的最值得尊敬的当代文化研究者有格雷姆·特纳（Graeme Turner）［《解读名人效应》（*Understanding Celebrity*，2004）、《普通人与媒介》*Ordinary People and the Media*，2010）］、安德鲁·罗斯（Andrew Ross）［《“无领”人士》（*No Collar*，2003）、《如果你能得到，这就是一份好工作》（*Nice Work If You Can Get It*，2009）］、安吉拉·麦克罗比（Anglea McRobbie）［《女权主义的余波》（*The Aftermath of Feminism*，2008），以及早期关于文化劳动力的重要文章，如 McRobbie，2002］。我认为最好的文化研究导论是尼克·库卓（Nick Couldry）的《文化内情》（*Inside Culture*，2000）。丹·罗伯瑟姆（Don Robotham）的《文化、社会和经济》（*Media*，*Society and Economy*，2005）对文化研究和社会理论为何未能分析经济权力作出了鞭辟入里的分析。

近期关于政治经济学传统的一部不错的论文集是德韦恩·温塞克和金大勇（Dwayne Winseck & Dal Yong Jin）的《媒介的政治经济学》（*The Political Economics of Media*，2011）。珍妮特·瓦斯科（Janet Wasko）、格雷厄姆·莫多克（Graham Murdock）和海伦娜·苏泽（Helena Sousa）的《传播政治经济学手册》（*The Handbook of Political Economy of Communications*，2011）收录了很多不错的文章。关于政治经济学的最好的总结性著作是文森特·莫斯可（Vincent Mosco）杰出的《传播的政治经济学》（*The Political Economy of Communication*，1996），虽然我对该书第二版（2009）对传播政治经济学的近期发展的处理方式有点失望。

63 彼得·戈尔丁和格雷厄姆·莫多克提供了一系列关于批判主义政治经济学的方法对媒介和文化进行研究的重要综述，开始是 20 世纪 70 年代的一些小文章（Murdock & Golding，1974、1977），随后是 1977 年对变迁中的传播学领域的概括（Murdock & Golding，1977）。1991 年，他们的后期文章得以结集出版，此书分别于 1996 年、2000 年和 2005 年三次修订（Murdock & Golding，2000）。政治经济学方法的发展变化可以通过上述文章得以描述。

虽然我个人比较偏爱政治经济学的“文化产业”变体，但是席勒—麦克切斯尼理论学派［或者如温塞克（Winseck，2011：21－23）指出的，“垄断资本和数字资本主义”学派］对于分析文化产业还是非常有料的。例如麦克切斯尼的《媒介的政治经济学》（*The Political Economy of Media*，2008）一书。

蒂莫西·海文斯和阿曼达·洛茨（Timothy Havens & Amanda Lotz）的《理解文化产业》（*Understanding Media Industries*，2011）一书对媒介产业的新文化研究方法持赞同态度。詹妮佛·霍尔特和阿丽莎·拜伦（Jennifer Holt & Alisa Perren）的《媒介产业：历史、理论和方法》（*Media Industries*：*History*，*Theory and Method*，2009）也是不错的论文集。这些书的主题都是电视和电影。

如果想看媒介研究导论方面的书，建议看格里斯潘（Gillespie，2006）关于受众的分析、格里斯潘和汤因比（Gillespie & Toynbee，2006）关于媒介文本的分析，以及赫斯蒙德夫（Hesmondhalgh，2006）关于媒介产品的分析。

第二章 64
20 世纪的文化产业：关键特征

本章通过分析 20 世纪文化产业的发展状况，来讲述文化产业的变迁。我列出了第一次世界大战结束至 20 世纪 70 年代文化产业的一些关键特征。

列举关键特征，能够为我们评估文化产业的变迁和延续提供一个分析框架，每一个方面的讨论都衍生出两种类型的问题，我们在本书第三篇将提供答案（见表 2—1）。

- 第一类问题与变迁的程度（extent）有关。这一时期与我们有关的文化生产方面的变迁，是否代表了此领域最根本的变革，或者仅仅是一些表面的变化？
- 第二类问题与对不同领域变迁和延续的评估（evaluation）有关。

表 2—1　　文化生产的方面和变迁与延续的问题 65

20 世纪文化生产的重点	20 世纪 80 年代以来与变迁程度有关的问题	与评估变迁有关的问题	各章讨论的内容和问题
商业所有权结构	集团化和一体化变革在多大程度上带来了新的产权形式和公司结构？	文化产业公司的规模扩大、实力增强究竟对文化生产和广义的社会产生了什么影响？	第六章
文化生产在经济领域和社会领域的作用	在国家经济和全球商业中，文化产业的重要性如何？	文化商品化的加剧，有哪些潜在的影响？	第六章（第五章关于版权的分析是一个重要开头）
组织和创意自治			第七章
文化工作及回报			第七章
美国文化贸易的国际化和统治地位			第八章
占统治地位的技术			第九、十章
文本			第十一章

每一方面的相关问题详见第六章至第十一章，表 2—1 只提供摘要。 66

一、文化生产在经济领域和社会领域的作用

第一个任务是考虑商业文化生产在经济领域和社会领域中地位的变化。这能帮助我们建立一个粗略的时期划分以及一些关键术语。而我在这里关注的重点是文化生产的更长的历史。理解了这些，我们就能够仔细而精确地思考近期的变迁与延续了。

在思考文化生产的历史变迁问题时，雷蒙德·威廉斯的著作《文化》是一个很好的起点。根据威廉斯（Williams，1981：38－56）的观点，我们能够将欧洲文化生产的发展划分为**三个时期**，每一个时期都以当时主要的社会关系形态（符号创作者和社会的关系）来命名。

- 资助（patronage）和手工艺（artisanal）。“资助”这一术语涉及自中世纪起到19世纪末流行于西方的多种体系。例如诗人、画家、音乐家等，会受到贵族的资助、保护和支持。这种体系直到19世纪早期还是主流，在今天也还有一丝存留（见专栏2—1）。手工艺人是指有技术的工人或者工匠，他们很大程度上按照自己的意志工作。这些手工艺人采用向购买者直接售卖的传统形式。他们在当今时代也存在。
- 专业市场（market professional）。从19世纪初以来，“艺术作品”逐渐开始出售了，一些作品因为有人想要拥有而被买走。换句话说，符号创作行为逐渐被作为市场组织起来。在这个系统下，越来越多的作品不是直接销售给公众，而是间接地通过中介得以出售：或者通过发行人，如书商；或者通过“生产中介”（Williams，1981：45），如出版商。这导致了文化生产中比以前更为复杂的劳动分工，甚至很多符号创作者像手工艺人那样按照自己的意志工作。到19世纪末和20世纪初，随着工业国家民众休闲时间和可支配收入的大幅增加，发行中介和生产中介高度资本化。成功的符号创作者获得了“独立的职业地位”（Williams，1981：48），获得的缴税收入也在不断增加。
- 67 专业公司（corporate professional）。最后，威廉斯所谓的“专业公司”从20世纪初开始出现，到20世纪50年代以后才急剧扩充。作品的委托生产变得专业化和更具组织性。通过酬金和合约，越来越多的人成为文化公司的直接雇员。除了书籍写作、音乐演出和戏剧表演等传统形式之外，新的媒介技术也出现了，最显著的就是广播、电影和电视，有时候科技也会涵盖和改变传统形式，有时候又生产出全新的形式（如连续剧和情景喜剧）。除了直接销售，广告也成为创意作品谋取利润的全新且十分重要的方式，而广告本身也逐渐成为一种重要的文化形态。

“专业公司”这一术语，涉及符号创作者与赞助人（商业）之间的社会关系，但本书关注的重点是文化生产时期（an era of cultural production）。这涉及20世纪早期以来商业文化生产在现代社会中社会和经济的重要性，后面我会在适当的时候讨论这一重点。这一术语也有助于我们对本章和本书第三篇提到的其他方面的变迁进行时期划分。

我真希望威廉斯没有在这个环境中用“公司”（corporate）这个词。对于现代人而言，听起来其主要问题似乎讲的是大型私人公司的兴起。与 20 世纪末大型公司在文化生产中的重要地位一样，威廉斯用的这个词实际上指的是“统一群体中的一群人”。为了防止混淆，我想用一个改良后的术语——**复合型专业化**（***complex professional***）来标注文化生产的这一形态（或称阶段、时期）。我偏爱“复合”这个词，因为这一时代最重要的特征之一就是围绕文本生产的越来越复杂的劳动分工。

专栏 2—1

理解变迁

自从 20 世纪 50 年代以来，复合型专业化形式就占据着统治地位，但是文化生产的专业市场形式，甚至包括以资助为基础的形式依然存在，也与非市场化形式的文化机构同存，如国家广播公司。我们可以认为，自 20 世纪 50 年代以来的文化产业是由三个不同类型的形态组成的，每一个形态都与威廉斯（Williams，1977：121 - 127）所阐述的术语相对应，以便用一种“划时代”的分析（指的是有关某一特殊时期的分析）来与历史可变性相涉。

● 复合型专业化形式是占统治地位的形式，在这种形式下生产得以组织起来，这也 68
是以此用语来命名的原因。

● 资助和专业市场的形式在早期曾占统治地位，至今仍以残留形式得以存在。

● 国家广播兴起于 20 世纪 20 年代和 30 年代，随着 60 年代电视的广泛传播，它继续扩展到全球领域。它是复合型专业化时代的一种新兴形式。

所以，我用“复合型专业化”这一术语来描述自 20 世纪 50 年代以来的文化生产的整个时期，但是实际上它指的是不同形式组成的一个混合体。

因此，运用威廉斯的历史分期理论我们可以得出结论：文化生产起源于 20 世纪早期，随着 20 世纪的进程而扩张、加速发展，在经济和社会领域的重要性日益凸显。那么我们就要问了，考虑到 20 世纪 80 年代以来文化生产的延续与变迁，文化生产的重要性是否增加了？解决这一宽泛问题的方法是就以下问题进行提问：**文化产业在国家经济和全球经济中的重要性达到何种程度？**在第六章我会提出一个观点，文化产业的发展是缓慢的、稳定的，其重要性也日渐增加，但还没有达到很多评论家所声称的程度。

二、商品化问题

我们如何对变化中的文化产业的重要性进行评估？这是一个广义的问题，理解方法之一就是追溯并且询问过去四五个世纪以来文化生产领域发生了哪些重大变革。来自经济学、马克思主义政治经济学、文化研究领域的学者们可能会强调**产业**

化（***industrialisation***）**和商品化**（***commodification***）。拉克鲁瓦和特伦布莱指出，这两个术语太常用以至于很难对其进行定义（Lacroix & Tremblay，1997：68）。产
69 业化围绕着重要的资本投资、机器化生产和劳动分工进行，但是商品化围绕着把物品和服务转变为商品展开。商品化的“进程比产业化更宽泛”（Lacroix & Tremblay，1997：69），而且不必然牵涉到产业生产技术。产业化和商品化进程是交互的，但是我更强调商品化。原因之一是商品化比产业化更宽泛（正如拉克鲁瓦和特伦布莱所说的），原因之二是这有助于我们更深入地阐释资本主义文化生产的复杂性和矛盾性，正如我在导论和第一章中所讨论的那样。

把某种东西转变为商品是什么意思？从最基本的层次来说，即生产物品不只为了使用，还为了交换。[①] 随着资本主义的发展，市场交换行为在时间和空间上逐渐扩张，并且以货币作为媒介。它与消费和生产体系密切相关。生产的扩大化离不开资本投资和获取工资的劳动者。商品被购买，意味着私有、排他的所有权，而非集体使用。当封建主义让位于资本主义，许多东西都商品化了——土地以及土地上的劳动者。约翰·弗洛（Frow，1997：143－144）指出，即使我们坚持认为资本主义的技术观念对于无边无尽的商品化很必要（当然也有去商品化进程，例如爱之感伤与废除奴隶制），资本主义还是被理解为持续的、不平坦的商品化的扩展过程。

问题是如何评价商品化，这也是评价资本主义本身的核心所在。这是一个大问题，被一些学者视为禁区，但我们还是要对其提出质疑。某些马克思主义学者和其他批评资本主义的学者做出了一些简单化并带有某些浪漫色彩的假设，他们反对过去和未来社会中的资本主义商品。其他学者，包括马克思本人[②]，提供了许多复杂的分析，视商品化为矛盾的、有可能的、生产性的，同时也是有限的、破坏性的。更多的学者，包括弗洛（Frow，1997：102－217），从人类学视角指出了物品交换的其他原理，如礼物交换［最著名的分析来自法国社会学家马塞尔·莫斯（Marcel
70 Mauss）］，是受隐藏动机调节的。商品化导致了物品的极大繁荣，但与此相关也产生了许多问题。这里从两个方面阐述。消费层面存在的问题是：商品化发展出了具有排他性的所有权和产权的概念，这导致了巨大的不平等、私有和个人利益的推广以及对公共物品集体所有制的挑战。生产层面存在的问题是：劳动者不受重视，劳动报酬被严重低估。（弗洛的关注点主要在第一个方面，而我认为二者都很重要。）

文化商品化是什么？其发展进程是漫长的、不平坦的。文化商品化与文化产业化交织在一起，但文化商品化又超出了20世纪大规模文化产业化的范畴。换个说法，文化产业化强化和扩展了文化商品化。我们需要再次理解，这不是文化从非商品化到商品化的堕落，从本质上来说，它是矛盾的，充满可能性和制约性。因为文化的商品化是高度复杂的，不同阶段有不同的形式。[③] 以弗洛（Frow，1997：139）为例，印刷文本的商品化可以被划分为三种形式和阶段：

---

① 当然，它也被用来指代基础物资，如农作物、石油等，但是我不是指这个。

② 认为马克思只是简单地“反对”商品化就大错特错了。马克思关心现代商品的方方面面，最著名的就是商品的集体所有制掩盖了隐藏于其中的人类劳动。

③ 这就是许多政治经济学家对不同形式的文化商品进行“逻辑”划分的原因（Flichy，1980；Lacroix & Tremblay，1997；Miège，1989）。又见丹·席勒（Schiller，1994）对信息和文化之商品化漫长历史的分析。

- 实物（图书）的商品化——发生于 15 世纪。
- 版权法中实物“作品”所含信息的商品化——发生于 18 世纪。
- 电子数据库等文本信息打印方式的商品化——发生于 20 世纪晚期。

商品化的这三种形式和阶段有不同的含义。商品化后的图书极为丰沛——产业化带来了这种繁荣景象。版权巩固了文化商品的所有权（因此，文化产业成为一个整体，参见第五章），版权法对作品的保护促进了这种繁荣，代价是对信息使用施加了控制。在第三阶段，这种控制更加严格，对信息获取的不平等也更加显著。正如弗洛所强调的，在试图建造文化作品私人所有权壁垒的商业制度与文化作品公共所有权之间，存在严重冲突。

还可以从文化的角度来描述消费层面的商品化。同样，也可以从文化角度来描述生产层面的商品化（弗洛不太强调这点）：为富有的消费者生产大量文化商品的文化劳动者不被重视（下面会提到这种文化工作）。 71

如果商品交换在时间和空间上的扩展导致了以上所指出的问题，那么对商品化的关注又会引发如何划分可卖品和不可卖品的问题。所有社会都试图收回某些特定领域的市场化，比如宗教信仰、私人生活、政治领域和艺术。不能粗略地忽视市场关系对文化的渗透以及文化领域的日益商品化。但是，忽视文化生产和消费商品化所产生的负面影响可能问题更大。这些问题显然直击当前关于互联网的无限可能性的争论。数字网络让规模空前的分享与合作成为可能，创造了新形式的公共空间，但是却受制于数字栅栏（digital enclosure）（Murdock，2011）。

因此，可以将商品化看作一个长期的、矛盾的进程。我们可以将复合型专业化时代理解为文化商品化/产业化进程的新阶段。如果这样，那么我们需要提出以下问题：**文化商品化的影响是什么？**这一问题我在第六章会讨论，但考虑到版权问题在文化商品化进程中的重要性，我会在第五章就埋下伏笔，讨论版权法的变迁。

三、商业产权和结构

复合型专业化时代最令人震惊也最为重要的一个特色就是从事文化生产的大型公司不断出现。如，美国无线电公司（Radio Corporation of America，缩写为 RCA）等都是巨型集团企业[①]，这些巨型企业阻碍了那些在专业市场时代就已经成型为大公司的出版公司和报纸帝国的成长。20 世纪中期之前，在电影、唱片、广播和电视领域出现了庞大的垄断组织。最著名的垄断者是好莱坞完成了**垂直整合**（纵向一体化）的八大工作室（studio）（见专栏 2—2）。名气稍小

① 例如，包括其媒介以外的产业利益在内，RCA 是 1972 年美国第 39 大公司（Murdock & Golding，1977：27 - 28）。

72 一些的是唱片产业的垄断者——英国的迪卡（Decca）和百代（EMI），美国的“Columbia & RCA”公司，后者是由华纳兄弟公司（Warner Brothers）和荷兰家电巨人飞利浦（Philips）于第二次世界大战后合并而成的。这些公司中有许多也实现了纵向一体化，它们既生产录音机，也发展新录音技术和重放技术。在无线广播和电视领域，美国的哥伦比亚广播公司（CBS）和国家广播公司（NBC）占据着统治地位。在复合型专业化时代早期也出现了重要的跨媒体产权形式：电影工作室，例如米高梅电影制片公司（Metro-Goldwyn-Mayer，缩写为 MGM）对音乐产业很有兴趣，RCA 则拥有自己的唱片公司及 NBC 广播网。最著名的寡头是国际新闻社（Boyd-Barratt，1980），非同寻常地统治着多家新闻社：路透社、美联社/合众国际社、法新社。①

比纵向一体化公司稍低一层，大部分的大型公司主要专注于单一的文化产品形式。20 世纪 60 年代发生了重要的改变，**集团化**扩展到文化产业的每一个角落。这是整个文化产业普遍趋势中的一部分。尼尔·弗莱格斯坦（Fligstein，1990：第 8 章）出示的证据表明，多元化成为 20 世纪 40 年代以来出现于所有产业中的共同趋势。1939 年，美国前 100 家最大的公司中，有 77 家公司垄断了其所在产业 70%或以上的生意。到 1979 年，仅 23 家公司做到了这一点。而且，尽管在 1939 年前 100 家最大的公司中没有一家从事跨产业（产业之间几乎没有联系）生产，但是到 1979 年，1/4 的公司都遵循多元化的战略（Fligstein，1990：261）。不仅如此，弗莱格斯坦说，这一战略转变适用于所有的产业，并且受到高级管理者为获得更高个人成就这一需求的推动。

20 世纪 60 年代，作为多元化趋势的一部分，集团化第一次对文化产业发起了冲击。在一些情况下，多元化表现为：产业、金融公司及商业公司买断和投资于媒介股份。专栏 2—2 总结了在复合型专业化时代集团化如何影响了电影产业。在 20 世纪 60 年代和 70 年代，集团化主要表现为：基于不同利益的一般特大型集团，如石油、矿产和金融服务，买断电影制作室和老电影“资料库”。在其他产业中，集团化表现为有计划地推行着“融合”（convergence）和“协同”（synergy），虽然这两个术语是后来才被发明的。例如，在 20 世纪 60 年代，大型的美国消费类电子制造商，如 IBM、RCA、Xerox（施乐）、GE（通用电气）和 GTE 买下了图书出版公司，它们期望把图书出版和计算机整合起来（Tunstall & Machin，1999：107－108）。

但是，复合型专业化时代的产权和结构不仅仅表现为纵向一体化集团的兴起。我
73 再重申一下我前面提到的观点，这就是我喜欢“复合型专业化”而不喜欢威廉斯提出的“专业公司”的原因之一。小公司开始繁殖。文化产业中小公司的广泛存在反映了导论中所讨论的文化生产的一些独特秉性。虽然文化产品的复制和发行规模越来越

① 前两家目前仍然负责提供全球大部分地区的新闻图片（Paterson，2011）。

大，但是文化作品的构思却可以小规模地进行。[1] 随着小公司的增生扩散，它们作为独立创作基地而变得越来越重要，这也折射出对“庞大的官僚政治机构对文化生产产生消极影响”的焦虑。20 世纪中期，对大众文化的评论繁荣起来，例如，对电影、爵士乐甚至摇滚乐的评论作为一种重要的文化形态迅速成长起来。到 20 世纪 60 年代末，许多年轻的流行音乐和摇滚乐评论家将公司和商业控制等同起来，并且将独立公司视为具备惨淡经营企业家精神的代表（Cohn，1989 [1969]），或者认为独立公司与当地市场的发展趋势有联系（Gillett，977）。我们将在第七章和第十章讨论这个问题，即独立公司是否真的给集体提供了某种“另类作品”。

专栏 2—2

贯穿复合型专业化时代的好莱坞垄断者

“经典时期”（1925—1950）的好莱坞由八大公司统治着。主要的电影工作室拥有并控制着价值链条上的许多环节。它们运营着生产设备，制作电影，让创作人员和技术人员签合同，拥有发行网络，而且拥有电影院。最大的五个公司就是如此：不仅发行电影，还拥有自己的电影院。较小的三个公司也拥有发行机构，只不过没有自己的电影院。20 世纪 40 年代美国最高法院作出了一系列裁决，旨在打破五大公司的垄断地位，这些裁决迫使这些公司裁掉其院线，削弱力量。从 20 世纪 50 年代起，为了降低成本，这些工作室逐渐与独立电影制作公司签订转包合同，通过生产崭新而引人注目的电影来控制风险，并以此策略击败电视。这些工作室担当起国内和国际发行人的角色，并储存了巨大能量。它们最终如数成为庞大的集团公司的一部分（见第六章）。尽管它们的名字贯穿于本书当中，然而，这里还是简短地指出了这些重要的文化产业公司在近期的发展。

最大的五个： 74

★ 派拉蒙（Paramount）。1967 年被石油大亨海湾与西方工业公司（Gulf & Western）收购，现在是维亚康姆传媒集团（Viacom Media Conglomerate）的一部分。

★ 20 世纪福克斯（20th Century Fox）。在 20 世纪 60 年代和 70 年代经营惨淡，变成了一个私人公司的一部分，1985 年（福克斯）被卖给了鲁伯特·默多克的新闻集团。

★ 华纳兄弟公司。1969 年被从事殡仪馆生意的肯尼国家服务公司（Kinney National Service）接管，1990 年与时代集团（Time）合并成为世界上最大的传媒集团。2000—2001 年，时代华纳与美国在线（AOL）合并，2009 年双方分手。

★ 米高梅（Loew's/ MGM）。在好莱坞的“经典时期”，米高梅只是当时最成功的公司的一个子公司。20 世纪 60 年代到 21 世纪前 10 年多次易手。自 1981 年后被叫做“MGM/UA”的它，主营业务已经不是电影制作。2004 年被索尼公司和有线电视供应商康卡斯特（Comcast）收购。

---

[1] 例如，编造故事和编写歌曲这类活动几乎可以在任何地方进行。虽说如果没有对大量资金的使用权，任何人都不可能为自己拍摄故事片，然而任何人即使再不济也可以用电子的形式来写剧本，甚至连刻录（如制作杂志副本或者制作唱片母带）和复制都相对便宜。

★雷电华（Radio-Keith-Orpheum，缩写为 RKO）。1954 年被霍华德·休斯（Howard Hughes）解散。

较小的三个：

★环球集团（Universal）。20 世纪 50 年代初被 MCA 接手（连同派拉蒙的电影库和迪卡唱片），MCA-环球公司在电视时代非常昌盛并成为当时最大的电影工作室。1986 年，被日本的消费类电子公司松下电器接手，1995 年被西格拉姆（Seagram）接管，2000 年被维旺迪（Vivendi）接管，维旺迪 2003 年与 NBC 合并为 NBC 环球。

★哥伦比亚影业公司（Columbia）。20 世纪 50 年代和 60 年代艰难地生存，1981 年被可口可乐公司收购，1988 年被索尼收购。在集团化的控制下，它仍然举步维艰，21 世纪初成为索尼集团麾下一员。

★联美（United Artists）。1967 年被一个从事保险和金融服务的"多元服务"组织泛美公司（Transamerica Corporation）收购，1981 年与米高梅合并。

"经典时期"的好莱坞垄断者中并不包括迪士尼。迪士尼没有发行机构，而是通过联美和 RKO 来发行它的电影。当 RKO 解体时，它组建了自己的发行分公司——博伟影业公司（Buena Vista）。在 20 世纪 80 年代成为新兴的具有创造性的商业力量后，它成长为世界上最大的文化产业集团之一。

［资料来源：主要来自戈梅里（Gomery，1986），并从古拜克（Guback，1985）和戴尔（Dale，1997）处得到了补充。］

75 在复合型专业化时代，文化产业公司在产权和公司结构方面的上述特点引发了以下问题：20 世纪 80 年代以来，集团化和一体化在多大程度上导致了公认的产权和结构新颖而又特别的形式？我们将在第六章看到，文化产业公司的规模和范围自 20 世纪 80 年代以来极大地扩张了。

但是，我们如何评价这种扩张？在政治经济学中，尤其是在席勒-麦克切斯尼理论中，文化公司在社会中的角色是研究的主题。有几个案例表明，媒介巨头通过对文化产业所有权的掌握——集团内的个体完全掌控于一家公司之手——所获得的利润是惊人的。但是也有令人信服的例外情况。在文化产业中，巨擘较绝大多数其他产业更为普遍（有人将之归因为文化产业公司的一种需要，即公司必须能够在高风险且不可预测的商业环境中及时做出政策上和战略上的转变）。但即使在文化产业中，大部分公司也是由许多不同的股东控制的。因此可以说，控制权分散于众多所有者手中，这有利于规避公司为特殊利益群体服务。但是这种观点误解了问题所在：濒临危险的并非某个人的利益，而是他们所属的社会阶级的利益，因为权势和资本拥有者与其他有权和有影响力的组织及个人紧密相连。

学界对这种论点众说纷纭。许多研究一般产品（不只是文化产品）所有权和控制权的评论家认为，自 19 世纪的"管理革命"以来，经理掌握了控制权，他们代表着不同的社会阶级，并且对于维持权力关系没有兴趣（Scott，1995）。公司因此成为分散的阶级利益的混合体。然而，认为所有者和高层执行官代表着不同社会阶级的利益，这一论点太离谱了。中下层的工作人员经常将高层管理者描绘为与企业所有者一样富有和握有特权的人。他们可能代表着统治阶级中的一个特殊阶层，但他们太富有、太有特权，他们有充分的理由与任命他们的企业所有者秉持相同的利益和政治倾向。

我们不应该对所有者和执行官具有的控制权产生怀疑。在一篇重要的文章中，格雷厄姆·莫多克（Murdock，1982：122）引用了商业企业社会学中的一个例子，来厘清组织中所存在的“指派控制”（allocative control）和“运作控制”（operational control）这两种类型的控制权之间的区别：

- 指派控制由下列权力构成：关于企业整体目标和范围的决策权以及生产资源配置方向的决定权。例如，是否要扩张以及向何处扩张的决策，财务政策的发展（包括股份问题）和利益分配，以及“政策和战略的全盘规划”。
- 运作控制“在一个较低层次上运行，它是对已分配的资源进行有效利用的决策，以及对指派层所决定的政策的执行”。

然而，这是否意味着文化公司中有钱有权的所有者和高层执行官会利用文化产业来谋求自身利益？要回答这个问题，我们需要考虑这些人的利益到底是什么。我认为有**三种不同类型的潜在利益**： 76

- 他们自己的利益；
- 公司的利益；
- 作为一个整体的商业。

第一种利益是追求自己公司的利润、收入、市场份额和股票价格等最大化。在这第一方面，他们显然要追求自己的利益。为了利润最大化，所有的公司都试图确保工资和其他成本支出低于公司收入。在这种体制下，一些公司将比其他公司支付更高的工资以及提供更好的条件。一些产业将比其他产业拥有更好的工作条件。我们已经明白，文化生产有其特殊性，因此文化产业中的劳动者相比其他产业中的劳动者拥有更多的创作自主权。因为资本积累的体系就是仰赖他们，因此剥削是不可避免的。正如米亚基所指出的，文化公司通过各种方式压低成本，例如通过劳动力储备库，通过将正式的工作转为临时工作，或者将工作转移到那些工资水平相对较低的国家中去［在大多数动画产品生产中便是这样，见兰特（Lent，1998）］等。

所有者和执行官可能追求的第二种利益是公司的利益。很显然，公司间存在相互竞争，除非它们实行的是卡特尔式管理，而这是被法律禁止的。但即使在相互竞争的体制下，各公司也会联合起来组成贸易团体、议会游说团和联盟。这些趋势深深植根于20世纪中期资本主义社会中，几乎所有产业都有大公司垄断现象。大公司垄断对于形成议会游说团很有效，这些游说团体视政府法律和规则为多嘴多舌并加以反对，因为这些规则实际上倾向于保护劳动者和消费者。这种企业游说是文化政策制定中的一个重要特色（见第四章和第五章）。垄断组织还形成了一套条分缕析的条约，以便更好地组织和管理生意。非营利企业和小型公司，包括那些边际收益较低、创新能力不强的公司，将可能受到排挤或者被排除出局。它们也许显得比较幼稚、能力不足，那是因为更大的财富掌握在垄断者手中。

公司满足所有者和执行官的利益无可厚非。围绕利己主义生产体制的这一论战
77 也是关于资本主义制度本身的论战：以这两种利益追求为基础的经济制度的优点（例如动态成长、财富总量的增加），是否大于缺点（大部分工人获得很低的工资、垄断、大量的不平等、社会分裂）?[①] 当然，关于商业产权和结构的问题与以上所提出的文化产业在社会中的角色的问题有所重叠。对真实企业的考察能够更为清晰地帮我们找到代理人：谁让事情发生了改变？他是如何做到的？

然而，还存在所有者和执行官可能追求的第三种潜在利益。所有的企业都希冀出现一种商业繁荣的大环境：政治和经济的稳定、活跃的需求。因此，企业管理者会资助那些他们认为有望实现这种经济环境的政治竞选者。他们反对改革，反对为争取社会平等而进行的斗争——如果他们察觉到这些发展可能对他们的商业利益构成威胁的话。此处，关于“他们是否应该以及如何营造一种能够谋求利益的环境”这一问题极具争议。文化公司能够迫使我们提出此类问题，并使之成为特殊论争的主题。文化公司是否生产那些系统地支持商业利益的文本？它们是否阻挠具有进步意义的改革？它们是否制止催生各种形式的矛盾的社会冲突？我将在第十一章考虑这些问题（本章前面已经列出了这些问题）。对利益的讨论有助于丰富我在第六章将要直接提出的问题。我把20世纪80年代以来文化公司成长的问题总结如下：**文化公司规模和力量的成长对文化生产和广义的社会产生了哪些影响？**

四、组织、管理和创作自主权

文化劳动者在复合型专业化时代是如何被组织和管理起来的？比尔·赖安（Ryan，1992）探讨了有关文化产业研究的一个被忽略的领域，他仔细考察了文化产业的组织维度，下面我将引用他的说明。虽然文化产品的创作舞台过去一直由个人把持，但是在文化生产的复合型专业化时代，这个舞台几乎总是由**“项目小组”**
78 来设计并实施的（Ryan，1992：124－134）。在小组内部，各种各样的人扮演着下列角色（有时候一个人扮演不止一个角色）。通过对赖安的论述加以改编，我将给出文化产业领域的五个特殊案例：图书、电影、杂志、音像、电视。

- 主创人员。例如音乐家、编剧、导演、杂志记者和作者（符号创作者）。某些“技术人员”也逐渐担当起创作角色，因此也可以算作主创人员，例如录音师、混音师，其重要性在音乐产业中不断加强（Kealy，1990 [1974]）。
- 技术人员。就是那些需要有效地承担一系列技术任务的人，例如录音师、摄影师、拷贝编辑、舞台监督、排版工人、页面设计人员等。这些工作有些被视为手艺活儿，因为它们需要特别的技巧。当然，尽管这些工作也具有创造性，但并不是完成本文那种意义上的创造性概念——或者至少这就是把某些

① 也许有解决方法，诸如设想一种可替代的制度，或者使一种新制度发生效力。但如何运作呢？

文化工作者定为“技术人员”而不是“创意人员”（更受尊敬）的原因。

● 创意经理。文化企业所有者和执行官的主要兴趣在于利润（或至少是声望），而创意人员则希冀通过生产原创的、创新的和/或完美的作品来打造自己的声誉。创意经理是双方的经纪人或中介，例如，唱片产业中的艺人管理人（artists and repertoire，A&R），图书产业中的策划编辑、杂志编辑，电影产业中的制片人。我发现赖安关于“创意经理”的概念要比米亚基的术语“编辑”（editeur）和狄马乔（DiMaggio，1977）的“经纪人”（broker）清晰得多，虽然它们说的都是同一角色。米亚基（Miège，1987）把“editeur”一词翻译成“制片人”（producer），使这个概念更混乱了。最使人困惑的术语是“文化中间人”（cultural intermediaries）（Hesmondhalgh，2006a；2007：66－67，我对这个术语在使用过程中出现的问题作了解释，这也是我此处避免使用这个词的原因）。

● 营销人员。同创意经理一起，文化产业的营销人员旨在将前期创意人员和后期观众进行对接。他们有时候也创作并公开符号，推广文化作品。将营销人员独立出来看来是正确的——不仅因为他们的工作是“第二位的”（独立于创意之外），而且因为他们为所有者和执行官的利益服务，经常会与主创人员发生冲突。创意经理往往成为营销人员和主创人员的中介——即使获得最大化利润是执行官的目标，它最终还是会隐藏在营销人员的行为背后。[①]

● 所有者和执行官。他们是那些有权雇用和解雇人员、规定公司政策整体方向的人。但是他们在特殊文本形成和发展过程中的作用有限，除了极少数的特例——电影产业中的“执行制片人”就有可能参与其中。 79

● 不熟练和半熟练工人。由大量不熟练的工人组成，他们的工作也围绕着创造、发行和产品再生产展开。[②] 因此可以说，这类角色包括流水线工人，他们维持机器运作，每年生产数以百万计的DVD。这些工作报酬很低，往往采取海外外包的形式。

对这一职能分类作几点注释。第一，我说“职能”是因为这些是角色也是职业类型——在一个项目中一个人也许不止扮演一个角色。例如，创意经理可能也要负责营销工作。尤其是在一些处于文化产业边缘的小公司或者临时项目组。另一方面，这一分类也反映了职业类型作为一个人的职业生涯所要执行的功能（例如出版商）。

第二，这些职能通常是根据收入等级和地位进行划分的，有时候采取如下排序方式：所有者和执行官、创意经理、营销人员、主创人员、熟练的技术人员、半熟练和不熟练工人（Tunstall，2001：14）。但这种等级制的排序不是固定的。“明星”

---

① 广告和营销业务中的劳动分工涵盖了这里所有的人员，包括主创人员和创意经理，但营销人员也会努力将市场信息与合适的观众相匹配。

② 莎伦·祖金（Sharon Zukin）引用了知名文化评论家丹尼尔·贝尔所讲的一个故事：一个马戏团雇员，其工作是跟在大象背后清理粪便。当别人问起她时，她说，她的工作属于“娱乐业”（Zukin，1995：12）。祖金还指出，如果是在今天，这个女员工可能会说她在文化产业工作。

主创人员乃至创意经理能够比有钱有势的执行官赚得更多。熟练的技术人员也能比创意人员赚得更多，这取决于工会的支持。

第三，对文化产业中的职能进行划分也给了我们一些启示。特定产业和特定项目中作品的构思方式本身就是职能地位不平等的产物。例如，人为地将员工安排为“技术人员”或者“创意人员”，在很多情况下取决于谁的工作更有价值。

专栏 2—3 把赖安对文本创作与发行环节以及每个环节内部劳动分工的分析进行了改编。这些环节本身不仅适用于文化产业，其他许多产业也包括概念构思、实物制作、复制以及发行几个环节。但是，各环节之内发生了什么，各环节之间是怎样的关系，则折射出文化产业的特性。从事创作构思的项目团队**被授予高度的自主**
80 **权**。在文化产业获得发展的 20 世纪早中期，这种创作自主权在其他产业是很罕见的。因此，文化生产的复合型专业化时代的一个独特之处就在于自主权的程度，这种自主权从更早的时代延续而来，那时候的艺术家、作家和作曲家就比其他工人有更多的工作独立性。但是这种自主权并非完全的自主权，它是创意经理监督之下的自主权。自主权对文化产业来说并不稀奇，在早期严格的泰罗制时期这种自主权甚至看上去不那么公平，但在文化生产中却是非常重要的。

专栏 2—3

文化生产的“环节”

注意，这些环节不是像工厂生产线那样一个接着一个的。它们之间有重叠、互动，有时候还有冲突。

创作

★ 构思：设计、实现、艺术加工，如电影剧本的写作、作曲与即兴创作等。

★ 实施：录音棚、电影和电视上的表演。

★ 最终定型：包括编辑（电影、图书和杂志）与混频（音乐、电影）。①

★ 复制：以印刷、拷贝等形式制作复本，从一个底片中制作出多个拷贝。文本到现在就表现为受众将要体验的形式了。

发行

★ 市场营销：包括广告和包装（它们多有自己的构思与复制过程），也包括与构思、定型和复制同时进行的活动，如市场调研。

★ 宣传：包括设法确保其他组织机构为此商品做宣传。

★ 分发和批发（或者是电视节目的播放）。

★ 零售、展览、传播。

[资料来源：改编自赖安（Ryan，1992）。]

81 **创作自主权这一概念对于理解 20 世纪末的文化产业至关重要**。经常用于批评

① 赖安把这部分工作纳入复制阶段，但是这些工作可能需要有技术的专业人士来做，他们在创意人员的监管下工作，因为这是创意阶段的重要内容。

产业化文化生产的“传统工厂生产线”这个比喻则完全遗漏了这一点［尼格斯也注意到了这一点（Negus，1992：46）］。由于导论中谈过的对符号创意态度的发展历史，人们普遍感觉到工厂风格的生产并不利于以创造利润为主的各种创意活动。好莱坞的摄影棚体制发展于复合型专业化时代早期，相比其他文化产业中对各环节的控制，好莱坞对电影的构思和拍摄施加了非常严格的控制。但即使是这样，电影导演和编剧也在特定电影模式和类型下拥有相当可观的自主权。

至关重要的是，从事文化生产业务的公司对文本创作环节以后的其他环节，如复制和发行[①]，施加了更为严格的控制（见专栏2—3）。复制环节具有强烈的产业化色彩，它经常并且越来越依赖于高科技的电子系统施加的更加严格的控制，尤其表现在确定电影、书籍、唱片等母本的复制和发布时间上，或者在确定一个节目的播出时间时更是需要精心策划。现在，发行方面的一些重要元素已经数字化了。通过移动设备或者在线下载音乐和电影成为现实。这离不开大量的技术基础设施建设，但是发行时间表仍然掌握在高级管理者手中，那样他们就能够协调市场营销和宣传工作了。

对创作的从宽控制和对复制发行的从严控制，**是复合型专业化时代文化生产独特的组织形式**。这一形式兴起于20世纪早期，它延续下来并获得了更广泛的传播。在以上的讨论中，我说的是当前的组织形式的情况。但是本书讨论的关键问题是，自20世纪70年代晚期以来，这种独特的组织形式到底发生了多大程度的改变？

创作和商业的关系

再一次，问题归结到更为明确的评价问题上。我认为文化产业是符号创意的管理系统（参见导论），并将讨论焦点集中在这一系统的功能之上。如果我是对的，那么接下来要考虑的一个关键问题就是符号创作者和文化产业组织之间的关系。当然，我并不是要贬低技术工作者的价值。正如上面所解释的，这些工作者拥有可观 82
的创意投入，但是却由于身份的原因被定为“技术工人”。我也并不是要贬低那些因为客观因素对最终产品没有创意投入的工人。之所以这样做，是因为我认识到，符号创作者最终决定了产品的形成，而且在现代资本主义制度下，符号创作者的幻想和信仰对于“好作品”的产生至关重要（Stahl，2006是关于这一主题的杰出论文）。

在导论中我们已经看到，商业和创意之间的紧张关系是文化产业的基本特点。浪漫主义运动和现代主义的影响极为深远，并且在西方产生了一种广为流传的观点，即只有尽可能远离商业，符号创意才能获得繁荣发展。这种观点被伟大艺术家的流行神话强化了。我们经常认为，最伟大的符号创作者不是难以获得商业成功（凡·高），就是被其所居住的肤浅的商业世界逼入绝望的深渊（库特·考伯恩）[②]。

---

① 这个环节也经常被称为分销（distribution）（Garnham，1990：161-162）。但是我发现这个词也令人疑惑，它听起来好像从属于批发——产品转移到零售商手中。而发行（circulation）则包括批发，很明显，比起分销来，发行还涵盖了市场营销和宣传中其他重要的问题。

② 库特·考伯恩（Kurt Cobain）是美国20世纪90年代最具影响力的摇滚巨星，也是涅槃乐队（Nirvana）的主唱兼吉他手，于1994年4月自杀身亡。——译者注

这种创意与商业对立的观点混淆和迷惑了我们对媒介和大众文化的理解。在日常对话中人们往往依据符号创作者是否为了商业目的的假设来评价文本、文类、演出者和作家等，认为只有那些最彻底地拒绝商业规则的作品才是最好的。但是，这只是对创作与商业之间关系的一种过于极端的看法。所有的创作者都需要寻找受众，在现代社会，没有技术中介的帮助和大组织的支持，任何人都难以做到这一点。而且，我们不能想当然地否定创意经理（如前所言，他们是介于文化公司与符号创作者双方利益之间的专业人士）对于文本成果的贡献。例如，创意经理推动符号创作者走向类型化创作，从而有利于针对特定受众的营销与宣传。这不一定就是坏事。类型化是一种生产性约束，它使得创作与想象在特定的范围内进行，并且增强了受众和生产者的相互理解。例如，20 世纪 60 年代的底特律唱片公司 Tamla Motown 的词作者、音乐家、编曲、音响师和制片人，通过各种方式赋予三分钟的黑胶唱片单曲以无穷的创意。

创作和商业之间充满了妥协、冲突，甚至斗争。但是，一旦找到报酬较好的工作，即使这些利润的积累是紧迫性的、压抑的、无情的，几乎所有的创作者也都或多或少愿意体验强加给他们的约束，许多符号创作者被迫从事那些他们根本未曾经历过的“创造性”工作。符号创作者作品的命运掌握在其他各类工作者的手中，特别是创意经理、市场营销人员和高层执行者手中。当然，这种方式也可以发挥很好的功用，
83 市场营销可以确保文本的广泛传播，从而让相关者都满意。如果二者不能兼顾，例如创意经理和营销人员优先考虑其他项目的话，文本便可能石沉大海、杳无踪迹。

此处我们又面临矛盾。无论创意与商业相对抗这一极端观点如何具有迷惑性和令人混淆，它毕竟还有一些正面影响。因为它使得那些想从事创意工作的人（包括记者）可以去争取比他们从商业雇主那里获得的更多的时间、空间和资源。当然，这是否能够为创作者带来好工作，要具体问题具体分析。但是在我看来，这种可以自主要求增加工资的工作本身也是一件好事。这不是歌颂符号创作者或者把他们浪漫化，只不过是给予他们应有的认同。因此，我们将一些与文化生产的组织和管理相关的问题列举如下：

- 创业和商业之间的关系发生了怎样的变化？
- 与之相连，复合型专业化时代文化产业的独特组织特征发生了怎样的变化？抑或没有变化？
- 文化产业创作者在多大程度上可以决定其作品的编辑、宣传和发行？这一程度又发生了怎样的变化？（这是一个关于创作自主权是扩大了还是缩小了的问题。）

这些问题将在第七章讨论。

五、文化作品的质量

很明显，在符号创意得以实施的条件下，文化产业鲜明的组织形式具有很大的

意义。但是在复合型专业化时代，创意工作是如何获得报酬的呢？为了讨论这一问题，我们需要研究文化劳动力市场。

在某些时刻，我们所有人都是符号创作者。每天有几十亿人唱歌、跳舞、写作（如果你认为我不会写作，你可能会听到我弹钢琴）。专业创意工作只是冰山一角，冰山下面看不见的部分才是主体。随着 20 世纪媒介开始统治符号制作领域（Hesmendhalgh，2006b），越来越多的人渴望在文化产业的光环下工作。复合型专业化时代，文化工作的一个特点就是，想要在文化产业中获得专业性工作的人很多，但成功的人却很少。很少有人研究并花精力关注那些成功的人是如何做到这一点的以及是什么阻碍了其他人进入这一领域的。

然而，一些人做到了。在大部分工作中，似乎资历老、白人、有能力的人做得更好也赚得更多，男性通常比女性赚得更多（Tunstall，2001）。文化产业最鲜明的 84
特色就是带薪和无薪之分。1945—1980 年，带薪工作在发达工业国家成为常规。文化产业中的工作也以此为基准。其中，在文化产业中获得专业性工作的人有以下一些：

> ● 手工/技术职业工人。他们逐渐加入了相对强大的工会。
>
> ● 符号创作者。也就是汤斯托（Tunstall，2001：14）所称的“专业职业”（如新闻和广告）中的工作者。
>
> ● 创意经理。从某种程度上来说他们也是专业人士，例如，出版公司编辑逐渐被理解为要处理一套特别程序并能获得一定社会威望的人。（Coser et al.，1982）

但是，许多符号创作者的工作很随意，或者按照合同约定工作，在很多情况下试图靠对以前工作的忠诚来过活。

我们可以回头看伯纳德·米亚基在 20 世纪 70 年代的研究，他的论述可以作为文化生产的复合型专业化时代文化劳动力市场的写照。米亚基（Miège，1989：82-83）认为，从事创意工作的人，为了文化产业公司的利益忍受着巨额的构思成本，他们情愿放弃稳定的工作环境，但收入仍相对较少。文化产业中的创意劳动者所得报酬过低，是由于长久以来艺术劳动者供大于求，即“大量的艺术家等待受雇①”（Miège，1989：72）。最大的人才储备库是由非专业的文化工作者组成的，他们偶尔工作一下，并且不得不从事其他工作以资助自己的艺术行为。工资被压得如此低，还因为其他文化产业中的专业劳动者随时可能并且愿意跳槽到另外一个领域（例如，记者想从事图书出版，或者音乐家想为电影配乐）。

结果，在复合型专业化时代，**大部分从事创意工作的人所在的工作市场，要么就业不足，要么报酬过低**。这不应被视为一个自然现象：它是特殊的经济和文化条件作用的结果。这些条件包括：从事创意工作的人无法集合起来维护他们的利益，以抵制低工资和剥削——部分原因是符号创作者为了获得认可和回报而存在着永恒

① 在别处，米亚基或他的翻译者用的是“槽”（tank）这个词。

的竞争（Miège，1989：87）。① 主要的例外是那些进入门槛较高的行业协会，如演员联合会。

85 对那些在市场上成功发布作品而又从事相对较少的创意工作的劳动者，以及负责这些作品发行工作的文化产业公司来说，版权法极为重要（见第七章）。除了少数文化工作者能够通过受雇获得薪水，大部分文化工作者不得不从事临时性的工作，赚取少得可怜的特许使用费。

我希望，我对复合型专业化时代符号创作者相对的创作自主权的强调，不会引起大家的误解，好像我认为现代符号创作者拥有很棒的生活，每天在唱片公司和电影公司很悠闲地工作，而其他人则长时间辛苦劳作，不停地看表。相反，我知道很多创意工作者赚的钱很少。伟大的献身，换来的却是有限的和暂时的自主权，这也是客观存在的。在思考文化产业中变迁与延续的程度时，我们不得不面对一个问题：**20 世纪 70 年代以来，文化劳动力市场和文化劳动者的薪酬系统到底发生了多大程度的变化**？关于变迁程度的问题贯穿全书，它与另一个待解决的问题有关，即**创意工作者的报酬和工作条件在这一时期有所改善吗**？第七章将考察与之相关的证据。

六、国际化和美国的统治

文化文本和文化劳动者的国际性活动在时间上可以追溯到几个世纪以前。但是，第一个全球传媒公司却是在 19 世纪以英法的帝国新闻社（路透社和哈瓦斯通讯社）的形式出现的，“在 19 世纪 70 年代，就通过海底电缆快速地播报即时的新闻，建立了一个世界级卡特尔”（Tunstall，1994：14）。汤斯托提供了一些国际化的例子：

- 文化形态：来自美国的日常娱乐的传播如暴风雨般席卷了欧洲乃至全世界，这个风暴由赫斯特（Hearst）和普利策（Pulitzer）等显赫人物传入。
- 文化技术：例如有声电影，曾于 20 世纪 30 年代在世界各地广泛传播。
- 文化产业：特别是从 1914 年到 20 世纪 30 年代，“年轻的好莱坞快速占领了世界电影市场”。

正如汤斯托所指出的，20 世纪的这些国际化浪潮主要来源于美国。

因此，文化产品的国际交易已经大量出现于文化生产的复合型专业化时代之前的几十年里。这种国际活动于第二次世界大战后开始发展。随着传播和运输技术的
86 进步，国际活动带来了文本、类型、技术和资本的更高层次的流动。例如 20 世纪

① 基于主流经济学的视角，通过提及创意产业中的财产 A 表和 B 表，凯夫斯（Caves，2000）讨论了创意工作者的不同的成就。但是 B 表包括了非常成功的创意人员，即那些不是超级明星的明星。米亚基的“储备库”表明了 C 表、D 表直至 Z 表的存在，包括凯夫斯所没有提到的不平等的级别。

60年代和70年代，英裔美国人的摇滚音乐和流行音乐文化难以置信地席卷全球，甚至包括了信奉斯大林主义的东欧国家。美国电视产业的发展超过了其他国家，并且在电视发展的早期占据着统治地位。特别是60年代电视蓬勃发展的时代，大部分国家都过分依赖美国的节目（50年代之前只有极少数的国家开发了电视系统）。美国的电视节目输出在60年代末达到了顶峰，然后“在70年代早期保持在每年1亿美元左右的规模——这也意味着为对抗过度膨胀而真正进行了减产”（Tunstall，1994：144）。在电影领域，美国的统治地位更加令人印象深刻。1925年，英国、加拿大、澳大利亚、新西兰和阿根廷电影市场的90%，法国、巴西和斯堪的纳维亚半岛电影市场的70%，都是美国影片（Jarvie，1992：315）。这一统治地位在复合型专业化时代更加牢固。

但是，汤斯托（Tunstall，1994：62）指出，这一时期也存在着其他国际性的文化潮流，包括在一些特定区域长盛不衰的潮流，区域性“媒介帝国”，例如阿拉伯世界的埃及、斯堪的纳维亚半岛的瑞典。英国坐享帝国收益，即使衰败后也依然如此。同时，也存在着来自拉丁美洲和非洲的、流向美国和其他发达工业国家的文化，尤其是音乐和舞蹈。20世纪80年代和90年代，我们见证了全球文化贸易的增强，以及经济的、政治的、文化的互联——这就是全球化。我将在第八章讨论这些问题：**国际文化流动关系的变化，是否足够证明一个文化生产和流通的新时代的到来？美国在多大程度上保持了其国际支配者的地位？**

在本书第八章我们将看到，文化产业企业和文本在最近30年完成了更加强劲的国际化进程，但是我们应该如何评价国际化呢？新自由主义认为要归功于文化物品的自由贸易。这基于新古典经济学的“比较优势理论”（Theory of Comparative Advantage）。该理论认为，“每个国家最好专门生产其具有比较优势的物品，并将商品出售给没有这种优势的国家”（Hoskins et al.，2004：328）。经济学家旨在通过需求和供给曲线向我们演示，当引入并实施保护主义政策（如关税和配额）时，国家经济会出现净损失。在某一特定领域停止生产所导致的社会和文化损失被视为经济的“外部性”（又称溢出效应），即在经济贸易中成本或利润“不在各政党的考虑之内”（Hoskins et al.，2004：290）。在一般经济领域，外部性也许包括环境破坏、失业等。经济学家通常会无视这些因素，因为它们难以衡量，但它们确实非常重要。例如，文化物品对特殊领域（如国家或地区）的多样性贡献巨大。没有任何一个国家的电影、电视或唱片产业能够减少这种多样性。 87

我们必须跳出新自由主义的狭隘视角，聚焦于文化物品国际化运动的社会和文化意义，尤其是权力和身份。因此，第八章提出了以下问题：**巨头公司日益伸出的全球化触角在多大程度上意味着来自文化市场的排外呼声？文化生产核心领域之外的生产者有哪些机会可以进入文化生产和消费的新的全球化网络？**

七、主导技术

在文化生产的复合型专业化时代萌芽期，主导技术是印刷术。继报纸、期刊、乐谱和图书之后，新媒体技术出现了，它们起源于欧洲和北美，继而扩散到世界其他角落：19 世纪 90 年代电影诞生，20 世纪前 10 年留声机和唱片诞生，20 世纪 20 年代无线电收音机诞生，20 世纪 50 年代电视机诞生。所有这些技术都可以被视作对高度不均衡的关系体制（数量相对较少的生产者和数以百万计的观众）的贡献（Thompson，1995）。

对新技术的欢迎从未停止，20 世纪 90 年代中期互联网技术引入，这种激烈的讨论再次现身。我们不应该忘记，早期的技术尤其是无线电技术，曾被赞美具有民主化的潜力。但是，关于互联网和数字网络是大救星的言论远远超越了这些已经完成的早期创新。这一言论部分依赖于电信、电脑和媒体三网融合的乌托邦式幻想。第九章描述了数字化、融合和互联网的发展进程，第九章和第十章提出了与这些发展进程相关的变迁。其中之一关注的是变迁的程度：**数字化和互联网在多大程度上转变了文化生产和消费的方式？**其他相关问题则更具可衡量性。许多互联网和数字技术倡导者声称，他们已经敞开大门，以积极、民主的方式迎接文化生产和消费的新方式，生产和消费之间的壁垒正在消融。取代了模拟时代“少对多”的准介质（Quasi-mediated）互动，在数字网络时代，一些人预测，扁平化的、一对一和多对多的沟通形式正在萌芽。第九章对这一观点进行了评价：**通道真的打开了吗？生产者和消费者之间的壁垒果真被打破了？**

88

八、文本变迁

复合型专业化时代见证了前所未有的海量文本向前所未有的大规模人群的传播。随之而来的是对这些文本的深深焦虑。我们能够识别出 20 世纪媒介产业产品中所存在的许多问题。下面介绍三种用于讨论文化产业和文本产出之间关系的主要方法：

- 选择、多样性、多元化；
- 质量；
- 社会公正，尤其是文化产业是否为富裕阶层和权威人士服务。

这里，关于“程度”的问题与关于“评价”的问题交织在一起，所以我会合并处理。

1. 选择、多样性、多元化

复合型专业化时代，多样性问题对于讨论垄断、集中和集团化非常重要。多年来，主流经济学一直认为，在中间市场，产品总是供过于求［“霍特林法则”（Hotelling's Law）］Hotelling，1929）。多元主义传播研究者和其他人试图证明，集中导致了同质化和标准化，至少是减少了多样性，但结果却是相反的（见第十一章）。即使在多样性减少的罕见的案例中，也很难证明集中导致了同质化。确实，在特殊时期的特殊情况下，集中对于多样性是有益的。柯林斯和莫洛尼（Collins & Murroni，1996：58）指出：“具有风险的新媒体市场迫切需要风险资本和市场权力，以便投放新产品。”他们同时指出，挑战性和权威性的报道需要大量财力作后盾。

实际上，有证据表明，在复合型专业化时代，文化产品的供应无论是在范围还是在多样性上都有了显著增长：大街上的音像店、报刊亭和书店堆满了各类产品，在发达地区，几乎每个人都能接收到比以前多得多的电视台和广播台。我们怎么能说多样性缺失呢？一位政治经济学家（Mosco，1995：258）通过区分多重性（各种单一意见的人的数量）和多样性（这些声音与其他声音实际上互不相同）对这一批判做出了回应。[1] 这一点很重要。美国和欧洲市场上充斥着成百上千的杂志，以 89
满足各类人的兴趣，从缝纫技术到唯利是图的军工业，从同性恋和色情描写到种族事件。毫无疑问，这些杂志为我们的生活增加了乐趣。但是，我们在公共生活的表达上，是否存在着切实的多样性呢？类似的问题，受众是置身于多种声音之中，还是日益被我们引导着去保持一种声调，遵循我们感兴趣的传播渠道的声音？这些问题表明，对文化产业中多样性的组成因素进行客观的评估非常困难。这是一个重要问题，因为许多批评文化产业现状的文章都假设读者对这些问题持赞同态度。然而，问题仍然留在议程上：文化产业所生产的文本在多大程度上更加多样化了，还是相反越来越单一化了？我将在第十一章回过头来讨论这一问题。

2. 质量

自从文化产业化以来，关于文化产业所生产的文本质量正在下降的论调就不绝于耳。确实，在文化评论界有一种深厚的传统倾向于支持这一观点（如 Bloom，1987；MacDonald，1963。参见 Ross，1989 对此观点的精湛论述）。最新的文化评论研究方法表明，我们听、说、读文本的速度更快也更狂热，这导致了文化体验的质量和文本本身质量的双重下滑。根据这一观点，文化产业之所以对本应是高标准的文本减少投入的时间、精力和资源，并获得“侥幸成功”，是因为我们太分心，很难欣赏高质量的文本。与此观点紧密联系的是这样一种看法：由于过度关注利润，文本的整体质量下滑了。正如我在第十一章将要说明的，这一论点很难被证明，这不仅仅是因为质量评价带有强烈的主观色彩。真正的问题在于，那些赞成某一特殊文化产业质量整体下滑的人，却不能从外化的审美标准上提供更多实质性的

① 关于这一问题，阿多诺和霍克海默对“文化工业”的分析也过于简单。

论据来支持他们的论点。然而，留给我们的问题依然很有趣：**文本的整体质量真的下滑了吗？**

3. 文本、社会公正和为利益服务

现在我们重新讨论一下前述针对文化公司的利益所提出的问题：文化公司在多大程度上为其所有者的利益服务？

- 公司通过文本提升自身利益。很明显，文化产业公司通过文本为自己的
90 利益服务。无论个体或不同角色的人们的动机多么复杂，文化产业公司发行文本的首要目的都是挣钱。
- 公司通过文本提升文化产业公司（或占据垄断地位的主要公司）的整体利益。大公司生产的文本有趋同于其他公司的强大趋势。但是这并不是大公司为巩固自身地位而有意识地做出深思熟虑的结果。文化产业公司成为利益联盟，其主要途径是游说。自然，游说有时候能够得到文本的支持。英国的报纸为了广播和互联网的利益而讨伐 BBC 就是一个例子。
- 公司通过文本提升行业整体利益及其所属社会阶级的利益。几十年来，文化公司通过广告和市场营销，借由创造一个鼓励消费的市场环境，或利用广告和营销将满足感和购买商品联结在一起，以便为其产业的整体利益服务。但是，非广告信息对此种商业环境的系统性支持却仍不能确定。许多文本称赞自私自利的消费主义才是获得幸福的方法，但是其他一些文本则优先考虑购买行为之上的其他价值。将商业利益凌驾于作为市民和劳动者的民众的利益之上，将导致民众的工作、生活、环境和人际关系质量的恶化。其中最棘手的问题在于，文本是否通过鼓励政治经济稳定和阻碍社会进步来提升商业利益？文化产业支持权贵利益的倾向日益明显，其影响显而易见是负面的。

显然，文化产业中文本产品的出现，绝非纯粹是文化产业的所有者和执行官为自身利益服务而无意中造成的结果。这其中还有一些中介因素和辅助因素在起作用。现代商业生产的复杂体制导致了许多意外的结果。例如，出于利益考虑，文化产业公司对市场细分的追求有助于进一步的社会分层，但是社会分层却不一定为文化产业公司的利益服务。

在第十一章，我会讨论关于社会公正和为特殊群体利益服务的问题，标题有：

- 广告、促销与商业化
- 娱乐政治学
91 - 新闻报道时权力失声？
- 社会分层和市场细分

以上是第十一章所讨论问题的提纲，那么，文化产业是否日益为自身利益及社会权贵者的利益服务？

★★★

本章的观点是：复合型专业化时代是文化生产的新时代，它始于 20 世纪早期，巩固

于 20 世纪中叶。如果这是正确的，那么通过回答以下问题，就可以将 20 世纪 80 年代以来文化产业的基本转型与表面变迁加以区分（因此也可以认识到延续）：**20 世纪 80 年代以来我们是否见证了一个文化生产全新时代的诞生？抑或，这些变化能够代表复合型专业化时代的转型吗？**这些问题是对导论中所提到的本书核心问题的细化。本章将这些宽泛的问题细化成更容易解决的小问题，表 2—1 是其摘要。下一章将考察我们该如何评价变迁，以及 20 世纪 70 年代以来的种种变迁是如何发生的。

评论及拓展阅读

关于媒介历史的资料很多，关于文化生产某一时期的历史性研究文献也很多——此处实在列举不完。我只重点关注那些有关文化生产和从历史视角系统论述文化产业的研究文献，这也正是我在本章所努力做的。我发现雷蒙德·威廉斯的《文化》（*Culture*，1981）和比尔·赖安（Bill Ryan）的《从文化中获取资本》（*Making Capital from Culture*，1992）的研究方法特别有帮助。珍妮特·伍尔夫（Janet Wolff）的《艺术的社会化生产》（*The Social Production of Art*，1993 [1981]）和《艺术美学与艺术社会学》（*Aesthetics and the Sociology of Art*，1983）都是历史社会学的杰出著作。西奥多·阿多诺（Theodor Adorno）和德国当代评论家弗里德里希·科特勒（Friedrich Kittler）的《光学媒体》（*Optical Media*，2011 [2002]）提出了与理解文化生产相关的历史批判理论，值得商榷。

杰森·汤因比（Jason Toynbee）的《制造流行音乐》（*Making Popular Music*，2000）重点强调了符号创作的历史二重性，对我在本书中的观点产生了非常大的影响。彼得·伯克（Peter Burke）和阿萨·布里吉斯（Asa Briggs）的《媒介的社会历史》（*A Social History of the Media*，第三版，2009）是与文化产业相关的最好的单卷本历史著作。迈克尔·贝雷（Michael Bailey）的《讲述媒介历史》（*Narrating Media History*，2008）收录了一些研究成果，这些研究成果以詹姆斯·卡伦（James Curran）为先例，认为从历史角度理解媒体制度权力是其核心（Curran，2002，2011）。从长期来看，杰里米·汤斯 *92*
托（Jeremy Tunstall）见多识广，例如其著作《媒介即美国》（*The Media are American*，1994 [1977]）。电影史是一个丰沛的领域。关于好莱坞电影工作室，参见托马斯·沙兹（Thomas Schatz）的《制度天赋》（*The Genius of the System*，1996）和道格拉斯·吉奥美（Douglas Gomey）的《好莱坞片场制度》（*The Hollywood Studio System*，2005 [1986]）。至于那些与文化产业有更直接联系的研究者，如尼古拉斯·伽纳姆（Nicholas Garnham，2000）和贾斯汀·欧康纳（Justin O'Connor，2010）因对文化史的严肃考察而提供了最为广博的知识。阿诺德·豪泽尔（Arnold Hauser ）的《艺术社会史》（*The Social History of Art*，1951）从一个较长时期的历史角度进行了分析，是文化产业分析中少有的角度；类似的还有约翰·B·汤姆森（John B. Thompson）《媒介与现代性》（*The Media and Modernity*，1995）所采取的社会理论视角，该书是关于媒介的最好的著作之一。

93

第三章 解释文化产业

一、如何解释变迁：简化论的三种形式

为什么过去20年来文化产业发生了如此大的变化？催生这些变化的因素是什么？

这两个问题不好回答。在复杂的社会中，对社会进程的恰当解释不可能会是简单的。因此，避免将复杂万变的诱因简化为单一的驱动因素才是明智之举。当然，每个人都认为自己的解释避免了简单化。然而，为了达成一致而直接的论述，人们经常过于强调某个特定因素而忽略了其他。

在社会学和历史学著作中被广泛应用到的一个词是“技术决定论”。技术决定论
94 表明人们过于重视**技术的决定性作用**，而忽视了其他因素。相比而言，我更喜欢用“简化论”或（假如推进一步）“**简化主义**”来代替“决定论”，因为问题不在于技术被赋予了决定性角色，而在于这一决定性因素被过分强调了，从而将复杂的事物简单化。“技术决定论”是由雷蒙德·威廉斯引入社会和文化研究之中的，在其《电视：技术与文化形态》（*Television*：*Technology and Cultural Form*，1974）一书中，威廉斯批判了电视产业的“技术决定论”。但是，我们也常常忘记，威廉斯也常常批判他自己所称的“表征技术”（symptomatic technology），即认为技术只是更广的社会进程的副产品而已（Williams，1974：13）。对威廉斯来说，技术不该被孤立地看待，而应把它与其他过程及因素联系起来加以理解。

显然，技术确实具有影响力。电话的出现改变了我们沟通与交流的形态，而录像机进入家庭则在改变我们体验电视的方式方面扮演重要角色。这种陈述是没有争议的，没有将问题简单化。但是如果我们像下面这样回答问题，可能就犯了简化论的错误。例如，当被问到“在过去30年中，是什么因素导致了我们体验电视方式的变化”时，往往回答说“录像、电缆和卫星等新技术”。这种回答方式故意避开了许多问题。诸如，技术为什么会以这种形式而不是其他形式介入？技术如何呈现出其特殊形态？在那些支持技术简化论的人们的陈述中，技术与经济、政治、文化

因素的关系变得模糊甚至杳无踪迹。

我们还常常听到对**“经济决定论”**的指控——此处我同样认为替换为“经济简化论”比较恰当。这种指控反对采用纯政治和纯经济的论点，比如后者将社会的、文化的事件及过程最终简化为一些经济驱动因素，例如公司的逐利本性，或者那些控制生产方式的社会阶级的利益。确实有不少从事文化研究的分析家和自由多元主义传播研究者（例如 Neuman，1991：16）认为，马克思主义者或多或少地犯了简化论的错误。但是经济简化论者绝不仅仅限于马克思主义者。正统的主流经济学也极力强调经济模型的解释力。与技术简化论一样，经济简化论的问题不在于经济因素是否造成了因果关系（例如，公司的逐利行为确实对社会产生了重要影响），而在于分析家过分强调了经济的决定作用，从而不能恰当说明经济因素与其他过程之间的关系。

此外，纽曼（Neuman，1991：17）极为关注**“文化决定论”**。纽曼认为，价值与信仰体系是因果关系的决定性因素。虽然对我们而言“文化决定论”不像“技术决定论”和“经济决定论”那么耳熟能详，但是，“文化是首要因果因素”的观点却传播得极为广泛。文化决定论概括了一个我们经常谈到却又经常误解的观点，即“媒介给予人们想要的东西”，也就是说，受众对文化的需求与期望决定了媒介形态。很少有人敢于出版论著来公开批评这一观点［威尔（Whale，1997）是一个例外］。但是这一观点却常常在警示文化产业组织的一致性以及在公共评论家和政治家中听到。文化决定论的问题是，它忽视了媒介在塑造受众需求与期望上所扮演的重要角色。 *95*

需要再一次强调的是，我们反对文化简化论，不是因为它将事物的因果特质归于文化过程。例如，闲暇时间的增加和户外实践的变化确实极大地影响了文化产业公司的行为。问题在于，简化论有意避开了更深层次的诱因问题，例如，“文化实践为什么会呈现出此种形态?”欲讨论文化进程的因果关系还存在其他困难，例如我们在导论中提到，我们很难给“文化”下一个确切定义。在当代社会，无论是在学术著作中还是在新闻与大众出版物中，“文化”一词都被使用得过于广泛以至于它似乎包罗万象，却又似乎什么也不是。文化是指某一社会中流行的态度、信仰和价值，还是人们的普遍生活体验，抑或是特殊地点、特殊组织和特殊制度中的一般生存状况？任何人都承认，文化这一术语复杂难懂，然而，“文化”的解释力却高于“技术”或“经济”的方法。在本书导论中我就已经表明，我喜欢威廉斯给文化下的定义，即文化是“社会秩序得以传播、再造、体验及探索的一个必要（虽然并非唯一）的表意系统”（Williams，1981：13）。这至少帮助我们避免了对文化的愚蠢的顶礼膜拜，并将我们的注意力引到“社会文化”的概念上来。“社会文化”不是一个简单的概念，它涵盖了许多因素的互动，例如文化维度和更广义的社会系统及社会行为之间的互动［对这一复杂问题的讨论，请参考威廉斯（Williams，1981：第 8 章)］。

二、文化产业变迁与延续的大环境（1945—1990）

下面，我将试着把经济、技术和文化的进步与其他重要的维度结合起来，包括

96 政治、法律和规章框架，以及文化产业组织自身的内部动力。当我开始思考文化产业中变迁与决定因素的问题时，我想我应该总结一下政治经济学的成果，从而提供一个简明且连贯的历史视角，作为评估变迁与延续的敲门砖。但是，政治经济学的方法在很大程度上缺少对变迁的解释性说明。即使是尼古拉斯·伽纳姆和格雷厄姆·莫多克，虽然其作品充满极具洞察力的解释性论述，却也没有通过对文化产业进行历史考察来对经济与文化变革之间的关系作出系统且全面的阐述。本章设法对文化产业的变迁进行概述，为此，我将引用更多的社会理论、政治学和经济学文献。

正如前面所言，社会理论和社会科学忽视了文化产业。一些主要文献虽然试图处理这一问题，但毕竟受到很大限制。例如，大卫·哈维（David Harvey）的《后现代的状况》（*The Condition of Postmodernity*）一书指出，在一个文化易变而不可预期的新时期，文化产业对于控制符号系统非常重要（Harvey，1989：284－307）。但是，哈维没有涉及文化产业的独特组织形态，也没有谈及文化生产中的冲突与矛盾（只在第290页给了一点简要的论述）。曼纽尔·卡斯特斯的《网络社会的崛起》（*The Rise of Network Society*，1996）一书，有专门一章对媒介进行了论述，但这章却是其“信息时代”三部曲（The Information Age）中最弱的一部分。（《网络社会的崛起》是“信息时代”三部曲中的第一部。）卡斯特斯诉诸未来学，对前一个媒介时期，他只进行了简单描写（Castells，1996：327－375）。当然，社会理论中也并非完全忽视文化生产，一个例外就是斯科特·拉什和约翰·尤里（Scott Lash & John Urry）的书《符号与空间经济学》（*Economies of Signs and Space*，1994）。该书用了整整一章谈论文化产业，其中讨论文化产业与经济及社会变革之间的关系的内容十分有趣。

但是，如何着手呢？我认为，以**经济大衰退（*Long Downturn*）**作为研究起点来理解文化产业的变迁最有可能成功，因为它几乎影响了自20世纪60年代末以来的整个世界。评论家通过各种途径阐明了公司和政府是如何对经济危机做出各种回应的，并试图处理这一问题（Castells，1989；Harvey，1989）。那么，如果我以一个经济事件作为起点来开始我的叙述，是不是犯了经济决定论的错误？答案是否定的，因为我特地用了“起点”这个词。经济危机发生的部分原因在于社会、文化、组织和技术的因素，因为因果关系链的起点不可能是单一的。经济大衰退就像催化剂，加速和巩固了文化产业早已蠢蠢欲动的某些进程。因此，虽然我从政治经济的角度开始论述，但是，我也注意到要把政治经济事件与众多其他因素结合起来考虑。

97 三、政治经济的变迁：经济大衰退

也许，将“二战”战后时期描述成全球和平繁荣的时期是值得商榷的。在这一时期，疾病和贫穷随处可见，在欧洲以外的国家和地区还出现了空前的军事冲突。

然而，毫无疑问，对于欧洲、北美和澳大利亚等“发达”资本主义国家和地区来说，20 世纪 50 年代至 70 年代早期，经济稳定增长，人民生活水平提高，自由民主政府体制也相对稳定。东欧和苏联模式的经济也获得了巨大成功。甚至有证据表明，在封建社会和资本主义社会曾经十分严重的财富和社会机会不平等的状况也开始被修正［关于这一时期的论述请参考霍布斯鲍姆（Hobsbawm，1995：257-286)］。由于这一时期发达资本主义国家的宏观经济表现为良性，因此，一些经济学家将这一时期称为“资本主义的黄金时期”（Marglin & Schor，1992）。20 世纪 60 年代晚期，左右翼主流经济学家都作出预测：由于资本主义经济已经持续繁荣了 150 年，兴衰交替的循环将走向终结。[①] 但是，经过了几十年景气状况后，在 20 世纪 70 年代早期，发达资本主义国家经济开始倒退，并持续到 90 年代，1974—1975 年、1979—1982 年、1991—1995 年尤其严重。1970—1990 年，七大工业国所有产业，尤其是制造业的利润急剧下滑。其他重要的经济指标表明，经济进入了一个重大的倒退时期［见表 3—1，引自伯伦纳（Brenner，1998：5)］。

关于经济滞胀的起因尚存争议。在大卫·哈维（Harvey，1989）看来，国际金融运作破坏了自 20 世纪 60 年代以来的金融系统的稳定。在其他学者（Armstrong et al.，1991）看来，主要原因是：挣工资的劳工阶级的力量日益增长，破坏了黄金时期延续下来的资本和劳动力的平衡。随着劳动者自身力量的巩固，“工资的急剧增长”压缩了资本家的利润，因此导致了危机。在罗伯特·伯伦纳（Brenner，1998）看来，大衰退时期引起利润下滑的主要原因不是劳动者施加的压力，而是资本家之间相互竞争，没有注意到整个资本主义制度所发生的变化。随着德国和日本的公司在制造业上取得巨大成功，世界经济头号强国美国却经历了制造业产能和产量过剩的危机——制造业至今仍是美国的重要产业部门（Brenner，2000：8）。美国制造业危机引发了国际性危机，并且随着 1973 年石油输出国组织（OPEC）的油价上涨而恶化。

表 3—1[①]　　**战后经济繁荣时期与滞胀时期对比**　98

制造业

	净利润率		产出率		净股本		总股本		劳动生产率		实际工资率	
	1950—1973	1973—1993	1950—1973	1973—1993	1950—1973	1973—1993	1950—1973	1973—1993	1950—1973	1973—1993	1950—1973	1973—1993
美国	24.35	14.5	4.3	1.9	3.8	2.25	—	—	3.0	2.4	2.6	0.5
德国	23.1	10.9	5.1	0.9	5.7	0.9	6.4	1.7	4.8	1.7	5.7	2.4
日本	40.4	20.4	14.1	5.0	14.5	5.0	14.7	5.0	10.2	5.1	6.1	2.7
七大工业国	26.2	15.7	5.5	2.1	—	—	4.8	3.7	3.9	3.1	—	—

① 请参见伯伦纳（Brenner，1998：1）所引用的其他例子。保罗·萨缪尔森（Paul Samuelson）对其中一个作出了评论。萨缪尔森是 20 世纪最著名的主流经济学家之一，他认为国家经济研究局（National Bureau of Economic Research）“背离了对商业周期的研究这一本职工作”。

私有企业[2]

	净利润率		产出率		净股本		总股本		劳动生产率		实际工资率		失业率	
	1950—1973	1973—1993	1950—1973	1973—1993	1950—1973	1973—1993	1950—1973	1973—1993	1950—1973	1973—1993	1950—1973	1973—1993	1950—1973	1973—1993
美国	12.9	9.9	4.2	2.6	3.8	3.0	—	—	2.7	1.1	2.7	0.2	4.2	6.7
德国	23.2	13.8	4.5	2.2	6.0	2.6	5.1	3.0	4.6	2.2	5.7	1.9	2.3	5.7
日本	21.6	17.2	9.1	4.1	—	—	9.35	7.1	5.6	3.1	6.3	2.7	1.6	2.1
七大工业国	17.6	13.3	4.5	2.2	—	—	4.5	4.3	3.6	1.3	—	—	3.1	6.2

99 注：①七大工业国的净利润率延展到 1990 年；德国的净股本数据覆盖了 1955—1993 年；日本的净利润率和净股本覆盖了 1955—1991 年。②七大工业国的净利润率延展到 1990 年；德国的净股本数据覆盖了 1955—1993 年。

资料来源：Brenner，1998：5。

四、政治和规制的变迁：新自由主义的兴起

无论引起经济大衰退的确切原因是什么，舆论普遍认为它造成了深远的影响，其一系列政治影响为我们理解文化产业规制的变迁提供了重要的环境（本书第二篇将详细讨论）。在经济衰退时期，发达资本主义国家通过以下方法抵御 20 世纪 70 年代出现的资本主义经济危机：第一，压制工人运动；第二，摒弃战后流行的政府对经济的干预——战后一定时期内人民消费支出不足，政府为了补足消费支出而加大政府支出，以维持经济增长（Harvey，1989：第二部分）。雇主和政府承诺长期削减实际工资，但是这对于恢复利润作用不大。西方经济在经历了若干年的通货膨胀后，自 1979 年始，各国政府再度实施自 1974—1975 年就开始实施的一系列反通货膨胀的长期战略。公共支出的突然缩减和民选政府的监管放松，从偶然现象上升为长期政策。在 19 世纪，有一种观点认为，人类需求只有通过无监管的自由市场才能得到最大限度的满足。这一观点在当时得到了许多自由主义经济学家的赞同。但到 20 世纪末这一观点却被认为是疯子和怪人的言论，所以只能改头换面，用“新自由主义经济”一词代之。[1]

在英国和美国，新自由主义对自由市场的思考呈现出非常极端的形态，因为这两个国家分别于 1979 年和 1980 年选举产生了极右的保守政府——两个政府均由一小部分具有选举资格的人选出。1983 年和 1984 年，英美两国又分别再度选举，这次是普选，因为前一届政府是为一群具有影响力的少数人的利益服务的；此外，还因为当时英美两国的以传统左翼为基础的工人运动完全失控，社会陷入混乱，这无

① 在美国，“自由”指的是政治上的中间派（作为保守和激进的对立面而出现），然而这个词的意义并不涉及 19 世纪的自由主义经济学，或“新自由主义”这一重要术语，它是在维护个人自由这一意义上使用的。然而，未经规范的市场常使大众失去重要的自由。

意中助力了极右翼政府，虽然失业问题和社会不平等依然困扰着这两个国家。这一时期，文化产业在政治经济策略正常化的过程中扮演着重要角色，正如报纸和电视新闻描绘的贸易联盟复苏一样。

从20世纪70年代晚期开始，为了降低工资成本，大部分政府，无论其是否具 100
有政治说服力，都极力削弱劳动者讨价还价的权利。利率的提高限制了贷款，迫使许多不能盈利的公司退出市场；失业不断蔓延，致使处于弱势地位的劳动者更加无助（Brenner，1998：181）。但是，由于撒切尔夫人和里根总统分别在1983年和1984年的第二次选举中获胜，极端的新自由主义教条扩散到了选举产生的社会民主派和改良主义者掌权的政府中，例如1984年以来的新西兰（Gray，1998）以及20世纪80年代末的大部分发达资本主义国家。1989—1991年，东欧剧变，苏联解体，随后，这些国家都采纳了新自由主义而非社会民主化的政治模式。

在政府政策趋向新自由主义的整体变化中，还存在一套对文化产业及其在当代社会中的地位产生了深远影响的特殊政策。本书中，我用**“信息社会”（information society）**这个词来指代这套特殊政策背后的思维与修辞（thinking and rhetoric）。这涉及一个观点，即信息和知识是现代社会运作的核心。专栏3—1解释了为什么这个观点特别重要。[一些作者使用“知识社会”（knowledge society）一词，二者之间有些细微的差别。][①]

专栏3—1

信息社会

信息社会理念认为，我们生活于其中的社会与以工业为基础的社会不同，就像工业社会与农业社会不同一样。这是一种简明的目的论论调——工业社会取代农业社会成为全球经济生活的基础，而信息社会比工业社会更胜一筹。在工业社会时期，工作与繁荣基于工厂和劳动力，而在信息时代则基于信息和知识。对信息社会而言，就像某些评论家所说的，制造和传递能够触摸得到的产品——石油、钢铁、汽车——不再是生产的主要目的，信息社会更多的是对“关系、图像和感知”（Webster，1995：1）的生产。有人认为这是一种阐释雇佣劳动从制造业向服务业转型的方式（我们将在下一部分讨论这个问题），但是信息社会理念也源自现代经济体中日益重要的研发和科技。

20世纪六七十年代，信息社会理念扎根之时也出现了很多大问题。马克·波拉特 101
（Marc Porat）的《信息经济》（*The Information Economy*）一书出版于1977年，他预测，信息为美国的GDP贡献了46%。但该数据是通过把大工业（如石油、汽车）中的信息和非信息元素截然分开，并赋予每个产业一个数值才得到的——这种运作方式基于高难度且通常相互矛盾的价值判断，正如韦伯斯特（Webster，1995：12）所言。此外，相对来说，这种统计数据没有阐明信息是如何在社会中运作的。即使我们接受用这种方式对信息价值进行量化，也有其他研究表明，信息对经济活动的贡献比波拉特预测的要

---

① 还有一些作者和政治家用“经济”一词替换“社会”一词，信息社会大量的思维与修辞确实是关于经济的，但是韦伯斯特（Webster，1995：6-29）指出，“信息社会”思维包含其他维度——技术的、职业的、空间的、文化的——这就是我喜欢用“社会”一词的原因。还有一个原因就是其适用面更广。

小得多。

然而，在彼得·德鲁克（Drucker，1992 [1968]）“知识经济”理念和丹尼尔·贝尔（Bell，1974）“后工业社会”理念中，这种叙述为信息社会概念的普及奠定了基础，在信息社会，理论知识尤其是科技知识，被视为新兴社会运作的“轴心”。围绕这些理念产生了激烈的争论。到20世纪80年代，发达工业国家面临着来自欧美之外新兴工业化国家的竞争，在政府政策制定上，信息和知识是未来经济繁荣和就业率之保障的理念，演变成一种常识性概念，获得了大量报告和委员会的支持，他们中的大部分都支持新兴的新自由主义政策［一个典型的例子就是英国内阁办公室的报告《创造信息事业》（*Making a Business of Information*）］。

根据信息社会理念，文化产业建立在信息和知识的基础上，因此它是新兴“知识经济”的一部分。重要的是，文化产业是知识经济中高度可视的部分，这也许使其所扮演的角色比看上去更重要。20世纪90年代，随着互联网和万维网的崛起，关于信息社会以及传播和媒介在社会中所扮演角色的讨论繁荣起来，各种假设和观点充实了未来愿景。当政治家、商人、记者和学者都在使用信息社会这一术语时，它的意思也变得模糊不清了。信息社会是一个混杂的概念，但它确实对政策以及文化产业在当代社会中的角色和地位产生了影响。政策制定者和学术专家普遍认为，文化产业正在塑造未来经济重要形态的一部分，其发展需要各方支持——通常是给予一个国家或民族一项比较优势，或者避免其劣势。对知识产权的保护需要更加严谨的法律，因此文化产业公司能够从产权上获取更多利润。对这一观点的展开详见本书第五章。间接方面，关于信息社会的形形色色的讨论都对信息和传播技术非常
102 重视，这刺激了电信业的“去监管化”，加速了政府对发展IT产业（包括硬件和软件）的努力。我们将看到，这导致了文化内容传播渠道的大繁荣。这一发展当然不是全然被认可的——有些人认为日益严格的版权保护政策实际上对控制文化生产的垄断公司有利，它抑制而非促进了创造性。

新自由主义和信息社会的内容对于我们理解20世纪80年代以来传播与电信法律及政策的变化非常重要。新自由主义借助政策理念重构了一个观点，即“人类需求能够通过自由市场获得最大限度的满足”。这种市场化是引出文化产业变迁的一整套问题的基础。在第四章中，我将在不同背景下追溯市场化的轨迹，并更加详细地分析其影响。

五、商业策略的转变

资本主义经济大倒退时期，劳动生产率和利润的下滑所产生的第二个主要结果是，发达国家中的资本主义企业迈入了密集的创新时期。表现在三个方面：

- 投资转向服务业，即从传统产业（如矿业和农业）或者第二产业（主要

指制造业）转向各种以服务为主的产业：用卡斯特斯（Castells，1996：311）引用辛格曼（Singlemann，1978）的话就是，经销、制作、社会和个人服务等。

- 国际化。
- 组织创新。

1. 投资转向服务产业

发达工业国家的商业发生了重要转变，即从农业、原料加工、建筑和制造业全面转向服务产业。正如哈维（Harvey，1989：157）所言，这个转变是一种长期趋势，但是它与经济大衰退一样，都是不可避免的。在发达工业国家，公司面临着工资增长和竞争加剧的威胁，尤其是亚太地区（主要指韩国、中国台湾、中国香港、新加坡）和拉丁美洲（主要是墨西哥和巴西）的新兴工业国家和地区也是如此。但是，这一转变经常被简单化或者夸大。表 3—2 基于卡斯特斯（Castells，1996：282－293）的数据给出了各行业的一些指标。相比老套的“第一、第二、第三”产业（农业、制造业、服务业）的划分，这些数字能够更全面地描述文化产业的变迁。通过引用产业历史学家乔金·辛格曼（Joachim Singelmann）的成果，卡斯特斯使用了更广义的术语“采集业”（extractive）和“转型产业”（transformative）来描述第一产业和第二产业，并将服务业划分为四个组成部分。

表 3—2 向服务业的转型 103

产业	美国 1970	美国 1991	日本 1970	日本 1990	法国 1968	法国 1989	英国 1970	英国 1990
采集业	4.6	3.5	19.8	7.2	15.6	6.4	3.6	3.3
转型产业	33.0	24.7	34.1	33.7	39.4	29.5	46.7	27.3
供销服务	22.4	20.6	22.4	24.3	18.8	20.5	18.7	20.6
生产服务	8.2	14.0	4.8	9.6	5.0	10.0	5.0	12.0
社会服务	22.0	25.5	10.3	14.3	15.1	19.5	17.7	27.2
个人服务	10.0	11.7	8.5	10.2	8.2	14.1	8.1	8.1

注：表中数字指的是劳动力总数。
产业界定：
采集业：农业、采矿业；
转型产业：建筑、公用事业、制造业；
供销服务：运输、通信、批发；
生产服务：银行、保险、地产、工程、会计、法律服务，以及其他各式各样的生产服务；
社会服务：医疗、医院、教育、福利、宗教服务、非营利组织、邮政、政府等；
个人服务：国内航线、旅店、餐饮服务、修理、干洗、美容美发，以及难以归类的各种服务。

资料来源：改编自卡斯特斯（Castells，1996：282－293）。

制造业的下降趋势也被夸大了。例如在日本，转型产业——包括建筑、公用事业和制造业，在 1973 年以后的一段时间内，就业率的下降趋势并不明显。然而在美国、法国和英国，则表现出了明显的下降。在日本和法国等国家的采集业（农业和采矿业）中，农村人口的下降幅度更加明显。

我认为，20 世纪 80 年代和 90 年代文化产业的繁荣需要放在企业投资策略发生转变这一大环境下来看待。不幸的是，辛格曼和卡斯特斯的分类却不够灵活，特别是没有涵盖文化产业；文化产业也许被隐藏在各式各样的生产服务之中，与其他行业相比，这类与文化相关的生产服务在几乎所有的发达工业国家中增长率都是最高
104 的。下面我们具体考察这一转变的驱动因素。尼古拉斯·伽纳姆（Garnham，1990：117）认为，发达资本主义国家内部对节省劳动力的电子消费产品的需求点燃了20世纪50年代和60年代的“黄金时期”，但是到20世纪70年代初，西方市场很快就开始饱和了。冷战结束后，美国政府在国防和空间技术上的高科技研究成果被许多公司采用。[例如，虽然我们不能把互联网解释为驱使国防导向现象发生的因素，但是其发明却出于维护计算机系统免受核武器袭击的需要。布赖恩·温斯顿（Brian Winston）所提供的资料清楚表明了核心研究所需要的花费是如何通过国防支出得到资助的。] 到20世纪80年代早期，在欧洲和北美经济不景气时期，亚洲许多新兴工业国家的经济持续高速增长，但是，欧美公司在向高科技与文化产业的转型上所表现出来的优势更令人震惊，尽管研发费用着实不菲。

文化产业深受这些变化的影响。随着新型消费市场竞争的加剧，文化产业对广告和市场营销的需求也持续增长。这对于通过媒介寻找销路非常有用，并持续到21世纪第一个10年。下面是一些相关数据：

● 表3—3显示出20世纪80年代经济增长迅猛的许多国家中，广告投入占GDP的比重。

● 1984—1989年，欧盟国家的广告支出以每年6%的速度增长，1988年则增长了10%（Howard，1998）。

● 20世纪90年代前期，欧盟国家广告支出的增长率有所下降，但是自1993年起又恢复增长。1980—1996年的实际增长率为73%，达580亿欧元，相当于740亿美元。

● 中东和拉美等发展中国家的数字增长更为惊人。1987—1996年间，中东国家广告支出的实际增长率超过了1 000%（IJOA，1998a：515），同时期拉美国家则增长了377%（IJOA，1998b）。

● 20世纪80年代和90年代，美国的广告支出增长比较缓慢，但是美国在80年代早期广告支出就已经达到了相当高的水平。1998年，全世界42.9%的广告投资都是北美贡献的，美国则占其中的95%（IJOA，2000）。

表3—3　1980—1990年各国广告支出增长情况（广告投入占GDP的比重）（单位：%）

国家	1980	1990
奥地利	0.47	0.63
比利时	0.47	0.65
加拿大	0.98	1.05
瑞士	1.02	1.07
原联邦德国	0.75	0.82
丹麦	0.76	0.84
芬兰	0.71	0.94
法国	0.48	0.78

续前表

国家	1980	1990
英国	1.11	1.37
希腊	0.26	0.77
爱尔兰	0.65	0.82
意大利	0.37	0.62
日本	0.95	1.12
挪威	0.77	0.74
荷兰	0.87	0.87
葡萄牙	0.19	0.77
瑞典	0.64	0.80
土耳其	0.20	0.38
美国	1.32	1.51
欧洲（平均）	0.70	0.91

资料来源：桑切斯-塔伯内（Sánchez-Tabernero et al.，1993：125），引自 Zenirh Media Worldwide。

这些数字显示出这一时期文化产业所带来的持续增长的经济回报。但是，文化产业不仅仅是又一个投资机会，而是逐渐成为可以谋利的产业形式，至少在美国和 105 英国娱乐业已被视为重要的经济部门了（Wolf，1999）。其他产业中的巨型公司，如美国的通用电器和日本的索尼公司，在 20 世纪 80 年代向文化生产领域投掷重金。这些产业巨擘以前也曾经进军文化产业，尤其是 20 世纪 60 年代，但是到了 80 年代，这些公司却进入了文化产业的核心领域，即支配美国文化环境的电视网，如 NBC 和 CBS。同时，那些先前进军文化产业的公司规模不断增长，并逐渐开始了文化产业内部的跨产业运作。这意味着文化生产日益成为雄心勃勃且资源丰富的经济实体的关注点。文化产业的变迁带给我们的启示在全书都有讨论，特别是在第六章。

2. 国际化

发达工业国家为了应对利润下降的趋势，所采用的产业及组织重构的第二个主要类型是哈维所说的“空间定位”。资本主义企业所有者和运营者试图通过海外投资重新获得更高的利润，以便分散固定成本，并在发达工业国家工资不断攀升的情况下使劳动成本最小化。这种国际化历史悠久，大卫·赫德等人（Held et al.，1999：242－255）做了极好的说明。在金本位制时期，即 1870—1914 年，作为商业国际化的重要表现形式，外国直接投资（FDI）规模不断扩张。不过，这一时期的扩张是由英国主宰，以卡斯特斯所说的采集业为主，并高度集中于特定地区。在两次世界大战之间，以原料和能源（如石油）为基础的卡特尔形成了。消费品的买卖日益国际化，但是生产却逐渐由政府来组织。战后，尤其是 20 世纪 60 年代，跨国公司急剧扩张，尤其是美国的制造业公司最为明显。人们普遍认为生产国际化是全球生产及发行网络的开端，就其性质看，它标志着国际化进入一个新阶段。①

① 赫德等人使用了比较流行的术语“全球化”，但该词在这一语境中却稍显晦涩。相比“全球化”，我更喜欢“国际化”，理由我将在第八章讨论。

过去的30年被认为是国际化的加速期，也是对经济大衰退的回应。20世纪80年代早期，受经济不景气的影响，国际化的速度有所放慢，但是到90年代，全球
106 FDI增长率则年年飙升。1980—1985年，全球FDI年增长率为7.3%，1986—1994年间则达到19.4%。[FDI增长率高于全球总生产量（GWP）的增长率，这显示出国际活动（international activity）的增长速度超过了经济增长速度。] 同时，20世纪80年代和90年代的新自由主义经济政策解除了对国内产业的保护措施。旨在通过国家间协商以减少并消除关税及其他“自由贸易”壁垒的《关贸总协定》（GATT）谈判在1993年和1995年达到了顶峰，前者达成了《马拉喀什协议》（Marrakesh Agreement），后者则促进了世界贸易组织（WTO）的建立。对贸易限
107 制的解除有助于激发各类公司形成商业活动的国际化。与贸易国际化同步进行的金融市场国际化，虽然在20世纪50年代就已经开始，但是直到90年代才随着国际金融流动监管的放松而达到顶峰，这进一步降低了政府在管理经济方面的地位。在欧洲（EU，欧洲联盟）、北美和墨西哥（NAFTA，《北美自由贸易协定》）以及亚太地区（APEC，亚洲太平洋经济合作组织），都形成了巨大的区域贸易市场，这催生了在这些地区进行布局的高潮。此时，随着跨国公司买下海外公司以扩展生产与供销网络，大规模的并购浪潮出现了。截至1995年，全球海外分支机构为GDP贡献了7.5%；在1970年，这一数字为4.5%（Held et al.，1999：246）。

由于经济原因，特别是由于一些重要的文化产品的边际成本较低，文化产业的运作也呈现出国际化趋势。但是，在许多重要方面，商业作为一个整体，其普遍的国际化影响了文化产业，电信产业的发展对文化产业的影响尤其深远。出于巨型公司各部门之间相互沟通的需要，通过快速且安全的公共网络以及日益增多的私人网络开展国际传播，这对于各类跨国公司变得极为重要。部分是为了满足这些需求，高新技术产业公司、欧洲庞大的公共电信运营商（PTOs）和美国私人公司联合起来在传播技术领域掀起了一轮技术创新，并在20世纪70年代和80年代的数字“智能网络”发展中登峰造极。正如曼赛尔（Mansell，1993）所言，除了满足跨国公司的需求，网络的发展很大程度上旨在保护公共和私人垄断者的垄断地位，防止新竞争者进入电信市场。

电信技术的这些创新对于文化产业的传播方式极为重要，包括互联网以及万维网，也包括数字电视和私人信息网络。事实上，文化产业不得不迅速扩张，以填充电信产业创造的巨大容量。20世纪70年代以前，大多数的电信业务只通过声音来进行；然而现在，图像、文本、图形和音乐已经能够通过智能网络与电话会谈并驾齐驱了。

其他产业，如消费类电子产品，其国际化也对文化产业产生了重要而有冲击性的影响。若要将固定成本分散到各国市场，就要建立耗资巨大的研发中心来生产新的硬件设备（详见下一部分“技术变迁：信息技术与消费类电子产品”）。

3. 组织创新与组织重构

与文化产业相关的第三种产业变化及组织变化形式表现为具有竞争力的公司产
108 生了新的组织形式，目的是获得高额利润，减少劳动成本以及赢得市场份额。持有

各种观点的学者们大体考察了 20 世纪 70 年代和 80 年代的商业重构，他们中的大部分人认为，重构是经济大衰退的结果。重构被贴上了各种各样的标签，而这种种标签大多数都强调弹性专业化（Piore & Sabel，1984）、弹性积累（Harvey，1989）以及后福特主义（Hall & Jacques，1990）。卡斯特斯（Castells，1996：151－168）对这些有关重构的主要因素作了有价值的细分。

- 大公司的衰落与公司间网络（interfirm networking）的兴起。评论家班尼特·哈里森（Bennett Harrison）1994 年的《瘦身与节俭》（*Lean and Mean*）一书赞扬了大公司的重要性和永恒活力，而并非如 20 世纪 80 年代后福特主义评论家所言的，大公司处于如此的危险状态。而且，卡斯特斯指出，实际上，作为模范的生产组织，传统垂直整合的大公司作为组织生产的模型的地位虽然弱化了，却仍然大量存在着。大公司改变了它的组织结构，并把业务转包给中小型企业。这些较小的企业更有潜在的活力和创新力。它们与那些转包给它们业务的大公司的关系也日益密切。
- 公司策略联盟。公司间的策略联盟是一种重要的新兴形式，它不是传统的卡特尔，而是建立在特殊项目上的联盟。卡斯特斯说，在研发成本耗资巨大的高新技术产业中，这种形态尤其流行。对卡斯特斯而言，自给自足的公司已经日益成为历史。更重要的是，通过公司间网络的扩展，中小型企业常常可以进入这种联盟。
- 新型管理方式与公司重构。许多对组织创新的讨论都很关注日本的汽车生产模式——有时候也被贴上“丰田模式”的标签。这种模式的许多地方涉及通过灵活运用信息、及时发货来减少库存，提升质量控制。但是，对劳动力的管理来说，最重要的是减少层级，设置具有自主权的工作单元。卡斯特斯还指出了公司组织形式的发展，尤其是从传统的层级制组织结构向去中心化的工作单元的转变，有时发展半自主化的工作单元，有时甚至要让这些工作单元相互竞争。由此，公司变成了一个网络。公司核心层的职责是确保网络内部充分沟通。卡斯特斯说，这种管理在 20 世纪 80 年代的经济重构中由于成本的节约而得以发展，90 年代出现的横向一体化趋势则是这种管理模式得以扩张的表现。与这类变化紧密相关的是“灵活性”思维，即随着市场更加不稳定且更不可预测，企业需要快速转变生产以适应变化着的需求。这种变化在当前环境下尤其有意义。因为正如我们在第二章中所了解的，文化产业在复合型专业化时代的大多数时间里已经拥有了这种网络形态。 109
- 转变工作模式。在某个独立讨论中，卡斯特斯（Castells，1996：264－272）将新的工作环境与新的组织结构联系起来。他还特别注意到了，随着临时工、兼职以及自主独立经营的兴起，劳动力瓦解了。这样一来工作的可选择性增加了，但也使得生活不富裕、技术不熟练或受教育不足的劳动者必须面对偶然性的和不安全的环境。

对各类商业变迁的讨论为第六、第七章讨论文化产业的产业转变、组织转变铺平了道路。此处一个重要主题是，文化产业到底在多大程度上与其他产业有所区别？文化产业是否由于其在发达工业国家中的地位越来越高而正丧失其特色？还是像某些学者（例如 Lash and Urry，1994）所言，其他产业也越来越与文化产业趋同，例如更多公司在组织结构上设立半自主的部门或分支机构？

六、社会文化及文本的变迁

要理解文化产业过去 30 年的变迁，需要着重注意 20 世纪 70 年代的经济危机所导致的组织重构。但是，对重构作出解释还远远不够。我们必须避免这样一种模式，即认为经济变化影响了政治和生产组织，随之而来的是文化产业的变迁，继而又影响了整个文化生活。有三种主要方法我们必须加以考虑。

第一，考虑 1980 年以来的文化产业变迁，一方面要承认经济与政治进程的复
110 杂互动，另一方面要承认社会、文化以及制度过程的复杂互动，而后者在宏观层次上经常被视为重大事件的副产品。文化产业很难逃避 1960 年以来发生于发达资本主义社会中的社会文化加速转型所产生的影响：废除教育、宗教和其他领域中的社会权威；家庭生活、性、男女和儿童之间的关系，以及对人之所以为人的理解都发生了转变；对个人认同的强调和反省持续加强。为了争取时间充裕的受众和/或新富裕起来的全区选民——诸如 20 世纪 60 年代生育高峰时期降生的青少年及学生，或者 80 年代早期的工厂女工，文化公司不得不呼吁转变价值，至少在某些部门不得不如此。文化公司并非迎合消费者的潜在需求：它们在自发地帮助消费者进行新需求的定型。显然，市民受到社会文化变革的影响，他们头脑中浸透了新方式与新思维，他们获准进入文化产业，并能够将自己的价值灌输到其所创造的文本中去。一个显著的例子是，20 世纪 70 年代早期，好莱坞电影的新类型、新格式以及新的叙事模式得以发展。部分原因是旧有制片体制中的组织和制度因素瓦解了，电影公司意识到新生代的孩子将是电影院的核心观众。但是，由于新一代电影制片人将新理念和新价值带入电影制作，这一转变也是社会文化因素的变化（Tasker，1996）。

第二，对文化产业的恰当分析需要我们考虑各种程度的延续，以及变迁的多元共存进程。对组织重构的过分强调夸大了短期转型，却忽视了各种时间因素。例如，文化产业日益成为经济生活的核心，并不完全是由危机后的重构引起的。贯穿 20 世纪，文化不断成为现代社会生活的中心，是因为人们的休闲时间增加了，消费文化遍布所有发达产业经济之中。斯图亚特·霍尔提到，贯穿整个 20 世纪的长期“文化创新”越来越重要，通过文化创新，“由活动、制度和实践所组成的我们称之为‘文化’的领域大肆扩张，超出了我们的认知范围”（Hall，1997：209）。他坚信，文化创新发生于前面讨论过的组织重构之前。我认为，霍尔对文化的界定太宽泛，他似乎经常将文化等同于“话语”甚至“意义”（Hall，1997：225－226）。将 20 世纪 80 年代和 90 年代的转变看作已经上轨的列车的加速过程是明智之举。

第三，历史不会忽略任何偶然可能性或机会。将文化产业的转型看作经济和政

治危机的直接结果，就是因为没有认识到偶然性因素。偶然性对于以非理性审美体验（或者至少是缺乏理性）为基础的文化产业至关重要。这引导我们回溯到导论中所谈及的人们使用审美及信息产品方式的不可预测性上来（见导论）。因此，文化产业中的特定变革很可能是受突发且不可预测的文化现象的影响，而非结构性经济模式的后果。 111

要公平对待20世纪晚期社会文化的巨大变迁也许是不可能的。但是，我们能够指出其中与文化产业最相关的一些方面。有两个关键的问题：其一，工作时间和休闲时间的对比；其二，可支配收入。哈罗德·弗戈（Vogel，1998：6）援引的一些数字显示，在美国，每周平均工作时间发生了巨大下滑，即从1850年的每周70小时下降到1940年的每周约44小时；而这些年，正是文化产业从市场专业化时代向复合型专业化时代的转变时期。同时，可支配收入增加了，基本需求（如食物）消费所占的比例（恩格尔系数）缩小了，花费在非基本需求方面如文化产品上的钱日益增多。

在20世纪70年代和80年代，美国人的工作时间大体上是公平的。但是据经济合作与发展组织（OECD）统计，在大多数国家，工作时间显著下降（Vogel，1998：8）。即使在工作时间和休闲时间之比相对稳定的美国，花费在媒介消费上的时间也已经有了显著增长，由每周50.7小时飙升至65.5小时（Vogel，1998：9）。休闲时间很大程度上由电视支配。1970—1995年，美国人看电视的平均时间从每年1 226小时飙升至1 575小时（Vogel，1998：9）。美国人平均每周花费30小时看电视（Webster & Phalen，1997：108），这表明电视是最重要的消费媒体，因为它占据了美国人每周总消费时间（65.5小时）的46%，与1970年持平（Vogel，1998：9）。

此外，娱乐支出的增长速度又超过了非工作时间的增长速度。在美国，这一数字从1970年的每人每年93.8美元增长到1995年的395.5美元，尤其在1992年达到顶峰，继而不得不适应通货膨胀的影响。这表明，至少在美国，由娱乐支出构成的个人消费支出总量翻了一番，从4.3%上升到8.6%。其他地区很可能也有类似的增长。

七、技术变迁：信息技术与消费类电子产品 112

最后，我们回到常见的新闻与大众出版业中的变迁要素上来。技术决定论充斥于对文化产业的日常讨论中，这意味着我们在把技术视为一个因果因素的时候必须特别留心。因为技术本身便是经济、政治、文化领域中选择、决策、偶发事件与巧合的综合结果。

技术创新并不稀奇，它是公司（以及国家）试图超越竞争者的主要方法之一。但是技术不仅仅是经济机会，有时候还成为一种更加美好的生活的希望所在，或是对未来焦虑的象征。自20世纪60年代以来，信息与传播技术引发了大量讨论与争议——专栏 3—1 对信息社会的论述中有相关内容。两个绝对关键的发展是：第一，计算机运算能力的增强和尺寸的缩小（Augarten，1984）；第二，电信和计算机的研究促进了数字网络的发展，包括将计算机连上互联网。与计算机兼容的传播以及以计算机为媒介的传播得以发展，这种重要的发展助长了对媒介“信息社会”的奇想。到了 20 世纪 70 年代，计算机和电信之间的整合已经在一定程度上实现了。正如我们将在第四章看到的，这对政府政策有很大的影响，在 80 年代的经济危机中，美国新自由主义的政策制定者希冀通过信息和传播产业恢复经济繁荣。还是在 80 年代，工程师和科学家们赋予了互联网更大的开放性、合作性价值，对数字化网络产生了持续的影响。互联网在 90 年代出人意料地成为一种全球现象。

只有拥有巨额的研究费用，技术获得显著发展才成为可能。但为什么如此巨额的研究经费能够投注在计算技术（computing）上呢？

- 第一，因为计算技术有显而易见的军事用途。高技术计算机和通信产业从花费在基于计算机媒介的通信事业的国防费用中受益。尤其是在美国，国防部多年来“高度关注全美计算机软件事业的发展战略”（Tunstall，1986：41）。
- 第二，第二次世界大战之后，跨国公司如雨后春笋般迅速成长，它们需要用更快更有效率的传播技术来绑定其运作。
- 第三，20 世纪 60 年代以来的西方经济进入了倒退期，欧洲和美国的制
113 造业面临着亚洲新兴工业国家的威胁。许多西方国家和企业投掷重金并花费大量资源用以发展高新技术产业。
- 第四，关于信息社会的论调（见专栏 3—1）催生了一种观点，即计算机的进步或者是有益的，或者是不可避免的，或者两者皆有。80 年代的媒体报道把微型计算机描绘成急需品，而且还源自小作坊企业（Streeter，2011：82 - 88）。这使得联网的个人电脑同时受到了左翼和右翼的拥戴，以及商务人士和西方消费主义倡导者的青睐。

以这种方式思考技术创新可以使我们避免技术简化论的错误。技术不应被看作是解决潜在需求的最好方式。技术创新由许多因素决定，如选择与决策，也是研发电脑的外部动力的不经意的结果。但是技术确实有影响力。计算机对文化产业的影响是深远的。20 世纪 80 年代，计算机日益成为许多人工作和休闲生活的核心。80 年代初，当苹果（Apple）作为上市公司投产电脑，IBM 也进入这一市场时，个人电脑的价格急速下降（使用的是微软的软件）。根据福雷斯特（Forester，1987：134）所言，全球个人电脑销售收入从 1975 年的零起点蹿升到 1983 年的 700 万美元，其中 140 万美元都是在美国售出后得到的。1977—1987 年的十年中，全世界个人电脑的数量从 20 万台飙升至 5 000 万台。[①] 那时候人们普遍相信，数字化将成为国内家用信息和娱乐的基础，因此计算机便广泛成为产业分析家以及政策制定者正

---

① 我们不应把个人电脑（主要是商务电脑）的兴起与家用电脑混淆起来。家用电脑的数量相对较少，1985 年美国大约有 600 万台（Forester，1987：151）。

视未来的工具，对“新媒体”的大讨论也是从这一时期开始的。[①] 一直到20世纪80年代末，评论家们一直津津乐道于三种信息传播技术及其产业，即媒体、计算机和电信。我们将在第四章谈到技术对政策制定的影响。技术变革有利于打破国家 114
电信垄断，引导对基础设施的大规模投资，这些都会对文化产业产生深远的影响。

除了与计算机和信息技术相关的技术有了相应发展，还有一些技术的发展也非常重要，尤其是消费类电子产品的发展，如文本存储与恢复等新技术。最显著的如下：

- 各种各样的磁带形式，如盒式录音磁带及盒式录音机（飞利浦）取得了成功。
- 录像机，三菱的VHS、索尼的Betamax和飞利浦的V2000曾经激战得不可开交。
- 随身听/Walkman（索尼）。
- 各式CD技术，如随着个人电脑的发展而出现的音乐CD和CD-ROM，以及其后取代录像机的DVD。

“最好的”技术并不一定总能胜出。有一个很有名的例子，三菱的VHS打败索尼的Betamax，是因为三菱进行了有效的市场营销，还因为三菱同意将该技术授权给其他公司，而不是在自己的商号下进行生产。

消费类电子产品和文化产业的相互作用也非常关键。20世纪文化产业中的很多关键转变都与新型存储设备有关。消费类电子产品公司进入文化产业是有时机的，例如通用电气公司收购RCA唱片，索尼公司持续投资电影和唱片。但是，这些商业冒险是存在问题的（这预示着取代了文化公司地位的信息技术公司可能会有什么事情发生）。

20世纪80年代到21世纪第一个10年，新格式对旧格式的取代——如CD取代了黑胶唱片，以及其他新格式的出现，有助于为文化产业创造更多的销售机会。但是，电信技术、计算机技术机器相关政策发展所促成的信息化，引发了很多难以解决的问题，“掌控文化市场中的稀缺资源”这一老问题也更加突出。

★★★

我在本章中讨论了理解最近30年文化产业变迁与延续模式的主要语境。文化产业的外部因素是分析的重点：黄金时代的结束以及经济衰退的开始，新自由主义政治经济学的回应，商业环境的整体性变革——文化产业成为商业环境的一部分；社会和文化转型，文 115
化产业之外的技术发展。虽然我比较关注转型，但是我们也应注意到，与这些转型同时发生的还有经济、政治、组织、社会文化学以及技术上的重要的延续。即使世界各地之间的互动正在加强，经济在极大程度上依然要通过政府来运作；发达工业国家的政府仍然保持

---

① 在欧洲大陆，对新媒体的讨论呈现出不同形式，也有些十分强调公共“图文电视”（videotex）系统，最著名的是法国Minitel网。请参考卡斯特斯（Castells，1996：343－345），他赞美美国的企业家精神和个人主义，却诋毁Minitel网，然而他在评论自己曾经在20世纪80年代参加了法国Minitel网的“民主化性幻想”在线通信活动时，态度却有趣而坦诚。

自由民主；这些国家的企业所处的法律框架仍然保持原样；人们仍然努力工作，为自己的孩子焦虑，通过观看和参与文化事件而寻求快乐；广播和电视在世界上大多数地区仍然是具有支配地位的文化技术。

本章大部分内容关注对文化产业变迁的解释。但是，如何解释延续呢？即使在显著的转型时期，固有的结构仍然难以打破。权势群体视变迁为威胁，为了保持现状，他们进行着争斗。这是惯性的力量，因为以一成不变的方式进行运作看起来往往更加简单。此外，还有难以改变的人类生活方面的因素，这根植于不同社会中人们的禀性中。在不同社会和不同环境中，聆听一个故事所带来的乐趣随处可在，即使故事的人物构成在不断变化。此外，文化产业内部也有强有力的延续性因素。

我在导论中概括并在第二章讨论的一个重要观点是，与其他日用品不同，文化商品生产与消费的特性有助于解释文化生产的组织形式为什么会呈现此种特色。将这些特点概括一下就是：文化产业的高风险；高生产成本与低复制成本；准公共物品特性；对稀缺的需要以及对这些情况的不同回应，包括利用畅销作品弥补失败作品，集中化与整合趋势，人为制造稀缺，对生产的从宽控制和对发行的从严控制。纵观过去30年的变化，文化产业急剧扩展，并且日益成为社会和经济生活的中心，但它仍然不得不处理那些由于创意与信息管理而引发的难题。我们理解创意与信息的方式具有极深的历史根源，因此，管理问题的复杂性仍然存在，即使是新技术、新组织策略或者新的市场状况也不能将之驱散。文化产业的发展及其巨额利润表明，所有者和管理者在文化生产与消费战略中获得了巨大成
116 功。但是，对创意工作的管理仍然是一件令人忧虑的事。文化公司面临的问题继续推动其商业策略向某一方向发展。

本书第三篇试图通过区分基本变迁与表面变迁、延续与转型，以及不同类型和不同等级的变迁，来建立关于延续与变迁的驱动因素的框架。在那之前，本书第二篇勾勒了自20世纪80年代以来对文化生产产生重要影响的关键政策的变迁。

评论及拓展阅读

雷蒙德·威廉斯（Raymond Williams）的《电视：技术和文化形态》（*Television: Technology and Cultural Form*，1974）一书的开篇对传播技术的讨论很有价值。布莱恩·温斯顿（Brian Winston）的《媒介技术与社会》（*Media Technology and Society*，1998）一书与文化产业技术变革有关，很有挑战性，有些地方读起来也很有趣。斯蒂芬·莱克斯（Stephen Lax）的《媒介和传播技术》（*Media and Communication Technology*，2009）一书从批判的、历史的角度对主要技术的发展进行了概括。托马斯·斯特里特（Thomas Streeter）的《网络影响力》（*The Net Effect*，2009）一书分析了信息的变迁和文化史的某一篇章，受到了高度好评。

但是大卫·哈维（David Harvey）的《后现代的状况》（*The Condition of Postmodernity*，1989）一书仍然是论述经济、政治和文化变革之间关系的启迪读物，即使它有时候过分强调了经济的作用而闭门不谈文化的影响（Morris，1992）。拉什与尤里（Lash & Urry）的《符号与空间经济学》（*Economics of Signs and Space*，1994）一书的广度和洞见与哈维的著作相近，虽然其经常卷入社会学理论术语之中。我在本书某一部分对曼纽

尔·卡斯特斯（Manuel Castells）的作品进行了批判，但是其“信息时代”三部曲（The Information Age，1996）却非常令人兴奋且鼓舞人心（Castells，1989、1996）。大卫·赫德等人（Held et al.）的《全球转型》（*Global Transformations*，1999）一书是论述全球化和信息宝藏的重要文献。关于信息社会理论批判，有一本不错的书，即弗兰克·韦伯斯特（Frank Webster）的《信息社会理论》（第三版）（*Theories of the Information Society*，2006）。

持续的危机折磨着北美、欧洲乃至全球经济，甚至让怀疑论者相信，去了解全球金融和政治经济发展至关重要。我发现《新左派评论》（*New Left Review*，1998、2000）中罗伯特·伯伦纳（Robert Brenner）关于战后经济变革的文章很有说服力，信息量也很大。鉴于 2008 年全球金融危机导致银行业全面崩溃，并揭露出银行业与布什政府高层人士不可思议的腐败和无能，他的文章尤其值得一读。其他关于战后资本主义变革的书还有安德鲁·格林（Andrew Glyn）的《放纵的资本主义》（*Capitalism Unleashed*，2005）和大卫·哈维的《资本之谜》（*The Enigma of Capital*，2010）。约翰·兰彻斯特（John Lanchester）的《呐喊》（*Whoops*，2010）读起来很有意思，信息量也大，对金融崩溃进行了很好的解释。纪录片《监守自盗》（*Inside Job*）看后会让人大吃一惊。

在社会文化变迁方面，吕克·博尔坦斯基和伊芙·夏培罗（Luc Boltanski & Eve 117
Chiapello）的《新资本主义精神》（*The New Spirit of Capitalism*，2006）一书对 20 世纪 70 年代以来资本主义如何吸收反主流文化批评进行了可圈可点的分析。本着同样的精神，托马斯·弗兰克（Thomas Frank）的《征服冷酷》（*The Conquest of Cool*，1997）关注的焦点更多，是一本关于战后流行文化的杰出著作。对于理解 20 世纪 70 年代以来的转型，新自由主义的研究不可或缺，可参见尼克·库卓（Nick Couldry）的《为什么要发声》（*Why Voice Matters*，2010）、科林·克劳奇（Colin Crouch）的《新自由主义的不死之身》（*The Strange Non-Death of Neo-Liberalism*，2011）以及丹尼尔·哈林的著作（Hallin，2008）。

第二篇　政策变迁

第四章 121
电信和广播的市场化

不理解政府政策就不可能理解文化产业。20 世纪 80 年代和 90 年代对文化产业 122
影响最深远的政策变化来自电信、媒介（尤其是电视）、知识产权和文化政策领域，因此本章及下一章都会讨论这些（专栏 4—1 对政策进行了定义）。为了勾勒出这些变化，我引用了前一章关于文化产业变迁/延续脉络中的一些数据，其中最重要的就是新自由主义和信息社会思维的崛起。

专栏 4—1

为通信、媒介和文化中的政策下定义

政府干预商业生活的各个领域。在复杂的当代社会并不存在自由市场，它仅仅是那些相信市场（理想状态下）是分配资源和满足人类需求最好方式的人所追求的目标而已。即使是以私有制为基础经济体制的国家，譬如美国，也是建立在雄厚的竞争法、税法、合同法、企业责任法等基础上的。它们依赖于政府基础设施建设（运输、能源、货币和传播）和公司监管，以确保市场权力不被滥用。正如托马斯·斯特里特（Thomas Streeter，1996：197）所言，政府和市场之间的错误对立非常盛行，自然而然的结果就是“任何类型的政治行动都会被假设为政府干预”，至少在美国如此。

政府对通信、媒介和文化市场的干预主要有三种形式： 123

● 立法。创建上文所提到的涉及普遍问题的法律，例如竞争和合同，以及更具体的文化问题，如版权、淫秽、隐私等，它们都从属于宪法和法院判决。

● 法规。政府通过法律设立监督机构监督某一产业或产业集群，并有权力影响企业、其他机构和行为人的行动。

● 补贴。直接通过拨款以弥补那些私人企业所提供内容不足的领域，如剧院、芭蕾、戏剧、雕塑和美术等；间接通过允许公共领域（特别是国防）的研究和其他知识进入私人领域。

这些构成了通信、媒介和文化三大领域中的政府主要政策。政府政策既在国际（如

欧盟）、国家（独立国家）、地区（如美国和德国的州政府，英国西北地区政府）层面上运作，又在城市、乡镇层面上运作。

新自由主义和信息社会论调对20世纪80年代和90年代与文化产业相关的所有重要领域的政府政策都产生了巨大的影响。关键影响之一就是这种种领域之间的关系发生了改变，尤其是随着互联网的发展，移动通信、无线和宽带使得之前清晰的政策边界变得模糊了。这一问题我在本章后面会继续讨论，但是在20世纪80年代和90年代，明确区分三大领域之间的政策还是有可能的。

电信，像其他主要经济基础设施（运输、货币、能源）一样，在现代社会中对于商业运作起着基础性作用。但是随着20世纪70年代以来政府的经济、教育甚至社会政策领域日益受到信息社会论调的影响（见第三章），电信的作用比以前更为重要了。政策制定者开始接受信息社会的观点，即在信息驱动的新兴全球化市场，拥有最先进电信体制的国家才最具竞争力。我所定义的电信并非文化产业的一部分，但电信政策的发展对文化生产有深远的影响。

在转型初期，存在一个明确的独立领域——**媒介政策**。实际上在许多国家，所谓的媒介政策通常由许多具体的政策构成，直接指向独立的产业——电视、报纸、
124 电影等。自20世纪70年代以来，信息社会论调对于未来经济的关注，就在于强调电信、电脑和媒介的多媒体融合，尤其是电视（接下来会讨论）。在发达工业国家，电视至今仍支配着人们的休闲活动，即使在个人电脑和互联网快速发展的时代（见第九章）也是如此。鉴于此，以及接下来要解释的原因，政府在电视政策上进行了根本的改变。我在这里集中讨论这些变化，它们与电信政策和信息政策转型交织在一起。**文化政策**和版权法会在第五章单独讨论。

所有这些领域的变化，尤其是电信政策及其他经济政策（如竞争法规）的变化，促进了由互联网、移动通信、宽带、无线网等元素组成的“网中网”（network of networks）的诞生（Noam，2001）。截至目前，它对文化产业产生了深远的影响，更多的影响则接踵而至。它还意味着，许多分析家现在认为电信政策是更广义的信息政策（或信息和通信政策）必不可少的组成部分了。在“融合”时代，媒介政策有时候被合并进这一广义的领域。在讨论过20世纪90年代横扫多国的融合趋势和国际化政策后，我将回过头来讨论这些问题。但是在我们所考察的转型初期，电信、媒介、文化政策和版权仍然是政府采取行动的重点领域。

专栏4—2简要概述了我在本章和下一章对政策分析所做的假设，并借用了大卫·马什（Marsh，2002）政治多元论的术语和罗伯特·霍维茨（Horwitz，1989）对美国政府监管令人印象深刻的讨论。

专栏4—2

政策如何运作

我假设，政策是由许多相互联系的要素构成的（Marsh，2002）。

● 社会中各种力量之间的平衡尤其重要；反过来，社会力量受社会结构不平等和资源获取不平等的影响极为深刻。

● 但政策也非全然受富裕阶层和权力人士任意摆布。政治制度及其制定具有自治性。至少从某种程度来看，民主政府需要保留那些被排除在主流群体之外的阶层和群体（工人阶层、农民、少数族群）的合法性。 125

● 政治问题和其解决方式都是通过推理而建构起来的，这种建构方式颇具争议。但在这里，社会结构不平等也扮演着重要角色。

● 公共政策的一个重要但非决定性的特征是，它是政党与其他社会机构达成战略联盟的产物。大型企业拥有巨大的金融和传播资源，它们在这一方面尤其重要。在发达工业国家，没有企业的支持，政党不太可能获取政权。

● 但是，也没有必要假设企业非得直接干预政策制定，关键政策的制定通常会有企业的参与，这是程式化了的。而且，不同企业间经常会就政策问题坚持己见而发生冲突，尤其是不同产业中的企业之间。

● 一般来说，现代资本主义政策制定者倾向于将企业资本积累与一定程度上的合法化联系起来，正如新马克思主义的国家理论所强调的那样。但是，霍维茨（Horwitz，1989）指出，对国家政策制定机构起源的分析，尤其是对各方社会力量之间平衡关系的分析，并不总能解释政策在实践中是如何运作的。

● 要了解一项政策，必须从该政策在国家和国际两个层面的运作情况出发（参见 Sinha，2001）。

本章及下一章概括政策变迁对文化产业的影响①，其间我会谈及国家、政党和企业在国家和国际层面上的关系问题。我所讲述的是市场化的某一方面的胜利而非全部，尤其是在信息社会论调的形势之下。首先，我会讨论我眼中的电信和电视的市场化，以及我为什么喜欢“去监管化”这个术语。其次，我会考察 20 世纪大部分时期政府（主要是发达工业国家）干预电信和电视领域的理论基础，解释新自由主义论调如何在 20 世纪 80 年代瓦解了这一理论基础，并明确指出市场化反击的方式。最后，我会在第五章讨论版权法的变化及其实施所产生的重要影响，以及新自由主义信息社会论调在艺术和文化政策方面如何发挥作用。

信息社会市场化的胜利围绕着斗争和妥协进行。它不是永远的、完全的胜利。市场化，正如我们所见，在一定程度上被互联网早期发展中遵循的开放与共享原则抵消，也深深根植于启蒙运动及以共享知识和丰富艺术作品为价值观的浪漫主义运 126
动。互联网和网络在 20 世纪 90 年代和 21 世纪第一个 10 年变得触手可及。这些网络建立在开放与共享原则的基础上，它们绝不会被新自由主义削减，即使前市场化意识形态影响了它们发生的形式。互联网非常及时地向电信和文化产业的建立者发

① 第六至十一章都会探讨政策所导致的影响。当然，这些变化也会反作用于政策，但由于我相信变迁的原始驱动力是政策，因此为了能够清晰地阐述，我首先会处理政策问题。

起了挑战，数字网络也成为新一代 IT 巨擘（微软、雅虎、苹果、亚马逊、谷歌等）的统治对象。

并非所有卷入市场化论战的人都可以被描述为新自由主义者。许多政策制定者看到了市场化的好处，并将之与那些保护社会、民主和公众利益的新方式进行权衡。这些中间派人士，并非新自由主义派系的政策制定者和政治家，不会总是成功，但是在一定程度上受到了新自由主义潮流的感染。结果，市场化原则在全球范围内被深深地嵌入电信、媒介和文化政策中，虽然它们与其他原则共生，而且某些坚决的行动可能会向自由市场思想发起挑战。

正如我在第五章末所言，市场化与我在之后章节所讨论的其他变迁是相互影响的。然而，它以某种关键的方式为第六章到第十一章所讨论的变迁问题铺平了道路。文化和经济之间的关系发生了某种变化，这种变化也发生在符号制作和资本主义之间。这种变化是否是信息社会论调所主张的划时代的变化尚值得商榷，但只有在仔细考虑过其他变迁问题后才能做出判断。

一、放松监管、重新监管与文化市场化

在第三章我们看到，为了应对经济大衰退，新自由主义的政治教条扩散到了全世界。1945—1973 年，左、右翼政党在保护工人和消费者免受具有逐利本性的私人公司行为的伤害方面达成了某些一致意见。在某些国家，这与私人企业国有化有关。自 20 世纪 70 年代以来，新自由主义错误地认为政府和市场是对立的（如专栏 4—1 所示），提出公有制以及从严从紧的监管政策是经济低迷的诱因，因而实施了私有化及监管改革。实施私有化及监管改革相当于**“放松监管”**，用**“自由化”**这个词可能更合适。

在文化产业中，对“放松监管”的呼吁非常强烈，因为免于政府干预的自由观念酝酿了对政府干预个人和政治表达的焦虑。言论自由是民主自由思想的基础
127 (Stein，2006)，肤浅的政府监管也许破坏了这些权利。但是，“放松监管”和“自由化”可能会将解除审查与意在增加市民进行广泛的个人及政治表达的措施混淆起来。例如，政府监管的一个最重要形式就是确保少数公司不能垄断某一特定文化产业，因为这可能会减少产品的多样性，减少政治观点的多元化。例如，对一个国家级电视网能够拥有多少地方台的限制（美国），对一家公司的报纸占全国报纸市场比重的限制（英国）。

某些文化产业分析人士认为，**“重新监管”**一词更能恰当地描述 20 世纪 80 年代以来媒介和传播政策领域所发生的变化（如 Murdock，1990：12 - 13）。“重新监管”指出了一个事实，即法律法规以及规制并没有因为这些变化而被废除，新出现的法律法规和规制的引入，正如我们所见，其中很多是为大型私人公司及其股东利益服务的。除此之外，在 20 世纪 80 年代放松监管时期，当政府试图协调竞争者之间的利益冲突时，实际上在很多情况下反而出台了更多

新的、更复杂的监管组合措施。正如彼得·J·汉弗莱（Humphreys，1996：191）所指出的，英国设置了许多新的监管机构，如在放松监管之初出现的广播诉讼委员会（Broadcasting Complaints Commission，1982）和有线电视机构（the Cable Authority，1984）。同时，20世纪80年代中期，法国在放松监管方面也设立了复杂的规则。[①] 不过，即使重新监管这个词有很多优点，它还是掩盖了一个重要问题，即汉弗莱所指出的，许多新法律法规和规制实际上将“轻度监管”合法化，而它们为商业性的文化产业公司可以相对不受阻碍地运作创造了一种商业环境。但是，这类公司的利益往往不一定有益于公正平等的文化生产体系，关于这一点我在第二章已经做了说明。

相对于“加强监管”，使用“从宽控制”与“从严控制”以及“轻度监管”等术语也许在某些方面可以避免对“放松监管”、“自由化”和“重新监管”的误解，但是也同样存在容易令人误解的因素，好像政府应该放松放松，让企业自己去做想做的事（企业就像青春期的孩子，政府则是说一不二的家长）。我更喜欢用**“市场化”**一词来描述20世纪80年代以来的政策变化，市场化就是“以市场交换作为社会规则并不断渗透”（Slater & Tonkiss，2001：25），这一进程延续了好几个世纪，它还包括商品化（通过货币进行交换和劳动分工的发展）。许多理论家都强调这一点。在现代资本主义社会，市场关系和非市场关系是共存的，但市场关系在协调和组织社会方面占优势。我用“市场化”这个词，更强调市场交换日益渗入文化产业和相关产业这一层含义。这涉及许多进程，我只列举三个： *128*

- 国家所有制企业和机构的私有化。它们中的很多曾经就为私人所拥有。
- 提升对商业活动的控制。这样它们就可以更容易地追逐利润，通常以牺牲他者（如为公众服务和提供信息）的方式。
- 法律法规中的种种变化导致了私有制的扩张。

市场本身并没有错误。在特定条件和特定社会体制下，它们能够像有效率且公平的资源分配器一样发挥潜在的作用。对许多新自由主义市场化的评论家而言，当代复杂资本主义社会的市场需要政府悉心管理，以保证效率和公平。从马克思主义的观点来看，市场化与社会生活领域中稳步推进的商品化进程密切相关——正如我们在第二章所见，商品化被马克思主义分析家视为资本主义的本质，但是却具有高度不确定性。20世纪80年代起，一种不同的观点在政策制定者中流行起来，这就是新自由主义的观点，即以获取利润为目的的文化产品和服务的生产和交换，是达到效率和公平的最佳方式。

现在，让我们来考察新自由主义的市场化是如何对电信和电视政策产生影响的。首先，我们需要设置一个较早时期的政策情境——20世纪80年代之前。

---

① 政府对数字电视的干预程度很深。赫南·加尔佩林（Galperin，2004）称之为“数字悖论”：在放松监管时期，为什么政府的规制程度加深了？我在第九章会谈到数字电视政策问题。

二、电信和广播：为什么政府会干预

一直到20世纪80年代，世界上大部分广播机构都是由国家拥有并控制的，自由民主国家与独裁国家均如此。甚至在美国，尽管从传统来看私有制比公有制更受欢迎，但电信和广播几十年来都是政府从严监管的对象。

为什么电信和广播相比其他文化产业更多地实行公有体制，并且受到严密的监管？通过考察不同的政治及文化环境，我们可以将原因归纳为以下三个方面：

129 ●电信是公用事业；
● 广播是有限的国家资源；
● 广播力量大，因此需要控制。

1. 电信是公用事业

20世纪初，几乎所有国家的人普遍认为，电信（电报与电话）原则上是政府提供给全民的事物，旨在塑造国家归属感，鼓励经济发展。在大部分自由民主国家及其殖民地，邮政局掌控着电信的职能。在一些欧洲国家，国家邮政局升格为“邮政电报电话管理局”（PTTs），例如英国邮政总局（General Post Office）、德意志联邦邮局（Deutsche Bundespost，第二次世界大战以前叫做Reichpost）、法国电信（Direction Générale des Telecommunications）。

在美国，商业味道十分浓厚，企业对市场监管的抵制也很成功，如私人公司美国电话电报公司（AT&T）便获准成为几乎覆盖全美的私有电信垄断组织。在一定法律界限之内，美国的政策制定者使用独特的方式处理电信业，他们像对待公路和铁路一样对待电信，将其视为一个运载信息、媒介物等的系统或网络，而开销则由消费者承担。美国电话电报公司垄断地位的辩护者认为，电话基础设施的安装成本极高，这意味着电话产业是“自然垄断”，而这样一种由政府严密监管的垄断形式，是提供标准化、高质量产品的最好保障，因此美国电话电报公司才成为提供普及服务的公共运营商。① 作为享有如此垄断地位的公司，直到20世纪80年代，美国电话电报公司才被部分拆分，并接受了政府对电信价格的严密监管，而且被禁止从事电视节目的生产与发行。

2. 广播是有限的国家资源

最早的广播形式是“一对一”的传播，就像电话或者电报，而非其后所演变成的“一对多”。广播又称无线电，在军事上广泛应用，20世纪第一个10年，广播

① “普及”并不意味着每个人都有平等的接触机会。穷人花了数十年时间才用上电话，电话普及率之所以升高，是因为电话成本降低了，而不是政府或企业大发慈悲（Garnham，1996：3；Aufderheide，1999：16）。

爱好者可以不受监管地频繁使用。在 20 世纪 20 年代早期的许多国家，私有企业开 130
始尝试广播音乐和其他娱乐形式。在美国出现了广播热，但是多年来，广播波段都不受监管，这或多或少导致了收听效果不佳。

然而在欧洲的许多国家，人们认为像天然气、水、电和邮政这样的国家资源和公用事业，其公有制和受监管是理所当然的。国家有责任提供公共服务的观点根深蒂固，很多案例（如英国的案例）表明，这涉及“家长本位下的服务与责任”（Williams，1974：33）。因此，人们很自然地认为广播应该由邮政电报电话管理局运营，或者至少应该受其监管。这似乎是因为电磁波波段有限，即用来传播广播信号的频率非常有限。即使在美国这样有很强的反监管传统的国家，人们也还是普遍接受了政府对波段的划分，因为只有这样，广播公司的波段之间才不会因为交叠而影响人们的广播体验。于是，联邦广播委员会（Federal Radio Commission）在 1927 年成立了。

最后，大部分国家都建立了广播领域的新监管机构，这些新机构中有不少从一开始就受到邮政电报电话管理局的资助，但是最后拥有了自主权，例如英国广播公司（BBC）以及仿效 BBC 的各类较小的机构，如加拿大广播公司（CBC）。电视出现以后（当然，电视也依赖无线电波进行传输），这些国家机构又开始对电视进行监管；而某些国家则建立了公共服务和商业电视共存的双轨运营制（如 20 世纪 50 年代的澳大利亚和日本）。

3. 广播的力量

当无线电发展为广播技术，而非“一对一”的传播技术时，其潜在的社会影响力迅速释放，不管是从商业上来讲（拥有登广告及宣传商品的能力），还是从政治上来讲（有力量影响人们对民主目标和进程的投票习惯和态度）都是如此。几乎所有国家的人们都普遍认为，通过民主职能，国家应该成为确保权力不被滥用的机构。而在某些国家，如 1945 年以后的法国，则意味着国家对主要广播机构的直接而有力的控制。在英国，BBC 是一个公共公司（自 1926 年起），但它还受到皇家特许状及政府委任者的控制。即使在美国和战后的卢森堡，虽然两国都非常支持私有企业，但就电信而言，严格的政府监管还是被民众接受了，这是因为人们觉察到了广播的力量，而严格监管在其他产业是很难被接受的。当电视在 20 世纪 50 年代和 60 年代普遍流行时，其显而易见的潜在社会影响力意味着它继承了国家对广播的法律法规及监管框架。

三、20 世纪 80 年代：理论依据瓦解，市场化接踵而来 131

到了 20 世纪 80 年代，政府强烈干预广播和电信领域的理论基础瓦解了。在第三章我们已经看到，20 世纪 80 年代新自由主义的兴起消解了公有制及特定监管形式的合法性，这在几乎所有形式的经济行为中都有所体现。通过考察制造业边际效益的下降，我们也看到，欧洲和北美的商业公司逐渐意识到文化、传播和休闲产业中潜在的巨额利润。商业公司不断对政府施加压力以消除进入特定市场的壁垒，尤其是一直以来都受到高度监管的电信和广播领域。

电信和广播监管政策的主要理论依据在20世纪80年代和90年代遭到了攻击，尤其是来自私人公司、政策制定者和评论家的猛烈攻击，当然攻击者也是出于对自身利益的考虑。这些利益群体呼吁市场化的到来，并且以下述方式攻击如前所述的每一条理论依据。

1. 对电信是公用事业理论依据的挑战

许多研究者（例如Pool，1983）和机构认为，将电信作为公用事业（或者用美国的说法，叫做公共承运商）已经不适用了，因为电信服务在发达工业国家已经十分普遍。他们还呼吁，必须开放电信产业并引入国内及国际竞争。赞成市场化的新自由主义者则称，在电信产业中引入市场机制，能够提高该产业的效率，这又能反过来提供更先进的服务，从而帮助那些国家摆脱经济衰退。但我们也应该注意到，大型电信公司和邮政电报电话管理局的高层执行者却迫不及待地提出另一种观点。他们经常呼吁，为了保护电信产业免于市场竞争的残酷，应该为其提供保护措施，例如限制新竞争者的进入等等，以便于它们与国际市场中的其他大公司进行竞争。市场化讨论中的这种矛盾一直是过去几十年政策领域的特征。

2. 对广播是国家稀缺资源理论依据的挑战

与有限的电磁谱资源不同，新电缆、卫星和数字技术几乎为信息和娱乐传输提
132 供了无限的容量。市场化的支持者认为，新传播技术意味着电磁谱的稀缺性走向终结，因而国家为了确保收听效果而对广播进行的干预也不再合理。但是，我们也应该注意到，这种观点存在着技术使用简化论色彩。技术本身并没有导致现存政策的不合法。这些技术的出现应该被视为私人公司投资决策的结果。文化产业公司及其政治同盟认为，新技术是变革的动力之源，它需要宽松的新型监管形式，从而让公司在国内及全球市场上进行竞争。

3. 对广播力量理论依据的挑战

公共服务和/或公共利益的支持者曾经认为，那些具有影响力和说服力的媒介权威证明了电视实行公有制或从严控制是合法的。但是这种认识已经开始变得越来越站不住脚。到20世纪80年代，私人公司突然卷入文化企业的洪流之中，它们不免会问，为什么自己就应该被排除在所有媒体中最重要（也有利可图）的电视系统之外呢？电视已经完全融入人们日常生活的结构中。尽管电视仍然具有权威性，并且由于其对社会和行为的影响，它仍然备受关注，然而，有关观众必须免受电视迫害的争论却日益升温。有关结束公有制或放松监管的呼吁，将电视权力下降与一个更值得商榷的论点联系了起来，即现有广播体制没有为电视观众提供足够的选择，而增加选择的最好方式便是开通更多的（商业）频道（Peacock Report，1986，是

这一观点的重要代表)。

四、四次市场化浪潮

作为成功消除公有制及监管政策的理论基础的一个结果，在20世纪80年代和90年代的政策领域，发生了一系列极为重要的历史变革。

- 电信管理实现了私有化，国家电信市场向竞争者（尤其是有线电视和移动运营商）开放。
- 一些公共电视机构实现了私有化。
- 即使在那些仍然存在公共电视机构的地区，其电视领域也向其他地区的商业电视服务商开放，并越来越多地向有线电视和卫星提供商开放。
- 电信、广播和新媒介（如有线电视和卫星）公司之间的规则“壁垒”被打破。电信公司和有线电视公司日益获准进入电视市场，有线电视公司获准进入电话领域等。 133
- 市场化为我们理解技术革新时代的文化政策创造了一个大环境。当新传播技术被引入或者获得更广泛的传播时，人们经常假设：除竞争法律和规则之外，这些技术仅需最低限度的立法和监管即可。
- 对内容的限制也极大放宽了。例如，每小时的广告时间比例、应该播放多长时间的教育节目以及什么时间播放。
- 支配媒介所有权的法律法规或者被废除，或者被放宽了。
- 还有一点值得注意，那就是对非营利组织和公共文化机构的津贴缩减了（见第五章对文化政策的讨论），如图书馆、博物馆、剧院、电影院等，虽然这超出了本章的讨论范围。开放新的市场（如提供私人信息数据库）以及减少竞争（如通过减少绝大多数欧洲国家所产影片的数量以使好莱坞电影更容易进入欧洲市场），为文化市场中的私人公司提供了更广阔的空间。

在接下来的历史性说明中，我提供了不同国家关于这一变革的特别案例。文化政策中的这些变化在发起和加速其他众多变化的过程中扮演了绝对关键的角色。这些变迁是为了支持大型商业文化产业公司的利益而被有意识地引进来，这一点并未被足够强调。政府促成了这些，因为政府希望其名下的文化产业公司能够在一个新的全球文化产业市场中竞争。例如，由这些公司提出的有关技术变革的建议或者“全球化”的外部进程，都掩盖了这些变革本来的和刻意而为的本性（虽然政策变革也导致了许多非故意且不可预测的结果）。 134

自1980年以来的政策变革是由四次交迭的浪潮构成的（见表4—1），这四次浪潮都与市场化有关。

表 4—1　　市场化的四次浪潮

时间 / 国家或地区	1975	1980	1985	1990	1995	2000	2005	2010
美国	第一次浪潮 →	→	→	→	→	→	→	
西欧、加拿大、澳大利亚、日本		第二次浪潮 →	→	→	→	→	→	
转型中的国家			第三次浪潮 →	→	→	→	→	
追求融合的国家				第四次浪潮 →	→	→	→	

- 最具深远影响的政策变革（以市场化的形式）首发于 1980 年以后的美国。
- 从 20 世纪 80 年代起，这种变革在西欧、加拿大、澳大利亚和日本等发达工业化国家和地区都产生了重要影响，尽管这种影响在不同国家和地区之间存在明显的差异。
- 继而，许多崇尚国家控制和国家所有权的传统国家也开始实行市场化和自由化政策。
- 最后，更深一轮的政策改革为电信、媒介和计算机的融合铺平了道路。尤其重要的是，追求国际层面市场化的贸易协定和政策公共体出现了。

五、美国传播政策的变化（1980—1990）

在广播产业的发展、RAC 的设立（RAC 后来成为 NBC 电视网的母公司，也是猫王的签约唱片公司）上，美国政府都扮演了重要角色。但是在 1934 年的《通信法案》（Communications Act）中，美国却从根本上背离了自由民主国家的标准，使政府在媒介、电信的所有权和监管上扮演起显著角色。[①]《通信法案》还规定设立联邦通信委员会（Federal Communications Commission，简称 FCC）来监控“公众利益、便利和/或公众必需”[这三个词最先出现在 1927 年的《广播法案》（Radio Act）中]，媒介和电信监管双重体制得以建立。由媒介和电信监管所构成的双轨运营制形成了。国家为了回报广播公司以及后来的电视公司服务于“公众利益、便利和/或必需”，准许它们使用稀缺的频道资源。节目制作商可以在全国范围内拥有多
135 少电视台，这尚存一些限制，但是美国上上下下的地方电视台却日益联合起来，并

① 罗伯特·麦克切斯尼已经向我们展示，在 1927—1935 年间关于什么是管理电信机构的最好方式的讨论中，各式商业群体及右翼利益群体是如何在确保自身收入方面扮演重要角色的。

在 1955—1985 年间最终成为广播电视网络三剑客，即 NBS、CBS、ABC。[1] 这些公司事实上形成了一个纵向一体化的国家垄断组织，其收入主要来源于广告，而不同于欧洲和其他地区倾向于收取广播或电视节目执照费。

同时，我们在前面也看到，在电信产业中，为了确保效益，美国电话电报公司获准实施垄断控制。作为回报，美国电话电报公司同意不从事内容产品的创作与发行。本书所关注的电信监管的重要时期，第一次重大变革发生于 1982 年，此变革正是 1974 年美国司法部门对美国电话电报公司首次审判的结果（这次审判显示出美国监管工作的缓慢）。美国电话电报公司同意进行庭外和解，它被迫放弃地方电信业务，并开放长途电话市场。美国电话电报公司被剥离的结果是在 1984 年形成了七个地方性“小贝尔”（Baby Bell）电话公司。20 世纪 90 年代末至 21 世纪前 10 年，这些“小贝尔”中的某些公司成为促进电信、媒介和信息技术市场集中的关键角色。作为回报，美国电话电报公司得以解禁，获准进入信息产业与计算机市场。电信监管的发展在经过了许多年之后才略显其影响，我在接下来的几章会回过头来讨论。

专栏 4—3

美国的监管特征

美国媒介和通信政策的一个显著特征是，其政策法规很少是由国会通过的：1996 年的《电信法案》是自 1934 年《通信法案》以来的首个法律条文。许多影响通信业的最重要的决策是在“联邦法院裁决兼并和反垄断判例后制定的”（Tunstall & Machin，1999：41）。这些案例通常由联邦贸易委员会或司法部门提起诉讼，而非由联邦通信委员会提出。

乍得·拉斐尔（Raphael，2005）认为，联邦通信委员会的作用被夸大了。他同时认为，近期美国规则的监管历史不应被视为“从严厉的政府监管转变为长期放松监管”，而应被视为监管的逐渐私有化过程。拉斐尔表示，联邦通信委员会、美国国会和美国政府的行政部门对电视新闻的监督，比民法、公关活动和市场压力对电视新闻的监督要少。

广播业的变革在影响力方面立竿见影。广播业最重要的政策变革发生在规制领 136
域，而非法律层面（1984 年的《有线电视法案》是个例外）。其中，关键的一步是由联邦通信委员会的委员引发的。在电视成为大众传播媒介的时期，即 1945—1970 年，联邦通信委员会在许多问题上都不能与广播公司达成一致，其中最值得注意的便是“公平条例”（the Fairness Doctrine），联邦通信委员会试图利用这些条款来确保广播公司不会滥用权力、不会采取带有偏见的宣传方式。到 20 世纪 70 年代，联

① 第四广播电视网——杜蒙电视网（Dumont）——一直运营到 1955 年。新闻集团的福克斯电视网开始运作是在 1955 年，但是直到 1991 年才正式成立。时代华纳和维亚康姆在 20 世纪 90 年代也分别建立了新的电视网——WB 和 UPN。

邦通信委员会已经放松了对媒介内容的从严监管，但是大体上还是保持了对结构性问题的较强控制，如对集中、跨媒体经营和融合的限制。

在右翼统治时期，罗纳德·里根总统（1981—1989在任）委任新自由主义者马克·福勒（Mark Fowler）为联邦通信委员会主席。福勒领导下的联邦通信委员会在20世纪80年代末废止了“公正条例”，并废除了许多对集中的限制，这催生了20世纪90年代广播领域中兼并与收购的浪潮（Sterling & Kittross，2002：500，575-577）。这在内容方面产生的影响是，有助于引领右翼群体成为广播电视访谈节目的主人。同时，对淫秽问题的界定也比以前更加严格了，这导致了与低俗夸张节目（shock-jocks）主持人［如霍华德·斯特恩（Howard Stern）］的一系列冲突。每小时的广告量限制也放松了。总之，联邦通信委员会激发了一种新的氛围，从此，美国从未被界定的公众利益（无法准确地给其下定义）能与商业企业的经济繁荣协同发展。

美国市场化转型的背后，是为监管与组织文化生产方式而斗争的结果，彼时正值资本主义对文化产业进行投资并将之作为获得利润的工具。杰里米·汤斯托（Tunstall，1986）的同期研究显示，这一斗争在很大程度上是由华盛顿特区中特定区域的利益群体及其说客发动起来的。监管放松之前的利益群体包括以贸易联盟和美国全国广播工作者联合会（National Association of Broadcasters）为代表的广播公司，以及在20世纪80年代早期获得发展空间的各种有线电视公司。与之相对的，是试图代表“公众利益”的各式群体，如市民权利倡导者、消费者群体和宗教活动家（见Aufderheide，1999：18-19有对这些公众利益群体的详细讨论）。在某些特定方面，市场化的驱动因素是各种相互竞争的利益群体，而且其中大部分都是为了自身利益而对市场化宠爱有加（见第二章）。但是这些利益群体之所以能够联合起来，是因为它们都接受了新自由主义对自由市场（即不受监管的私人企业）的承诺：消费者主权（consumer sovereignty）与选择观念（与市民权利相对），以及通过竞争实现经济效益。我们已经看到，这些利益群体及其右翼政治联盟提出的基于传统通信政策对立面的核心主张：为提高效率而引入竞争机制，中止把频道稀缺的终结设定作为监管的理论基础，以及高于公民权利的消费者选择权，吸收并引用了新自由主义的观念。

137 所有这些变化都清楚地表明，政府政策在方向上发生了转变，这有利于公司在文化产业领域扩张其利益。此外，美国公司和保守主义政客对通信领域尤其是广播领域特殊监管的成功解除，也给予其他有着类似目标的公司和政策制定者以很大鼓励。

六、其他发达国家和地区广播政策的变化（1985—1995）

从历史角度考虑，西欧、澳大利亚、加拿大、日本及其他国家在媒介和传播政策方面的多元民主化道路与美国不同。在这些国家，电信在不同程度上都是作为公用事业（public utility）运作的，而非跟美国一样，是一种简单的公众利益概念。其广播政策的核心概念是**公共服务(*public service*)**。20世纪80年代和90年代，文化产业中最重要的变革是对“公用事业—公共服务”混合体制的废除。关于电信的市场化，我在前文市场化的第四次浪潮中已经提到了，这一浪潮的方向是融合和国际化，但是在这里，我的焦点是发达工业国家非商业电视面临的挑战。

在发达工业国家，无论是从收视时间（见第三章），还是从文化重要性的角度考虑，电视都是20世纪末最重要的文化产业。发达工业国家的电视市场化对本国及其他国家和地区的文化产业都产生了极大影响。公共电视网的引入对于文化生产中的社会关系和文化产业所生产的文本都产生了重要影响。

1. 界定公共电视网的特性

倡导者（Brants & Siune，1992：102；Blumler，1992；Tracey，1998：26－29）所概括的公共电视网（Public Broadcasting Service，英文缩写为PSB，又称公共电视台）的关键特征包括以下一些：

- 对公众的义务（通过其政治代表），超越市场力量所提供的义务。
- 公共财政的某些成分，主要通过收取执照费而得以执行。2004—2005年，英国为每月10英镑（16美元），德国为17欧元（20.64美元）。公共电视公司的收入主要包括广告收入、销售收入和对其他广播公司的节目授权收入。 138
但更为重要的是，尽管在私有制体系中，公司必须支付给股东巨额利润，但通常来说，利润也主要用于偿付节目及管理成本。在英国，每年上缴的电视接收费会返还给BBC的公共电视网和互联网，也包括电视。
- 对内容的监管，包括对广告、暴力和色情的限制（这些是对私人广播监管的特征），也包括对平衡、公平和小群体利益的管理，公共电视网有提供教育节目及全国各地区节目的义务。
- 普遍服务，即遍及全国各地以及一个“无所不包”（comprehensive remit）（Blumler，1992：8）的服务，这要求公共电视网鼓励和满足全体社会成员的品位。
- 受众是市民而非消费者，这也许是公共电视网最重要的特征。这反映在公共电视网能够提供一个混合而多元的节目播放单上。尽管在消费至上主义者看来，节目播放单应主要由收听、收视率来决定。在布鲁默的术语中，公共电视公司理应承担维持一个国家文化财富及其多样性的义务。对公民权利的关注还体现在这一方面，用布鲁默的话说就是，公共电视网“承担了一些义务来保障政治的健康发展及其内部所产生的公共话语的质量”（Blumler，1992：12）。大体来说，这意味着由公共电视网来实现“远离既定利益”，然而即使在诸如战争、冲突和危机时期，这一职责也不一定能实现。

2. 公共服务体系的差异

当然，公共电视网也有许多不同形式。正如汉弗莱（Humphreys，1996：

177-178）所言，不同形式之间的差异都可以用这些国家不同的政治文化加以解释。此处，我不再赘述国家间的差异，因为这在当代许多研究中都有详细阐述，包括金伯格等人（Goldberg et al.，1998）、霍夫曼-瑞姆（Hoffman-Reim，1996）、汉弗莱（Humphreys，1996）、凯利等人（Kelly et al.，2004）、拉博伊（Raboy，1997）。但是，其中最重要的差异包括以下几个方面：

● 电视系统及其公共服务频道的资金。在大部分国家，电视起初都是公共独占的，其资金仅靠微薄的执照费，频道也只有一个。20 世纪 60 年代和 70 年代，频道资源增加了。到 1980 年，大部分频道开始将广告费与执照费混合起来。到了 1990 年，如前面所述，许多国家的电视机构转变为实施复合收费系统（和广告）的公共垄断者。但与之数量匹敌的国家则实行了双轨运营制，即公共电视与商业频道并存（见表 4—1）。这预示着文化公司将在电视市场中拥有巨大的拓展机会，并对整个文化产业产生重要影响。

139 **表 4—1　　电视资金体制的变迁**

体制	1980	1990	1997
公共垄断/只有执照费	比利时、丹麦、挪威、瑞典		
公共垄断/多重收入	奥地利、芬兰、法国、原联邦德国、希腊、冰岛、爱尔兰、荷兰、葡萄牙、瑞士、西班牙	奥地利、丹麦、冰岛、爱尔兰、荷兰、葡萄牙、瑞士	奥地利、爱尔兰、瑞士
私人垄断/只有广告收入	卢森堡	卢森堡	卢森堡
双轨运营制	意大利、英国	比利时、芬兰、法国、德国、希腊、意大利、挪威、西班牙、瑞典、英国	比利时、丹麦、芬兰、法国、德国、希腊、冰岛、意大利、荷兰、挪威、葡萄牙、西班牙、瑞典、英国

资料来源：Siune & Hultén，1998：27.

● 国家对公共电视公司的控制。在一些自由民主国家，例如法国（1982 年之前）和希腊，国家对广播机构采取的都是直接控制。更为普遍的是，设立独立于国家的公有公司，例如英国的 BBC、澳大利亚的 ABC、日本的 NHK、加拿大的 CBS，但其关键职位还得由政府来任命。

● 与政治机构的关系。在一些国家，例如奥地利，公共电视公司领导者都是按照该国政党的实力强弱比例来指定的。然而在许多国家，来自其他部门的无党派人士也有一定席位，例如贸易联合会、宗教团体和大学。

140 ● 节目格调。在美国，公共电视网被定位为对商业能力强大且受到监管较少的商业体制的有益补充。然而，对来自美国这一类国家的读者来说，让他们相信公共电视网仅仅为受众提供纯粹的严肃性教育节目，这就大错特错了。公共电视节目的要点应该是混合而多元的，虽然这一点在各国的日常运作层面各不相同。

3. 公共电视网的社会与文化角色

公共电视网体制在多大程度上促进了本书第二章中提到的模型所展示的社会正义？从20世纪50年代到80年代，公共电视网受到了来自政治左翼相当多的批评。之所以如此，是因为公共电视网在权衡与公平对待当前事件时表现出虚假客观［格拉斯哥媒介小组（Glasgow Media Group，1976)］，也因为公共电视网的管理政策和劳动关系重新繁殖出权力阶层（Garnham，1990：128－131），还因为它不能提供那些吸引劳工阶层和非精英受众的节目（Ang，1991）。20世纪五六十年代，在那些禁止做广告、政府支持能力低下的国家（如苏联），资金的匮乏意味着对进口电视节目的强烈依赖和国内低水平的电视节目。

然而，公共电视网所取得的成就也不应被低估。值得称赞的是，它提供了带有普遍性的服务，数以百万美元计的支出确保在偏远地区也能接收国家广播，而商业体制是不可能考虑到这些的。此外，公共电视网还履行了一项持久的义务，使各地区能够纳入国家广播体系。许多公共电视网公司成功制作了令人印象深刻的多种类型的节目。英国BBC是最常被引用的例子，20世纪60年代和70年代，BBC除了提供覆盖面极广的新闻节目和备受尊崇的纪录片以外，在提供高品质戏剧和情景喜剧上也非常专业。但是，20世纪80年代和90年代的市场化之前，欧洲其他国家的广播质量难以知晓，公共电视网也没什么可圈可点的。公共电视网的倡导者也许有对其作出解释的理由。我们没有必要为公共电视网的过去（资金匮乏、说教式的论调和内容）辩护，重点是看它能成为什么样。

七、公共电视网面临冲击：变迁的个案研究

伴随着美国的市场化趋势，很多国家都为更好地组织文化产业付出了努力，从而拉动了公共电视网的发展。彼得·J·汉弗莱（Humphreys，1996）对20世纪80年代和90年代初西欧广播政策进行重构的关键行动者进行了有用的梳理（见表4—2）。

表4—2　欧洲的市场化利益群体 141

拥护市场的行动者	利益所在
电子工业	研发新型电视机、付费电视解码器和卫星接收设备等
有关有线电视和卫星服务的政府游说团	能够自由提供商业服务
邮政电报电话管理局（PTTs）	发展并传播新媒体技术，维持电信业垄断或市场统治地位
报纸出版商	媒体运营多样化，为争夺广告收入①而先发制人，促进竞争

① 并非普遍现象。在一些国家，报纸仍然受到来自广播的阻力。

续前表

拥护市场的行动者	利益所在
广告商	探索市场出路，巩固市场占有率
政府	促进经济增长，吸引媒介投资者
右翼政党	追求新自由主义议程，提升商业利益
欧洲委员会	欧洲市场自由化
公共服务支持者	利益所在
公共电视网提供商	自卫，公共资源的维护等
各类联盟	保护就业和就业环境
左翼政党	提升公共服务精神和社会成员的价值，提高劳动者利益

资料来源：Humphreys，1996：176.

拥护市场的联盟，对政策制定者、媒介舆论领袖进行了游说、公关。美国又一次对这一趋势作出了响应。但是在欧洲，市场拥护者联盟做了更为扎实的工作。在美国，放松监管主要包括对不受欢迎的私人垄断者（美国电话电报公司）的拆分，以及产业集中政策方面重要但又令人费解的变化。在欧洲，公共所有制及节目流行一时。在别处，当公共电视不再受欢迎时，至少一些精英群体能够感受到，它依然是抵抗商业化的坚固堡垒。

在意大利 20 世纪 70 年代末灾难性的经历（节目质量一路狂跌，营销论甚嚣尘上）之后，从 80 年代中期开始，西欧广播政策领域的变革突飞猛进，并在不同国家呈现出不同形式。限于篇幅，我只能简单介绍某些国家的情况。

142

1. 英国

受美国放宽通信监管的强烈影响，英国迅速将电信产业私有化，并引入了对有线电视的轻度监管。极为保守的右翼撒切尔政府及其政治同盟鲁伯特·默多克的报纸，对英国广播发起了攻击。撒切尔夫人委任保守党天才经济学家阿兰·匹考克（Alan Peacock）对广播进行公共调查（Peacock Report，1986）。然而因此调查而产生的法规——《1990 年广播法案》——却远没有公共服务提倡者所担心的那么激进。BBC 没有私有化，由英国工党先前为服务少数族群设立并在 1982 年撒切尔执政之初引进的第四频道也没有私有化。很多人担心 BBC 会引入广告，但实际上他们多虑了。这是基于经济原因而非文化原因：商业公司不希望 BBC 抢占它们的市场。但是，传统家长式的保守党强烈支持自 20 世纪 50 年代以来就在英国存在的商业电视收取执照费的惯例，因此削弱了人们对放松监管的信任。而且，对产业集中和跨媒体所有权的控制仍然很紧，直到《1996 年广播法案》出台，这一控制才得以放松。然而，撒切尔夫人的影响也不应该被低估，尤其是其对 ITV（英国独立电视台）的影响。ITV 是一家成立于 1955 年的电视台，它在享受商业特权的同时也受到很严格的监管。ITV 最初由六大公司控制下的 14 家运营商组成，20 世纪 90 年代，缩减为受两大垄断公司——格拉纳达传媒集团（Granada Media Group）和卡尔顿（Carlton）控制①。然而，ITV 的广告收入不是用来制作全国性节目，而是

① 2004 年两家公司合并为 ITV 公共有限公司，联合化进程完成。

流入了股东的口袋；《1990年广播法案》还为特许经营权设置了有效期为12年的拍卖系统（Tunstall，1997：247）。为此，BBC被迫引入“内部市场和苛刻的成本裁减机制（撒切尔式管理顾问所用的辞藻），并伴之以小心为上的新闻和公共事务政策”（Garnham，1998：216）。1997年开始执政的工党对BBC的资金体制表现得更加宽容，但是也对其施以政治压力——最臭名昭著的就是对一条新闻报道施压，该报道暗示，一名政府顾问干预了一份文件，而这份文件勾勒了2003年海湾战争中伊拉克所造成的安全威胁。

一个关键的发展是在引进有线电视和卫星电视的方式上，英国允许鲁伯特·默多克的英国星空广播公司（BSkyB）在电视新媒体技术方面进行垄断。1984年的《有线电视法案》试图在轻度管理体制下引入有线电视系统，但却彻底失败了，因为20世纪80年代的撒切尔政府根本没有给予这些早期的有线电视台以政策支持 143
——这些电视台隶属于其他北欧国家。[①] 有线电视引入失败导致的结果是，到20世纪90年代中期，借助于购买主要的体育赛事直播权，隶属于新闻集团的英国星空广播公司的卫星直播到户系统在英国付费电视市场上占据了完全的统治地位，这为其参与竞争数字电视的支配权奠定了强有力的基础。

2. 法国

法国政府对文化产业的干预历史源远流长，这不仅体现在广播领域，还体现在雄心勃勃的传播和视听策略规划上。20世纪60年代和70年代，法国政府致力于建设现代化而高效率的电信基础设施的巨额投资颇具成效，这其中包括由政府负责运作的、备受欢迎和广泛应用的交互式信息传输系统Minitel网络。

但是在20世纪80年代和90年代初期，尽管法国时任总统密特朗（François Mitterrand，1981—1995在任）是社会党人，法国的广播市场化程度却比英国还要激进。通信政策虽受到历任总统的强有力影响，但归根结底还是政府所要处理的业务，也是1986—1988年（左派总统密特朗与右派总理希拉克共治）、1993—1995年（左派总统密特朗与右派总理巴拉迪共治）两次左右共治时期要解决的问题。但是在1981—1986年以及1988—1993年的左翼政府统治时期，也卷入了商业化洪流。原因之一是国家对广播的直接干预让法国的公共服务失信于民。1982年，国家广播系统更改为公共服务系统（有关此单位的名称、构成和地位的激烈争论此起彼伏，使整个80年代和90年代初期不得安宁），但是这一措施对于挽救法国的公共电视网既微不足道，又姗姗来迟。原因之二是市场化席卷了西欧各个公共政策领域，即使法国这样的有悠久的国家主义传统的因家也未能幸免。法国于1984年开通了商业频道[②]，并于1986年创建了双轨运营制。接下来，右翼的希拉克政府

① 在1995年，仅有6%的英国国内电视台接入了有线电视网（Collins & Murroni，1996：92，引自英国政府数据）。另据齐尼斯传媒（Zenith Media）的数据，同年荷兰国内电视台有95%进行了联网。西欧国家仅有土耳其和葡萄牙的有线电视联网率较低。但是自20世纪90年代中期开始，监管的放松使得有线电视公司能够在电话市场与英国电信（British Telecom）进行竞争，有线电视的渗透率大大增加。

② 法国付费频道于1986年私有化，最早是对美国文化帝国主义和法国国内公共服务节目枯燥内容的挑战，后来成为欧洲付费电视市场的主角，也是维旺迪集团的一部分，最近几年遇到点麻烦。

144 （1986—1988）走得更远，将重要的公共频道——法国电视一台（TF1）私有化，使之与其他公有广播公司并驾齐驱，包括从事电视及广告业务的哈瓦斯公司（Havas）。

利用公款为法国铺设有线电视网这一野心勃勃的计划被否决了，该业务被移交给私人部门执行。新的商业性的地面电视和卫星频道在 20 世纪 80 年代末浮出水面，1988—1993 年，获得执政权的社会党政府也没有推翻先前的私有化成果。结果是，从 1990 年开始，法国“成为欧洲最大的市场化广播系统之一”（Humphreys，1996：181），而其公共服务频道却相对边缘化了。

3. 德国

尽管作为欧洲第三大媒介市场的原联邦德国在 1986 年建立了一个新的商业部门，然而其联邦宪法法院（Federal Constitutional Court）的规定却使得其仍然保持着分散的公共服务系统。联邦宪法法院的这一规定从一定程度上来说是左翼社会民主党推动的结果。然而在 1990 年两德统一以后，商业频道的急速增长对德国传媒业前景产生了巨大影响。商业频道急速增长主要是由于中央政府在 20 世纪 80 年代资助了一个大型有线电视项目。产权法的不完善意味着在出版和广播之间蕴藏着很强的重要关联。两大“家族”同时控制了出版与电视领域许多年：贝塔斯曼集团和基尔希集团（Kirch）（基尔希集团在尝试统治付费电视领域失败后于 2002 年破产）。

此外，商业频道的成长使得德国电视极度依赖来自英国尤其是美国的英语节目（Tunstall & Machin，1999：198）。但是，凯文·威廉斯（Williams，2005：58）指出，20 世纪 90 年代中期的危机过后，公共电视网巩固了自己的地位，但“并没有复制商业频道的模式”。确实，在报道数量相对少的人情味十足的新闻和正在发生的事件上面，商业频道展示了其在公共服务上的影响。所有主流电视台都要在其节目单上为独立电影制作人留下空间。然而一直以来依赖轻娱乐、新闻和体育报道的商业频道正在进行着革新（Burns，2004：73）。这种公共服务和商业意识的结合是相对成功的，正如威廉斯（Williams，2005：59）所言，它是“努力将媒介作为民主工具来使用”的联邦德国所塑造的广播的产物。

4. 澳大利亚

澳大利亚的电视系统自 20 世纪 50 年代初创之时便实行了双轨运营制，它是英国公共电视和美国商业主义的结合体，后者表现为以广告为支持、以城市为基础的电视台和电视网络。因此，法国 1985—1995 年间的重大事件，并不像大多数西欧
145 国家那样与商业频道的引入有多大关联，而与产权法的变更有关，因为它决定了一家公司能在多大程度上控制电视市场，以及电视产权能在多大程度上与报纸产权结合起来。

1987 年，对一家公司能够拥有几家（两家）电视台的严格控制在很大程度上放松了，澳大利亚南部众多财力雄厚的电视台获准得以扩张，这样做的部分原因是为了在这个地广人稀的国家提升电视收视的便捷性。新标准规定，一家电视台的覆盖面不能超过全国观众的 60%，但这一规定很快被第七电视网（Network Seven）

打破了。为了抚慰反集中化运动者，新规定禁止获得印刷业和广播业之间的跨媒体所有权，而这曾是澳大利亚传媒业一直以来的重要特色。由于大资本家克里·帕克（Kerry Packer）和鲁伯特·默多克等人选择了印刷媒体，因此他们的电视台被高价卖给了后来被证明腐败而无情的老板们（结果帕克在 1990 年为了一首歌又重新买回了原本属于他的第九电视网）。

但是，随着 1992 年《广播服务法案》（Broadcasting Services Act）的出台，最主要的放松监管法案诞生了。新法案削弱了对广播公司的限制，几乎彻底废止了广播产权法，并且引进了由帕克和默多克控制的卫星付费电视。因此，20 世纪 80 年代和 90 年代，是澳大利亚商业电视强化而公共电视网弱化的时期，该国也被冠以"也许是世界上媒体集中度最高"的发达工业国家的美名（Hoffman-Reim，1996）。

5. 日本

数十年来，建立在英国 BBC 模式之上的日本公共电视网电视台 NHK，不仅与这个国家紧密相连，而且与一个政党——统治了日本战后大部分时期的保守主义政党自由民主党（简称自民党）——关系密切（Sugimaya，2000）。

日本很早就有了商业电视。自 20 世纪 50 年代起，借鉴了 NHK 无政治立场特点的商业电视台在日本大规模兴起（Kato，1998）。在日本，人们不认为"去监管化"那么重要。新闻节目的低标准与其他因素有关，例如宽松的职业守则、关于权威和个人隐私的不同预设（different assumptions about authority and personal privacy）、煽情的大众文化周刊的存在。（与日本一样，英国广播业某些不堪的节目也经常被人谅解，因为相比来说小报的新闻标准更低。）

市场化最重要的表现是卫星频道的加入，但是其影响相对较小。大部分关于广播的学术著作都没有提到去监管化。20 世纪 60 年代早期以来，日本引进的电视节目非常少，输出的电视节目却很多（Iwabuchi，2003）。部分原因是日本拥有巨大的、繁荣的观众市场，部分原因是日本在东南亚国家当中拥有独特且令人满意的亚洲现代化形象。还因为日本的公司拥有相当大的经济和政治权威，支配着混合体制 *146*
下的公共电视和商业电视。但是，不应该将这种力量美化为对西方文化帝国主义的反抗。它基于垄断公司的强劲控制，以及有影响力的订阅制报纸和主要电视台之间的密切联系。在日本，关于新闻质量的丑闻不断，最近一些丑闻更是严重地削弱了 NHK 的可信度。日本的情况深深地提醒我们，在市场化之前并不存在公共电视网的黄金时代，但是市场化也未能使日本的广播民主化。

6. 小结：受到攻击的公共电视网

在一些国家，公共电视网甚至在 21 世纪的第二个 10 年依然保持着相对强势，但是有一个趋势是企业和政府之间达成了一个亲切而友好的共识：广播体制最佳的运作方式是创建一个有活力的私人部门，同时有一家公共电视网公司对其进行纠正。公共服务的精神，正如上文所指出的，在这种共识的运作下只能越来越被边缘化。很少有人怀疑，与 20 世纪 50 年代和 60 年代某些国家流行的资金匮乏的公共服务垄断相比，新兴的市场体制为观众提供了更多的选择，更具多样性，而且对高质量的培养也一刻未停过。更为关键的是，公共服务理念在混合体制内依然保有其地位，这与英国所发生的如出一辙。我会在第十章继续讨论这些问题，届时我会讨论有线电视、卫星电视和数字电视的出现，在第十一章，我会更为全面地讨论质量和多样性的理念。这里的关键论点是，随着公共服务精神越来越被边缘化，它受到围攻，更严重的是无法获取用于创新的资源，市场驱动下的广播体制看起来是不可避免的了。但市场化绝非不可避免——既得利益政党正是为它而战。市场化的成功为这种不可避免性击鼓呐喊，并导致电视市场这一重要文化市场中商业机会激增。

八、第三次市场化浪潮：过渡中的混合社会（1989 年以来）

20 世纪 90 年代，市场化席卷了全球电信市场和媒介体制。发达工业国家新自由主义措施的成功对此起了催化作用，但却不是唯一因素。在印度，官僚制的民主政体（bureaucratic democracy）试图通过市场改革重塑自身形象。在苏联和原东欧
147 国家，国家干预体制丧失了信誉，带来了经济的自由市场，包括传播、媒介和文化。在拉丁美洲以及其他国家，如韩国，20 世纪 80 年代和 90 年代经历了军人政权向自由民主政体的过渡——文化市场面向全球开放。很多阿拉伯国家虽然维持着对媒介内容的严格控制，但是却向转型中的媒介公司的渗透敞开了大门（Sakr，2005；又见本书第八章关于阿拉伯媒介的讨论）。

正如科林·斯帕克斯（Sparks，2000）对东欧的评论，私人媒介所有权的各种混合形式及其政治影响实际上可以被视为全球模式（global norm），而不是欧洲模式（政府若即若离的监管下公共电视和商业电视的混合模式）的畸变。有种观点认为在发达工业国家中“自由企业”不会在政治上产生影响，不得不说，这一观点在经济领域中的地位仅仅相当于一部小说在文化领域中的地位。我们已经发现了欧洲和美国文化产业公司对政府和政策制定者施加重大影响的证据。然而，公平地说，由于 20 世纪 80 年代末冷战的结束和 1991 年苏联的解体加速了新自由主义的崛起，全球很多经济体都受到了某种市场化理念（包括文化领域市场化）的庇护。巨大的新兴市场向文化产业敞开了大门，但过程中不免会有冲突或对抗。对国家认同（national identity）和文化标准的忧虑，以复杂的方式持续着与市场化之间的冲突。那么，在全球文化力量的博弈中，这些国家的市场化进程是否发生了重要的跃迁？这是本书第八章的主题。

1. 印度

我在简短的摘要之后紧接着介绍印度，是因为这个国家以其独特的文化和政治，走上了许多发达工业国家引入新自由主义时所走的路。战后的印度政府是印度传统的国家权力概念和渴望按照欧洲模式建立世俗的民族国家之间妥协的结果［我在此引用了辛哈（Sinha，2001）的有价值的论述］。

高度干预的、半社会主义性质的政府掌管着为富裕农民、产业资本家和专业人

士服务的市场经济。这些不同的群体完全支持政府的保护主义政策。通过财政赤字，政府能够实施改良的民粹主义政策，并获得大量城乡居民的充分认可。

到 20 世纪 80 年代末，这种紧张的处理方式面临崩溃，1990—1991 年突发了严重经济衰退，病急乱投医，全球尚未市场化的大部分地区转而寻求市场化作为治愈经济重疾的良药。作为对国际货币基金组织提供贷款的回报，印度政府接受了它提供的一整套新自由主义方案（这里我们可以看到国家层面和国际层面的力量在政策塑造过程中是如何合作的）。印度的右翼和左翼都有反对的呼声，但结果还是导致了大规模的去监管化、私有化和市场化，印度市场被迫向全球开放。 *148*

电信业于 1994 年“获得解放”，广播业位列其中。这就变得非常清晰了，在发达工业国家中，在新自由主义思想下，电信市场化是文化产业中的私人部门获得发展机会的先决条件。

印度不仅是世界上最大的民主国家之一，还拥有世界上最大的中产阶级群体——估计人数在 2 亿到 2.5 亿之间（Thussu，1999：125），此外，在跨国文化产业巨头看来还是潜在的有利可图的大市场。1991 年以来的印度广播自由化（市场化），对这些传媒巨擘以及印度观众都极为重要。因为在此之前，印度电视主要实行单一频道的国家体制，并且经常因为报道滞后以及与占统治地位的国大党（Congress Party）关系过于亲近而受到批评，但它有时也为公共服务理想做出重要而有效的贡献，如教育的全国普及（Thomas，1998）。然而，从 1976 年开始，印度国家频道北达山电视台（Doordarshan）却获准引入商业机制。在这样一个由电影统治的国家，作为文化产业之一的电视的巨大潜力被人们认识源于两部电视剧的播放（1987—1990），这两部电视剧改编自印度北部宗教史诗《罗摩衍那》（*Ramayana*）和《摩诃婆罗多》（*Mahabaratha*）。

到 1991 年，印度已能大量接收跨国、跨境卫星传输节目（Sinha，1997），包括 CNN 和星空卫视（中国香港）（1993 年被默多克的新闻集团接管之前）。结果导致整个 20 世纪 90 年代，印度电视频道尤其是付费电视频道数量剧增。到 1998 年，有将近 70 家有线电视和卫星电视台在印度运营（Thussu，1999：127）。包括星空卫视在内的许多电视台开始转播“西方”节目，但是到 20 世纪 90 年代末又逐渐转向本土化内容。

在印度还存在着许多争论，其焦点是，频道扩充是代表了一种新的多元化，还是扼杀了尚在襁褓中的公共领域？我不能在此详细论述这一论争，但是印度的确向我们展示了全球市场化是如何触发了重要的国际化趋势的。这不仅表现为跨国传媒巨擘如新闻集团对印度的投资，还表现为亚洲自己的电视公司如印度 Zee TV 公司在欧美市场的崭露头角。文化领域出现的复杂而全新的流动在很大程度上是市场化的结果。有关文化流动的重要性，我将在第八章讨论。

2. 俄罗斯和东欧 *149*

自由民主是通向繁荣稳定的未来世界的最佳路径，这一观点于 20 世纪 80 年代和 90 年代在全世界得以广泛传播。但是自由民主强调商业的新自由主义尽可能不受政府行为影响。文化产业在这种自由民主的社会中扮演着重要角色，在许多国家，文化产品与自由意志和自我表达息息相关。受新自由主义思想的鼓动，这种错误会导致所谓自由（包括言论自由）不受任何约束，而监管实际上可以促进自由。随着苏联斯大林主义的瓦解和东欧剧变，大约有 4 亿受过良好教育的人向提供文化商品及服务的国际贸易和国际投资敞开了大门。不过，东欧和其他“转型中”的国家还未能较好地适应全球化计划，在文化产业中也是如此。

几乎在所有的东欧国家，报纸开始由享受津贴和国家控制转向依靠广告和订阅，电信和广播业也迅速私有化。规范化的监管部门草率地成立了，监管的真空催生了地方垄断和政企间的非法关系，其中不乏彻头彻尾的腐败事件［参见金伯格等人（Goldberg et al.，1998）对匈牙利的论述］。

引入公共电视网精神的努力在这些国家遇到了重重困难，正如贾库波维奇（Jakubowicz，2004）所展示的那样，虽然这很让人沮丧。政治体制和政治传统不复存在，这可能导致新的体制得以成功实行。政府所给予的自由只是表面文章，实际上它渴望施加控制，这看起来会削弱现行的正统性（popular legitimacy）。在西欧国家，公共电视网就处在这样的威胁之下，长远的成功看上去不太可能实现。

3. 中国

在中国，文化产业和媒体的市场化开始于 20 世纪 80 年代，在 1992 年邓小平“南方谈话”之后进程加速。政府和市场几乎完全缠绕在一起。用马杰伟（Eric Kit-wai Ma）的话说就是，“活跃的商业媒体对于政府的持续统治至关重要”（Kit-wai Ma，2000：28）。在中国的市场导向的改革进程中，政府为了刺激消费而鼓励休闲娱乐，而尚处萌芽状态的中国文化产业对此非常关键。

中国共产党所提出的第十个五年计划明确表示要将发展文化产业作为经济和文化发展的战略目标。第十个五年计划的开局之年是 2001 年，这一年也是中国加入世界贸易组织的一年。与政府对其他产业的政策一样，媒介政策的原则性目标就是建立能够参与全球竞争的冠以国字头的大型企业集团。

150 在中国，党和国家实施了各种各样的改革，但依然保留着对传播的严密控制。改革的结果非常清晰：一种建立在大规模的国有制基础之上的独特的市场化形式（Zhao，2003：62），有一大批新的加入者，它们通常采取与外企合资的形式，但同时处在党和国家的控制之下。同时，外资文化公司对这个国家巨大的新兴市场虎视眈眈——它们并不是为了争取独资的资格，而是希冀通过企业合资站稳脚跟，从而在未来获取更多的机会。

赵月枝（Zhao，2003）对以下两种用以理解这些变化的框架提出了反对意见，其观点很令人信服。第一个框架是采用国家主义的方式，强调建立中国企业集团。第二个框架是理解和领悟，在中国香港地区和海外很有影响力，它假设全球资本主义和中国社会主义在利益上的冲突比实际上还要激烈。

4. 拉丁美洲

20 世纪 80 年代和 90 年代的拉丁美洲经历了一个与以上国家相关但又有所不同的转变。美国在冷战宣传中经常标榜自己是“自由世界”，并与苏联进行对比，但是在 20 世纪 70 年代中期，在美国的“后院”——拉丁美洲，多数人生活在军事独裁统治之下，人数比苏联和东欧合起来的总人数还要多。仿效美国模式，拉美大部分国家的电视体制彻底商业化了，但是它们又受制于独裁政府而非公共服务的监管；私人所有者与军事统治者建立了非常紧密的同盟关系（见第八章对巴西公司 Globo 的论述）。

在对“文化帝国主义”批评的影响下，20 世纪 60 年代和 70 年代，拉丁美洲众多民主和独裁的政府通过从美国进口以及获得美国直接投资来寻求对稚嫩的电视产业的保护。但是到了 80 年代和 90 年代的新自由主义时期，随着电视国际化的加强，由国家资金支持的电视体制探索失去了公信力，因为它们在 60 年代和 70 年代与军事独裁政权建立了联系（Waisbord，1998）。

结果导致了该地区对文化市场化毫无反抗之力，即使左派也对此束手无策。卫星电视的引入正日益改变着拉丁美洲的电视环境，但这有助于占支配地位的拉美公司和跨国媒介公司之间建立伙伴关系。

5. 过渡转型社会的市场化小结

这些变化或者巩固了已经发生的进程，或者将地球上又一大群人带入了旨在从
文化生产和传播中创造利润的公司的领地。金融家和商业人士认为，到 20 世纪 90 *151*
年代末，这些变化极大地提升了文化产业的重要性。

九、第四次市场化浪潮：融合与国际化（1992 年以后）

在前两部分，我集中讨论了电视政策的发展，但是我们不能忘记电信市场化的关键角色。电信产业的市场化进程是长远的，与电视、计算机和 IT 产业的市场化相伴而行。此处的关键问题是，文化产业与电信及信息技术之间的融合已是大势所趋。20 世纪 90 年代末的重大政策决策使融合趋势更加不可避免。我们可以将其视为市场化的第四次浪潮的一种表现。政策制定国际化趋势在这一时期也表现突出。我这里指的是国家之上层面的制度运作，例如欧盟。

1. 融合

我们在第二章讨论了关于技术发展的许多内容，这可以为我们理解文化产业中的变迁提供重要的环境。其中之一是微型计算机的兴起，其中之二是信息和传播技术的发展让电信数字化和人机沟通成为可能。到 20 世纪 70 年代末，显而易见，数字化使得计算机和电信系统的部分融合成为可能。信息社会的论调最早出现于 20

世纪60年代（见第二章），后来分析家、智囊团和未来学家对之进行了提升。他们看到，在美国的实验室和大学院系里，塑造信息社会的研究正在进行。20世纪80年代的大环境是，大萧条导致经济恶化，政府开始寻求恢复经济繁荣的新途径。在这样的环境中，政策制定者乐于接受用新的信息基础架构将经济和社会联系在一起的观点。此外，媒体将新兴的微型计算机和软件产业神化为具有创新精神和反主流的产业。这一有利环境正好迎合了信息技术产业的提升。同时，新自由主义处于上升趋势。用托马斯·斯特里特的话说就是，“信息社会理论和新古典经济学相辅相成，产生了极大的影响”（Streeter，2011：76）。斯特里特指出，20世纪70年代开
152 始逐渐流行起来的“信息”的概念，使得含义、意义和思想这些抽象的事物能够被当作可衡量的个人物品。在早期法律和经济运动中新自由主义思想家所提出的“边际”概念［“边际”的概念由米尔顿·弗里德曼（Milton Friedman）及其在芝加哥大学的同事共同提出］的滋养下，20世纪80年代早期，法院开始作出裁决，这彻底拓宽了知识产权的概念（例如基因专利和软件专利的出现）。数字融合和数字信息组织结构作为同一个属性结合起来（digital convergence and the construction of digital information as a property became together）。我们将在第五章探寻知识产权的影响。其中一个深远的重要影响就是，20世纪80年代末90年代初，政府开始在信息贸易领域大量投资基础设施建设，因为它们认为这一领域正孕育着潜在的经济增长力量。

20世纪90年代中期，巨大广告攻势（毫无预兆地）席卷美国，互联网一夜之间成为未来商业的象征，1996年美国《电信法案》（US Telecommunications Act）获得议会通过。① 该法案巩固了人们对融合现象的感知，并从三个方面为它的实现铺平了道路。

第一，该法案给予那些从美国电话电报公司剥离出来的众多地方性小贝尔电话公司进入长途电话市场的自由，作为它们在区域市场中进行竞争的回报。这使得众多小贝尔公司迈进了巨大新传播技术市场的大门。随着《电信法案》的施行，这些小贝尔公司成为竞技场上的佼佼者。同时，众多电信公司经过一系列兼并，“似乎预示了10个或12个大型电信公司将蜕变为4个主要幸存者。而7个地方性小贝尔公司也融合为两三个大型的地方电信运营商”（Tunstall & Machin，1999：56）。②

第二，该法案所包含的法律条文有利于那些支配着美国电视产业的文化公司。自由频谱分配给了能够提供数码电视的电视公司，而能够阻止这些公司将波段用于非媒介业务的法律条文却很少且难以落实。新规则使电视营业执照的更新变得简单方便，而且执照的有效期限也延长了。新规则还允许电视公司控制新的、经过融合的文化产业中的关键节点。这些变化使这些公司成为日后融合兼并的主要伙伴和同盟。

第三，该法案帮助现存有线电视公司卸下重负，允许电话公司进入有线电视市

---

① 详见奥夫德海德（Aufderheide，1999），他为本问题提出了十分有价值的观点和深刻的背景分析。

② 这就是一系列复杂并购的结果，贝尔这个名字消失了。2006年，其中一家小贝尔公司被其母公司美国电话电报公司兼并。

场并提供内容服务。1984 年的《电信法案》已经取消了对有线电视价格的监管，并减少了地方政府从有线电视运营商那里索取公共利益的权力。到 1992 年，由于价格不断攀升，再加上这一产业不再受到公众和政策制定者的欢迎，有线电视不得 153
不再次接受监管。1996 年的《电信法案》再一次取消了对有线电视的监管，再加上 1999 年的影响，该年兼并数量大大增加。①

该法案一经颁布便引发了大量兼并行为以及狂热的贸易，阻碍兼并、跨产业所有权和纵向一体化的壁垒被无情打破，这为 20 世纪 90 年代末百万美元以上的兼并浪潮铺平了道路（见第六章）。这是美国政策中市场化趋势的顶峰，它铭记于法律之中，而不是效力较弱的法规之中。

同时，在美国和其他国家，国家垄断的终结和信息技术的发展（见第三章）带来了电信业监管的大变革，许多新的加入者进入电信市场，包括移动电话提供商、有线电视公司、互联网服务提供商、地区网络公司等。监管者的职责逐渐转变为平衡这些不同玩家的需求，确保合理的效益和成本，推动政府在宽带基础设施上进行投资。其所面临的主要挑战是确保网络互连的有效性（Noam，2001），不仅仅在国家层面，在国际层面也是如此（Cowhey and Aronson，2009）。其首要目标是确保为商业企业而非消费者提供基础通信设施。正如尼古拉斯·伽纳姆（Garnham，2011：54 - 55）所指出的，来自企业和政府的投资源源不断地流入，但是随着后来它们为服务信息经济而争先恐后地提供最好的基础设施，正如分析家所预测的那样，一个事实摆在了我们面前：基础设施过度供给，超出了可接受的容量。为了掩盖如此大量的投资成本，投资研究应运而生。其中特别引人注目的是附加值服务，即可以获得额外利润的服务，例如点播服务。这使得文化产业公司能够获得更大的发行量。那些提供新平台和新应用的新玩家，例如视频共享网站和社交网站，也能够获得更大的发行量。但同时，这种新的巨型基础设施“漏洞”很多，不仅因为它是数字化的，还因为它的大部分都是通过互联网和网络提供的。文化产业所拥有的唯一武器就是呼吁对版权的更大保护，正如我们在第五章将要看到的。

2. 国际政策机构

文化产业政策第四次市场化浪潮的另一个重要组成部分是国际政策机构（international policy bodies）的重要性不断加强。这些机构在市场化的名义下日益趋 154
向于“支持融合政策”（pro-convergence policies），专栏 4—4 列举了其中最重要的几个组织及协议。

专栏 4—4

主要的国际政策机构及协议

欧盟（EU）：截至 2013 年底，由 28 个成员国组成。

---

① 此处以及本书的许多重要细节，我要感谢乍得·拉斐尔（Chad Raphael）。

北美自由贸易区（NAFTA）：由美国、加拿大和墨西哥组成。

南方共同市场（MERCOSUR）：由阿根廷、巴西、乌拉圭和巴拉圭组成，成立于1991年。

东南亚国家联盟（ASEAN，简称东盟）：由东南亚的缅甸、老挝、泰国、菲律宾、越南、柬埔寨、马来西亚、文莱、新加坡、印度尼西亚十国组成。其在本地区推动自由贸易的组织为亚洲太平洋经济合作组织（APEC）。

《关税与贸易总协定》（GATT）：签订于1947年，通过一系列谈判得以发展，最近的一次是乌拉圭回合（1986—1993），并在1993年达成《马拉喀什协议》。乌拉圭回合促成了更权威且更正式的组织世界贸易组织的建立。

世界贸易组织（WTO）：截至2016年有162个正式会员，在贸易规则引起争论时，世界贸易组织能够进行仲裁。中国于2001年加入。

《服务贸易总协定》（GATS）和《与贸易有关的知识产权协议》（TRIPS）：二者都是关贸总协定和世界贸易组织内部所设的与文化产业相关的最重要部分，TRIPS使知识产权成为在自由贸易原则指导下的国际贸易秩序的一部分（见下一章的详细讨论）。

这些机构通过鼓励国与国之间的贸易，点燃了各种商业国际化的导火索。但是在某些情况下，它们也通过监管来保护产业，如规定出口配额以限制过度集中。当然，它们都朝着成员国之间的自由贸易方向而努力。由于这种市场化倾向于满足更为富裕、强大的公司及国家利益，因此这些机构之中也有不少遭到运动团体的反对，其中最有名的一次是1999年11月、12月发生在美国西雅图的反世界贸易组织运动。为了保护文化多样性，使各国文化产业免受美国文化的影响，文化产业也没有被列入这些自由贸易协定之中。其中最著名的例子就是《北美自由贸易协定》对加拿大文化产业的保护措施，以及《服务贸易总协定》给文化产
155 业打的预防针（在法国施加的压力下，欧盟赞成对美国文化进行防御）。但是，这些机构的政策根本转向仍是更为深入的市场化。

这可以用欧盟的例子来加以阐释。在所有国际团体中，欧盟是最能体现公共利益的社会民主概念的组织。一直以来，公共利益提倡者对放松监管支持者连续施加压力，并取得了暂时的胜利，但是，市场化是大势所趋。考虑到媒介的社会影响，欧盟解除了产业层面上的法律限制，而以法律效力相对较弱的规制取而代之。如此一来，电信、计算机、媒介便处于一般竞争法的统治之下，监管机构也能确保企业对规制的服从（Østergaard，1998）。

“电视无疆界”（Television Without Frontiers）运动发起于20世纪80年代（欧共体委员会，1984），它旨在发展欧洲视听产业，从而形成一个权力集团（power-bloc），以在全球市场上与美国抗衡。同时，该运动也尊重国家多样性。当然，考虑到欧洲国家类型繁多，这个目标看起来难以实现（Galperin，1999）。经过多年的讨论，一项政策指令（欧洲共同体理事会，1989）最终于1991年生效。然而，这一计划却被宣告无效而全面失败。该指令限制从欧洲以外地区进口的节目数量，

为欧洲电视频道的增加设定配额，建议各成员国所有电视频道至少播放50%的“欧洲原产”电视节目。这种将文化多样性与经济增长相结合的胡乱尝试，与欧盟电信政策的“成功”假象形成了鲜明对比。由于不能完全理解内容的含义，因此，在政策之上还有审查制度，而审查制度实际上是市场化以前的产物。十年的欧盟电信市场化进程在1998年1月1日达到顶峰，从这一年开始，所有欧盟成员国的电信市场都向私有化和自由竞争开放了。

同时，公共服务倡导者依然针对“信息社会”政策与市场主义者进行持续斗争，其形式往往表现为欧盟巨大的官僚机构内部不同部门间的斗争。[①] 在关于欧盟发展信息社会政策的争论上，这一斗争表现得更为明显。欧共体委员会1994年的《本格曼报告》(Bangemann Report) 倡导极端的准市场方案，但是该委员会却又委任了一个高级专家组（包括曼纽尔·卡斯特斯），后者将焦点聚集于信息社会的进入和退出机制问题上。然而，欧盟委员会在1997年9月发布的关于融合趋势的绿皮书（欧盟委员会，1997）却有严重的支持市场化倾向。同时，公共利益提倡者成功地促使该绿皮书做出了有利于公共利益的修订，这保持了欧盟的信息社会政策的发展。

欧盟政策的基础在于一种假设，即公司层面的集中和融合是不可避免的，因此，欧盟的角色应该是允许欧洲公司与全球经济下的其他公司在平等条件下竞争。因此，融合功能就相当于一个正在自我实现的预言。它不仅带来了早已为人们所感知的政策变迁，同时也可能加速这一变迁的进程。有关集中与融合的谈论，推进了20世纪90年代横扫欧洲的电信市场化进程，尽管公共利益倡导者和公共电视网还在继续奋战（Downey，1998；Murdock & Golding，1999）。我们在第八章将看到，文化产业的重要性是深远的。 156

欧盟的例子显示，即使在最具社会民主色彩的贸易组织中，趋向市场化的压力也依然存在。这表明，全球化和融合趋势所带来的压力是政策制定者难以抵挡的。国际政策机构似乎正在把全球文化产业朝着集团化和商品化的方向推进，人们日益认为是技术因素而不是产品政策本身促进了融合。电信、计算机和媒介之间的融合是否不可避免、是否值得期待，我将在第九章讨论。

★★★

市场化的推进过程并非未受抵制。不同时期激进分子和政府在市场化道路上都设置了众多障碍。公共电视网在面对来自商业对手的猛攻时表现出了惊人的复原力。但是，市场化的第四次浪潮表明，在各种不同类型的国家和地区环境中，新自由主义和新古典主义的市场概念在文化领域取得了突飞猛进的发展。世界上大部分国家都唯美国的文化管理模式马首是瞻。政策变迁极大地影响了整个文化产业。政策既是对社会文化、经济和技术状况

① 例如，传播、文化和视听媒介总署（Directorate General X）和电信总署（Directorate General XIII）之间的斗争。

的回应，也是结果。政策是引发和（或）抑制文化产业转型的基本因素，在电视和电信政策上尤其如此。电视和电信在公共所有制下的监管传统很强，但是这些传统却在 20 世纪 80 年代和 90 年代向新自由主义的转变过程中被摈弃或者受到严格限制。与接下来的四章所描述的变迁相结合，本章所描述的政策变迁扮演着一个非常重要的角色，它决定了 21 世纪初期文化产业的前景。

157 评论及拓展阅读

美国的传播政策和传播法律法规研究有声有色。我发现以下著作非常有价值：帕特丽夏·奥夫德海德（Patricia Aufderheid）的《传播政策与公共利益》（*Communications Policy and the Public Interest*，1999）、罗伯特·霍维茨（Robert Horwitz）的《监管改革的讽刺》（*The Irony of Regulatory Reform*，1989）、斯特林和基特斯（Sterling and Kittross）的《敬请期待》（*Stay Tuned*，2002）、托马斯·斯特里特（Thomas Streeter）的《销售空气》（*Selling the Air*，1996）、詹妮佛·霍尔特（Jennifer Holt）的《娱乐帝国》（*Empires of Entertainment*，2011）、菲利普·那波利（Philip Napoli）的《传播政策基础》（*Foundations of Communications Policy*，2011）对美国政策中一些关键概念进行了很有帮助的引导，而约翰·杜伦·彼得（John Durham Peters）的《追求深渊》（*Courting the Abyss*，2005）和劳拉·斯坦（Laura Stein）的《美国的言论权利》（*Speech Rights in America*，2006）对于言论自由的论述非常不错。伊莱·诺姆（Eli Noam）的《互联网中网》（*Interconnecting the Network of Networks*，2011）对于电信监管的论述清晰易懂。杰伊·布鲁默（Jay Blumler，1992）、基斯·伯朗特和卡伦·休尼（Kees Brants & Karen Siune，1992）著作中的一些章节论述了公共电视网的原则。在 20 世纪 90 年代关于各国媒介政策的众多比较研究中，最有价值的就是彼得·J·汉弗莱（Humphreys，1996）的书。乔纳森·哈迪（Jonathan Hardy）的《西方媒介体制》（*Western Media Systems*，2008）对 20 个国家的信息发展情况进行了更新和整合。斯泰利阿诺斯·帕帕桑诺斯阿斯波利斯和拉尔夫·尼格里恩（Stylianos Papathanosassopoilos & Ralph Negrine）的《欧洲媒介》（*European Media*，2011）对于政策和产业研究也非常有价值，书中还论述了欧盟层面的政策。最近几十年对比较媒介研究的最大贡献是来自丹尼尔·哈林和保罗·曼西尼（Daniel Hallin & Paolo Mancini）的《比较媒介体制》（*Comparing Media Systems*，2004）。更多关于政策其他方面的文献请参考本书第五章结尾处。

在线阅读

以下所列线上资料都能够免费获得，地址是 http：//www. sagepub. co. uk/hesmondhalgh。只需点击“Sample Materials”标签即可找到每篇文章的链接。

我列举了一些有关传播政策和公共电视相互融合之影响的实用文章，如下：

● Bar, François and Sandvig, Christian (2008), "US Communication Policy after Convergence," *Media, Culture & Society*, 30: 531 - 550.

● Raboy, Marc (2008), "Dreaming in Technicolor: The Future of PSB in a World beyond Broadcasting," *Convergence*, 14 (3): 361 - 365.

● Syvertsen, Trine (2003), "Challenges to Public Television in the Era of Convergence and Commercialization," *Television & New Media*, 4 (2): 155 - 175.

158

第五章 政策的深远变迁：著作权和创意崇拜

本章关注两种意义深远的政策变迁类型，它们改变了文化产业在现代社会中的地位，而这种转变是不可逆转的。第一种是著作权法及其实践。这里所述的种种变迁都与我们在前一章最后一部分所讨论的国际化动态和“融合”密切相关。这里所介绍的国际贸易协定和政策主体——最著名的是世界贸易组织和欧盟——在著作权的变迁中扮演着非常关键的角色。在复合型专业化时代（例如自 20 世纪早期开始），著作权是文化产业的基础，但是在 20 世纪 80 年代和 90 年代，我们见证了包括著作权政策在内的知识产权政策的强化。此外，著作权日益成为现代社会文化生产论战的焦点。随着数字化和融合趋势开始影响文化产业，到 21 世纪初，著作权成为以下三方势力的必争之地：文化产业既得利益者，从信息技术产业进入数字发行系统的新进入者，观众和用户。这带来了关于文化产品所有权和私有产权真实本质的新老冲突。

本章所讨论的第二种变迁与文化政策有关。随着文化产业在 20 世纪中叶开始发展，文化政策最早是作为保护艺术免受商业化、产业化和商品化侵害而产生的。
159 在 20 世纪 70 年代和 80 年代，一些政策制定者和学者开始质疑这种文化政策，因为它给予精英文化和高等文化特别的待遇。同时，还有一个利益群体在崛起，其所代表的雇佣关系可能会取代“后工业”和“去工业化”城市及国家的制造业。但是到 20 世纪 80 年代和 90 年代，政策背景发生了变化，一定程度上是受新自由主义思想和信息社会论调的影响。商业化的文化产业逐渐与其他各类基于艺术的活动聚集在一起，并改名为“创意产业”。这一进展背后的原因耐人寻味，其对政策和文化生产的影响也值得我们探讨。知识产权和著作权日益重要的地位也是我们要讨论的。

一、著作权

著作权（***copyright***）是现代**知识产权**（***intellectual property***）三大领域之一，每

一个领域保护一种特定的“知识”或想法：

- 专利权。保护新的、非显而易见的、有用的或者可以应用到产业中去的思想或想法。
- 商标权。保护使本公司产品区别于其他产品的符号或标志。
- 著作权。保护法律意义上的“文学和艺术作品”的表现形式（原则上，著作权保护的是表现形式，而不是思想或想法；专利权则是保护思想或想法）。

这三大领域以不同的方式影响着文化产业，但毫无疑问，著作权在本章最为重要。

主流经济学及政策制定者将著作权的功能描述为：激励作者创作。这个观点认为，如果作者写书，其作品被复制，但是他们却完全没有获得报酬，那么他们继续写书的积极性就减弱了。从政治经济学的研究方法来看（Bettig，1996；Garnham，1990：38－40），最好将著作权法视为一种为规范文化产业中某种特殊问题而做出的努力：文化商品倾向于担当公共物品的角色，对文化商品的消费并不会减少它的价值。著作权法对复制权进行了限制，如此一来，文化产品变得比它们原本的状况还要稀缺。更近一些的政治经济学研究将著作权描述为在现代社会中覆盖范围不断扩大的知识产权的一部分。根据这一观点，新市场已经向商品化敞开了大门，因为资本家要寻找新大陆以获得投资回报（May，2000）。[1] 著作权是使文化商品化的主要方法。

自18世纪以来，著作权法便强化了文化商品的所有权，这从一定程度上对整 160
个文化产业都有保护作用。图书、电影、音乐等文化产品贸易受到一系列国际公约的监管，最著名的就是1886年签订的《伯尔尼公约》（Berne Convention），它后来又将电影等新的文化形式囊括进来，并进一步衍变出一系列公约。《世界版权公约》（Universal Copyright Convention）于1952年在瑞士日内瓦签订，将包括美国在内的其他国家带入国际版权识别系统之中。然而，各签订方对《世界版权公约》的执行情况却大为不同。

到20世纪80年代，正如托马斯·斯特里特（Streeter，2011：146）所指出的，“受新自由主义思想的影响”，大体而言，产权关系覆盖的范围比以前更广了，涵盖“水、基因，以及知识产权、软件专利、商业模式、软件外观及其使用感受”。正如我们在第三章已经看到的，新自由主义思想和信息社会论调更加紧密地结合起来，为信息（包括文化表现形式）的“可拥有性”奠定了基础。专利、商标和个体的文化表现形式（例如名人和明星的肖像权）也是如此，政策制定者对著作权的兴趣与日俱增。特别是在美国，文化产业的游说者们能够指出版税收益对美国经济的客观贡献。其他国家也紧随其后。在许多国家，文化产业在20世纪80年代和90年代得以扩张，给予电视、音乐和电影产业更大的游说能力。同时，数字网络的同步发展意味着这些面临“著作权小偷”（一个全新概念）威胁的产业开始全面展现

① 我在另外一本书中（Hesmondhalgh & Baker，2008）更详细地讨论了这一问题，并使用了哈维（Harvey，2005）提出的“掠夺式资本积累”（accumulation by dispossession）的概念。

自己，不论是在国内还是国外。

更长、更大、更强的著作权

在20世纪90年代的新环境下，旨在"协调"著作权法及其实践的国际公约和国内立法纷纷出台。来自数字技术尤其是互联网的潜在威胁，带来了立法上的回应，它"极大地扩充了著作权的覆盖范围，以牺牲艺术家和消费者为代价的文化公司从中受益"(Firth & Marshall，2004：4)。

主要标志性事件是1994年在摩洛哥马拉喀什签订的《与贸易有关的知识产权协议》(TRIPS)，以及《关税与贸易总协定》"乌拉圭回合"最后一轮谈判的结束。1994年达成的协议也包括建立世界贸易组织（WTO)。这是经济全球化的一次关键性发展，它发生在新自由主义掌握政策制定大权的巅峰时期，对知识产权和著作权产生了重要影响（见专栏5—1)。

161 **专栏5—1**

世界贸易组织上场

正如一本关于媒介政策的书所言，世界贸易组织（WTO）是"有史以来最具权威的国际贸易机构"(Ó Siochrú and Girard，2002：51)。它取代了《关税与贸易总协定》(GATT）——1947年建立的临时机构，用于管理和协调关税与贸易相关事宜。世界贸易组织成立于1993年，比《关税与贸易总协定》拥有更大的权力。它覆盖三大主要领域：

- 《关税与贸易总协定》下的商品。
- 《服务贸易总协定》下的服务。
- 《与贸易有关的知识产权协议》下的知识产权。

上述最后一项协议特别致力于服务知识产权，这是现代全球经济体制下政府和大企业重视知识产权角色重要性的标志。

早在1995年，关于知识产权的多边协议就受到世界知识产权组织（World Intellectual Property Organization，WIPO）的监督。世界知识产权组织一直存在并保持着其重要性（May，2007)，但是更具权威的世界贸易组织接管了知识产权管理工作，因为美国不想修订关于工业产权（专利权和商标权）的协议（那可能会阻碍其优势的发挥），而且希望有严格监管盗版行为和解决争端的强硬措施。

《关税与贸易总协定》已经告诉我们这是可以实现的，而世界贸易组织也开始具体运作（Ó Siochrú and Girard，2002：90)。美国公司在其中扮演了主要角色，正如戴夫·莱因（Laing，2004）所言，《关税与贸易总协定》所导致的全球各国立法体制的变迁，在美国贸易代表（United States Trade Representative，USTR）作出表决后完成了。依据《1988年综合贸易和竞争力法案》(The Omnibus Trade and Competitiveness Act of 1988）301特别条款，美国贸易代表有权将那些对美国著作权产业有危害的知识产权国列入黑名单。黑名单每年公布一次，美国贸易代表主要引用国际知识产权联盟

(International Intellectual Property Alliance，IIPA）提供的信息，该组织是美国主要文化企业游说政府的左膀右臂（Laing，2004）。这也是在美国贸易权威支持下的文化的新自由主义。

遵守《关税与贸易总协定》和301特别条款，意味着没有著作权意识的国家需要进行巨大的调整，以适应“西方的”著作权法。克里斯托弗·梅（May，2004）向我们展示了发展中国家是如何从各种国际组织、政府机构和非政府组织接受大量的技术支持，162
以培训立法者和管理者的。但这是一把双刃剑，因为它意味着发展中国家将拥有更多能够灵活利用《与贸易有关的知识产权协议》的专家。发展中国家的许多符号创作者和政策制定者对著作权是欢迎的，因为他们相信著作权可以保护其作品免受本国和西方公司的剽窃，但是《与贸易有关的知识产权协议》的生效意味着，新自由主义性质的文化正在全球范围内成为规范和法律。它将获取报酬描绘为人类行动的主要驱动力。

互联网的崛起一石激起三层浪，其中最主要的回应就是1996年在瑞士日内瓦召开的世界知识产权组织会议。签约方同意更新本国或本地区的法律，允许著作权所有者在互联网和计算机网络中对著作权进行扩展。结果导致了1998年《千禧年数字著作权法》(Digital Millennium Copyright Act）和2001年《欧盟著作权指令》(EU Copyright Directive）的出台，2002年和2003年，更多欧洲国家加入了《欧盟著作权指令》。著作权法向数字领域的扩展是众望所归，但是这些法律还保留着一些条款，这些条款认为文化产业公司开发保护内容的软件是不合法的，因为它有可能会抵制数字权利管理（digital rights management，DRM）系统（见第十章关于音乐数字化的两难处境）。这是一个标志，像音乐产业一样，著作权产业在面对数字环境的威胁时更加熟练，并呼吁立法以保护自身不受危害。

著作权保护期的延长是文化产业的重要努力之一。欧盟1993年的一项指令旨在“和谐”所有成员方的著作权保护期，但是它以德国标准为临时模板，而该标准曾被纳粹政权用于“干预”著作权。一旦各国法律做出改变，著作权保护期将延长到作者死后70年。这意味着，如果一位作者在25岁的时候写了一本书，并且活到100岁，那么其著作权保护期将是145年（活着时的75年加上死后的70年)。

当美国国会于1998年通过了《桑尼·博诺著作权保护期延长法》(Sonny Bono Copyright Term Extension Act）之后，文化产业游说者坚称，美国的数据只有与欧盟的数据相当才公平。英国的《安妮法》(Statute of Anne of 1710）——最早授予作者著作权——提供的著作权保护期是14年，到期后可再延长14年。在
《桑尼·博诺著作权保护期延长法》[该法案以20世纪60年代红极一时的作家兼表演家桑尼·博诺的名字命名，其流行单曲包括《你是我的，宝贝》(I Got You Babe)，作为一名共和党议员，他对这一法案表示强力支持] 下，作品保护期限从75年扩展到95年，授予公司集体作品（包括电影和大部分流行音乐唱片在 163

内）的“邻接权”保护期限也延长了。[①] 这一法案是迪士尼公司等著作权人的法院代理游说美国国会的重要成果。

著作权保护期的延长仍在继续。21世纪第一个10年，欧盟的一些著作权人发起了著作权运动，（英国流行歌手克里夫·理查德爵士是急先锋）旨在将唱片著作权从唱片出版之日起的50年延长至95年。2011年，欧盟部长理事会（the Council of Ministers of EU）正式批准了将保护期延长至70年的法案。如今，文化产业公司正忙于为其他领域著作权立法的类似变革进行游说。

随着时间的推移和游说的进行，不仅著作权保护期得以延长，其他领域也发生了变化。在18世纪的美国，引进著作权时还需要登记。但随着强制性登记制度的废除，“任何能够成为有形中介物的创意行为，现在都成了著作权保护的对象”（Lessig，2001：107）。正如劳伦斯·莱斯格（Lessig，2001：4）所言，它创造了这样一项制度，例如，电影制作者必须获得授权并向所使用的任何艺术品付费，包括家具、雕塑、建筑、音乐。虽然其本意是为了激发创造性，但在许多案例中，著作权已经成为限制创造性的愚蠢措施。

并非所有能够表现为有形实体的创意作品都是著作权保护的对象。一些作品处于**公共领域**（***public domain***）——任何人都可以使用其中的作品，因为没有人能够向其他人宣称自己拥有排他权。国家层面的著作权法决定了作品超出著作权保护期并进入公共领域的时间。文化创意性依赖于公共领域，因为创意行为（有时候是无意识的）借鉴了其他作品或者与其他作品有着千丝万缕的关系。著作权保护期延长的结果是，公共领域范围缩小了，某些事物对创造性造成了不利影响。毫无疑问，在现代社会，虽然文化的产业化增加了流通中的文化作品数量，但是延长著作权保护期的运动有可能减少文化作品的数量，而这些作品本来是可以进行创造性改编的。考虑到文化公司通常会监督任何对其著作权素材（甚至那些看上去琐碎的、次
164 要的素材）的使用情况，这一点就显得尤其重要。其意义和影响远远超出文化产业本身，例如教育。举个例子，多年前，我忙于为开放大学（Open University，一家英国远程高等教育机构）准备新媒体研究课程。我们想以英国一档白天的电视访谈节目《特莉莎》（*Trisha*）为例，说明工人阶层家庭在这类节目中如何“被代表”。我们写了分析文章，为了让学生看得更清楚，我们还想给学生提供该节目的视频剪辑。开放大学的著作权部门写信给该节目著作权人ITV请求授权。但申请被驳回了，没有任何理由。著作权人可以对公共教育系统的教学施加重要影响，而且根本不需要给出任何理由。

通常而言，使用著作权人的素材需要获得著作权人的许可，但也有例外。通过允许这种例外情况，著作权法律与实践实际上也限制了著作权人的权利。在一些国家，特别是美国，人们称之为“合理使用”（fair use）。[②] 例外情况是法律规章明确

---

① 严格来说，“邻接权”（neighbouring rights）不属于著作权。例如在音乐领域，它是指对一首曲子的表现形式的所有权，而不是指曲子本身，即所拥有的是唱片而不是构成唱片的曲子。几乎所有的唱片都归制作公司而不是个体表演者所有。不考虑这一关键性差异，我遵循惯例，将各类文化作品权都归入“著作权”项下。

② 在英国，与之对应的术语是“合理处理”（fair dealing），但其所覆盖的例外情况比“合理使用”少得多。因此在讨论著作权范围时，“合理使用”这一术语得到了越来越多的使用。

规定了的，或者通过案例裁决确定下来，包括对文章、音乐作品或表演的滑稽仿作，有限地复制一部作品一定比例的内容（也许你正在读一份复印件?），以及教育应用。随着复制技术（例如复印机、录像机、数字采样机）的繁荣，合理使用成为一个大问题。著作权人日益渴望保护自己的著作权，因此，合理使用面临的挑战日益增加。就算在那些声称可以合理使用的领域，在许多边缘案例（marginal cases）中，相关部门还是建议创作者避免通过这种方法使用素材，因为他们担心著作权人的维权行动：这可能涉及产品的撤回甚至诉讼。请务必牢记：著作权的社会目的是为创作作品提供激励。鲁斯·陶斯（Towse，2002：xvii）从经济学视角对平衡合理使用与著作权激励进行了概括。

- 过于严格的著作权管理几乎不允许合理使用，这实际上是为著作权人服务而不是为使用者服务，同时也会增加著作权人创作更多作品的成本。
- 过于宽松的著作权管理无法提供有效的激励。

在这一广义的语境下，合理使用的范围还包括公共领域的素材。著作权范围的急剧扩大对于保护创意十分必要的观点，很难让人信服。事实上，从更多的领域和视角来看，许多分析家正呼吁弱化著作权。① 这些学者中的大部分赞同保留某种权 *165*
利系统，但是流行的观点通常激进地对著作权持反对态度。这种反对声音最显著的表现就是欧洲国家（尤其是在瑞典和德国）在野党支持“盗版行为”所获得的成功。

不管是在发达工业国家还是在其他国家，我们也许还需要为著作权的蔓延付一大笔费用。在越来越多的地方，有一种流行的观点，即认为创意或文化作品开始向个人财产模式转型，与社会或集体创意的观念渐行渐远。西方的著作权法在理论上保护个体创作者，为创作者和使用者双方的利益服务，但实践中著作权总是由公司控制的（在对现代法律的另一种曲解中，根据合同的需要，著作权人被定义为个人）。这导致了一个恶性循环：文化公司游说政府的权力和影响力日益增大，而这反过来又增强了他们的权力——我们会在第六章深入探寻这种变化的驱动力。

二、文化政策：创意产业时刻

对于文化产业和文化政策（参见专栏 5—2 对“文化政策”这一术语的定义）之间的关系，需要从其久远的历史环境来理解。在许多国家，政府补贴倾向于古典的、正统的艺术。② 第二次世界大战战后时期，许多国家出于民主化的考虑，通过各种努力试图将更多群体囊括进政府补贴的范畴（Looseley，2004）。例如在英国，

① 发出这些声音的多半来自左翼群体（Tonybee，2004）和政府机构（Lessig，2001），当然也有来自右翼群体的。例如《经济学人》（*The Economist*）杂志就赞同缩短著作权期限。

② 两个原则上的例外是公共电视系统（参见之前章节的讨论）和电影。

为“优秀艺术”（fine arts）服务的资金逐渐扩展到为普通的艺术服务，然后最终覆盖了传统手工艺如陶艺和民间艺术。20 世纪 70 年代出现了“社区艺术”（community arts）运动，20 世纪 80 年代则日益强调文化的多元性。随着时间的流逝，对“正统”文化的补贴有了新的形式，例如，建立艺术影院、补贴歌剧院和地方剧院。20 世纪 80 年代和 90 年代，杰克·朗（Jack Lang）成为国际上著名的文化部长的原因之一就是，他试图将法国文化政策覆盖到以前曾被排除在外的文化形式上，如摇滚、Hip Hop（Looseley，2004）。

166 专栏 5—2

什么是文化政策?

首先，“文化政策”这一术语通常被用于两个相互交叉却又十分不同的领域。和给“文化产业”下定义一样，这主要取决于你如何定义“文化”，但众所周知，给“文化”下定义非常困难。从适用范围来说，文化政策是指以下这些政策：在一个特定的空间内，可能是国际的、全国的、地区的或者城市的，直接对文化形式产生影响的政策，但是如果我们过分扩充其范围（例如扩大到食品、饮料和电影），那么“文化”这个词就会失去其效用。文化政策是指对主要符号领域施加影响的政策。类似的，我在导论中对文化产业的定义强调了文化产品中符号元素和功能元素之间的关系。从这一广义的视角来看，前面章节所讨论的电视和电信政策也是文化政策的表现形式，因为它们对文化有重要影响（电影政策也是一样）。在广义的视角下，文化政策可能包括公共电视、保护民族文化的配额制度和排程限制、国家所有权规定、补贴等（Grant & Wood，2004）。

从第二个视角也是较窄的视角来看，至少在英语国家，“文化政策”这一术语应用得非常广泛。文化政策主要涉及对“艺术”的补贴、控制和管理。关于“艺术”，我的定义是：那些具有发明性和创造性的非科学的知识行为和制度形式，它们有资格列在“艺术”这一高贵的标题之下，包括视觉艺术、文学、音乐和舞蹈、戏剧等。我在本章的主要焦点就在这一领域，虽然政府如何使用文化政策以促进和保护产业发展也是一个重要问题。

1. 大伦敦议会和左翼的文化产业政策

有一种文化政策比上述关于艺术资金的民主分配更为激进，那就是将文化产业的概念引入到文化政策中来。该政策 1983 年诞生于左翼的大伦敦议会（Greater London Council，GLC），直到 1986 年英国保守党政府宣布废止大伦敦议会为止。[①] 该政策反对社会精英和理想主义者对艺术的看法，但对致力于扩大艺术补贴领域的活动家和政策制定者来说也是一个挑战。反过来，大伦敦议会的一些人声称，文化

① 根据联合国教科文组织（UNESCO，1982）的研究，在讨论文化产业时，我们发现国际层面上也有重要的先例，但是这些先例对发达工业国家制定国家层面和地区层面的政策没有直接影响。

政策应该通盘考虑以下事实，即大部分人的文化品位和实践都是由商业文化形式和公共电视网塑造的。其目的不在于赞美商业生产，而是单纯地认识到它在现代文化中的核心地位。一份著名的建议书（由尼古拉斯·伽纳姆所写，重印于 Garnham，1990）写道：与其采取以艺术家为中心的补贴“创作者”的战略，文化政策不如聚焦于分销渠道和如何到达观众。这一论述既反映了传统政治经济学视角对文化产业中发行之核心地位的强调，又反映了符号生产、符号消费具有独特个性是多么重要（见导论）。根据伽纳姆的建议书，这一政策思想的实践意义在于，“论战的主题、机构的精力和财政政策”的方向应该对准以下文化实践： 167

- 电视——伽纳姆称之为“当代文化实践的核心区域”。
- 图书馆——当时在英国，超过 50%的公共支出都投给了图书馆。
- 为伦敦中小文化企业提供贷款和服务，帮助其进行市场营销和产品传播。（Garnham，1990：166）

大伦敦议会的战略还有第二个主要构成要素，即通过投资文化产业振兴经济。正如伽纳姆（Garnham，2011）在后来的回顾性文章中所指出的，这与政策焦点从艺术家转向观众的争论没有必然的联系。利用文化刺激改进城市形象的行为随处可见，并不是什么新鲜事（Bianchini & Parkinson，1993）。这类政策通常直接用于促进一个区域的旅游业和/或零售业，或者创建一个富有吸引力的商业区域，而不是实现文化供给上的民主化。20 世纪 80 年代晚期到 90 年代，这类政策在全世界全面开花并广泛传播。著名的案例包括格拉斯哥（Glasgow）在 1990 年被评为“欧洲文化之都”，并重塑了自身形象。建立在极富冒险性的商业地产之上的各类昂贵的旗舰项目也繁荣起来。最著名的例子可能就是位于毕尔巴鄂（Bilbao）的古根海姆博物馆（Guggenheim Museum ），它于 1997 年正式落成启用，成功地使后工业城市毕尔巴鄂转型为旅游景点。虽然这类项目在当地充满争议，但是国际上却鲜有质疑之声。

2. 地区和城市文化产业政策

由于大伦敦议会被废止，其文化产业政策在伦敦也没有实施起来。接下来的十年，以文化产业为根基的地方文化政策理念产生了很大的影响。地方文化产业的崛起，最初以“文化街区”（cultural quarters）的形式发轫于后工业城市，但它并不完全是大伦敦议会追求平等的文化产业政策的结果。实际上，很多案例表明，文化产业政策的一个主张在 20 世纪 80 年代和 90 年代呼声日高，那就是以公共投资回报的形式全盘覆盖公共政策的各个领域，当然也包括文化和媒介。对“高等文化”形式之合法地位的怀疑之声日渐高涨（这种怀疑是我们在第三章所讨论的社会文化变迁的结果），无疑也促进了这种情况的发展。在这一语境下，运用经济手段促进“普通”文化发展被视为反精英主义的行为，它有助于欧洲左翼议会文化产业政策的普及。因此到了 20 世纪 80 年代末，受新自由主义经济学的影响，外加长期存在的文化等级制度的瓦解（虽然文化等级本身并未终结），在地方和地区发展性政策的新时代，文化产业或者说文化部门的概念日益与经济振兴和促进就业的目标联系 168

起来。我们经常强调的是大伦敦议会政策的第二个构成元素，而不是第一个，但是现在我们不仅热衷于文化引领下的城市振兴战略，而且热衷于强调私人企业和公共企业的企业家精神。在为智囊机构迪莫斯（Demos）写的一本小册子里，查尔斯·里德比特（Charles Leadbeater）（一位与大伦敦议会打交道的名人，20 世纪 90 年代末与托尼·布莱尔的“新工党”项目密切相关）概括了文化产业中的企业家是如何提供新的工作模式并奠定了地方经济发展新基础的，他们所拥有的关于当地情况的知识——“一种风格、一个眼神、一个声音”——向我们展示了“城市如何调整自身以与全球市场相协调”（Leadbeater & Oakley，1999：14）。有一种观点认为，独立的文化生产可能与更广泛的社会进步有关，大伦敦议会的努力含蓄地指明了这一点，但是目前这一观点正逐渐消亡。

一个更深层的联系与艺术政策的新发展有关。政府机构致力于将可能相互冲突的经济目标和社会目标结合在一起，并试图将该领域的投资合法化，这不太令人舒服。经济学家约翰·迈尔斯科（Myerscough，1988）提供了一份颇具影响力（虽然并非没有争议）的报告，他将文化产业与艺术放在一起，并分析了它们如何为创造就业机会、旅游发展、隐性收入和城市振兴做出了贡献。[1] 与这些发展相伴，许
169 多艺术政策制定者也试图将艺术补贴合法化，他们基于这种考虑，即艺术——以及在政策话语下与之相关的文化产业——有助于减轻社会排斥（social exclusion）。这是一个新术语，20 世纪 90 年代和 21 世纪初，它像野火一样在欧洲社会政策的大地上蔓延。一些分析家认为，使用社会排斥这一术语的人是为了避免提及根深蒂固的结构不平等，包括阶级（Levitas，1998）。这些发展和进步在国家层面上也产生了重大影响，在后文我们会看到。

这并不是说，所有的地方文化产业政策都是无效的，都是对新自由主义政策或新的中立政策的妥协。在一些案例中，政策制定者真挚地渴望在本地区推广新的、有趣的文化活动形式，并为充满斗志的企业家和急先锋提供支持。通过谈论文化产业发展会带来振兴机会，他们有能力说服地方政府提供资金支持。

在其他地方（例如英格兰北部的谢菲尔德），这种政策有利于支持地方基础设施建设，符合那些想要在城市里落脚的符号创作者的长远利益。但是，当地文化政策对经济和社会的影响仍然是有争议的。强调文化产业对新闻和娱乐枢纽城市（如伦敦）的重要性言之有理，赞美文化产业促进了众多小城市的发展进步也说得过去，但是在另外一些地方，要说文化产业促进了地方繁荣和就业，可能就有问题了。

例如，马克·杰恩（Jayne，2004）分析了特伦特河畔的斯托克城（Stoke-on-Trent）地方议会在推动一项有效的文化产业发展政策时所遇到的困难。斯托克城在英国中部，是一个工人阶层人口占压倒性多数的城市。在这里，阶层的问题很严

---

① 参见贝尔菲奥利（Belfiore，2002）对英国该艺术领域发展情况的总结。为了理解艺术政策做出的贡献，迈尔斯科的研究使用了“乘数效应”（multiplier effects）这一经济学概念。但是，正如伽纳姆（Garnham，2001：451）指出的，考虑到资源的稀缺性，如果将资金效用（efficacy of funding）作为投资的主要标准，那么我们就不得不考虑，是不是投资到其他领域（例如公共运输）会更富成效。

重。许多刚刚萌芽的政策讨论和相关的学术著作，都含蓄地用“倒退”这样的字眼来描述工人阶层，认为他们阻碍了该市与西方繁荣大都市之间的竞争。那么，将大都市政策不恰当地强加给工人阶层为主的城市或者乡村地区，会有哪些危险呢？能对这一问题作出通盘考虑的实在太少，而对投资决策的制定又太过匆忙。

然而，文化政策也能够在看上去“不可能”的地区改善人们的生活。克里斯·吉布森和丹尼尔·鲁滨逊（Gibson & Robinson，2004）考察了一个位于澳大利亚新南威尔士州遥远北海岸的小型娱乐产业社团，它距悉尼和南部其他城市有几百英里远。吉布森和鲁滨逊承认，由于该地区长久以来存在的数据缺失问题，很难确定这样一个社团对就业和经济活动能产生什么样的影响（见第六章）。但是，吉布森和鲁滨逊认为，该社团的活动有助于留住年轻的、热衷于创意工作的人，也会让人们感觉到在该地区可能会过上有趣、有益的文化生活。换句话说，为这样的草根文化产业机构提供资金支持，就算没有直接的经济利益，也许还有 *170*
其他积极的方面。

3. 创意崇拜：创意城市、创意集群和创意阶层

到20世纪90年代中期，从文化街区政策发展出两个相关的概念，二者均成为政策制定者的兴趣点，这就是**创意城市**（***creative cities***）和**创意集群**（***creative clusters***）。这两个术语的出现，代表着与文化产业有关的政策话语的转型。关于该观点可能面临的危险，可从Comedia咨询集团的小册子和政策文件中获得。这些出版物中的一些（例如Landry，2000）将创意视为城市振兴的钥匙，主要理由是，“21世纪的产业将越来越依赖于知识的更新换代，而这些是通过与严格的管理体制配套的创意和创新来实现的”（Landry & Bianchini，1995：12）。电视、软件和剧院是这类产业的代表，股票与证券交易也是如此，因为它们都需要通过创意城市得以存活。兰德里和比安基尼（Landry & Bianchini）提供了地区规划和地区政策中许多关于创意的例子，包括上文所讲的文化引领下的城市振兴战略。至于这些战略是如何引导城市居民进行创作的，我们不太清楚，但是随着世纪的更迭，文化产业正彻底地融入一个更大的创意理念中，它是治疗城市病的福音（见专栏5—3）。

专栏5—3

创意：富有情感的商业行为

20世纪90年代末和21世纪初，对创意产业政策中“创意”这一术语的采用绝非偶然。多年来，管理分析学家和经济学家一直对“创意”这一术语情有独钟（Hesmondhalgh & Baker，2011：3），它源于经济学的内生增长理论（endogenous growth theory），该理论借鉴了信息社会理论，赋予构思、创意和知识以核心角色（Menger，2006：81）。至关重要的是，“创意”这一术语有一系列褒义的含义，这源于在很多社会文明中，创意和知识有着较高的地位。人文主义心理学（Maslow，1987 [1954]）论述了人类行为中大量出现的创意，使得这一术语能够被各个年代的人接受。甚至在1961年，

雷蒙德·威廉斯（Williams，1965［1961］）写道："没有一个词能像创意这个词一样，
171 自始至终都受到正面的评价。"20世纪90年代中期，在推广新文化和艺术政策时，英国工党政府就使用"创意"这一术语取代了文化产业中的"文化"二字（见下文）。其他政府和咨询机构也是这么做的，在它们的话语中大抵也能发现类似的说法。结果，到了21世纪，用菲利普·施莱辛格（Schlesinger，2007：378）的话说就是，对政策制定者来说，创意不仅是一种话语，而且成为一种原则，成为"支持者持续支持的目标"。但也有一些评论家急于抨击这一术语（Osborne，2004）。正如萨拉·贝克和我（Hesmondhalgh & Baker，2011）共同完成的关于文化产业的分析著作所指出的，我们不应该也不能放弃这一术语，纵然它采取的是"方法和苹果派联想"（method-and-apple-pie associations）（我的意思是，它泛泛地援引了一些人们不太可能反对的东西），而且其在文化政策中的运用也很值得怀疑。正如威廉斯（Williams，1965［1961］：19）所言，"当我们思考它试图表现的价值和它所提供的可供描述的活动时"，我们应该对它所蕴含的积极含义感到欣慰。但这一术语的价值可能会被滥用、歪曲和削弱。

商业集群的概念更为重要。这一概念源于经济学家迈克尔·波特的著作（Porter，1990），它试图解释一个国家和地区如何获得比较优势。与传统理论家（如19世纪的经济学家阿尔弗莱德·马歇尔）不同，波特解释了为什么来自同一产业的公司倾向于在同一个地方聚集。他强调，企业家精神和竞争力这样的概念，在新自由主义经济论调下可能会被奉若神明（Martin & Sunley，2003），并使"企业集群"的概念在全世界产生巨大的影响。不出所料，到20世纪90年代末，关心文化产业发展的政策制定者，将"商业集群"这一概念与管理、商业和政府机构对创意的崇拜合并起来，称之为"创意集群"。①

在汉斯·莫马斯（Mommaas，2004：508）看来，"文化集群战略代表着对文化及其他艺术在城市振兴上的应用进入了一个新阶段"。20世纪90年代，在文化引领下的城市振兴大潮下，几乎所有大城市的节庆文化、博物馆和剧院综合体都获得了发展，此后这一行动发生了转向——为文化生产创造社会环境。但是，与"商业集群"一样，"创意集群"也是建立在不稳定的概念基础之上的。在关于创意集群
172 益处的政策讨论中，有几种不同的意见，莫马斯分析了这几种意见之间的区别，在他看来，它们正面临互相破坏与互相驳斥的危险境地：

- 促进文化多样性与民主。
- 渠道营销战略，出于旅游和就业的目的。
- 开辟出一条通往艺术与文化殿堂的更具企业家精神的星光大道。
- 广泛地鼓励创新与创意。
- 为旧建筑与废弃的场所找到新用途。

---

① 这一直持续到21世纪初，例如，英国工党政府通过日益重要的地区发展联合会，将国家创业产业战略纳入"地区"层面运作。在这一新术语中，"集群"还是一个核心概念。

莫马斯注意到，某些集群战略限制了文化艺术行为，但大部分集群战略吸收了许多休闲与娱乐成分——酒吧、健身综合体之类。在一项批判性研究中，伊万·图罗克（Turok，2003）指出，集群的概念存在很大的问题，例如在苏格兰的电视和电影产业中。“集群”这一术语暗指小型知识密集型企业通过内生性发展带动所在区域的增长。但是苏格兰电视和电影产业实际在很大程度上依赖于主要位于伦敦的英国的电视台。①

以创意和文化理念为基础的发展战略于 20 世纪 90 年代末和 21 世纪初在全球繁荣起来。关于创意在现代经济中的角色（又见专栏 5—4），最热烈的讨论也许来自美国学术与政策咨询专家理查德·佛罗里达（Richard Florida）。在一部读者甚众的著作中，佛罗里达（Florida，2002：4）兴高采烈地断言，虽然大部分转型理论倾向于视转型为某种发生在人身上的事物，但实际上，社会也通常会发生转型，因为我们希望如此，而我们所期望的转型的驱动力是“人类创意的崛起，它是我们所处经济和社会中的关键因素”。佛罗里达分析了美国 30%以上（这个数字非常惊人）的受雇市民——来自科学和工程、建筑和设计、教育、艺术、音乐和娱乐领域的核心创意人员，以及来自商业和金融、法律、健康及相关领域的外围创意人员，他主张，“新创意阶层”的崛起引发了阶级体制的变革。佛罗里达关于创意的主张，与其他类似的主张一样，源于对各种不同活动集合的综合考虑，但这些活动给了他向政治领袖提出在全球化市场寻求城市振兴新战略的机会，而这些都是出于商业和旅游业的考虑。在 Comedia 咨询集团关于创意城市的讨论中，佛罗里达声称，创意工作者乐于在创意城市生活，而如果城市想要吸引这些通常比较富有且具有影响力的人士在此居住，并把他们靠辛辛苦苦卖创意赚来的钱花费在本地文本和服务上，那么政府可能需要在其所在城市培育“创意社区”。作为顾问，佛罗里达还就如何创 173
建这类社区向政府献计献策。

专栏 5—4

创意在新经济中的角色

与霍金斯和佛罗里达一样，基兰·希利（Healy，2002）也就创意在新经济中的角色提出了自己的疑问。尤其是对于为什么所谓的“创意部门”和新经济之间的关系对政策制定者来说特别重要，希利也给出了四条意见。

● 新的“创意部门”持续成长，为该领域的政策研究保驾护航。希利写道，这是最容易获得保护的主张，但是这个命题本身是不成立的。到底是哪种类型的政策？在如此众多的利益群体之间，真的存在一致的政策议程吗？

● 由于存在不确定的劳动力市场、灵活的合作和基于项目（project-based）的工作，创意部门之于新经济，就像金丝雀之于矿工（又见导论中对文化产业中的利益的解释）。但是，基于项目的舞台剧演员所从事的工作，真的与基于项目的系统管理员所从事的工作

① 普拉特（Pratt，2004）也指出，认为集群战略具有效率的主张，通常依赖于令人怀疑的统计证据。

有关系吗？考虑到劳动力市场的问题，文化劳动力（cultural labour force）是否是一个好的榜样？

● 通常认为，创意对竞争来说日益重要。希利指出，这是不成立的，在不同产业和不同部门，各类创意人员的需求也迥然不同。

● 所谓的“创意阶层”对许多类文化产品感兴趣，因此政府应该加大文化领域投资。但正如希利所言，整齐划一是不太可能的（尤其是考虑到文化投资门类太过宽泛，我们还可能会再往里面增加内容）。

到此，隐藏在“文化产业”城市政策（最早体现在大伦敦议会战略中）背后的民主意图石沉大海了。文化政策分析学者贾斯汀·欧康纳（Justin O'Connor）稍后对这些发展做出了回应，并试图修正一些错误认识，他认为，人们夸大了将地方文化生产场所特别是城市文化生产场所纳入全球文化产品流通的意义。其中一个观点是，地方文化生产者集群的成功源于创意，而创意则依赖于该地的隐性知识（包括文化生产所在城市的守护神或曰精神圣地）。根据这些观点（我们可以在 Comedia 咨询集团的文件以及其他政策话语中找到），城市和地方可以获得竞争优势，因为
174 这类知识不太容易被编纂成册并传承下去。欧康纳写道，实际上，获得成功的集群越来越不能预测隐性的“创意”了，但是他们能预测到一系列关于全球市场、更大的公司和发行网的正规知识（formal knowledge）。忽略了这一点，就等于无视地方文化生产和地方政策的真实性：为辅助新生文化产业而建立的诸多机构，其中没有几个真正拥有实际上必需的正规知识（O'Connor，2004：139）。欧康纳的观点也过于宽泛。对“创意”一词和城市竞争优势的过分强调是有风险的，这一风险就是将文化作为经济的附属（O'Connor，2004：146）。

正如我们所看到的，经济和文化之间关系的问题，不仅在次国家（sub-national）、地区和城市层面很有价值，国家层面的创意产业政策及其对创意在新经济中角色的认可，也促进了二者关系的发展。

4. 国家创意产业政策的冲突

从上文我们看到，“创造性的”和“创意”这两个术语在 20 世纪 90 年代的地方文化产业政策中非常流行，到 20 世纪 90 年代末又上升至国家政策层面。“创意产业”是这样一个概念：它广泛吸收了文化政策和高等教育领域的精华。它在政策中的首次重要应用是在 1997 年英国工党的大选中，虽然其他国家也有先例，最著名的就是澳大利亚工党政府 1994 年启动的“创意国家”（Creative Nation）项目。对“创意产业”这一术语的采纳，是文化政策制定者（他们或者关注艺术和手工艺，或者关注电影制作）在国家层面将他们的关注点合法化的一种方法。有地方政策显示，通过将艺术与文化产业相连接，就算是那些最高雅的活动，也可以成为经济发展的一部分——这是新自由主义时期大部分政府政策存在的必要条件。最后，文化政策制定者也许发现了一条出路，这需要商贸部门掌握政治实权的人严肃对待，这个人最好来自财政部门，因为财政部门决定了每个部门能分到多少钱。

尼古拉斯·伽纳姆（Garnham，2001：25；Garnham，2005）发现，使用“创意产业”这一术语的人持有两个主要观点：

- 创意产业是经济新的增长部门，从国内还是国际上来说都是如此。
- 正因如此，创意产业是未来就业增长和出口收入增加的关键来源。

在伽纳姆看来，对“创意”这一术语的使用在英国可谓达到了“一箭多雕”的
效果。首先，其定义非常广泛。英国文化、媒体和体育部门（例如 DCMS，1998、 175
2001）所发行的各类文件，不仅涵盖了本书中我所称的“创意产业”，还包括舞蹈、视觉艺术和一些以手工艺为基础的活动，如珠宝制作、流行时尚和家具设计。这样看来，把那些靠补贴为继的部门和繁荣的商业创意产业部门（音乐和电视）联合起来是有可能的。更为重要的是，还涵盖了计算机软件业，它使得创意产业部门成为经济中更大、更重要的组成部分。[①]

在伽纳姆看来，这种宽泛的定义对相关利益群体也产生了两个有价值的政策影响。首先，它让软件制作者和大型文化产业集团与小型企业和关心知识产权保护的文化工作者建立了统一战线。更重要的是，保护知识产权与“‘创意艺术家’的道德威望”（Garnham，2005：26）联系在了一起。其次，它使得文化部门也有理由要求政府对创意工作者培训提供公共支持，而这最早发生在信息和通信技术产业领域。反过来，这一主张也产生了更加广泛的影响，它有力地推动教育政策向令人怀疑的技术论色彩发展，认为国家要想繁荣兴旺，就要弥补创意/创新工作者在数量上的匮乏。结果，英国的创意产业政策在以“艺术家”为核心的补贴理念上建立起来，而不是建立在以观众为导向的基础设施支持政策上，这恰恰与大伦敦议会最早的政论背道而驰。

英国国家层面的创意产业文化政策［例如，英国前文化部长克里斯·史密斯（Chris Smith）在他 1998 年的书《创意英国》（*Creative Britain*）中所概括的］，呼吁解决战后时期社会民主文化政策长期面临的困境：考虑到资源的有限性，很难在“提升”（rising）（例如，通过吸引最好的乐队指挥、博物馆馆长和戏剧总监到国家级文化机构工作以达到卓越）和“扩散”（spreading）（例如，巡回演出、支持地方群体）之间做出选择。英国工党政府的创意产业政策致力于解决这一难题，即通过对整个文化产业部门的支持来消除水平高低之分，也就是将进入（access）（即扩散）和卓越（excellence）（即提升）结合起来。但是在伽纳姆看来，这种做法忽视了在一个结构不平等的社会中矛盾根深蒂固的本质。“卓越”将技术水平高的创意艺术家视为“新创意经济”的楷模，这掩盖了水平高低之分。这与兼容并包（access and inclusion）是背道而驰的，正如伽纳姆（Garnham，2001：457）所指出的，因为有可能“社会排斥出现的关键原因是文化形式和文化体验存在等级，以及
对卓越这一概念本身的定义”，还有人认为在新政体下创意产业注定是要获得支持 176
的。例如，有人可能会说，工人阶级和其他被排斥的群体消费了大部分的商业文化

① 当然，这涉及如何衡量文化角色的变迁或者文化产业在现代经济中的角色等宏观问题。我将在下一章回答这些问题。

产品，而这强化了他们在文化等级中的地位。如果这是真的，那么以促进经济增长为理由支持创意产业发展，也许实际上不是解决了从进入到卓越的问题，而是恶化了这一问题。阶级社会的矛盾没那么容易解决。

同时，如上所述，从 20 世纪 70 年代起，政策制定者和政治家已经将艺术和文化政策与对社会目标（或者换成政府和咨询机构越来越喜欢用的一个术语——**振兴**）的追求联系起来。英国一份关于文化对振兴之影响的报告，概括了关于振兴的几个原则性要素："犯罪率的下降、健康和幸福指数的提升、教育程度的提高、失业率的降低、更强的社区凝聚力、更好的环境质量和生活质量。"（Evans & Shaw，2004：2）但是，创意产业部门还是以精英部门的面貌出现在世人面前，例如，从就业范围来说，少数族群社区也许可以获得更大的比重，因为他们的头上顶着天赋和技能的光环。

在新自由主义时期，这类目标本身与以下经济原则联系紧密：人们认为更少的犯罪、更好的教育和更棒的健康是好的，但并不是因为它们本身有多好，而是因为它们对经济增长有好处。把对这类目标的追求完全归于经济增长的动因是错误的。通过谈论"后新自由主义国家"（after neo-liberal state）标榜如何修复早期新自由主义改革所造成的社会损害，一些社会政策分析家（例如 Craig & Cotterell，2007）试图辨别新自由主义这一宽泛的概念。根据这一观点，在 20 世纪 90 年代，国家和地方政府旨在动员企业（同时也力图制定一些社会改善措施）为损失最惨重的市场治理形式买单。[①]

无论这是否是理解 21 世纪第一个 10 年英国政府政策的正确方法，毫无疑问，创意产业政策都是日益广泛的文化政策趋势必不可少的一部分，这一趋势就是文化逐渐与社会改良目标联系在一起（Yúdice，2003）。在一些案例中，这导致一些批评家提出了关于文化政策日益"工具化"的问题，因为文化政策中也包含了文化的"内在"价值（文化自身是有价值的）（Belfiore，2002；Holden，2004）。例如，这
177 可能导致符号创作者和艺术组织为了顺从政府对抗社会排斥的措施而歪曲自己行为的本质。[②] 文化产业政策的其他批评家采取了不同的方针，他们对创意产业是否真的是地区振兴和实现其他社会目标的基础产生了怀疑。例如，凯特·奥克利（Oakley，2006）概括了一些方法，创意产业的希望并非根植于对该产业持续存在的不平等和其他问题的真实评价。[③]

- 第一，希望在地方层面（城市和区域）投资创意产业，可能为地区增长提供了发展机会，却忽视了伦敦和英格兰东南部地区文化就业和文化基础设施大量集中的现状。

---

① 斯科特（Scott，2009）通过对新西兰音乐的个案研究，将这一概念高超地应用到文化政策中。

② 关于"工具化"的论争其实存在很多概念上的问题（Throsby，2010；Gibson，2008），将文化价值纳入经济目标或者纳入社会利益和文化活动之间关系的混乱观念之中是很危险的，我们不应该无视这一点。

③ 正如伽纳姆评论所言，虽然这里的大环境是英国，但是这一经验适用于更广的范围。奥克利（Oakley，2006）解释说，在"创意产业"这一标题下，英国国家层面几乎没有颁布任何实际上的政策。大部分相关的发展都是在地区层面由诸如区域发展机构（Regional Development Agencies）所推动的——这一机构后来又被于 2010 年大选中获胜的保守党—自由民主党联盟政府（Conservative-Liberal Democrat Coalition government）废除。

● 第二，渴望在创意产业内部提供就业机会，也许能在大体上抵消就业市场的不平等现象，理由是创意产业依赖各种各样的人才，但却忽略了文化产业内部社会网络的力量，以及持续存在的黑人和少数族群文化劳动者被边缘化的趋势。（关于文化劳动力市场不平等的问题会在第七章谈论。）

● 第三，努力将创意产业投资作为吸引“创意阶层”到技术和专业劳动者匮乏的城市中来的手段，导致对人才的投资不是针对本城市人才的而是针对外来者的。正如许多研究所指出的，它冒着加速中产阶级发展进程的危险，会对城市和社区造成严重打击（Zukin，1995）。

5. 创意产业政策走向全球

英国新工党模式下的创意产业政策，围绕着保护和促进文化政策展开，其方法是将艺术与一个更大产业部门的经济和社会利益联系在一起，而这个更大的产业部门囊括了发展中的商业。这一理念实际上是现存理念的大杂烩。它融合了市场化（包括巩固和加强知识产权保护）和改革派的期望。这种融合吸引了国际政策界的大量关注。与此同时，“创意城市”的理念也被许多城市政府作为焕发城市生机的 178
手段而使用。毋庸置疑，这是由“定义模糊的创意产业和创意工作者”和“迅速发展的软件和新媒体部门”之间的模糊联系导致的。

在“政策转变”（policy transfer）的经典理论中，20 世纪 90 年代末和 21 世纪初，这些理念像病毒一样穿过国家和城市政府散布到全世界。英国和美国的政策发起者（policy entrepreneur）散布了消息（前者获得了英国议会的帮助）。数十份报告和统计调查得以面世（见第六章）。建立在里斯本战略之上，旨在通过熊彼特信息社会理论振兴欧洲经济，欧盟就此提出了多方面的倡议，例如 2007—2013 年的文化计划（Culture Programme）和 2010 年的绿皮书《释放文化和创意产业之潜力》（*Unlocking the Potential of Cultural and Creative Industries*），该绿皮书宣称要用“创意社区取代厂房和车间，原材料是他们的想象力、创造力和创新力”。21 世纪第一个 10 年，博物馆区（museum quarters）在欧洲如雨后春笋般萌发，工业用地转变为艺术街区，美国的市长们拉开了建立在创意基础之上的振兴计划的帷幕（Ross，2009：38）。这些国际化发展所带来的结果是很复杂的。例如，其中一些倡议更多地建立在对地方文化和社会分工的体恤之上。21 世纪第一个 10 年的经济泡沫使得房产价格扶摇直上。所有这些看上去都是说得通的。但是，社会活动家群体并没有停下质疑的脚步，他们提出了关于中产阶级化带来的影响以及所有这些支出是否能够创造出持续的工作机会等问题（Lovink & Rossiter，2007）。

创意产业政策国际化趋势最重要的表现在中国。2001 年，中国第九届全国人民代表大会第四次会议正式提出了“文化产业”的概念。根据贾斯汀·欧康纳和顾新（O'Connor & Gu，2012）所言，这一概念体现了中国政府领导层的期望，即不 179
仅要在电影、电视、出版、工艺和旅游等行业成立一些大公司，而且要保持对其控制。2007 年，时任中国国家主席胡锦涛在中国共产党第十七次全国代表大会上说，“文化越来越成为民族凝聚力和创造力的重要源泉、越来越成为综合国力竞争的重要因素”（Ross，2009：53）。大概从2005年开始，与英文术语“创意产业”（creative industries）意义接近的一个术语——“文化产业”（wenhua chanye）——逐渐开始在中国的一些城市里使用，它涉及设计、时尚、动画、广告、市场营销等领域（Hui，2006），是一个建立在小规模生产者和企业家基础之上的产业部门。此外，中国的“十一五”规划中也提出了旨在推动文化和创意产业发展的政策措施，主要涉及北京、上海、重庆、南京、深圳、青岛和天津等几个城市。

评论家看到了中国令人着迷的转型。虽然有一些人认为，没有更大的政治自由，中国的经济发展只能是天方夜谭，但还有一些人认为，文化和创意产业的发展是中国更广阔的变革的一部分，它必将创造出一个兴旺发达的产业部门。欧康纳和顾新（O'Connor & Gu，2012）批评了第一种观点的种族中心主义立场，但是也反对第二种观点，他们认为中国的文化和创意产业不会带来挑战国家权威的价值观，也不会提供一套伦理价值观来评判无约束的发展。小的创意企业不得不在地方政府和大型国有公司设置的框架里运作。安德鲁·罗斯（Andrew Ross）也发现，中国政府大规模地将中华文化遗产、故事和神话传说（尤其是那些知识产权比较模糊的）转变为国家叙事，并看到了其中蕴含的经济潜力。这也是为中国的国家主义服务。但是他怀疑，政策制定者是否会容忍“西方原创范式独特且不可预知的进取心”（Ross，2009：58）。

面对这些困难，中国新的初创企业也许够不到市场准入的门槛，或者未能取得合法经营许可证。罗斯指出，如果这样，它们也许不得不在“灰色经济”中冒险尝试。“毫无疑问，”他评论说，“在地下经济中，令人感兴趣且不可预知的力量正在蓬勃发展，但对于产品开发者来说，它也是炼狱。”（Ross，2009：59）所有这些都表明，很难预料采纳创意产业政策后会产生什么结果，在它周围萦绕着各种两难问题，包括来自持续提供质量可靠的创意工作机会的挑战。

其他与创意相关的政策概念也输出到了全世界，其中一些将创意的概念和知识产权的发展紧密联系在一起。关于知识产权的发展，我们在本章第一部分已经讨论过了。**创意经济（creative economy）**的概念逐渐流行起来（UNCTAD，2008）。政策顾问兼记者约翰·霍金斯（Howkins，2001：Ⅶ）在其著作中主张，“创意经济将成为21世纪的主宰经济形式”。他通过界定创意经济和创意产业与知识产权的关系，证实了自己的主张。他的工作范围不仅涵盖著作权相关产业（著作权是知识产权的表现形式，是文化产业的基础，正如本书中所言），而且包括创造或处理专利相关事宜的产业。因此，将若干个产业部门归纳进来是合理的，例如制药业、电力行业、工程机械和化学行业。甚至连最不可能的商标与设计产业类目也被囊括其中。霍金斯横跨符号学和科学领域强调知识产权在现代经济中的重要性无疑是正确的，但是他仅从这一重要性上就推断新经济转型建立在创意的基础上，未免有些令人生疑。这是21世纪第一个10年英国关于创意和创新的信息社会论调改头换面的典型表现。

★★★

创意和文化产业的种种发展，通常建立在冲突和不明确的创意概念之上，这引发了我

们如何看待文化与经济和社会之间关系以及如何理解创意和商业之间关系的重要问题。本 180
章第一部分所概括的著作权法律法规的变迁问题也是一样。与电信、信息技术和电视的发展一起，这些发展为我们在接下来的六个章节讨论的种种变迁奠定了重要的基础（但又如第三章所言，并非唯一的基础）。它们通过不同的方式，**为基于符号创作的商业活动的扩张铺平了道路，但前提是可能会改变符号创作在现代社会中的重要性**。接下来的六个章节将评价紧随政策发展而产生的变迁，这些变迁一定程度上正是政策发展所致。只有仔细思考政策变迁带来的结果，我们才能对政策变迁作出评估。

评论及拓展阅读

合法的著作权研究机构有很多，但是对热衷于文化产业的读者来说，最好的研究途径可能仍然是美国学术界关于知识产权的争论。相关著作包括劳伦斯·莱斯格（Lawrence Lessig）的《思想的未来》（*The Future of Ideas*）、金姆布鲁·麦克劳德（Kembrew McLeod）的《拥有文化》（*Owning Culture*）、西瓦·韦德雅纳森（Siva Vaidhyanathan）的《版权与版误》（*Copyrights and Copywrongs*），三部著作均于2001年首次出版，反映了著作权如何在那一时期成为政治战场。从今天来看，这些早期著作显然过时了，但是这些作者写书的脚步并未停歇，他们从根本上重新审视并更新了早期的文稿。詹姆斯·波义耳（James Boyle）的《巫师、软件和脾脏》（*Shamans*，*Software and Spleens*，1996）比上述这些扣人心弦的书还要好，很值得一读。几乎在同时，约翰·弗洛（John Frow，1997）的一部令人印象深刻但较少被人注意的作品，对于我们理解知识产权和著作权很有助益。

在我看来，将历史分析和信息结合得最好的作品是西蒙·弗里斯（Simon Frith）和李·马歇尔（Lee Marshall）的《音乐和著作权》（*Music and Copyright*，2004）。马歇尔的著作《盗版》（*Bootlegging*，2006）探讨了非法唱片研究语境下与著作权相关的浪漫主义遗产。弗里斯和后来的流行音乐研究学者戴夫·莱恩（Dave Laing）认为20世纪80年代以来著作权占有非常重要的地位。

文化研究的政治经济学（political economy of cultural literature）对著作权的无视很不光彩。一个值得钦佩的例外是罗纳德·贝逖克（Ronald Bettig）的《文化版权化》（*Copyrighting Culture*，1996），以及特亚斯·茨维特科夫斯基（Trajce Cvetkovski）的《著作权和流行媒介》（*Copyright and Popular Media*，2012）。我在本书中也推荐托马斯·斯特里特（Thomas Streeter）的《下一个影响》（*The Next Effect*，2011）。该著作的第六章将著作权发展置于20世纪90年代关于信息意义和文化论战的大环境之下，还介绍了开源软件的发展情况。

在文化政策上，20世纪90年代末和21世纪初，左翼学术争论的前提条件是由吉姆· 181
麦奎根（Jim McGuigan）的《文化和公共空间》（*Culture and the Public Sphere*，1996）和托尼·班尼特（Tony Bennett）的《文化：改革者的科学》（*Culture*：*A Reformer's Science*，1998）设置的——前者从哈贝马斯和政治经济学的视角，后者从福柯的文化研究的视角。特里·弗卢（Terry Flew）的著作，为将福柯式的文化研究方法应用到与创意产业相关的文化政策研究中提供了全面而智慧的理论基础。当我在修订本书的时候，他的著作《创意产业》（*The Creative Industries*，2011）出版了，这很有可能是一项重大贡献。斯图亚特·坎宁安（Stuart Cunningham）对此也颇有见地（例如，Cunningham & Higgs，2008）。由于本书篇幅所限，我没有探讨创意产业政策在全球传播的过多细节。在这一方面，我强烈推荐安德鲁·罗斯（Andrew Ross）的《如果你能得到，这就是一份好工作》（*Nice Work If You Can Get It*，2009）一书中关于文化和创意产业的章节。贾斯汀·欧康纳（Justin O'Connor）写了一些关于文化产业和创意产业政策及其在各地表现形式（从曼彻斯特到圣彼得堡再到上海）的文章和著作。他关于文化产业和创意产业的文学评论（第二版，2010）也值得一读。戴夫·思罗斯比（Dave Throsby）的《文化政策经济学》（*The Economics of Cultural Policy*，2010）在对文化政策进行智慧且详尽的分析时，也对作为一个整体的文化产业进行了调查。要想紧追世界各地的发展情况，阅读《国际文化政策期刊》（*The International Journal of Cultural Policy*）是一个不错的办法。

由于篇幅所限，我不能秉公对待地理学家们对于我们理解文化生产的空间动态所做出的伟大贡献，尽管这些问题与本章乃至全书通篇所讨论的问题高度相关。他们包括苏珊·克里斯托弗森（Susan Christopherson，2011）、安迪·普拉特（Andy Pratt，2004）、艾伦·斯科特《城市文化经济》，*The Cultural Economy of Cities*，2000）。莎伦·祖金（Sharon Zukin）的《城市文化》（*The Culture of Cities*，1995）、理查德·劳埃德（Richard Lloyd）的《新波希米亚》（*Neo-Bohemia*，2006）和贾斯汀·欧康纳的著作提供了关于城市动态的杰出研究成果。

在线阅读

以下所列线上资料都能够免费获得，地址是 http：//www. sagepub. co. uk/hesmondhalgh。只需点击"Sample Materials"标签即可找到每篇文章的链接。

下面这两篇文章用不同的方法阐述了 21 世纪早期，在政策以及活跃分子的论战中，应该如何对待"创意产业"和"创意"。

● Ross，Andrew（2008），"The New Geography of Work：Power to the Precarious?" *Theory，Culture & Society*，25（7－8）：31－49.

● Schlesinger，Philip（2009），"Creativity and the Experts：New Labour，Think Tanks，and the Policy Process，" *The International Journal of Press/Politics*，14（1）：3－20.

第三篇
文化产业中的变迁与延续：1980—2012

第六章 185
产权、结构和规模

本书第二篇所讨论的政策变迁，为 20 世纪 80 年代后期以来的文化公司、文化工作者以及消费者创造了一个新的商业环境。简言之，市场化有助于塑造以文化产业为重要商业投资对象的环境。这一现象的背后，是更为宏观的经济环境。正如我们在第三章所看到的，作为对 20 世纪 70 年代和 80 年代经济大衰退的回应，私有公司的投资方向开始转向服务业，其中也包括文化产业。

本书第三篇就将讨论这些转变所带来的变迁。本章关注的重点是新环境下文化产业的产权、结构和规模。本书第二章所提出的若干问题（见表 2—1），将引导我的写作思路。前两个问题主要是关于变迁的程度的，后两个问题聚焦于如何衡量这些发展。

- 集团化和一体化变革在多大程度上带来了新的产权形式和公司结构？
- 在国家经济和全球商业中，文化产业的重要性如何？
- 文化产业公司的规模扩大、实力增强究竟对文化生产和广义社会产生了 186
什么影响？
- 文化商品化的加剧具有哪些潜在的影响？

我将从大型文化产业公司在规模和经营范围上的增长来着手讨论。在北美和欧洲，大型跨国公司垄断是文化生产和发行领域的主导形态，亚洲次之。在许多独立国家，位于文化产业“第二梯队”的大型公司主宰着文化领域，有时候商业分析不太注意这一点。

接下来的四个部分，我将就大型公司通过集团化和纵向一体化追求市场统治地位的趋势进行分析。毫无疑问，超大型公司在文化市场上逐渐崛起，但是这些庞然大物从文化中攫取利润的商业手法却迥然不同。其中一些多元化公司深耕于包括产权和联盟在内的新型网络，这源于 IT 公司和电信公司向文化产业领域的进军。

纵向一体化的文化产业集团的出现将导致什么样的结果，是论战的主题。这些论点主要集中于传媒产权是否日益被少数公司控制。在本章的第五部分，我对与产权的近期发展趋势相关的证据进行了评估。虽然衡量产权集中度是一个令人担忧的话题，但是我们有理由去思考现代社会中大型媒体和文化产业公司所扮演的角色。集中度问题，是离不开权力和文化市场的本质这类更广义的问题而单独存在的。

文化产业中大型公司或者一体化公司的出现是不可否认的，但这并不意味着小公司就不重要，接下来我就会考虑这类公司的生存情况及其与大型公司之间新的关系（不仅在文化产业内部，还包括周边产业，如信息技术产业和消费电子产业）。很自然，如何衡量这些变迁的问题，是和与之相关的既成事实紧密联系在一起的。我想，改变产权形态和公司结构的真实情况，实际上比评论家的批评更为细致、复杂。然而，公司成长是一个重要的问题，它理应引起对文化生产在当代社会、文化和民主领域中所扮演的角色感兴趣的所有人的关注。

接下来，我会继续考察以下问题：文化产业是否日益成为全球商业和国家经济的核心？我讨论了近年来关于创意产业和文化产业的海量报告。大体而言，文化产业的增长率略高于 GDP 的增长率，虽然一些文化产业在 21 世纪第一个 10 年苦苦挣扎。然而，文化产业在全球商业中仍然处于相对边缘的位置（这表明，
187 对于那种认为经济正变得“文化化了”的观点，我们应该持怀疑的态度）。本章最后一部分将后退一步，在更宽广的历史背景下对以上所述潮流进行定位，将文化产业的成长视为文化持续商品化的表现形式，并考察这种理解方式所产生的影响。

一、20 世纪 90 年代和 21 世纪初的并购热——第一次世纪大逆转

从文化生产的专业市场时代到复合型专业化时代，最重要的转变之一就是文化市场中大公司的不断涌现（见第二章）。随着市场化和国际化的进程，这一长期趋势在 20 世纪 80 年代和 90 年代得以加强。文化公司的规模和范围大幅度增长和扩展。一小部分跨国公司开始拥有更大的实力，它们实力不一定波及全球，但往往涵盖了发达国家。

文化产业公司规模的增长和集团化，只是所有产业中更多、更大的合并与收购浪潮中的一支。20 世纪 80 年代产业的加速发展是之前经济大萧条刺激性反弹的结果，并终于在 20 世纪 90 年代和 21 世纪第一个 10 年中期呈爆发态势。图 6—1 通过追踪全球范围内各产业（也包括传媒、IT 和电信）的合并与收购总额，向我们展示了这一点。

188 20 世纪 80 年代是颇具代表性的时期。1968—1973 年之间，美国大概发生了 4 900 起兼并事件，到 20 世纪 70 年代和 80 年代又有所增加。仅仅 1986 年一年，就发生了 3 300 多起公司收购案（Greco，1995：229 - 230）。这一时期也是美国电视政策的市场化时期，此时，美国三大电视公司中的两个（CBS 和 NBC）在 1985—1986 年以巨额资金易主。1987 年 10 月华尔街股市重挫后，美国众议院取消了对某些税种的减税原则，而这些税种实际上是鼓励收购的。尽管这一变动并未使

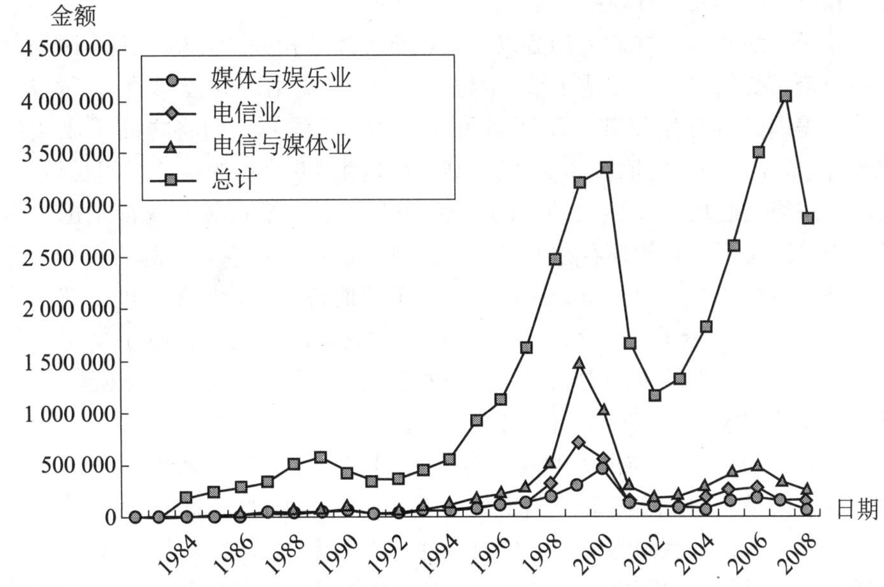

图 6—1　媒体和电信产业全球范围内的合并与收购（1984—2008）（单位：百万美元）

资料来源：Thomson Reuters，2009.

蔚为壮观的国际合并趋势停止脚步，但在接下来的几年中，各类合并事件在美国大幅度减少（Greco，1995：230）。但是这并未阻挡 20 世纪 80 年代和 90 年代之交一系列蔚为壮观的对文化产业产生了影响的国际合并事件的发生。

- 消费类电子公司索尼公司（Sony）分别于 1988 年和 1989 年以 20 亿美元和 34 亿美元的天价收购了哥伦比亚广播公司下属的唱片公司 CBS Records 和哥伦比亚电影娱乐公司（Columbia Pictures Entertainment）。
- 1989 年，时代生活公司以 149 亿美元的高价收购了华纳集团，从而达成了二者的合并。
- 1990 年，紧随索尼公司和 CBS 的交易，另一位消费电子巨头——松下公司（原名为 Matsushita，后改名为 Panasonic），以 68 亿美元的价格收购了已成为媒体大鳄的音乐经济公司 MCA。

20 世纪 90 年代，随着低息贷款在全球经济中的发酵，文化产业迎来了兼并整合的高潮。例如，1997 年，美国发生了史无前例的合并和收购浪潮：交易总额共计 9 120 亿美元（*Business Week*，1998-03-30：47）。这在一定程度上反映出，公司执行官、咨询家、学者和权威人士逐渐相信，向股东派发红利的最佳方式就是将商业利益相结合，进行强强联合。

与文化产业关系最密切的产业部门尤其热衷于合并行为，因为它们认识到了电信、信息技术和媒介产业潜在的巨大利润。据格列柯（Greco，1996：5）所言，1990—1995 年间，被报道过的媒体收购事件有 557 起，几乎接近 1960—1989 年的全部交易总量。特别重要的是 1994—1995 年和 1999—2000 年两次“超级收购”。根据一种说法（Sánchez-Tabernero & Carvajal，2002：7），2000 年，全球 40%的合并和收购事件发生在这些产业。

除了强强联合的并购大趋势以及企业对传播和相关产业的兴趣不断增强，还有另外一个重要的大背景促成了20世纪90年代末文化产业公司的成长。从1995年开始，美国经济开始复苏，欧洲则稍逊之。有时候，人们将之描绘成“互联网泡沫”，但是互联网公司比在20世纪末破产的新生IT公司的存活时间长得多。最终，
189 大萧条态势彻底反转。美国的GDP、劳动生产率和投资额都获得了迅速增长，实际工资也增长了，虽然还存在不平等。随着股票价格缩水，家庭、公司和金融债务全打破历史纪录并导致消费膨胀，这导致了罗伯特·伯伦纳所谓的“美国历史上最大的经济泡沫”（Robert，2000：5）。重要的是，所有这些助推了文化产业公司广告支出的剧增。它促进了文化产业的合并和收购，并使人们日益相信，全世界——至少在发达国家——正在向信息社会转变。

1992—2000年，与最大的几家传媒公司有关的合并与收购事件有上百起。例如，贝塔斯曼参与了249起收购事件和137起出售事件（Chan-Olmsted & Chang，2003：223）。在互联网泡沫破裂导致合并活动受阻之后，21世纪第一个10年，合并活动得以复苏。但随之而来的是2008年大范围的金融危机及接踵而至的经济危机。由于赖以生存的广告业受到危机的侵蚀，文化产业逐渐加入到与IT产业和电信产业的竞争之中。商业分析家和投资者（包括一些机构投资者，例如具有特殊影响力的养老基金）逐渐认为，处于技术化和文化转型时期的文化产业是不堪一击的。

表6—1详细列举了20世纪90年代和21世纪第一个10年最重要的文化产业合并和收购事件。如表所示，即使在接踵而来的经济危机到来之时，与文化产业直接相关的重要交易仍在继续。例子包括2008年维旺迪收购游戏出版商Activision，2010年康卡斯特收购NBC环球。然后，另两个潮流更加引人注目。第一个潮流是IT巨头购买传媒/文化企业的行为日益增多。例如，谷歌和微软分别收购了Double-Click和aQuantive，以便于获得广告主所需的用户信息。这反映出，文化产业已有玩家和来自IT世界的新进入者之间的竞争，远在广告之上。第二个潮流是发生在无线传播和宽带领域的众多交易。美国电话电报公司于2006年接管了南方贝尔公司，IT产业和文化产业的相关交易则相形见绌，这也提醒我们注意电信产业的规模、范围和集中度（媒介和传播学研究中大大忽略了这一点）。

190 **表6—1　　主要的文化产业合并和收购事件**

时间	收购者	被收购者	价格（亿美元）	战略动机
1994	维亚康姆（Viacom）	派拉蒙（Paramount Communications）	80	形成覆盖出版、电影、电视、有线电视和主题公园的跨产业集团
1994	维亚康姆	百视达（Blockbuster）	85	控制流通领域
1995	迪士尼（Disney）	大都会/ABC（Capital Cities/ABC）	190	纵向一体化，控制内容创作

续前表

时间	收购者	被收购者	价格（亿美元）	战略动机
1995	时代华纳（Time Warner）	特纳广播（Turner Broadcasting）	74	纵向一体化、集团化、协同效应
1995	西格拉姆（Seagram）	MCA（新名：环球）	57	综合集团进军形形色色的传媒领域
1995	西屋电器（Westinghouse）	CBS	54	综合集团进军电视业
1998	西格拉姆	宝丽金（PolyGram）	106	唱片市场份额及欧洲电影收益
1998	AT&T*	TCI（包括 Liberty Media）*	480**	电信与媒介整合
1999	维亚康姆	CBS	220	媒介巨擘巩固电视力量
2000	维旺迪（Vivendi）	西格拉姆/环球	350	多元化的欧洲休闲巨擘希冀更加多元化
2000	美国在线（AOL）*	时代华纳（新名：美国在线时代华纳）*	1 280**	网络服务提供商与媒介巨擘的合并
2002	康卡斯特（Comcast）	AT&T Broadband	475	有线电视公司通过收购进行扩张
2003	通用电气/NBC	维旺迪环球（新名：NBC 环球）	55	两大传媒巨头的合并，但截至目前 NBC 占大头
2003	索尼*	BMG（新名：Sony-BMG）	?	两大主要音乐公司的合并，索尼公司最终购买了贝塔斯曼的股份
2004—2005	索尼	MGM	49	大量收购演奏曲目、有线电视公司
2006	迪士尼	皮克斯（Pixar）	74	电影公司通过强势入主购买制作公司
2006	AT&T	南方贝尔公司（BellSouth Corp）	670	这一交易紧随 2005 年 SBC 收购 AT&T（采用了后者的名字）而来；通过提供电视和宽带服务，这一交易使得移动电话和固定电话逐渐绑定起来
2006	谷歌	YouTube	16	相对比较小的收购，但是象征意义重大，标志着谷歌正式进军文化产业
2006	康卡斯特	Adelphia 有线电视公司（Adelphia Cable）	176	美国有线电视产业重要的强强联合，也涉及与时代华纳有线电视公司的订阅服务交换（subscriber swap）

191

续前表

时间	收购者	被收购者	价格（亿美元）	战略动机
2007	新闻集团（News Corporation Inc.）	道琼斯公司（Dow Jones & Company Inc.）	56	默多克收购《华尔街日报》，此事引发了热议
2007	谷歌	Double-Click	31	谷歌收购互联网广告公司
2007	微软公司	aQuantive	57	微软收购了一家西雅图广告公司，以与收购了Double-Click的谷歌相抗衡
2008	维旺迪*	Activision	188**	维旺迪旗下游戏部门与美国游戏出版商的合并
2010	康卡斯特	NBC环球	137.5	有线电视公司巨头收购传媒大鳄
2010	迪士尼	漫威（Marvel）	42.4	迪士尼购买动画公司，收获了各种品牌和动画形象

*表明是合并。

**表明是公司合并后的估价，而非实际价格。

注：价格和价值根据同期所公布的合并或收购报告得出，美国在线时代华纳除外。后者在2000年1月这一收购事件首次公布时的估价总额约是3 500亿美元，但是当美国联邦通信委员会通过此议案时，最终的交易价格是1 280亿美元。随着对网络和新媒体的高估逐渐平息，合并价值的下滑也折射出这一年来股价的下滑。

这两大潮流，是电信、IT和文化产业三者融合（虽然是部分融合）进程中的里程碑。IT巨头在一定程度上取代了消费电子公司作为交易推手的地位。20世纪80年代，索尼公司和三菱公司接管了美国的传媒大鳄，登上了媒体的头版头条，但在融合过程中起主导作用的，仍然是IT巨头。同时，电信公司仍然是最大的操作者，为文化产业和IT产业提供赖以生存的基础架构。在下文关于集团化和垂直一体化的分析中，我会披露更多细节。

第三个潮流也很重要，但在上述巨额交易中没有体现。与持续不断的并购交易一样，这反映出我后面将要讨论的集团化和纵向一体化战略，同时也存在大量“反并购化”和“去集团化”的交易（Fitzgerald，2012；Jin，2011）。这折射出21世纪早期文化产业若干部门在文化市场增长之时所面临的问题。诚如德韦恩·温塞克（Winseck，2011a）所言，这些问题不能简单地归咎于互联网的到来，或者广告支出从旧媒体到新媒体的转移（正如我们将在第十章所见，这一转变比商业新闻报道所声称的要缓慢、复杂得多）。相反，根据温塞克的说法，这些问题折射出经济倒退和上述两大并购浪潮所引起的广告业短期的、周期性的衰退。他将21世纪第一个10年的危机视为传媒产业整合和金融化这两大浪潮不断累积的结果，并购热本身就是过去25年来尤其是20世纪90年代中期以来与工业和其他行业相关的金融部门和金融资产规模超常规发展的结果（Winseck，2011b：143）。

192

21世纪初，文化产业遇到的麻烦显而易见，也有一些有名的破产和失败案例，如德国传媒巨头基尔希（Kirch）公司于2002年破产。这从战略层面的急剧变化上可以清楚地看到。战略，有时候就像巨额交易创造出的传媒巨头的沉重债务负担的遗留物——时代华纳在21世纪第一个10年的霉运就是一个很好的例子。由于企业充分利用了低贷款利率和收购对象的低股价，紧随 2008 年金融海啸而来的经济危机并未严重阻碍收购者和被收购者之间的集团化和一体化趋势。但同时也存在集团化和一体化更深层次的失败案例（例如，2009 年加拿大有线电视巨头 Canwest 破产，2008 年《芝加哥论坛报》倒闭），以及去集团化和撤资的重要趋势。这并不意味着文化产业的重要性和力量正在削弱。需要重申，在文化生产的复合型专业化时代，面对危机时，文化产业既有强大的力量，又容易遭受攻击。有证据表明，文化产业这块市场经济的蛋糕的规模在增长，并且会持续增长。在下一部分我们将看到，虽然文化产业面临的问题也在增加，但过去 30 年来，一大批大众文化产业公司的创作确实对文化和社会都产生了重要的影响。

二、新一代巨型公司：强者愈强

上一部分所讲的合并和收购所导致的结果是，到 20 世纪 90 年代末，全球文化产业市场的大部分利润被新一代跨国多媒体巨头收入囊中。这些公司比曾经主宰过某一特定文化产业（如电影、电视、报纸）的公司要大得多。它们的触角遍及不同 *193*
产业，因此对政府政策和文化生产本身具有潜在的巨大影响。最大的公司日益国际化，这也强化了它们的游说能力。

随着进一步的合并、收购和出售，巨型公司的名字和结构也会经常改变。然而，由于其对文化、传播和商业领域的潜在重要性，知道它们的名字并了解其如何运作是值得的。表 6—2 列出了七大文化产业公司的数据（来源于各公司 2011 年年报）。曼纽尔·卡斯特斯（Castells，208：74）称这七大公司为“辉煌七巨头”（the Magnificent Seven）[①]。这七大公司在世界两大文化市场——北美和欧洲——都有卓越的表现。但是，只有新闻集团才能称作真正的全球公司，因为其市场范畴跨越了四大洲（北美洲、欧洲、亚洲、大洋洲）的多种文化产业。因此，说这些公司具有“全球”规模通常是一种夸张的表示。然而，它们的文化产品却触及了全球几十个国家的上亿人。

表 6—2　　文化产业公司“辉煌七巨头”　　（单位：亿美元）

公司	收入
维旺迪	385
迪士尼	381
康卡斯特	379
新闻集团	328

① 当然，是以 1960 年发行的“西方经典”（classic western）来命名的。我真希望我在本书第一版的时候就能想到这个名字，而不是沉闷的“七巨头”。卡斯特斯的书表明，他已经完全意识到，这一垄断群体的宏伟壮观只能体现在规模和经营范围上，而绝不体现在其对人类文化生活的贡献上。卡斯特斯的书出版以后，七大公司的名字和排序有了小小的变化，但其统治地位仍然十分显著。

续前表

公司	收入
时代华纳	269
索尼	231
贝塔斯曼	223

资料来源：各公司年报。

注：本排行榜根据这七大公司的文化产业活动收入进行排列。收入数据截至2011财年年末。索尼公司的数据是其旗下游戏、音乐、电影公司的数据之和；其最大的收入来源于旗下消费电子产品销售。图6—2有关于这些公司的更多详细情况。

这七大公司的年收入都超过200亿美元，在它们之下，是位于第二梯队的区域性或国家级文化巨头（Herman & McChesney，1997：53）。第二梯队公司有50家，每年的文化运营收入超过10亿美元，它们在本国或特定地区具有很大的影响力。它们中除了少数几家位于拉丁美洲和澳大利亚外，其他都位于北美、欧洲、中国或日本——亚洲公司日益涌现，我们将在第八章讨论这一情况。在这两个层级的公司之下，还有其他许多竭尽全力试图在某一市场拥有重大影响的公司。齐尼思咨询公司（Zenith Consultants）的一份报告把最大的文化产业公司进行了如下分类（Sánchez-Tabernero et al.，1993：100）：

- 支配一国内部某一种文化产业的公司；
- 影响数国之间某一种文化产业的公司；
- 在一国内部经营多种文化产业的公司；
- 在多国之间经营多种文化产业的公司。

194 最大的50家公司中，几乎每一家都属于前三类。伴随着集团化和国际化的进程，越来越多的公司进入或者转入第四类。

时常有位于第二梯队的公司晋级全球文化产业巨头精英俱乐部。其中一个例子就是我们后来所知的维亚康姆公司，它于20世纪90年代成功晋级，但是到21世纪第一个10年末，公司出售了旗下一些资产，重新回归第二梯队。同样的还有康卡斯特——一家主要经营有线电视业务的美国公司，在21世纪第一个10年尝试了各种方法进行扩张，但是在2010年收购了NBC环球（NBC环球本身就是一家巨型垄断企业）之后才晋级，成为"辉煌七巨头"之一。

通过政策游说和制定标准，第一梯队和第二梯队的公司对文化产业施加了巨大影响。只有聚焦于国际著名的"辉煌七巨头"，才能分散我们对横跨国家和地区的大型公司的注意。以阿根廷公司Grupo Clarín为例，其2010年度收入为18亿美元，与"辉煌七巨头"及其IT联盟公司和竞争对手相比，这一数字相对较小，甚至没有入围2011年8月版《银幕文摘》（*Screen Digest*）全球最大50家视听公司的榜单。但是它运营着阿根廷领先的报纸和平面新闻供应商，也在电视、互联网接入和有线电视产业持有重要股份，还掌控着阿根廷的巨大权力，卷入了一系列与内斯托尔·基什内尔（Nestor Kirchner）总统和克里斯蒂娜·基什内尔（Cristina Kirchner）总统组阁的中间偏左政府的争端。鉴于位于美洲南锥地区（南美洲的巴西、巴拉圭、乌拉圭、阿根廷和智利）的阿根廷在经济和文化上的地位，其对乌拉圭和巴拉圭的影响也是很可观的。或者，考虑一下美国的清信公司（Clear Channel Communications），其 2010 年的营业收入是 28 亿美元。与第一梯队的跨国公司相比，这一数字也很小，但是自 1996 年《电信法案》颁布而出现收购潮以来，该公司大规模投资电视公司，其电视频率几乎漂浮在美国所有主要城市的上空。这又与广告产业和现场音乐产业的重要投资进行了衔接。我们应该把目光聚焦于第一梯队和第二梯队的所有公司，以获取对国家和地区层面的大型文化产业公司不断扩张的角色的真实认知，而不是仅仅抓住“辉煌七巨头”和 IT 巨头不放。

大量的并购事件和具有国际触角的文化公司的组织形式，产生了哪些影响？我们最好在思考更宽泛的关于传媒产权集中的问题时，来回答这一问题。但是，首先我们需要思考集团化和纵向一体化的动力源问题。

三、集团化：从协同到整合 195

文化生产复合型专业化时代尤其是 20 世纪 60 年代以来的关键特征就是集团化（见第二章）。这一状态一直持续到 21 世纪第一个 10 年，与其他产业一样，文化产业的表现形式也混乱。陈-奥姆斯特德和张（Chan-Olmsted & Chang）对 21 世纪早期“辉煌七巨头”旗下分支机构的数量进行了比较（见表 6—3）。他们还证实，不同企业在跨产业多元化经营的程度和控制旗下实体的数量上有很大差异（又见 Fitzgerald，2012）。

表 6—3　　“辉煌七巨头”的集团化（2003 年）

196

多元化	维旺迪			美国在线			新闻集团
衡量方法	环球	贝塔斯曼*	索尼	华纳	迪士尼	维亚康姆	
多元化程度							
企业单位数量**	316(2)	531(1)	150(4)	190(3)	113(5)	30(7)	71(6)
SIC 相关部门数量	80(1)	29(4)	32(3)	28(5)	15(7)	17(6)	数据无
多元化方向							
BSD	30(1)	数据无	13(4)	18(2)	16(3)	8(6)	9(5)
MNSD	2.67(1)	数据无	2.46(2)	1.83(5)	1.76(6)	1.88(4)	1.89(3)
综合排名***	1	2	4	3	5	7	6

资料来源：Chan-Olmsted & Chang，2003：221.

* 由于缺少德国贝塔斯曼公司的专业标准产业分类代码，因此，对其产品多元化的衡量采取的是替代方法。根据贝塔斯曼的年报，其分支机构（例如电视集团）用两位数的 SIC 代码表示，每一分支机构下属的商业集合体（例如付费电视）采取的是正常的 SIC 代码。对超过 500 家企业，采取的是替代方法，因此不可能计算出贝塔斯曼公司的 BSD 和 MNSD。但是，由于贝塔斯曼旗下的企业单位范围很广，因此可以将之与其他集团公司进行比较（除了维旺迪），在总资产排名中贝塔斯曼仍能排名第二。

** 企业单位指的是母公司旗下处于附属地位的企业实体（例如 MTV 是维亚康姆旗下的企业单位）。

*** 总排名基于 BSD 和 MNSD 均值以及企业单位/部门排名。

注：SIC=标准产业分类；BSD=广义多元化指标；MNSD=平均狭义多元化指标。括号里为各公司相关排名。

文化产业中与集团化相关的企业战略以重要的方式发生了变化。在复合型专业化时代初期，大部分文化企业都是私人拥有的实体。例如，报纸和电影工作室通常原则上属于并由有权势的个人运作，而且限定在其所属的产业。在 20 世纪 60 年代和 70 年代，正如我们在第二章所见，非文化产业企业集团开始进军文化产业，将之作为经营多元化的一种形式：制造业巨头购买图书出版社和唱片公司［例如索恩（Thorn）照明公司］，20 世纪 60 年代末石油公司、保险公司甚至殡葬服务公司收购电影工作室（Gomery，2005）。

20 世纪 80 年代末 90 年代初见证了变迁。这一时期一个流行的商业概念是**协同（*synergy*）**。它本来是医学术语，意指两个元素（例如两种药物或两块肌肉）如何合作以产生“1+1>2”的效果。这一比喻背后的意思是，一个企业的不同部门应
197 该按这种方式联系起来，以提供交叉推广（cross-promotion）和交叉销售（cross-selling）的机会，因此总的销售情况会超越每个部门单独行动的效果之和。随着这一流行概念从商学院和管理权威那里传播到企业界，集团公司又开始专业化经营了，而不再是跨不相关的业务领域进行运作（虽然还有一些更大的公司还在这么做，尤其是与金融投资相关的公司）。但是，这一时期的专业化不仅在一个领域内部（例如 20 世纪早期前多元化时期的电影和电视领域），还在一系列相关领域展开。①

20 世纪 80 年代末，被报道次数最多的集团化的形式，就是消费电子公司收购媒介生产商（也就是所谓的硬件/软件协同战略）②。索尼于 1988 年和 1989 年分别收购哥伦比亚广播公司和哥伦比亚电影公司，被认为最能代表文化产业公司战略的未来形态。其意图是，索尼能够利用有声望的唱片公司和电影公司说服消费者购买新的消费技术，例如 CD，然后利用其在硬件领域的主宰地位销售出更多文化产品。

20 世纪 80 年代末，另一些重要的收购活动也以多样战略为基准，如通用电气于 1985 年收购 NBC，就是跨产业投资的典范。在协同战略成为流行商业形态的时代，多元化战略被认为已经过时了，因此与日本公司在美国本土收购美国文化企业相比，这些就不太受人关注。例如，三菱财团于 1990 年收购 MCA 唱片公司，希望通过接管美国公司来盘活本国不景气的经济以避免其全球经济优势地位丧失。

但是，到了 20 世纪 90 年代中期，硬件/软件协同却被广泛认为是一种失败的战略。一些评论家认为，企业一方面需要生产消费电子产品，另一方面要生产音乐、电影、电视节目，这注定了硬件/软件协同战略的失败。这些评论家中不乏颇有说服力的人（Negus，1997），但是，他们的某些观点成书出版后，却与种族主义
198 沾上了边，即认为日本没有能力生产娱乐产品，他们只会生产高效的机器。当硬件公司与软件公司间的合并注定失败时，电子产品生产商开始廉价出售手中的媒介股份，并在一些特别项目上与媒介生产商合作或合资。

---

① 非常多元化的一般性企业集团将一直是东南亚商业蓝图的特征之一。一些北美的一般性集团公司，例如通用电器，在 20 世纪 90 年代末和 21 世纪初获得了繁荣发展。

② 硬件/软件协同并非没有先例。荷兰消费电子集团飞利浦拥有唱片公司（宝丽金）达几十年之久，直到 1995 年将之出售给西格拉姆公司。美国的有线电视网也建立在这种协同的基础之上，例如，美国国家广播公司隶属于生产无线电设备的传播业巨头美国无线电公司。

20 世纪 90 年代末和 21 世纪初的集团化有一些异样的发展。在并购风潮狂热的这一时期（见表 6—1），电信公司做了一些进军文化产业的努力，主要收购有线电视订购服务公司，因为它们是巨大的美国广电市场的重要组成部分。其中最具标志性的事件便是 1998 年美国电话电报公司接管了有线电视集团 TCI 以及自由媒体集团（Liberty Media Group）。但如上文所示，最重要的是新一代 IT 巨头的进入。美国在线和时代华纳在 1999 年的合并被认为是“整合”这一集团化形式的预兆，但后来被证明这是一场灾难，给新公司施加了沉重的债务负担。从长远看，更有名的案例是谷歌和微软对游戏公司的收购，其中最著名的就是提供广告和市场信息的 Double-Click 公司和 aQuantive 公司。但是，这些被收购的公司的真实业务是搜集可供出售的用户信息。从生产和/或发行内容的角度来看，它们并非真正意义上的文化公司（见本书导论中关于文化产业定义的讨论）。微软公司对文化产业的主要兴趣点是为其 X-Box 制作游戏产品。从这种意义上来说，微软公司对全系列“甲方”游戏开发公司的收购，让人们回想起电子制造企业是如何将唱片公司收归麾下的。[①] 其出发点就是为它们的硬件产品提供内容。

目前为止，IT 公司进军文化产业最著名的例子就是谷歌于 2006 年收购 YouTube。正如肯·奥利塔（Ken Auletta）所言，与有线电视网一样，“YouTube 发布其他人制作的内容并销售广告。消费者在 YouTube 上逗留的时间越长，观看的网页越多，YouTube 的广告增长就越大”（Auletta，2010：154）。在其搜索引擎中，谷歌对于用户的目的没有特别的兴趣，但是在 YouTube 中它有。这导致谷歌和文化企业尤其是广播电视公司在版权问题上战火不断。这件事没有像新千年 IT 热造势过程中许多人所宣称的那样多么与众不同。VCR 制造商和电影公司之间的冲突，自 20 世纪 70 年代中期以来已经延续了几十年。谷歌之所以看中了 YouTube，其中有一个长期存在的事实，即将文化和传播的力量掌控在发行者的手中。 199
谷歌收购 YouTube 最残酷的真相是，一些企业开始跨产业（IT 产业和文化产业）经营，考虑到谷歌在重要搜索引擎市场的显赫地位，这点显得尤为重要。

集团化不断变化的潮流提醒我们，文化产业公司既拥有力量，又在一个高度不确定的环境中运作。正如克里斯托弗·安德森（Anderson，2007：280）优雅地指出的，商业媒体和持批判态度的媒介分析家，有时候会为低估了集中化和集团化进程之间的无缝对接程度而感到羞愧。

> 围绕着高调的合并与收购宣传——未提及媒介危机可能带来的恐慌——集团公司像交响乐团那样进行着优雅的表演，每一个独特的企业都在魅力非凡的执行官的指挥棒下融入这样一场音乐盛会。然而真实情况却极为不同：一起被投资公司收购的多个公司会被拆分；一旦有不同专业背景的人为了战略决策而争论不休，关于合并的一纸商业协议就难逃被解除的命运。

与真实的评价相一致，一些分析家（如 Jin，2011）指出，很多知名公司最近

---

① 例如，荷兰消费电子巨头飞利浦公司在 20 世纪 70 年代拥有宝丽金唱片公司的所有权（在那之前是 Phonogram 唱片公司），微软公司与第三方游戏开发公司签订授权协议。

采取了“反融合”战略，将焦点放在少量核心业务上，并出售了旗下的其他业务。这是因为人们已经发现媒介集团化（尤其是与“融合”相关）面临着一系列问题。

运用传媒产业的数据，金（Jin）的报告指出，占股票市值至少5%的并购事件，从2000年巅峰时期的858起下降到2005年的444起，到2009年也仅恢复到569起。维亚康姆-CBS这家著名的合并公司，其股票市值在2003—2005年仅两年内就缩水了一半。萨姆纳·雷石东（Sumner Redstone）——维亚康姆-CBS公司的主要所有者，通过其全美娱乐公司（National Amusement）和一位大师级交易推手于2005年宣告，这一合并事件正经历死亡前的阵痛。但是，维亚康姆-CBS和其他苦苦挣扎的巨头如时代华纳在去融合化的过程中并不孤单。通过查阅大量产业报告，金声称，与合并行为同时进行的，是传媒产业大量的拆分事件。拆分高潮其实在2008年金融危机爆发之前就到来了，2005年有442起该类事件，但是在20世纪最后几年也不少。菲茨杰拉德（Fitzgerald，2012）把这些传媒集团的拆分趋势归因于金融化。来自机构投资者追求更高股权回报的压力日益增加，这导致公司不得不放弃旨在控制某一产业的巨型的、有改革能量的交易，转而去追求短期内的更高收益。时代华纳于2003年出售华纳音乐集团，于2006年出售图书出版业务，于2008年出售美国在线，如今，它已不再是全球收入最高的文化产业公司了，虽然它曾在第一把交椅上坐了一些年头。

200 然而，集团化仍是文化产业领域的一个特色。集团化对独立文化公司的经营范围和经营能力的潜在增长具有重大意义，能使同一家公司拥有不同传播组织的股份。如果其他条件都一样，则很少有公司能够支配整个文化产业。[1] 因此，毫无疑问，文化产业集团的崛起是有原因的。其中一部分原因与一般意义上的媒介权力集中问题有关，这个我下面会讨论。但是这里我会提到两个具体到集团化和跨文化生产领域的企业活动的蔓延的问题。其一，随着在更多的产业内运作，企业的游说力量不断增强。其二，集团化使得企业能够交叉推广其产品。一个臭名昭著的例子就是，20世纪90年代末，新闻集团旗下的多家英国报纸都不遗余力地推广星空卫视（BSkyB）的卫星电视服务，因为它拥有其众多股份。乔纳森·哈迪（Hardy，2010）详细地披露了这一事件许多令人印象深刻的细节。他说，如果不能吸引批判性分析（副刊、评论、“评论家之选”名单）的眼球，那么报纸之间的交叉推广通常情况下会失败。这样的交叉推广，强化了文化产业垄断者的力量，促进了商业规则的发展，其代价是牺牲了艺术性（小说和娱乐）、客观性、独立性和专业性（新闻）。[2]

四、纵向一体化

在文化产业中，企业谋利和控制风险的另一个重要手段是纵向一体化。纵向一

---

① 其他条件总是很难平等：新产业总是出现在旧产业周边，在一定程度上重新分配权力。互联网的崛起是否意味着我们不再需要集团化或者公司权力的集中？关于一些学者所提出的这一问题，我们将在第九章和第十章讨论。

② 第十一章涉及各种变迁（包括产权变迁、内容的质量和多样性的变迁）所产生的影响。

体化势在必行，这是因为发行在文化产业中占据了核心地位。简单回顾一下本书导论，发行之所以如此重要，是因为文化产业公司必须控制自身与易变的观众之间的关系，并且为具有公共物品性质的文化产品制造稀缺性。这也是为什么重要的文化产业都被少数纵向一体化的垄断者支配。

但是，认为文化产业的发展趋势就是逐渐走向纵向一体化，是不正确的。与集团化一样，纵向一体化策略也是可以改变的。在某些产业中，出现了一定程度的反 *201*
一体化征兆，而一些新的一体化形式又浮出了水面。20 世纪 80 年代末，评论家曾认为索尼公司会成为典型的文化产业公司，然而到了 20 世纪 90 年代，这项任务似乎被迪士尼取代了。迪士尼在 90 年代的成功基于它对知识产权重要性的理解，即文化产业逐渐掌握了电影、电视节目、歌曲以及商标的所有权（Wasko，2001）。通过在不同媒介发行这些符号，迪士尼的文字、图标和叙述日益印在公众脑海中。新的人物和图标通过密集型交叉宣传得以发行。而这一战略的关键是纵向一体化。迪士尼不仅拥有大量电影和唱片，它还拥有主题公园、酒店，以及自己的电视网和有线电视频道，此外，它还拥有自己的国际发行公司博伟影业公司（Buena Vista）长达几十年之久。在 1995 年收购了大都会/ABC 公司（Capital Cities/ABC）之后，迪士尼成为世界上最大的文化产业公司之一。但成就如此壮举的并不仅仅是公司的规模，还因为迪士尼已经感知到了新文化产业的本性，即内容与发行的综合所有权是大势所趋。《银幕文摘》（*Screen Digest*，1999.7：176）所列举的 1998—1999 年最大文化公司的名单中，"名列前茅的公司都是高度多元化的——纵向一体化和横向一体化"。2001 年，大片《珍珠港》的票房表现欠佳，分析师推测，迪士尼的好运气也到头了。

20 世纪 80 年代以来，大量的媒体运作与纵向一体化背道而驰。在复合型专业化时代之初，一种主要的组织形式——公共电视网便是将公众利益纵向一体化的显著代表，因为人们认为它能保证公民同时看到娱乐节目和信息类节目。许多公共服务垄断组织拥有各类节目制作人，他们与技术人员和创作人员签订长期合同，制作节目、控制电视发行，有些甚至还制造电视机。但是在 20 世纪 90 年代，两个进程促成了独立电视制作在世界上许多地方的繁荣：一是公共电视网公司将生产制作外包以缩减预算；二是政策制定者希望通过配置外购定额来鼓励独立产业主体的成长。这导致了许多评论家开始讨论后福特时期的电视新纪元，他们所讨论的不是庞大的单一组织，而是灵活的工作协议和独立企业的网络（Lash & Urry，1994：第 5
章；Robins & Cornford，1992）。至于这两种进程是否为节目制作者带来了更大的 *202*
创作自主权，这是另外一个问题。我们在本章末将关注独立生产是否给予了符号创作者更多的自主权。

但是既然趋势可以发生变化，根据监管环境下的商业潮流和变化，纵向一体化仍然是大部分文化产业的一般性特征。例如在 20 世纪 90 年代的美国，电视产业出现了强烈的纵向一体化转型趋势（见专栏 6—1）。而在欧洲，传统的公共电视网机构在 90 年代之前就完成了纵向一体化。令人震惊的是，虽然发展趋势是文化生产的"市场导向"，但是美国体制却试图阻碍一体化进程，至少在 20 世纪 70 年代和 80 年代是如此。但是，随着美国政府的政策逐渐趋向市场化，欧洲的电视公司之间发生的反一体化趋势在美国遭遇了逆转，再度纵向一体化和集团化创造出新的垄断者，至少短时间内如此。

专栏 6—1

美国电视的纵向一体化

美国电视体制是纵向一体化权威的典型代表。政府与网络的战斗没有持续多久，一体化和集团化时代就悄然来临。

20 世纪 60 年代之前，盛行的是相对稳定的电视制作体制。数十家独立制片公司为三大电视公司（NBC、CBS、ABC）制作节目。这些节目主要在好莱坞电影工作室制作，而这些工作室又归主要的电影公司所有。这些所谓的“独立制片公司”［实际上通常为华纳兄弟公司（Warner Bros）这样的大公司所有］能从后期获得成功的节目（在电视公司附属地方电视台重播的节目）或者海外销售中赚得巨额利润。在这一体制中，三大电视公司具有绝对的主宰地位。它们提供大部分资金但并不包括所有成本，它们决定应该上映什么，不应该上映什么，它们直接影响节目内容，它们决定节目如何排时、如何推广，它们通过辛迪加和销售赚取利润。

20 世纪 60 年代末，美国达成了一项政治共识，即电视公司的力量应该受到抑制。联邦通信委员会于 1970 年引入“金融利益和辛迪加规则”（Financial Interest and Syndication Rules，简称 the Fin-Syn Rules）。规定电视公司不能参股黄金时间的电视节目（除了新闻和体育节目）。于是迎来了许多人所声称的独立制片的黄金时代（Lotz，2007：86）。但是到 20 世纪 80 年代，面对来自有线电视和新的电视公司如福克斯的竞争，大型电视公司辩称这些规则应该废除了。实际上这一规则直到 1991 年才略有放松，直到 1995 年完全废除。紧接着，1996 年《电信法案》出台，消除了之前存在的对地方电视台和广播电台产权的控制，迎来了更深一层的“去监管化”。

203 “金融利益和辛迪加规则”的废除对于独立制片公司而言是毁灭性的（Curtin & Shattuc，2009；Lotz，2007）。截至 1995 年，电视公司重新获得了其黄金时间电视节目 40%的产权，2000 年这一数字上升到 75%（Holt，2003）。至关重要的是，纵向一体化与集团化具有垂直联系，我们在本章某处已经看到这一点，这种趋势于 20 世纪 80 年代和 90 年代横扫了文化产业。依靠 20 世纪 60 年代和 70 年代创立的子公司（例如 NBC 与环球影视，ABC 与迪士尼），美国的电视公司逐渐成为同一家传媒和休闲公司（就像好莱坞主要的制片公司）的子公司。它们成为姊妹公司。麦克切斯尼（McChesney，1999：21）所引用的一份报告显示，1998 年秋，美国黄金时间播出的 46 部节目中，有 37 部都是好莱坞六大电影公司制作的。纵向一体化也表现为对下游的整合。不仅是哥伦比亚这类电影公司（索尼旗下）购买了电影院，与哥伦比亚同属一家集团的众多工作室也为电影发行找到了门路：电视和有线电视及录像带租赁公司。迪士尼拥有 ABC 及众多有线电视公司；新闻集团拥有福克斯电视网，并在 20 世纪 80 年代中期建立了一个同名电视公司；维亚康姆拥有派拉蒙电影制片厂以及初出茅庐的 UPN 电视网，并在 1999 年收购了三大电视网之一的 CBS（20 世纪 70 年代初曾经将之分离出去）；时代华纳统治着有线电视网，通过1997年收购泰德·特纳的TNT公司，它又拥有了意义重大的有线电视频道。20世纪90年代末，是纵向一体化集团公司的繁荣时期。

但是，长期的发展趋势更为复杂。电视台产权的“去监管化”催生了新的电视业巨头，最著名的就是声名狼藉的清晰频道公司（Clear Channel），其对内容的质量和多样性有一些重大的影响（Klinenberg，2007）。电视公司面临着来自有线电视和互联网日益强大的竞争。收视率和最终的广告收入直线下滑。电视明星及其经纪人索要的费用越来越高。21世纪前10年，为了争取到年轻的观众和更低的成本，电视公司的目标转向低成本的真人秀节目，这些节目通常由独立制片公司制作。在一些人看来，这可能暗示着质量的下滑，但是迈克尔·柯汀和简·沙塔克（Curtin & Shattuc，2009）指出，高质量的有线电视节目，其目标受众是富裕的、受教育程度较高的人群，这类节目的成功，也导致自20世纪50年代中期至21世纪初期占美国电视中流砥柱地位的小说改编剧（我们将在第十一章考察这一繁荣时期的电视节目质量）的发展必定不会一帆风顺。

关于数字时代的一体化和反一体化，唱片产业有着更为深入的演示。几十年来，主要的唱片公司都是纵向一体化的公司。它们拥有印刷和发行设备，并让音乐人与之签约。但是，大型唱片公司（主要的唱片公司）很少尝试自己从事零售业务，原因之一是音乐市场的复杂性和多样性。此外，在与独立生产者的关系上，音乐产业也比其他产业更为复杂（参见下文关于小公司的内容）。21世纪第一个10年，随着数字技术的崛起，打印件的印刷和发行的重要性削弱了，主要的唱片公司极大地失去了发行控制权，权力的接力棒转移到来自IT产业的新进入者手中，其中最著名的就是苹果公司的iTunes和亚马逊。最终，唱片公司做出了迟来的努力，试图重新建立对发行的控制，例如建立音乐视频网站Vevo。这显示了控制权是多么脆弱，即使对大型文化公司也是如此。这是否真的导致了民主化或者强化了音乐体验？数字化的购买行为可能更省时、更便利，但是在实体店里选购唱片和CD的乐趣消失了，许多人也被iTunes里单曲的售价惊到了。另一方面，20世纪90年代CD的售价更加令人窒息（见第十章，对唱盘产业的变迁有更深入的讨论）。 *204*

纵向一体化不该被视为一个固定不变的过程，公司纵向一体化趋势亦不会是依赖这个不变的过程并随着时间推移不断增强。它应被看作跨越不同产业的、历史地变化着的。政府决策的变化、新技术和新潮流的出现，都会促进或者阻碍纵向一体化。然而，它仍然是主流文化产业公司市场和媒介权力的重要因素。

五、产权变得更加集中？这很重要吗？

文化产业的集团化和纵向一体化战略，通常被认为是产权集中这一更大问题的子集。不论是用自由多元主义传播学方法，还是用政治经济学方法，甚至用主流经济学方法来研究文化，市场集中度问题都是核心问题。我们在第二章已经注意到了文化产业较高的市场集中度，但是我还要指出，在某些情况下，新市场中各种公司的涌现实际上降低了市场集中化的程度。对市场集中度进行历史统计数据的比较并不容易，因此，我们不得不依赖于文化产业在特殊时期的横断面分析，并谨慎对待这一问题。近年来，学者们努力寻找一种更具一致性的研究方法以对此做出评估，并将结果通知积极分子和政策制定者。

那么，集团化对公司统治下的文化市场到底产生了哪些影响？本·巴格迪肯（Bagdikian，2004）根据一般文化市场集中度作出了解释。在其《媒体垄断》（*The*
205 *Media Monopoly*）一书的第一版中，巴格迪肯就 1983 年支配美国市场的媒介公司列举了一份未曾出版的清单，其中包括报纸、杂志、电视、图书出版和动画片公司。他分别为每一个产业列出占优势地位的公司，并计算出前多少家公司能够占据市场份额的 50%以上（不同媒体有不同的衡量标准）。继而，他将数字相加，从而计算出统治媒介市场的前 50 家公司。巴格迪肯在该书的修订版中重新做了此项工作，并概括如下：

1983 年——50 家；
1987 年——29 家；
1990 年——23 家；
1997 年——10 家；
2000 年——6 家；
2004 年——5 家。

巴格迪肯注意到，最大公司的规模和范围在不断扩大，也注意到这些公司正逐鹿于各类文化产业。但是，这种衡量文化产业集中度和集团化的方法比较粗略，它本身不能作为衡量集中化趋势增强的可靠指标。

麦克切斯尼（McChesney，2004：178－179）提供了一些有关近年来美国市场集中度的例子，并进行了纵向比较。

- 随着 2003 年索尼公司和贝塔斯曼公司旗下音乐部门的合并，四家公司几乎将美国唱片产业 90%的收入收归囊中。
- 美国最大的六家电影公司的票房收入占全美票房总收入的 90%。
- 美国最大的两家电影公司的销售额比排名第 3～25 位的 23 家公司之和还要多。
- 1990 年，美国三家最大的大学教科书出版社所占市场份额是 35%，到 2002 年这一数字翻了一番。
- 在曾经没有垄断控制的有线电视市场，到 1998 年，美国六家有线电视公司在本土市场的垄断控制度达 80%。

麦克切斯尼提供的证据表明，一股不可避免的洪流正横扫文化产业，并使市场集中度迈上一个新的高度，但是这更多地依赖于我们所采取的历史分析框架。随着美国 1996 年《电信法案》的出台，电视产业变得更为集中，但是，与几十年前电视网的控制程度相比还是相差甚远。1945 年，95%的广播电台都附属于四大国家广播电视网中的一个或者多个（Sterling & Kittross，2002：283）。较之于其他产业，与 1948 年以前电影院线附属于电影公司相比（1948 年政府的反托拉斯运动致使电影公司不得不将其院线出售），如今电影院线的集中度仍然较低。对新产业例如有线电视而言，随着产业逐渐成熟，以及众多小公司被那些旨在增加市场份额的公司驾驭，市场垄断趋势是不可避免的。[①] 这种说法不是对现有的市场集中度感到满足，这些统计数字本身并不能证明美国市场集中度呈现长期增长的态势。[②] 206

近来，伊莱·M·诺姆（Noam，2009）对产权集中度的分析非常有价值。他煞费苦心地考察了 20 世纪 80 年代至 20 世纪末产权集中的趋势。为了分析传媒产业的产权集中度，他合理地将信息生态环境（information ecology）视为一个整体，并声称，只有把媒介产权与电信、信息技术和互联网的发展联系起来，我们才能真正地理解媒介产权。于是他分析了他所称的信息产业内的 100 多种行业，并通过多种不同的渠道搜集数据，包括美国证监会和联邦通信委员会的档案，以及咨询师和金融分析师的研究成果等。诺姆的若干结论列举如下：

- 信息产业整体的集中度自 1984 年以来逐渐下滑，可能是美国电话电报公司垄断被迫拆分的结果，但是 1992 年以后集中度又开始上升。
- 传媒产业的产权集中趋势增长显著，尤其是在 1996 年美国《电信法案》出台后的那段时间。
- 但是，传媒产业的平均集中度远低于其他信息产业，并且未受到美国政府《反托拉斯合并指南》（*Antitrust Merger Guidelines*）合法标准的关注。

（关于是否应该将其他产业的标准应用到传媒/文化产业中去，诺姆感觉到有对立的观点存在。） 207

- 互联网是高度集中的。
- 文化（传媒）产业主要由机构投资者拥有——从 1984 年的 40%上升到 2008 年的 57%。每个机构投资者仅拥有一家公司很小的股权，但是最大的几个投资者却同时拥有很多公司的股权。

就在写作本书的时候，诺姆主导的另一项计划正在进行着，即搜集国际上的类似数据。对文化和媒介产业分析家来说，这大概就是他们主要的兴趣所在。在那之前，我们不得不借用一些现在看起来有点过时的数据。例如，在对欧洲媒介集中度的研究中，迈耶和车布尔（Meier & Trappel，1998：51）提供了一些源于欧盟的有关集中度的数据（见表 6—4）。他们认为，图书出版、报纸和电视的集中度非常高。但是这些结论也不是通过纵向比较得出的，而且考虑直到 20 世纪 80 年代，欧

① 但是，正如库伯（Cooper，2002）所言，我们之所以关心电信公司和有线电视公司日益一体化的趋势，可能还有更为真实的背景原因。这就是关于一体化以及消除产业之间进入壁垒的问题，而不是关于产业集中的问题。

② 克里斯廷内（Christianen，1995：89 - 91）认为，在讨论音乐产业的集中化时，应该把唱片公司的分支机构也作为独立实体，这样一来，集团控制下的每一品牌的数据便能够独立核算，因为它们也在国际市场上相互竞争。这也许会降低集中度，但它同时也可以说明，为什么在市场集中程度很明显的某些时期，产品的多样性程度反而很高（见第十一章）。

洲许多国家的电视都由一个或两个频道控制。但是，这些数据却表明，就算在欧洲，不同国家之间也存在极大的差异。

表 6—4　　欧盟媒介集中度　　（单位：%）

国家	前 5 家出版公司发行量所占市场份额	前 5 家报纸发行量所占市场份额	两大电视频道的观众收视份额
奥地利	45	69	68
比利时（法语区）	77	55	47
比利时（荷兰语区）	—	—	58
丹麦	50	49	78
芬兰	42	39	71
法国	—	—	60
德国	—	23	31
爱尔兰	—	—	60
意大利	—	—	47
卢森堡	100	—	—
荷兰	95	—	39
挪威	53	38	80
葡萄牙	55	91	88
西班牙	—	—	51
瑞典	49	33	55
瑞士（德语区）	—	—	45
瑞士（法语区）	—	—	49
英国	95	—	68

资料来源：Meier & Trappel，1998：51，based on EC statistical sources.

就算寻着诺姆的脚步，我们也不应该低估以下问题，即就衡量同一时期市场集中度的可信赖的方法达成一致（Iosifides，1997）。例如，许多经济学家关注的问题是，一个公司内部的不同部门——这些部门至少在原则上是互相竞争的，是否能算是竞争者？[①]

问题和分歧意味着，“政治经济学”左翼人士对产权集中的批判方式极易受到来自右翼人士和政治中心的攻击。例如，康佩因和戈梅尼（Compaine & Gomery，2000）搜集大量统计数据，质疑“集中化永远不会结束”这一有争议的观点。他们的研究方法有时候比其他一些传媒活动家网站上的简单的分析更加细致入微。

一些政治经济学家可能会认为，关于市场集中度已经关注得够多了，应该优先考虑其他一些问题。尼古拉斯·伽纳姆（Garnham，2004：100）发现，“对集中度的批评，本质上（per se）更是一种自由的批评，而不是左翼的批评”。“本质上”（per se）这个词非常重要：只有引领我们关注其他相关问题时，市场集中作为既成事实才显得如此重要。伽纳姆（Garnham，2004：100）极力主张实用主义，他继
208 续说道，“大众传媒靠的是其特别的本质，无论好坏，规模经济和范围经济的产品

① 通过可靠的统计数据进行证明就更加困难了，因为市场集中度的提高导致了产出多样性的减少（Horwitz，2005；Noam，2009；本书第十一章）。

则是靠其集中化的本质。”贝克（Baker，2007：205）指出，关于集中度的批判，通常可以在政治经济学的一些著作中找到，其中我最推崇的就是席勒—麦克切斯尼理论，“一些异议也许能描绘出一家民主媒体所存在的核心问题，不是具体的关于产权归谁所有的问题，而是决定了媒体内容的市场力量的问题”。霍维茨（Horwitz，2005：181）同意这一观点，他指出，对产权进行抑制本身不会太有效，虽然在对一个“混合的媒介体制”（一个由社会正义原则、平等原则和复杂民主原则共同治理的体制）的渴望上，这些人也有自己的立场（Curran，2002：217 - 247，他对这一体制的样子进行了描述）。为限制某类市场集中形态而出台的政策，就像特定情形下对滥用公司权力的制约。但是，在对这类政策的争论上，文化产业评论家们应该清楚他们试图纠正的问题是什么，以及应该倡导何种媒介体制和民主体制。在这一方面，霍维茨（Horwitz，2005）和贝克（Baker，2007）等人的一些文章非常有用，因为他们将对产权集中问题的讨论定位于对传媒问题（尤其是源于商业规则的问题）的精密的理解之中。贝克提出了反对产权集中的三个理由：

- 为了对传播权力进行更加民主的分配。 209
- 为了提供一系列防止滥用经济的、政治的和文化的权力的民主性的安保措施。
- 为了将传媒交到那些愿意提供高质量产品的人手中。

六、小公司不断涌现

我们在第二章已经看到，即使在20世纪中期大型公司支配文化产业时期，独立制片人也在不断繁衍，他们在文化生产上也越来越有话语权。随着大公司规模的扩张和统治地位的加强，小公司的数量也在持续增长。根据某一分析家的数据，好莱坞电影公司中，80%的公司雇员人数不足5人（Magder & Burston；引自Jack Kyser，2002）。美国商务部数据显示，即使在图书产业一浪接一浪地掀起并购潮期间，活跃于美国的图书公司的数量还是从1960年的993家上升到了1987年的2 298家（Greco，1996：234）。

第二章所分析的事实能够部分解释为什么小公司的重要性不断加强：在文本的构思阶段，小规模公司成本相对较低，而且也相对自主。但是，还有其他原因能够揭示小公司为何仍然很流行（特别是20世纪80年代以来）。

- 休闲和文化领域日益增长的商业利益与政府的市场化政策相结合，催生了新媒介技术。新媒介技术创造出新的文化产业形态，市场“成熟”之前，可以提供足够的空间供独立文化生产商大展拳脚进行演习，而这在已成熟的产业中是不可能的。最近30年中，这种友好且独立的新型文化产业主要包括电脑游戏（见第十章）、多媒体产品（例如教育类CD-ROM和DVD-ROM）和网站设计。新技术的引进既是成熟产业内部的新型亚产业（sub-sector）不断繁衍的结果，同时也促进了亚产业的繁衍。例如，20 世纪 70 年代以来，现场表演对于成功的摇滚表演者而言越来越重要，在这种情况下，许多公司不断涌现，提供技术以及其他形式的支持，例如扩音专员、灯光和布景师等。

- 整个经济世界对企业家精神的论道日渐升温（Keat & Abercrombie，1991）。自 20 世纪 70 年代以来，人们对走出官僚机构、自己单干的关注加强
210 了。这不仅促使人们愿意开创自己的事业，还使得大公司越来越愿意与他们合作。

- 随着文化逐渐被视作一种合法的获利形式，风险投资随时准备向中小企业开放。

- 占主宰地位的纵向一体化公司出现了瓦解的端倪。我们已经看到，一直被纵向一体化公司垄断的电视产业，似乎开始瓦解了。这不仅创造了一种独立制作产业，还催生了许多辅助性公司和技术支持公司，其中既有为电影和电视提供伙食的餐饮公司，也有出租剪辑套件和人员的公司。

- 文化产业公司日益强调市场营销。于是出现了设计工作室、独立广告公司等形式，它们旨在用创新性方法为那些越来越愿意为推销其商品及服务而花大钱的公司提供服务。更重要的是，通过这些产业部门的运作，演员、表演者和其他符号创作者能够专注于自己的本职工作，因为对他们而言，那才是自己“真实”的工作。这种现象并非新生事物，但是比以前有所强化。

对文化产业公司集团化、一体化和规模增长的关注（例如源于席勒—麦克切斯尼理论的众多著作），经常会导致对小公司重要性的低估。小公司所占的市场份额较小，但是就雇员人数、培养创新潜力——至少为创新提供了源泉——而言，它们却非常重要。这些因素意味着，具有高度道德感和审美特征的优秀作品必须建立在机构独立性的基础之上。

这在电影产业和唱片产业中表现得尤为明显——我将在第十一章讨论独立电影（film indies）。尤其要紧的是，人们对各种音乐类型的音乐家、音乐迷和记者之间的独立性非常关注。这使得独立唱片公司（属于例外情况）可以作为商业网的中心来提供服务，它们替代了流行的文化生产和消费体制。

汤因比认为，独立制作的流行音乐的特殊重要性，源于流行音乐制作领域历史悠久的“机构自主性”（institutional autonomy），它削减了大公司从音乐中获取的利润（Toynbee，2000：19－25）。这是由于音乐制作具有分散的、去中心化的本质。机构自主性不仅意味着公司放弃了对音乐家的生产控制（所有的文化产业均如此），还意味着一种“空间上分散的小单元生产”趋势（比如摇滚乐队、摇摆乐团），以及音乐这一亚文化产业中“生产与消费之间的强烈连续性”（Toynbee，
211 2000：1）。在非完全商品化的原始市场（proto-markets）中，观众和表演者对产业和销售行为充满怨恨。在音乐亚文化产业中，机构自主性的存在及其高附加价值意味着，对创意活动的管理和市场营销工作可以进行另外一种尝试。我将在下一章讨论“另外一种尝试”的一个重要示例（见专栏 7—4）。

但是，这并不意味着小公司就不易受到大公司的侵害，尤其是在政府监管和技

术变革的特殊时期。举个例子，位于纽约州锡拉丘兹市（Syracuse）的广播电台WRDS，其主要迎合的是这一工业城市中的非洲裔美国人群体（Klinenberg，2007：58－60）。随着1996年美国《电信法案》的出台，该广播电台所有者之一小罗伯特·肖特（Robert Short Jr.）说："我们脚下的游戏场地发生了变化。我以前会与一些大公司竞争，这是一种相对公平的战斗，因为它们不可能独享广告业这块大蛋糕。接着，清晰频道公司来了，接管了七家广播公司。"——这是联邦通信委员会的规则被驳回的结果，因为这一规则限制了同一家公司在任何特定市场所能拥有的公司的数量。清晰频道公司的运作成本极低，因为它将各家广播公司合并，并使用标准化的"语音追踪"DJ链接，在各家广播公司之间分摊成本。这使得它能够为大客户提供特别的广告套餐，给销售团队的薪水也更多。清晰频道公司也从集团化和纵向一体化中受益良多。

> 它们拥有广告牌，你需要靠它做推广。它们拥有剧院（演员可以在那里表演，而广播公司可以在那里开音乐会），所以如果你想推广自己的音乐会就会困难重重。它们还拥有SFX娱乐公司，可以预定人才，也就是它们从根本上拥有艺术家。它们会把你排挤出局，像你这种小人物根本没有竞争力。

肖特及其合伙人于2000年出售了自己的广播电台，随后该广播电台的"城市音乐"形态（大意是指吸引非洲裔美国人的音乐）也发生了转变。面对文化产业的集中化趋势，音乐产业当然不具有免疫力，尤其是当政府愿意放松监管，不再像以前那样通过干预文化产业而保护小公司和非营利机构时。[①]

七、独立性、公司内部网络和联盟 212

小公司易受到大公司战略的伤害。它们在与大公司的**相互依存**中而存活，在复杂的执照、财务和发行网络中与大公司联系在一起。

在几乎所有的主要商业领域中，公司组织结构转变的一个重要方式就是逐渐将业务转包给中小型企业（见第三章关于组织改革的讨论）。这些较小的公司有潜力，也有能力进行创新，但是，它们也日益陷入与大公司的紧密关系中而不能自拔。文化产业也是如此。

这种相互依赖的网际关系在文化产业中并不完全陌生。在电影产业中，随着20世纪50年代好莱坞电影公司对生产控制权的丧失，新的独立制作公司进入电影市场以满足专业化的产品生产，而好莱坞制片厂的角色则更像独立的电影发行人和集资者（Aksoy & Robins，1992）。实际上，即使在歌迷、音乐家和评论家认为"主

① 克林纳伯格（Klinenberg，2007）还讨论了市场化的政府政策对美国广播产业的影响，包括内容的同质化如何导致美国公共电视观众的数量在1996年《电信法案》颁布后的10年内大量增长。参见阿克维斯特和费舍尔（Ahlkvist & Fisher，2000）关于面对技术变革和产权变革音乐广播制式标准化的讨论。

要唱片公司”和“独立唱片公司”势不两立的时期，这两种公司在执照、财务和发行业务上也经常是连在一起的。借助这种形式，大公司和小公司之间形成了互相依赖的网络。此种形式在 20 世纪 80 年代日益流行起来，并扩展到文化产业的新领域，其中最重要的就是欧洲电视，大型国有和公有电视公司在“家门内”把持着传统的生产活动（Robins & Cornford，1992）。

这对于大公司和小公司的内部网络系统都是有利的。对于大公司来说，担当独立电影制片商的集资者和发行人只是它们所做工作的一个延伸，因为它们也曾经是自己旗下的半自治部门的集资者和发行人。对于一个有着多个部门的大型公司来说，利用独立公司制作电影获得的收入，要比通过自己下属部门制作电影获得的收入低。但是，这种安排也意味着，大公司会迫使独立公司承受一些与管理符号创意产业这一艰难任务相关的风险。更重要的是，虽然符号创作者面对商业压力有了更多自主权，但他们还是会感到这种风险的存在，尤其是在某些尚存有对公司官僚作风不信任感的文化产业中更是如此，例如摇滚乐、印度电影制作或特定类型的游戏。

大公司和小公司之间的互相依赖听起来如玫瑰般美丽，充满希望。但是，在许多人看来，文化产业中相互依赖程度的持续加深意味着，独立公司将不再能够提供大公司产品的替代品，而且这一时期将一去不复返——这也是公司接管和收购的另
213 一个标志（第十一章讨论印度电影的时候我们会讨论这个问题）。许多公司间关系网的形式也包括不同产业中的大公司与日益增长的不同部门间的相互连接。这是一种公司之间的战略联盟，它不同于传统的卡特尔组织，而是以某种特别项目为基础。这种“联盟资本主义”（alliance capitalism）成为过去 30 年中商业圈的普遍特征。卡斯特斯（Castells，1996：162－164）说，这是由于研发成本过高，在高新技术领域尤其如此。对卡斯特斯而言，自给自足型的公司已成过往。

在相互竞争的同时，文化产业公司也在为合资和联营进行着复杂的运作。奥利塔（Auletta，1997：225）列举了若干原因来解释潜在的竞争对手为何选择联手合作：

- 避免竞争；
- 节约成本，共担风险；
- 在竞争对手的董事会中获得一席之位；
- 创建安全网以抵抗技术创新导致的不确定性的增加；
- 与海外公司建立联系以避免“激起地方政府的愤怒”。

要简要概括文化产业公司“辉煌七巨头”之间以及它们与位于第二梯队的公司之间的相互联合形式，几乎是不可能的。《纽约客》（*The New Yorker*）在 1997 年公布的一张图（见图 6—2）对于我们认识公司之间的复杂联系进行了最好的尝试。该图显示了同期世界上最大的六家强势公司外加微软所组成的“合作网”，并列出了它们之间的一些主要合资项目。在瞬息万变的文化产业中，这一纸图表只不过是一份简单的历史文献，但是，它能通过合资、联营以及产权关系，直观地描述各主要公司之间紧密的啮合。奥利塔（Auletta，1997）将此种联合描述为日本“株式

会社”（keiretsu）的美国版［株式会社也称企业联盟或集团企业，是一种通过与竞争对手建立合作而拉拢对方的传统方式，是一种“竞合”（co-opetition）而非竞争系统（Murdock，2000：48，引自英国《金融时报》）］。奥利塔（Auletta，1997：226）认为，这种联合也波及文本创作。随着越来越多的公司相互联合，它们的撰稿人会不会触及那些牵扯到联网中其他公司的有争议的题材？毫无疑问，联合有助于增强最大公司的经济实力，巩固它们的经营方式。

214

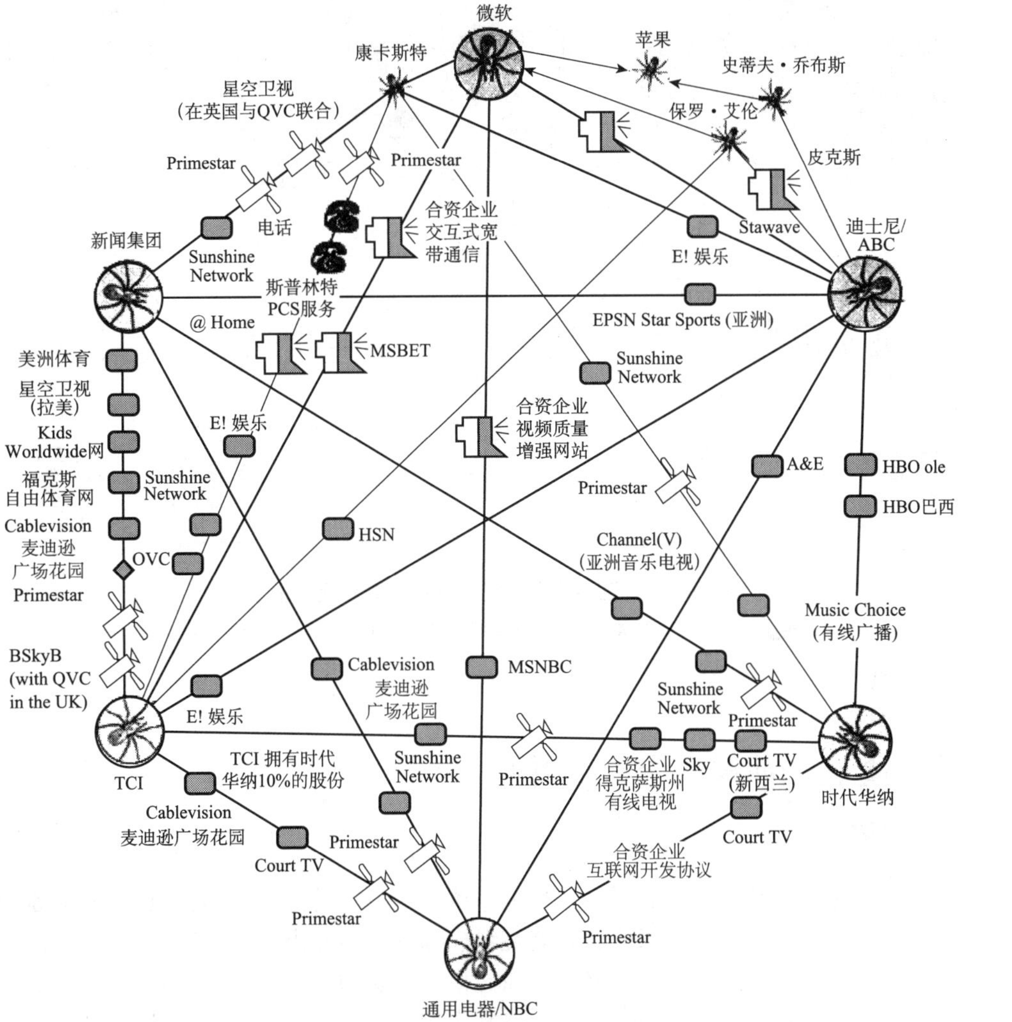

图 6—2 公司之间的合作网络

注：《纽约客》1997 年所展现的这张图，说明了该时期在文化产业和 IT 业中的许多大公司之间存在复杂联系（Auletta，1997：227）。

21 世纪第一个 10 年，文化产业和与互联网相关的 IT 公司之间出现了一种新的相互依存的联合形式。阿森诺和卡斯特斯（Arsenault & Castells，2008：713）捕获了这种关于“伙伴关系、交叉投资、董事会成员和经理人员的密集网络图”。他们的阐述如图 6—3 所示。他们重点讨论了几个例子，例如 NBC 环球和新闻集团如何于 2007 年合作创立 Hulu 公司以与 YouTube 相抗衡，在这一过程中，美国在线、MSN、MySpace（隶属于新闻集团）和雅虎也帮着做发行工作。阿森诺和卡斯特斯指出，这一事件的支持者也和谷歌建立了战略合作伙伴关系——谷歌为新闻集团旗下的 MySpace 社交网站提供广告展示，而谷歌恰恰是他们试图打破的数字视频市场的掌控者。

215

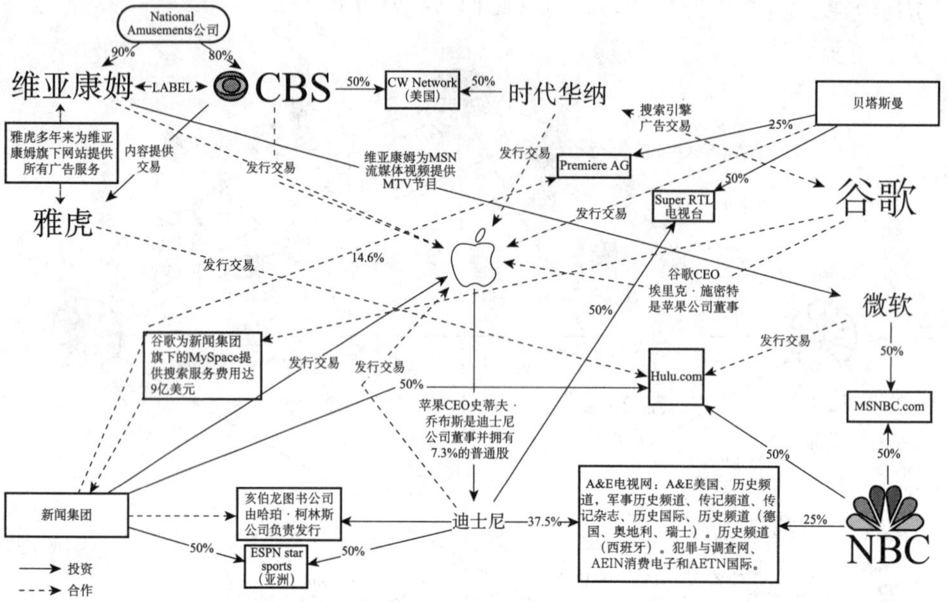

图 6—3　跨国传媒和多元化互联网公司之间的联动

注：请注意，本图展示了主要的伙伴关系和跨领域投资，而并非全部。数据截止日期为 2008 年 2 月。

216 # 八、文化产业规模变大了吗？

与并购活动相关的数据以及目前最大的文化产业公司超额增长的利润都表明，文化产业正日益成为全球商业的重要组成部分，因此也成为国家经济的重要组成部分。如果这是真的，那么理解经济和文化、创意和商业之间的关系，意义重大。例如，市场的集中性也许会对文化产品制作相关工作者所拥有的相对自主性（relative autonomy）或者说创意自由具有潜在的威胁。那么，文化产业在国家、地区和城市经济中的重要性究竟如何？

1. 现代经济中的文化产业

由政府委托，对文化创意产业的规模、增长率及其对全国就业和增长的贡献进行“测绘”，并据此编制的报告不在少数。衡量规模、增长和重要性的主要工具是就业、公司活动（如利润）、经济毛增加值和出口（Cunningham & Higgs，2008）。许多这种“测绘研究”都是政策发展的产物，我们在第五章已经讨论过了，受信息社会热影响的政府机构，将文化产业视为就业、国家或地方竞争优势新的增长点。一些人用“创意产业”这一术语，还有一些人沿用“文化产业”。由于这些报告大部分是政府委托编制的，而政策代理机构愿意展示文化产业的重要性和增长性，久而久之，更广义的定义被采纳了，例如，人们越来越多地使用“创意经济”（Howkins，2001）甚至“创意阶层”（Florida，2002）的概念，而不是“创意产业”或者“文化产业”。概念的宽泛性，使得文化产业之外的设计师也能被算作相关经济活动的一部分。

这里列举一下这些报告的结论。（注意术语使用的范围，回想一下第五章所讨论的关于“创意产业”这一术语转型背后的动机。）

- 中国香港创意产业就业人数占全部就业人数的比重从 1996 年的 5%上升到 2002 年的 5.3%（CCPR，2003）。
- 1998—2002 年，奥地利文化产业的就业人数增长了 6%（Kulturdokumentation et al.，2004）；1995—2000 年，文化产业利润率增长了 49%（KMU Forschung，2003）。
- 1991 年，创意产业的就业人数占冰岛劳动力市场的 20%，2002 年是 217
23.4%（Erinarsson，2005）。
- 1996—2001 年，澳大利亚的文化产业从业人员数量从 16.7 万增加到 19 万，年均增长率为 2.62%（Queensland Government，2005）。
- 新加坡“版权产业”占 GDP（国民生产总值）的比重从 1986 年的 2.0%上升到 2000 年的 2.8%（ERC Services Subcommittee，2002）。
- 2003 年，英国创意产业占 GVA（国民增加值）的 8%，相当于 565 亿英镑。1997—2002 年，该产业年均增长率为 6%，同期英国经济年均增长率为 3%（DCMS，2005）。

多么迷人的资料！你们还醒着吗？随着创意产业这一流行概念在国家、地区和城市的政府层面的蔓延，21 世纪第一个 10 年出现了许多类似的报告。鉴于以上我提出的原因——重点是这类报告（表明创意产业是经济活动的关键领域）是呈给中央政府的财政大臣看的——所有这些报告几乎都表明，文化产业确实很重要，也一直在增长。问题是，如何定义相关的产业和职业？

英国文化传媒体育部（British Department of Culture，Media and Sport，DCMS）在原始“测绘文档”（DCMS，1998、2001）中使用的目录，由于缺乏关于产业细分和职业的精细统计数据而具有局限性。然而，其所使用的定义和方法被广泛接受了。正如我们在前一章所见，“英国的定义”囊括了一些不属于文化产业的周边产业（我在第一章使用了这一术语），如舞蹈和视觉艺术，以及珠宝、时尚和家居设计等产业。最重要的是，它还囊括了软件产业（不只是娱乐软件或计算机游戏，还包括商业应用软件）。这么做是为了美化数据，加强“文化产业”旗帜下的产业联合。开发这类软件与对艺术表现（或新闻信息）的追求有很大的不同。这一概念不可避免地暗含着强烈的艺术表现因素——“艺术家”的氛围，它们展现给政治家和其他政策制定者的形象是“性感的”，对于金融人士也具有吸引力

(Garnham，2005)。

其他的定义比英国的还要宽泛。中华人民共和国所使用的文化产业的定义，包括博彩、教育、体育、旅游和咨询服务（CCPR，2003），而在中国台湾地区，“文化创意产业”包括茶室和婚礼摄影（CCPR，2003）。芬兰的目录包括游乐场、游戏和娱乐服务。在每一个个案中，文化产业的定义都是出于地方政治和商业利益而制定的。一份广被引用的由香港大学文化政策研究中心编辑（CCPR，2003）的关于
218 中国香港就业情况的报告，设计出一个既包括职业数据又包括产业数据的研究框架，正如研究机构通常做的那样。这份报告也将文化产业内的非创意性就业和非文化产业内的创意性就业囊括其中。例如，汽车设计师也算在内。

正如我在本书导论中所明确的，我更喜欢给文化产业下一个严谨的定义，专注于那些主要涉及社会化的“意义”(meaning) 生产和发行的产业。我在导论中也指出，这是因为我认为，文化产业之所以重要的三大原因之一，就是文化产业生产和发行文本。其他的定义也许出于其他的动机，但重点是，当我们阅读所谓的“文化产业”或“创意产业”实体的数据时，我们需要仔细思考那个实体到底是什么。听上去，好像一个国家或城市中从事文化产业的人口所占比重很高，像音乐家、作家、游戏设计师等等，实际上，这类活动与计算机软件、博彩、教育等活动相比简直就是小巫见大巫，由于政治压力和政治紧张局势，这些可能都被囊括进文化产业。（我并不是说，所有试图扩大这一定义范围的努力，其目的都是将一小部分人的利益合法化。专栏 6—2 讨论了关于文化产业定义的深层模式。）

专栏 6—2

定义文化产业的深度和广度

文化地理学家安迪·普拉特（Andy Pratt）说，在给“文化产业”下定义的时候，深度和广度同样重要。这意味着，文化产业包括文化产品生产活动，剧院、电影院和音乐厅里幕前幕后的人员，相关项目制造，档案、教育和培训。普拉特（Pratt，2005：34）认为，这种方法能够让你看到隐藏在政策背后的一系列制度结构。[1]

若考虑到就业机制内部的互联性，这种方法就是合理的。但是，在使用扩展了深度的定义时，我们必须牢记，这一扩展性定义所囊括的工作，对于文本的形式和内容几乎没有任何影响，而这些文本由于承载了符号内容，因而对社会有一种特别的影响。符号
219 承载的内容是文化产业区别于其他产业的标志。我们不应该忘记这一事实，生产 DVD 播放器与生产电影和电视节目是非常不同的工作。

---

① 在最近的一些关于“文化产业”的文件中，英国文化传媒体育部也采纳了这种观点，认为“创意产业”是“文化产业”的一部分。

一个可能的但不完善的解决方案是，尝试区分直接的（direct）创意投入数据和与文化产品相关的（associated）其他工作的数据。但是，许多国家的数据几乎不支持最通用的定义，更别提这些具体的分类。

由于各国和各地区所使用的定义和方法都很不同，因此，对不同国家、地区或城市的文化（或创意）产业表现进行比较非常困难。就算每个人都认可同一个定义，每个国家的统计部门也有不同的行业分类和职业分类标准，鉴于此，做出有意义的比较就极富挑战性了。因此，为了对不同国家的两个城市进行比较，需要采取不同的分类方法和不同的定义。关于文化产业的事实和数据的报告，应该“被视为指标性的，而非类目性的”（Power，2003）。

然而，对所有关于定义和衡量方法的问题而言，在各种各样的令人头晕眼花的报告中，有一个大趋势还是比较清晰的。在很多地区，多年以后（经济循环、衰退、失败），有证据表明，**文化产业活动的增长率略高于 GDP 的增长率**。但是我们还是要打消这一想法，“这种增长反映了在现代社会里富有魅力的创意活动发展得如火如荼”。据一份报告估计，1997—2002 年，“传播产业”的年复合增长率是 8.4%，超出名义 GDP 增长率（即不考虑通货膨胀因素）1.6 个百分点（VSS，2003）。这份报告中对传播产业的细分是具有启发意义的，在目前的大环境下，它也比其他许多关于文化产业的报告有用得多，因为它向我们表明，终端消费者所花的钱只有很小一部分用在传播产业中。在思考文化产业的同时，我们还要思考产品的类型，例如，当我们通过电视机看电视剧或者从互联网上下载新歌的时候。但是，与广告、市场营销、产业终端用户在诸如信息服务、专业培训、贸易展览等事物上的支出相比，这些活动就相形见绌了（见表 6—4）。

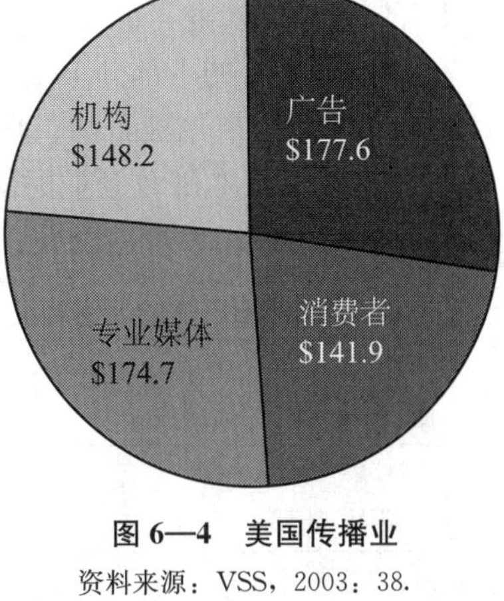

图 6—4　美国传播业

资料来源：VSS，2003：38.

2. 全球商业中的文化产业

从前一部分我们能得出结论，文化产业（即使本书所定义的文化产业概念相对

220 较窄）作为国民经济的一部分，正变得越来越重要，超越了以前任何一个时期。然而与此同时，也不应该相信某些评论家的夸夸其谈，说什么文化产业已经成为全球商业的核心（Lash & Urry，1994）。

探讨这一问题的方法之一，就是看最大的文化产业公司的规模与最大的一般性公司的规模之间的关系。表 6—5 向我们展示了有文化产业收益的最大的几家公司及其在 2004 年《财富》杂志 500 强中的排名。对最大的文化产业公司的相对规模进行历史性比较非常困难。因为从 1995 年开始，《财富》杂志 500 强和全球 500 强中，才出现了来自第三产业的公司。但是，我们还是能察觉出一两个有意思的趋势。本书第二版也用了类似的表格，资料来源于 2006 年《财富》杂志 500 强数据。与 2002 年第一版相比（根据 2001 年《财富》杂志 500 强数据），在第二版中，主要的文化产业公司的地位都得到了提升。迪士尼从第 174 名上升到第 159 名，维亚康姆从第 245 名上升到第 196 名，贝塔斯曼从第 299 名上升到第 271 名。最主要的文化产业公司的业绩自 2007 年开始大幅下滑，这不仅反映出整个行业的不景气，还印证了商业分析家关于全球经济大萧条背景下文化产业未来堪忧的预言（与 IT 和其他产业如广告业相比）。维旺迪——全球收入最高的文化产业巨头，在《财富》杂志 500 强排名中仅位列第 225 位。时代华纳 2006 年曾挤入《财富》杂志 500 强前 100 名，但后来为了偿还大并购时期的巨额债务而从文化产业撤资，因此滑落至第 363 名。

即使在 2007 年，从收入来看，“辉煌七巨头”在全球企业阵营中比以前更加辉
221 煌，但在其他产业中最大的公司面前，最大的文化产业公司还是相形见绌，而且这种情况一直在持续。例如，移动电话生产巨头和石油巨头仍然占据统治地位，但均败给了美国零售巨头沃尔玛：从收入来看，10 个维旺迪才能与之匹敌。同样，索尼的文化产业活动如果单独拿出来，也只能给全球 500 强垫底：消费电子才是索尼公司全球业绩表现的根基。

最大的文化产业公司不等同于文化产业，但是这些数据应该能够透露出这样一个观点：“文化产业目前只是全球商业核心的一部分。”这从发生到现在经历了很长一段时间。值得注意的是，谷歌、微软和苹果也被石油、移动电话和零售巨头比下去了，此外还有 IBM、最大的电信公司甚至日本邮政企业财团——日本邮政株式会社（Japan Post Holdings）（全球第九大公司，2010 年营业收入是 2 000 亿美元）。

222 **表 6—5　有文化产业收益的巨头公司**　（单元：百万美元）

1	沃尔玛	421 849
没有文化产业收入，为了进行比较而列出。		
2	荷兰皇家壳牌	378 152
没有文化产业收入，为了进行比较而列出。		
31	美国电话电报公司	124 629
全球营业收入最高的电信公司，列出来是为了进行比较。在一些电信巨头的光环下，最大的文化产业公司相形见绌。其他电信巨头还包括日本电报电话公司（Nippon Telegraph and Telephone）和威讯公司（Verizon）。		

73　索尼　83 845

在本书付梓之前，索尼公司旗下有六大部门：消费电子、游戏、音乐（索尼音乐娱乐已与贝塔斯曼的音乐公司合并）、电影（哥伦比亚三星影业）、移动电话制造和金融服务部门。消费电子为其贡献了绝大部分收入。

111　苹果　65 255

苹果公司设计并销售计算机、软件和消费电子产品。自从 2001 年 iPod 面世、2003 年 iTunes 商店上线以来，它成为文化产业尤其是唱片产业的主要玩家之一。但是，iTunes 商店所贡献的收入所占比重很小。苹果公司曾短暂地涉足内容生产，也就是当其拥有动画电影公司皮克斯的时候。2006 年，皮克斯被出售给了迪士尼公司。

120　微软　62 484

这家全球最重要的软件公司只有一个文化产业兴趣：为 X-Box 开发游戏。

225　维旺迪　38 248

维旺迪是全球最大的文化产业公司（界定标准为：从文化产业活动中获得收入最多的公司）。它曾经是一家在一位妄自尊大的 CEO 控制下的工程和水务公司，希望在互联网繁荣时代能够华丽地转身为全球文化产业领导者。由于出售了旗下许多文化产业业务，维旺迪王国濒临崩塌，但它仍然是一家传媒公司，其旗下公司在电视、游戏和唱片产业中依然扮演重要角色或者占据主导地位。

226　迪士尼　38 063

它仍然是全球最著名的文化产业公司，业务涉及电影、主题公园、剧院。

228　康卡斯特　37 937

美国的一家有线电视和宽带互联网提供商，于 2010 年从维旺迪手中购买了美国最大电视网之一的 NBC 公司，开始了对这家公司的控制。

284　新闻集团　32 778

这一排名低估了新闻集团及其大佬鲁伯特·默多克的影响力。例如，新闻集团拥有星空卫视（BSkyB）很大的股份，后者在欧洲数字电视和卫星电视领域是一个主要的玩家。默多克是星空卫视的董事长，星空卫视单独披露公司数据（2010—2011 年其营业收入超过 80 亿美元）。2011 年，新闻集团本计划全面接管星空卫视，但是被英国《世界新闻报》（*News of the World*）的电话监听丑闻干扰。关于默多克的更多信息，详见本书第七章。

325　谷歌　29 321

谷歌不是一家文化产业公司，虽然它旗下拥有 YouTube 和 Google Books 项目。它也不是一家真正意义上的传媒公司：它不生产我们前文所理解的内容。它是一家 IT 公司，由软件工程师运营。但是，它在搜索引擎市场的统治地位，使其到目前为止对文化产业来说仍是最重要的 IT 公司，因为搜索引擎与发行尤其是广告收入息息相关。

363　时代华纳　26 888

时代华纳 2000—2001 年与美国在线的合并导致其产生了巨大的财务亏损和大量债务。由于变卖了太多资产，时代华纳已经摘下了全球最大传媒公司的桂冠。

444　贝塔斯曼　21 791

不同于其他大型文化产业公司，贝塔斯曼是一家私人所有的公司，由莫尔（Mohr）家族所有。它控制着卢森堡广播电视台（RTL）——欧洲最大的电视和广播实体，以及重要的图书出版公司。

注：序号表示在 2011 年《财富》杂志 500 强名单中的排名（基于各公司 2011 财年年报）。数据指的是营业收入。

斜体表示这些公司的大部分营业收入来自文化产业。

九、继续商品化

在本章，我花了一些时间讨论关于集团化、集中度和现代社会中文化产业与其他产业相比之下的相对规模等问题。这些都是现代社会中关于文化生产者的权力的重要问题，并因此产生了一大堆公共论争和政策困境。但是，为了采取时间跨度更大的历史视角，面对这些发展状况，我们需要后退一步，将之与前两章所讨论的政策变迁合并起来考察，看一看文化产业的成长状况。对文化产业的成长起着核心作用的，就是文化的商品化。

在第二章，我概述了商品化至关重要的原因。我解释说，大体而言，分析商品化的最有用的方法，就是将之视为一个充满矛盾的进程——允许（enabling）与约束（constraining）并存，生产性与破坏性并存。商品化蔓延的消极影响包括过于强调私有的、排外的产权，引发了不被人注意的低薪劳动体制的潮流。

文化生产的情况和其他产业一样。在复合型专业化时代，我们见证了文化的显著产业化趋势，它加速并强化几个世纪以前就已经出现了的文化商品化缓慢、坎坷的进程。在文化产业成长时期，商品化也得到了发展，巨型公司的组织形式依然是片面的、不完整的（Garnham，2011）。我们目前需要思考的问题是第二章所提出的一个问题：自 20 世纪 80 年代以来，文化的进一步商品化产生了怎样的影响？

为了回答这一问题，我们必须反过来考虑第三章到第五章所讨论的关于电信和
223 广播市场化的种种问题，以及版权和文化政策方面的变迁。20 世纪 60 年代和 70 年代，发达工业国家面临着接踵而来的经济衰退和政治、文化危机，企业和国家试图恢复经济增长和政治秩序（见第三章的概述）。以上所讲的政策变迁，就可以视作对这种感知到的需求的复杂的回应。这并不是一种同心协力的回应，因为其建立在统治阶层的某种委员会的会议之上。为了获得特定的利益尤其是经济利益，人们会为之战斗。文化被视为投资增长的关键机会。我在第三章所提出的“信息社会论调”的一系列假设——现代经济和社会（至少前工业社会如此）需要向更大的知识资产集中方向发展——都是非常重要的基础。就政策制定者、记者和商业分析师而言，“信息社会论调”加速了对文化生产、信息和知识等领域的资本投资。在复合型专业化时代，作为资本主义产业之一的文化产业获得了稳定的增长，但是增长机会受到了公共产权、电信频道和电视监控的限制。文化政策（例如艺术政策）就更边缘了。20 世纪 80 年代，信息社会论调被引入公共政策领域，这件事通常被评价为一项挑战“家长制”和“精英制”的民主化尝试，并加速了文化商品化的进程。版权法的巩固及在全球的强制实施（以 1995 年世界贸易组织“与贸易有关的知识产权协议”的形式等）尤其重要。这是文化产业成长的基本前提条件，它根本上基于产权、许可证和开发权。由于公共领域的萎缩和公平使用条款，我们能够看到商品化如何侵蚀了公众和集体对资源的获取。

回顾一下第二章，所有的社会——由于法律和惯例——都可以被划分为能够进

行买卖的社会和不能够进行买卖的社会（Frow，1997）。两种社会之间的边界受到 224 技术变迁的影响，而技术变迁又是由企业积累资本的欲望驱动的。有时候，一些全新的领域也已经为商品化做好了准备。例如，弗洛（Frow）讨论了人体器官贸易的崛起。还有时候，已经商品化的一些领域也会逐渐受到侵蚀，但是相对来说还是受到保护的。这就是过去 30 年文化产业所发生的。

那么我们如何作出解释？没有必要浪漫地认为原始社会就优于资本主义社会，或者想象我们能够回归共同制造文化、免费商品交易的状态。事实上，这种幻想本身就是现代商品化文化的产物。我的观点是，我们需要认识到资本主义发展中的矛盾性，抵制商品化更消极的影响，试图发展其积极的一面。

在消费层面（虽然也涉及生产，即我们通过对现有资源的消费来制造新的事物），版权范围的扩大和期限的延长虽然对于巩固商品化是必不可少的，但对于自由却施加了过度的限制。当然，对自由的某些限制是值得的，因为这是为了人类共同的福祉，然而对文化产品的专有权却变得有些过分了。此外，商品化导致文化体验日益私人化和个体化。许多自由意志论者和自由人士相信，版权极大地阻碍了人们对文化的接触，导致了类似开源软件运动的现象和各种各样的基于网络的倡议。但是，在文化领域，还有其他与商品化相关的问题。

商品化的另一个消极方面与劳动有关。商品化能够带来更大的创新和成本的缩减，但是在我们的现实世界，劳动资源能够转移到更廉价的地区，因此成本的缩减通常是通过缩减本地劳动者数量并在其他地区雇用新的劳动者而实现的。在本书第七章，我们会看到文化领域中这一现象是如何发生的。当把发展水平不同的两个地区相比较时，不同地区的劳动者获得的工资也不同，因此商品化还导致消费者自行制造所需产品的路径被切断。正如我们不太注意我们所穿的鞋里面所蕴含的人类劳动一样，我们对文化产品中所蕴含的人类劳动也很少关注。全球范围内复杂的劳动分工意味着，我们没有意识到所购买的一张 DVD 或者所下载的一部电影所涉及的劳动。除了那些将名字刻在产品上的明星，许多待遇没那么高的创意工作者和技术工作者也对产品负有责任。与文化产业的产品相比，非商品化或半商品化的文化产品在时间和空间上都与我们距离更近。甚至可以说，由于很少有人能意识到文化劳动的存在，相信它是安逸甚至迷人的，人们也就不会认识到这种工作其实也是资本主义商品生产下的工作之一。

本章，我们在分析企业成长的时候，也提出了商品化扩张的一些深层次的影 225 响。随着文化领域投资范围的扩充，企业规模日益增大，人们听到、看到的文化生产规模亦不断扩大。企业拥有大量资源用于市场营销和必要的宣传，能够让我们在浩如烟海的产品中注意到它们的产品。文化生产企业化因此成为现在社会中文化产业的经营模式。但这并不是说，文化生产的其他经营模式和独立经营模式受到了压制。合作式的人对人生产模式（peer-to-peer production）的出现表明，在现代社会中，仍然存在许多尚未落入商品化窠臼的文化生产模式，它们基于给予和分享，而并非买卖。但是，正如我们在第九章和第十章将要看到的，这些创新通常会以间接的方式被吸进文化生产的企业体制之中。

★★★

本章提供了现代经济社会中文化产业角色变迁的证据。在 20 世纪 90 年代和 21 世纪第一个 10 年，规模空前的大公司犹如文化生产立体图景中高耸的堡垒一样令人瞩目。这些公司的发展受益于我们在前几章所概括的政策的变迁，以及商业投资者们的一个认识，那就是投资文化产业是一个获得高回报的绝佳机会（虽然 2005 年前后情况发生了变化）。一波又一波并购浪潮加速了这种成长，公司之间的新型关系也出现了萌芽。文化产业公司和其他产业中的大型公司的战略联盟空前繁荣，而小公司逐渐形成了与大公司之间复杂的在许可、财务和发行方面的关系。

但除此以外也有延续性在里面。小公司在文化产业中继续扮演着关键的角色。即使纵向一体化和集团化的表现形式多种多样，导论中所发现的动力形态仍然是公司战略的驱动力。虽然市场集中度更多地依赖于我们如何定义集中，但毫无疑问，文化产业整体上是高度集中的。

我的观点是，文化产业中变迁的重要性远比其所表现出来的要大得多。随着人们休闲时间和可支配收入的增加，发达工业经济体中文化产业发展步伐比以前放缓了，也更加稳定了。鉴于上文所述的统计问题和定义问题，我们需要对文化产业的各种观点谨慎对待。
226 显而易见的是，文化产业公司并未进入大型石油公司、汽车公司和银行的行列。然而，文化产业的发展也具有重要的影响，因为处于垄断地位的公司对文化生产的资本形式具有支配性，它们能够调动大量资源为自身利益服务，并将各类促销预算整合起来，从而让自己的文本获得更多的关注。这与公共利益是相违背的。例如，版权范围的扩张，反过来会削弱公众对文化的接触。大公司的成长也会影响创意管理理念的执行。最大的公司获得了巨大的威望，其他企业在开展工作的时候将遵循它们所设立的标准。

在本章最后一部分，我将这些发展状况与长远的历史图景连接在一起。之前两章所分析的政策发展与本章所讨论的企业成长，都是持续加速的文化商品化进程的表现形式。这对于文化工作的组织和体验都有重要的意义，下一章我们将专门讨论。

评论及拓展阅读

正如以上所论，伊莱·M·诺姆（Eli M. Noam）在关于传媒的论战中一马当先，他的《美国的传媒产权和集中化》（*Media Ownership and Concentration in America*，2009）一书，实际上涵盖了整个“信息产业”。

以批判性视角对本章所讨论的民主和正义相关问题有着深刻见解的，是 C·埃德温·贝克（C. Edwin Baker）的《媒介集中与民主》（*Media Concentration and Democracy*，2007）一书。罗纳德·里斯（Ronald Rice）的《媒介产权：研究与监管》（*Media Ownership：Research & Regulation*，2008）一书也很有帮助。本杰明·康佩因和道格拉斯·戈梅尼（Benjamin Compaine & Douglas Gomery）较早出版的《谁拥有传媒》（*Who Owns the Media*，2000）一书讨论了产权的问题。康佩因的网站向我们表明，他采取的是强烈的新自由主义的视角。

在德韦恩·温塞克和金大勇（Dwayne Winseck & Dal Yong Jin）合编的《传媒政治

经济学》(*The Political Economies of Media*，2011) 一书中，温塞克亲自撰写的开篇文章探讨了产权集中的变迁，以及文化产业和相邻产业（电信、互联网和信息技术）之间关系的变迁。同一卷中，金大勇所撰写的章节分析了去集团化的一些证据。

斯科特·菲茨杰拉德（Scott Fitzgerald）的《企业与文化产业》（*Corporations and Cultural Industries*，2012）一书，是将政治经济学理论和商业分析应用于对三大公司进行分析的典范。乔纳森·哈迪（Jonathan Hardy）的《跨媒体促销》(*Cross-Media Promotion*，2010) 一书对于研究集团化的影响很有价值。

在具体产业的发展方面，阿曼达·洛茨（Amanda Lotz）的《行将革命的电视》(*The Television Will Be Revolutionized*，2007)、迈克尔·柯汀和简·沙塔克（Michael Curtin and Jane Shattuc）的《美国电视产业》(*The American Television Industry*，2009) 对美国电视产业进行了全面分析。由于过于关注对电视的研究，以上著作均未能将电视产业和其他传媒产业系统地联系起来。詹妮佛·霍尔特（Jennifer Holt）的《娱乐帝国》（*Empires of Entertainment*，2011）清楚地论述了 20 世纪 80 年代和 90 年代美国电影和电视产业中公司权力的发展，信息量巨大。

关于文化商品化的问题，参见哈维（Harvey）的《后现代的状况》(*The Condition of* 227
Postmodernity，1989)、莫斯可（Mosco）的《传播的政治经济学》(*The Political Economy of Communication*，1996，2nd edition 2009) 和弗洛（Frow）的名为《礼物与商品》的才华横溢的文章。在瓦斯科、莫多克和苏萨（Wasko，Murdock & Sousa）合编的《传播政治经济学手册》(*The Handbook of Political Economy of Communications*，2011) 一书中，收录了尼古拉斯·伽纳姆近期的一篇文章，讨论了商品化的本质属性——意义混乱且不完整。这本手册中还收录了格雷厄姆·莫多克（Graham Murdock）的一篇好文，该文将关于文化商品化的论战战场转移到了数字时代，受到了学界的高度评价。

与不断变化的文化产业发展保持同步的最佳方法，就是阅读商业出版物及其官网，例如《金融时报》(*Financial Times*) 和娱乐贸易类报纸《综艺》(*Variety*)，如果你能忍受保守主义的政治视角，《华尔街日报》(*The Wall Street Journal*) 和《经济学人》(*The Economist*) 也是不错的选择。《银幕文摘》(*Screen Digest*) 通常能够在那些愿意支付较高的报刊订阅费的大学图书馆里找到，它确实是不错的数据资源库。

在线阅读

以下所列线上资料都能够免费获得，地址是 http：//www. sagepub. co. uk/hesmondhalgh。只需点击“Sample Materials”标签即可找到每篇文章的链接。

上文提到的由伊莱·M·诺姆所主持的国际性的媒介集中化趋势研究，参见这一网站：http：//internationalmedia. pbworks. com。

还有几个网站也专注于媒介产权的问题。由于公司收购或者出售其下的部门，这些网站也不得不跟紧变化的节奏。知晓这一年、这个月、这一周谁拥有何物的所有权也许不重要，理解重要的大趋势和它们关于文化产业中权力的问题的看法才是重要的。

在网络报刊《开放民主》(*Open Democracy*) 上也能够找到关于媒介产权这一热门话题的令人振奋的介绍，该报刊是以罗伯特·麦克切斯尼和本杰明·康佩因（Robert Mc-

Chesney & Benjamin Compaine）于 2001—2002 年所撰写的文章为缘起的。通过网站 www. opendemocracy. net，你能够获得所有的文章。

阿森诺和卡斯特斯（Arsenault & Castells，2008）分析了金融危机前文化产业商业网络的状态。特伦布莱（Tremblay，2011）批评了创意产业政策制定者所提供的统计数据。

● Arsenault，Amelia H. & Castells，Manuel（2008），"The Structure and Dynamics of Global Multi-media Business Networks，" *International Journal of Communication*，2：707 - 748.

● Tremblay，Gaëtan（2011），"Creative Statistics to Support Creative Economy Politice，" *Media*，*Culture & Society*，33（2）：289 - 298.

第七章 228
创意和商业、组织和劳动者

前一章所讨论的企业产权、结构和战略的变化告诉我们在文化产业组织以及文化生产赖以生存的更宏观的世界中究竟发生了什么，但这只是所有真实情况的冰山一角。从产权的角度来看待事物，较少涉及文化产业所有者和执行者如何挑战文化产品的生产、管理和营销等难题，也很少谈及数十万人如何在他们的世界里通过制造文化体验而谋生。这就是本章关注的焦点。

文化生产的核心问题是商业和创意之间的关系问题，或者说是盈利动力和生产
激励之间关系的问题：尝试制造有趣的、引人入胜的、令人愉悦的、美丽的、有信 229
息量的、发人深省的产品。正如第二章所指出的，即使在复合型专业化时代［同威廉斯（Williams，1981）的看法一样，我认为这一时期始自 20 世纪 20 年代，但是在第二次世界大战后得以加强］，虽然大公司开始统治文化生产领域，但是对于创意工作者和创意经理来说，很多文化工作还是一定程度上建立在操作自主的基础上。在 20 世纪 70 年代和 80 年代，所有类型的企业都经历了组织创新和重构阶段。那么，这些变迁如何影响文化产业呢？

本章，我会引述第二章所提出的一些问题。首先，我考虑以下相关问题：

- 创意和商业之间的关系发生了怎样的变化？
- 与之相关，在文化生产复合型专业化时代，文化产业组织的特性如何发生了变化？
- 在作品的编辑、宣传和发行上，创意工作者的话语权发生了哪些变化？（这是一个关于创意自主权是扩大还是缩小了的问题。）

有很多方法可供我们理解文化产业中创意管理工作的变迁，让我们从这些不同的方法出发来开始本章的探索。有一种观点认为，在商业企业中有一个趋势，即操作自主权越来越大了。对此我持反对态度。后面，我会通过考察市场营销和市场调研在文化生产中（包括创意阶段）日益重要的地位来证明这一点。从来自新闻学、流行音乐和现场戏剧表演研究的证据来看，对创意的控制是更松了还是更紧了？对于这一问题我无法回避。在这些领域，有更深层的证据表明，创意和商业之间的关

系发生了变化，自主权受到了潜在的侵蚀。自主权一直是文化生产的特色之一，但是文化工作者在这方面也一直在做出牺牲。在本章最后一部分，我会更具体地讨论文化工作不断变化的环境这一问题。

一、管理文化产品：对创意的从松控制，对发行的从紧控制

从本质上来说，文化产业管理涉及商业规则和创意目标（或信息目标）之间的谈判张力问题。[①] 管理分析家霍华德·戴维斯和理查德·史克斯（Davis & Scase，
230 2000：104-127）提供了一种方法，用以揭示符号创作工作的管理发生的变化。他们认为，文化产业中的组织形式发生了转变。他们运用韦伯式的研究方法，将焦点置于官僚制和领导气质之上，以公司控制和协调工作的方式为基础，假设了四种理想的文化产业创意组织（Darvis & Scase，2000：99；图 7—1）。

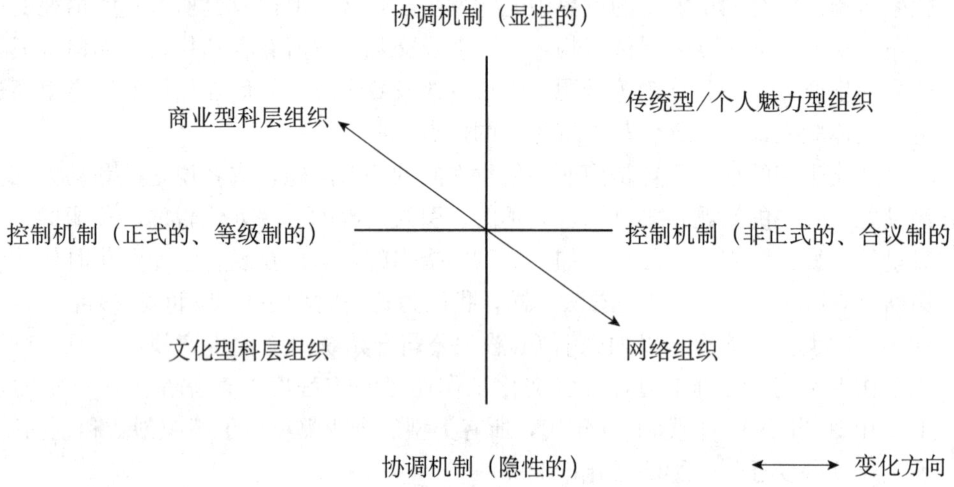

图 7—1　创意组织的分类

资料来源：Darvis & Scase，2000.

● 商业型科层组织（commercial bureaucracies）：在这些机构中，控制和协调高度外化且拘泥于形式，强调逐级报告机制，对雇员进行严格考核和管理，高度强调组织的逐利功能。

● 传统型/个人魅力型组织（traditional/charismatic organization）：通过价值分享能够达成高度协调，但是，“正式控制机制相对落后”；小企业更倾向于这种组织。这类组织较少在工作生活中强调利润。个人魅力型领导者——经常身兼所有者和管理者二职——决定公司发展方向。

---

① 下面几位作者认识到并探讨了这一事实：Banks，2007；Hesmondhalgh & Baker，2001；Lampel，Shamsie & Lant，2006；Ryan，1992.

- 文化型科层组织（cultural bureaucracies）：通常在公共服务当局眼皮子底下运作，存在高度正式化的控制和权力关系等级结构，但是，通过相对自治的下属部门可以达成协调；文化型科层组织面临着来自商业压力的强烈冲击。戴维斯和史克斯在写到这种类型的文化产业组织时，似乎满脑子都是BBC。
- 网络组织（network organisation）：微型公司倾向于采用此种形式，由于规模太小，因而没有正式的控制和协调；此类公司通过与其他公司的关系网进行运作。

戴维斯和史克斯认为，20世纪90年代，文化产业组织的一个主要转变是传统型/个人魅力型组织和文化型科层组织的衰落，以及商业型科层组织和网络组织的兴起（Darvis & Scase，2000：102）。 231

传统型/个人魅力型组织，诸如20世纪50年代以前图书产业的核心——小型出版社，被公司收购并成为商业型科层组织的一部分。文化型科层组织，诸如BBC，则受到商业压力的威胁。随着文化作品越来越多地从文化型科层组织和商业型科层组织外部进行采购，网络组织繁衍起来。对戴维斯和史克斯来说，商业型科层组织中的变化，与文化产业中网络组织的不断出现同样重要。他们声称，在20世纪60年代和70年代进军文化产业后，大集团试图通过多种方法将创意工作科层化：把工作任务条分缕析，通过规定职责和建立严格的分级管理制度以缩减雇员的自主权。但是，据戴维斯和史克斯所言，这种实践形式很快便"失宠"了，取而代之的是新型的组织创新。

为了减少对员工的束缚，也为了培养小公司内部的义务和责任感，商业机构开始将较大的组织拆分成较小的自主运作的单元。与严格的分级管理制度不同，在这种组织结构中，工人们获得了决策制定的自主权。在戴维斯和史克斯的论述中，这导致了"在高度去中心化的组织结构，下属运作更像是附属公司"（Davis & Scase，2000：139）。在这种新的系统下，控制表现在紧缩财政预算、设定最后期限和衡量产出上（Davis & Scase，2000：140－141）。这些变化发生在"20世纪90年代，也许更早"（Davis & Scase，2000：130）。管理者和工人的关系越来越像采购方与供应商的关系，而且日常工作要么在内部完成，要么在外部完成，这带来了网络企业的成长（也许还导致了商业型科层组织规模的缩小）。

这是试图理解变迁的一种有意思的尝试，但却是有缺陷的。戴维斯和史克斯过度强调组织变迁，尤其是商业型科层组织的变迁。[①] 特别需要注意的是，他们引用其他产业的假设，从而曲解了1950—1980年间所发生的变迁。创作人员的实质操作自主权是大型文化产业公司的一大特征，它贯穿于整个复杂的文化专业生产时代，而非仅仅是20世纪90年代（Ryan，1992；Toynbee，2000）。戴维斯和史克斯认识到，创作人员拥有相对自主权，而主要的操作自主权则属于创意经理。即便如此，这些证据也不能支持他们的历史假设。例如，在战后建立的大型

① 如果戴维斯和史克斯能够给出20世纪90年代以前旧有商业型官僚制组织的具体例子，那将对我们很有帮助。

232 出版公司中，组稿编辑被赋予了较大的自主权（Coser et al.，1982），唱片公司中的 A&R（artist and repertoire）人员也是如此。电影产业从 20 世纪 40 年代开始，经历了戴维斯和史克斯所描述的从“科层体制”向“网络”的转变，20 世纪 50 年代和 60 年代，制片人（这一产业中的重要创意经理）的运作越来越像独立公司。当然，在 1950—1980 年间（戴维斯和史克斯将这一时期描述为旧有文化型科层组织模型时期），一些公司确实试图更严密地控制生产——一个经常被引用的例子就是流行小说，如米尔斯（Mills）和布恩（Boon）的浪漫小说。但是，对格式化生产的预算和产出的从严控制早在 20 世纪 50 年代以前就出现了，并且经常发生在被戴维斯和史克斯归类为传统型/个人魅力型的小公司之中，而非出现在商业型科层组织中。

在我称作复合型专业化的时代，组织创新已经发生了，但是戴维斯和史克斯却错误地假设，20 世纪 90 年代才是变迁得以发生的关键时期。事实上，许多转变在 90 年代以前就发生了，例如，主要唱片公司的部门结构变动大都发生在 70 年代，在这些唱片公司的规模还很小时，它们就已经存在下属部门了（Christianen，1995：89－91；Negus，1999：47－50）。[①]

相比戴维斯和史克斯的模型，赖安关于文化产业组织的著作为评估变迁与延续提供了一个更好的基础。本书第二章建构在赖安（Ryan，1992）的理论基础之上，概括了在复合型专业化时代文化产业劳动分工和组织形式的特质。我们在第二章已经看到，四种主要的文化工作职能在 20 世纪中期浮出水面：主创人员/符号创作者、技工、创意经理、所有者和执行者。在文化产业公司中普遍流行的组织形式是这样的：创作人员受到的控制较宽松，创作管理者代表所有者和执行者的利益，发行和复制受到较严的控制。在较小的公司中，所有者兼管理者的角色更像负责管理创作人员的创意经理，而不像负责协调外部发行、复制、市场营销和宣传等组织之间关系的执行者。

此种劳动分工和组织形式——创意经理从宽控制创意工作，执行者从严控
233 制发行工作——到底拥有多大程度的稳定性呢？关于文化产业中创意和商业之间的关系，它又想告诉我们什么呢？解决这些密切相关的问题的一个方法就是考察市场营销和市场调研所扮演的角色。正如赖安（Ryan，1992：30）所指出的，文化机构正是通过市场营销工作对文化生产的不可预测性和不合理性施加控制。

二、市场营销和市场调研日益重要

在文化产业中，组织控制所发生的最重要的变化是，人们所熟知的各类市场营

---

① 戴维斯和史克斯对文化产业中“后福特主义”和“灵活的专业化”的错误的历史假设模型引起了众多回应。请参见克里斯托弗森和斯托普（Christopherson & Storper，1986、1989）、拉什和尤里（Lash & Urry，1994：第 5 章）、阿克索伊和罗宾斯（Aksoy & Robins，1992）以及赫斯蒙德夫（Hesmondhalgh，1996）。

销活动变得越来越专业化，市场营销对于文化产业中市场行为的配合也更加重要。这表明，对发行的控制将进一步加强。

除了市场调研，市场营销的其他主要相关方面——设计、包装、广告和宣传管理——在文化产业中已经存在了几十年，其重要性和显著度也增长了。从 20 世纪 80 年代到 21 世纪，好莱坞主要的电影工作室的广告预算一路飙升。

- 尽管母带的平均制作成本比 1980—1995 年间翻了一番，达到 3 900 万美元，但同期广告预算在总成本中的比重也大大增加了，几乎达到 45%（Dale，1997：31）。
- 据格兰特和伍德（Grant & Wood，2004：65）报道，截至 2002 年，生产预算上升至 5 880 万美元，加上印刷和广告（即 P&A，行业术语）成本，平均成本几乎接近 9 000 万美元。
- 根据爱德华·杰伊·爱波斯坦（Epstein，2005a）的研究，2003 年，平均每部片场电影的印刷和广告成本是 3 900 万美元，比那些刚刚恢复票房收入（虽然有其他资源进行了弥补）的电影公司的电影要多 1 840 万美元。
- 2003 年，电影《黑客帝国 2：重装上阵》的市场营销成本超过 1 亿美元（Menand，2005：85）。

一直以来，广告的地位在电影产业中都非常重要，只不过如今在投放方式上有了转变，日益向“闪电战式市场营销”（blitzkrieg marketing）转变（Dale，1997：32）。“闪电战式市场营销”是指，流行电影佳作应该集中“轰炸”某一国家，而非在不同地区“广撒网”。[1] 1975 年，电影《大白鲨》（*Jaws*）被指“铺得广”（明白了吗?），其首映当日在 460 个影院里上映。格兰特和伍德（Grant & Wood，2004： 234
77）说，到 1995 年，大型电影公司所制作的全部 50 部左右的电影，在超过 800 个影院里上映；到 2001 年，在 2 000 或 3 000 个影院上映也已司空见惯。电影《哈利波特与魔法石》上映的那一年，有 8 200 个影院上映了此片——几乎占那一时期美国所有电影院数量的四分之一。这些数据极大地强化了**大片综合征**（***the blockbuster syndrome***）——极少量的大片大体上统治了文化产业和流行文化。[2] 实际上，有一段时间，随着国际销售和辅助收入形式如 DVD 和下载收入的增长，国内票房收入在电影全部收入中的占比一度下降。但是对电影来说，宣传的一个重要组成部分就是要有一个好的开头，它会引发一系列连锁反应，例如，进行海外发行，租赁连锁店和消费者购买 DVD，通过在线电影订阅零售商或数字电视一次性观看权。

市场营销通常被认为是发生在文化生产其他阶段之后的事，是在一个完整项目的基础上执行的工作。这种认识贬低了市场营销日益增加的重要性，也低估了市场营销对文化产品构思和创意的影响。在传统上营销曾经只扮演小角色的产业中，营

---

① 贾斯汀·维特（Wyatt，1998）叙述了这样一种饱和战略（strategy of saturation）是如何在 20 世纪 70 年代获得发展的，这恰恰是独立公司在艺术电影、成人电影和家庭电影类型中进行市场营销和发行创新所导致的结果。

② 参见斯特林格（Stringer，2003）。又见本书第九章，我就“长尾理论”进行了讨论，该理论含蓄地指出互联网将导致大片综合征的终结。

销的重要性也越来越凸显。这一点很重要，因为它有可能削弱“对创意工作的从松控制”和“对复制和发行的从紧控制”这二者之间的传统划分方法，正如我们在第二章所见，这种划分方法正是文化生产复合型专业化时代独特的组织形态。几十年来，对于那些可能一炮而红的需要大量投资的文化产品，公司总是要咨询营销部门的意见，这些巨额资金或者是生产成本，或者是付给创作者的薪酬。在我与萨拉·贝克合著的书中（Hesmondhalgh & Baker，2011a），我们用经验主义的方法对三种文化产业中的创意工作进行了考察：营销部门的威信越来越高，在关于演员和产品的选择以及如何改编内容以便获得“成功”等事务的协商上，他们的权力更大了。在回答我关于市场营销和公关人员现在是否比以前更具影响力的问题时，某音乐公关公司总监这样说道：

> 就创意的表现形式来说，是的，绝对的……就艺术创作来说，是的，有时候我们确实参与了。更多时候，我们是幕后人员，但是我们出现得越来越频繁。人们愿意更多地听取我们的意见。（Hesmondhalgh & Baker，2011a：54）

235 一位杂志编辑描述了他曾经就职的一家杂志公司，如何从“为每份独立出版物指配一两名营销人员”的机制，转变为设立一个全覆盖的营销部门负责全公司所有音乐出版物的营销工作。

> 因此，不再为每本杂志单独配备隶属于杂志的一名营销人员和一名广告人员，而是设立一个有自我指挥权和特权的营销部门……真实状况可能是这样的，营销人员（拿着一本杂志）走过来，重重地扔在编辑的桌子上说：“这是你们的新 Logo，我们为你们设计了新 Logo……”编辑虽然暴怒，但还是离开办公室，随后在公司里着手做起另一项工作。（Hesmondhalgh & Baker，2011a：104 - 105）

在新自由主义和集团化时代，这些工作者所披露的杂志公司的转变，可能源于“创意工作应该尽可能在商业主义面前保留自主权”这一原则受到了部分侵蚀。这并非独立生产（英文译者在翻译法国社会学家皮埃尔·布尔迪厄的文化社会学著作时称之为“受限制的生产”）的特色。这种现象在大众文化或者说大规模文化生产中也显而易见，这种类型的生产更能接受商业在其中所扮演的不可或缺的角色。不论是主流文化生产形态还是其他文化生产形态，在文化产业组织工作中的人们发现，他们越来越难以违背那些打着权威者或创意创新名义的短期商业化命令。更高层面的垄断竞争，可能会对企业实现更高的边际利润施加更大的压力，但同样重要的还有，在面对“后现代主义者”对所谓的浪漫主义文化生产的批评时，文化生产者自己关于自主权和创意自由的信仰也在慢慢流失（Hesmondhalgh & Baker 2011a）。专栏 7—1 探讨了这种现象对文化产品质量的影响。

专栏 7—1

市场营销对创意的影响：高概念电影

那么，日益重要的营销工作是如何对文化产业所制造的实际产品产生影响的呢？第
十一章将研究本书所概括的变迁与延续在文本发展上的表现，但是现在，好莱坞电影产
业就是说明这一潜在力量的一个有趣的例子。维特认为，市场人员在决策制定（何种电
影以及何种类型）过程中的重要性不断加强，这导致了 20 世纪 80 年代好莱坞“高概
念”电影的兴起。高概念电影的本质是，电影主题可以用一句话来概括，让投资者和营 236
销目标受众都能够快速了解。电影《超级大玩家》（*The Player*，1992）在众多格式化
内容中戏剧化地、漂亮地运用了高概念[①]，“用不多于 25 个词”，例如“这是《漂亮女
人》遇到《走出非洲》”。高概念的核心是将叙述简化成一个潜在的观念。维特认为，高
概念的兴起是 20 世纪 80 年代和 90 年代好莱坞电影质量下降的主要原因，而 20 世纪 70
年代的好莱坞则崇尚文化荣誉（Biskind，1998）。在高概念的统治下，复杂性、丰富性
和矛盾性等代表品质的元素很难存活，而维特对这种现象却不够关注，在其他条件相同
的情况下，高概念使得上述三种品质对于电影来说变得遥不可及。虽然也存在不少反对
文化生产格式化和重复化的趋势，虽然市场人员十分乐意宣传说他们的原创产品是独特
的、与众不同的，然而在市场推广中还是能够强烈地感觉到这些产品都似曾相识。正如
比尔·赖安（Ryan，1992：220）所指出的，“营销人员需要老套乏味的商品以便在其上
施展自己的魔力”。或者正如维特（Wyatt，1994：59）所引用的老练的市场调研人员
海·霍林格（Hy Hollinger）的话所说：“任何创新的事物对市场调研来说都是难以捕
捉的。”

1. 电影、广告和电视中的受众研究和自主权

当代市场营销的核心是市场调研，或者说文化产业中众所周知的受众调研。在文化生产中，市场营销的影响力逐渐扩大，其中一个主要的原因就是运用受众调研作为控制风险的手段得到了越来越多的认可。当然，市场调研对创意和商业之间的关系也有潜在的影响。

文化产业市场调研存在的问题是，每种产品都是不同的（Coser et al.，1982：
203-205），这就使得追踪潜在受众对海量产品的反馈情况极为费时费力。运用市
场调研方法对一种新款巧克力棒的上市情况进行测试是可行的，但是对于一个电视
频道来说，测试其播出的所有节目却是一项极其艰巨的任务。因此，大多数受众研 237
究只是依据惯例，运用定量研究方法预测销售额或者曝光度，因为这种方法能够追
溯到底有多少人收看了电视节目（“收视率”）、观看了电影（“票房”）或者购买了
唱片［“榜单”，或者用 20 世纪中期最吸引人的术语——“每周流行唱片排行榜”

---

① 《超级大玩家》这部讽刺好莱坞的大片恰恰也是好莱坞拍摄的，它只是成千上万个关于文化产业具有反讽能力的例子之一，至少在某些特定类型的产品中如此。

(the hit parad)]。这些数据的运用对符号创作者的创作自由有极大的影响。一个组织对曝光率和/或销售额的监测程度及其运用曝光率和/或销售额对业绩进行监测的程度，反映了该组织试图对创意进行控制的程度。测量技术和技巧的变化对生产有显著的影响。例如，1987年，尼尔森公司的一个受众调研小组引入更为精确的“触键式收视率统计仪”（people meter）对美国电视观众进行测量时发现，有线电视比预想中的要更受欢迎，因为之前运用的**日志法**（diary methods）倾向于增加那些在主要频道放映的最容易被记住的知名节目的权重（Napoli，2003：88－89；Toynbee，2006：102）。更严重的是，这些测量结果还以畅销榜单等形式被公之于众。当流行音乐贸易出版物《榜单》（*Billboard*）杂志于1991年为其每周流行音乐排行榜引入一种新的、更为精确的销售额测量技术时，数据显示，乡村音乐的受欢迎程度比之前用“专门小组调查”（panel survey）方法所测量出来的结果要高得多（Anand & Peterson，2000）。这也表明，主要的公司对每周流行音乐排行榜的统治地位被轻描淡写了，因此这种变化也损害了独立唱片公司，因为它们的唱片让每周流行音乐排行榜显得不那么流畅。[①]

随着市场营销的发展，更具体一些说，随着文化产业中市场营销的发展，定量数据和定性数据的应用都有显著增长。定性数据的运用试图追踪观众如何阐释文化产业以及如何对文化产品作出情感反馈，其中最主要的工具就是焦点小组访谈（focus group），即询问一小组潜在观众对某产品的反应。此外，对人种学方法的使用也越来越多，行业调研者会和潜在观众一起“外出闲逛”。

市场营销重要性不断增强的一个实例，是市场调研作为控制风险的一种工具被强化了。例如，贾斯汀·维特（Wyatt，1994：155）认为，虽然市场调研在传统好莱坞时代就已经偶尔用到，但是直到20世纪70年代晚期，这种方法才得到电影制片厂的认真对待。这一观点得到了早期研究的支持，例如郝登思·鲍德梅克（Powdermaker,
238 1951：33）对好莱坞的经典人类学研究，叙述了一个典型的“位于纽约的研究部门，它规模很小，预算极其有限，没有足够的设备从事大量的工作”。维特将这种转变部分归因于20世纪60年代综合性集团对电影公司的收购。电影现在也成为习惯于运用市场调研进行成品包装的文化的一部分。随着发行量的下降和成本的攀升，执行者担起了更大的责任（Wyatt，1994：156）。

唱片业也发生了类似的变化。基思·尼格斯（Negus，1999：53）描述了唱片产业的战略转变，即从“灵感的臆测、预感和直觉”，转向各类调研方法的广泛使用，包括对销售进行电子监控、由独立公司提供有关订货事宜的大规模小组面谈，以及多种多样的电视数据系统。这种转变似乎在20世纪70年代就已经发生了，尽管尼格斯没有将伟大的转变归功于这一时期，然而，正是在这一时期，唱片产业日益整合成规模更大、更加综合性的集团。下面是一位电视产业的执行官有关电视产业调研重要性的讨论：

> 调研是出售播放时间的重要手段，如果我卖出了《加冕街》（*Coronation*

---

① 在每周流行音乐排行榜中的成功，往往可以刺激作品获得更进一步的成功，因为其他媒介如广播、杂志和电视人员也会看这类榜单，以决定他们应该报道哪种音乐和流行趋势。

> Street）一分钟或半分钟的播放时间，《加冕街》将拥有人口统计学意义上所划分的各类观众。它将拥有年轻的ABC-1频道观众，甚至几乎所有观众吧。错了！除非你科学而准确地掌握人口统计学意义上的群体中哪一类人有多大比例正在观看这些节目，否则你就不能以最好的价钱把观众出售给广告商。例如，一个广告主购买《加冕街》成人观众的千人成本是8英镑，但是，如果他想购买ABC-1的成人观众，则千人成本可能是48英镑，假如他想购买16岁至24岁这一年龄段的观众，则价钱就是78英镑了，那可真是地狱了。因此，这有点像飞机或者旅馆。你试图使空间（飞机座位或者旅馆房间）和每秒播放时间的产出最大化，而方法是充分利用那些想要购买观众的广告主……①

在30年前的欧洲，用以上方式进行调研几乎是不可能的。直到最近30年，由于十分精确的套装软件已发展到可以承担这类精准的计算，市场调研才变为首选。但是，这一变革并非由技术因素所驱动。技术的出现在很大程度上是执行官渴望更谨慎地控制电视价值链的结果，部分原因是对公共服务的欲求不再，同时还有电视市场竞争的不断加剧。 239

在市场调查应用方面一个臭名昭著的例子是，在文化生产的创意阶段，通过放映电影来测试观众的态度，然后根据观众问卷调查所得出的结论对电影进行修改。一个经常被学者们引用的例子是《致命诱惑》（*Fatal Attraction*，1987）。起先，女演员格伦·克洛斯（Glenn Close）所扮演的角色将像歌剧《蝴蝶夫人》中那样自杀，但是在经过不充分的观众测试后，电影结尾改变了，她所扮演的角色不再是自杀，而是他杀。现在，好莱坞大部分电影都要经过测试，几乎所有的测试工作都是由位于洛杉矶的全国调研组织（National Research Group）负责执行的，很多成功的电影测试效果不佳，却大为叫座。经由他们改造的电影有《女巫布莱尔》（*The Blair Witch Project*）和《落水狗》（*Reservoir Dogs*）（Lerner，1999）。全国调研组织征募了一些在人口统计学意义上符合电影目标受众特征的观众。这些观众要填写答题卡，其中一些还可能会参与到焦点小组的讨论中去。一些导演，尤其是喜剧片导演，特别喜欢这一过程；然而也有许多导演反对这样做，他们发现，执行者可能将这种测试作为抨击武器来使用。这种测试是一种试图寻找客观性的手段，目的是应对电影公司所面临的惯常的不可预测性。但是，那些反对测试的导演却认为，测试是对创意的约束性控制。正如导演安德鲁·伯格曼（Andrew Bergman）所言，“如果测试的结果不好，电影制片厂会感到恐慌。而如果测试结果很好，他们就会说，‘测试一点用也没有’”（Willens，2000：11）。

文化产业发生了变迁，受众调研方法也有所改变，但并非所有的变化都是以牺牲创作自主权为代价的商业行为。以广告业“创意革命”的影响为例。根据托马斯·弗兰克（Frank，1997）的观点，在20世纪60年代，美国绝大多数行业从业人员都对本行业持批判态度，而弗兰克尤其关注广告业和男装行业。新的广告风格并非建立在嬉皮士所营造的反主流文化的观念之上，而是建立在对长期存在的社会

① 摘自2001年2月对英国某一媒介集团首席执行官的访问，主题是关于创意工作的状况。

规则的叛逆之上，尤其反对20世纪50年代那些广为流传的有争议的书籍和文章中所传达出的观念，例如怀特的《组织人》（*The Organization Man*，1956）。其导致的结果就是广告业发生了转变，更加强调暗示、幽默和风格。但是，广告实务也有所转变，更加强调广告的艺术性，而不是基于细致调查分析的科学性。[1] 肖恩·尼
240 克松（Sean Nixon）撰文论述了20世纪70年代末和80年代英国广告业的"创意革命"，"大型跨国广告公司所制作的广告令人厌倦，又毫无想象力，而创意革命则站在与大广告公司相反的立场上"（Nixon，1997：195）。旧有广告实践更依赖于口头语言和书面语言，并试图概括出产品的"独特卖点"；而更富创意的新型广告则以不同层次的需求和身份为诉求点，并不进行"硬性推销"。[2] 从"卖点广告"向"创意广告"的转变离不开在相对自由的群体中工作的创意人员，这些群体远离采购人员、规划人员和调研人员。撰稿人和艺术总监成为现代广告公司中的最佳搭档，他们因此也有了比以前更大的威望，类似于艺术家。与弗兰克将焦点放在反对中世纪墨守成规的文化遗产上不同，尼克松最关注的是广告公司市场调研的新形式，这意味着，广告主更加关心特定的细分市场，而不是定位于所有社会阶层或者说"大众"。因此，根据尼克松的观点，在以商业为导向的文化产业中，更多地使用市场调研手段看似使创意人员的操作自主权进入了一个更高的层次，但是，尼克松所讨论的变迁，可能只是特别强调20世纪第3个25年创意和自主权的结果而已。在美国电影业和摇滚乐领域，在"电影顽童"（Movie Brats）声名鹊起的时代，同样可以看到向更高层次创意自主权跃迁的类似潮流。但是，广告公司后续的一系列组织结构上的变迁却基于一些不太一样的创意理念，似乎是对当代企业家精神的一种折中，期望所有的工作人员都是灵活的创新者（Nixon，2011）。这导致在一些公司中，除了项目规划人员、采购人员和调研人员，创意也被更加紧密地整合进项目组中。但是也有一些公司，例如BBH（Bartle Bogle Hegarty），仍然以独具创意进行自我标榜，继续给人以"创意人员（撰稿人、艺术总监）是幸运的特殊人力资源"的感觉（Nixon，2011：206）。

关于文化产业中市场营销和市场调研所产生的影响，电视业是一个较深入的个案。在关于BBC的人种学研究中，乔治娜·波恩（Born，2005）描述了20世纪90年代英国广电业是如何沿袭美国的广电模式（市场营销在频道构思和节目播放上都扮演着不可或缺的角色）进行转型的，紧随其后，欧洲其他许多公共电视网公司也行动起来了。在BBC，品牌观念——不仅是BBC本身，还包括旗下的流行音乐频道如BBC第一频道——开始流行起来。正如BBC一位执行总裁对波恩所讲的，"一起都发轫于对品牌的确认。一旦你做到了，你就可以运用头脑中的这些价值创造你
241 的世界，它使你能易如反掌地对节目内容作出决策"。在波恩看来，这导致了这样

---

① 这一转型的戏剧性有点像著名美剧《广告狂人》（*Mad Men*）中的内容。这部剧的男主人公唐·德雷柏（Don Draper）的英文名字和姓氏的首字母是相同的，似乎是向广告大师比尔·彭巴克（Bill Bernbach）致敬。彭巴克是麦迪逊大街创意革命的关键人物（Frank，1997：55ff），但是德雷柏所在的公司是一个典型的保守型组织，德雷柏只能慢慢地向新时代转变。

② 格拉柏赫（Grabher，2002）认为，截至20世纪90年代末，英国广告业的核心区域SOHO已经成为全球创意广告的新中心。

一种状况："品牌化可以有意识地构建并表现出"BBC及其服务的价值，"而在这之前，这种价值顶多是一种集体无意识"（Born，2005：268）。BBC员工所面临的一个主要问题是"人造性"（artificiality），即表面的变迁掩盖了深层的"真实性"（reality）。如何让BBC的价值得以凸显？BBC感到不得不进行市场化以获取信托基金，但是"BBC的专家们却受到无意识的困扰，认为信托基金越市场化，其所发挥的作用就越小"（Born，2005：268）。

为了让当代公共电视网的价值更加真实和生活化，BBC的执行官们认为方法之一就是通过受众研究来实现。20世纪30年代末，BBC建立了听众研究部门（Listener Research Department）。据历史学家阿萨·勃里格斯（Asa Briggs）所言，截至1961年，BBC的受众研究部门"可能是全球同类部门中规模最大的一个"（转引自Born，2005：270）。但是，当组织社会学家汤姆·伯恩斯（Born，1997）于20世纪60年代和70年代初对BBC进行精细化研究时却发现，经理们很少使用这种研究方法，而且很明显，节目制作者"对于外部的批评也无动于衷"（转引自Born，2005：269）。伯恩斯坚持认为这种情况的出现并非出自BBC的自鸣得意。相反，BBC的高层们一直非常关注质量，他们中的很多人"在情感上还是持自我批评态度的……更加深入的受众研究将给节目质量负责人带来难以承受的压力"（转引自Born，2005：269）。

20世纪90年代，迫于英国保守党政府的压力，BBC进行了市场化改革，与此同时，BBC的受众研究也变得没那么独立了。此时，受众研究的开展往往是为了满足高级经理人的需要，并且会与他们密切协商。市场调研小组除了采取受众人种学的方法，也更多地运用起焦点小组的方法，因此，稳定的受众信息流，变成了统计数据和定性数据的洪流。波恩写道，其目的是提供"比收视率更加微妙也更加人性化的对于受众的认知，并阐释电视所附带的意义和情感"。在BBC，市场调研的支持者由衷地将之视为一种负责任的理解公众的方法（公司正是为公众的利益服务），而且是以一种比收视率更精确的生活经验来体现的。但是，大部分市场调研平淡无奇甚至自相矛盾。节目制作人感到，市场调研未能解释他们所从事的工作以及他们试图取得的成果这二者的复杂性。

波恩在权衡之下做出了评价。她写道，毫无疑问，"与收视率相比，定性研究对受众的描述更为人性化"（Born，2005：269），并有助于在BBC内部引发关于受众服务的思考和争论。但是，过多地运用受众研究也具有一定的欺骗性。其中一种欺骗性是，与收视率相比，焦点小组研究对受众的观察更加透明。波恩认为，在BBC和其他文化机构的背景下，焦点小组研究事实上是以某一社会群体的意见代替了整个社会，是以偏概全的。"但整体情况是怎样的呢？"波恩提出了疑问，"市场调研所表现出来的幻想无非就是社会性，它已经穷途末路了。"（Born，2005：287）第二种欺骗性是，焦点小组研究有助于培养生产的创意性和创造性。波恩指出，这一观点其实存在很多问题：受众的领悟能力通常"令人遗憾地平庸"（Born，2005：287）；焦点小组研究所考察的往往是当前受众对以前节目的现有看法；焦点小组调研只是引起了别人的注意，却不会创造出新的节目。在波恩看来，运用固化了的研究方法，会破坏对于创意的责任意识，并侵蚀BBC对其核心义务——传播高质量 242

节目——的执行能力。[①]

2. 数字时代受众研究的注意事项

近年来，数字化改变了受众行为，也导致了受众研究（或者说受众监控）新形式的发展。那么，这些变化对创意和商业之间的关系以及文化生产组织和管理可能会产生哪些影响？那波利（Napoli，2011）声称，技术的发展对媒介受众产生了两大主要影响——更强的碎片化和更强的互动性，而这又对文化产业如何进行受众研究产生了重要的影响。那波利认为，受众的碎片化导致数据的精确性出现问题以及“无法预料的波动”，这些数据很难说明受众正在做什么，他们如何做出行动，以及对未来的产品有何种反应。同时，媒介环境更加具有互动性，对受众研究人员来说，当受众在网站、被屏蔽的内容和快速访问之间跳跃时，他们就更难捕捉受众的积极行为。但是技术发展也意味着，人们能够搜集并分析关于受众的新的数据流，包括他们的习惯、偏好、参与程度、评价，主要是因为受众现在采取的是在公共论坛“在线聊天”的形式，而这对于研究人员来说比以前更容易实施监控。在一些研究者看来，这为文化产业实施对受众（或者说用户）的监控提供了一个令人担忧的机会，因为在新的文化产业世界中，我们通常是以更加数字化的形式被认知的。我将在本书第十章回过头来讨论这个问题，包括讨论搜索引擎和社交网站等现象如何影响生产者和受众之间的关系，特别是数字化是否导致了这两者之间关系的民主
243 化。但是现在，我主要考虑的问题是创意和商业之间不断变化的关系，就此，我们可以注意那波利的这一观点：文化产业中新的受众研究技术及其应用，折射出研究人员理解受众的方式的日益合理化。关于这一点，那波利解释说：“电影工作室执行官，或者电视台、广播电台制片人，又或者报纸杂志编辑，根据他们自己的主观经验对节目是成功还是失败进行判断的日子一去不复返了”，取而代之的是科学的数据驱动决策机制，“那些主要凭印象和直觉理解受众的方法也将逐渐退出历史舞台”（Napoli，2011：11）。如果这是真的，正如本部分所讨论的研究所表明的那样，受众研究的日益应用，是我们更加重视文化生产的商业价值而不是创意价值的原因之一，那么，考虑到新数字技术能够提供更密集的受众研究，那波利的观点就应该使我们做好在这一方向期待更多改变的准备。

三、对创意的控制：从紧还是从宽?

市场营销的存在及其地位的提升表明了创意和商业之间关系的转变，以及文化

① 波恩指出，在经历了20世纪90年代的全盛期之后，BBC内部与节目制作相关的受众研究呈现下滑趋势。相反，这种研究方法日益应用到了BBC的网站和节目表中。

生产组织结构的转变，符号创作者的自主权受到了威胁。但是，我们只有更深入地考察符号创作者的自由（或其他）到底发生了哪些变化，才能更具体地分析这些变化。市场营销和市场调研并不是创意自主权和符号创作者装扮当代社会所面临的唯一威胁。[①] 对新闻业发展状况的考察有助于我们更好地探索这种威胁，因为新闻学研究中特别探讨了处于商业生态、意识形态和国家压力下的自主权问题。然后我会涉足一些比较难的领域，探讨娱乐产业和其他文化生产形态中“自主权”和“控制”的概念，这些领域并不是那么依赖于知识和信息的共享。

1. 记者自主权

记者十分强调不为媒介所有者和社会中其他权势所限制的自主权。20 世纪 70 年代的一系列重要社会学研究表明，记者的工作相对自主，较少受到报纸所有者和 244 高层执行官的干预（Gans，1979；Tuchman，1978；Tunstall，1971）。专业化（professionalism）这一概念——通过追溯客观性以服务公众的精神特质（Hallin，2000：220）——是相对自主（relative objectivity）这一概念的核心。例如，在对美国最大的电视新闻网及两家主要期刊《时代》杂志和《新闻周刊》的研究中，赫伯特·甘斯（Herbert Gans）看到了这样一种现象：所有者和股东将控制权授予经理，经理又将决策权授予记者，而记者则坚持独立自主。

自主权是新闻专业化概念的核心，反之亦然[②]，但是任何关于独立性的考虑都不应该限于自由问题或者说来自所有者和股东的影响。自主权和独立性是免受商业目的（为雇佣机构获取利润）、权力资源、主宰话语和价值观（尤其是那些与国家、阶层和性别相关的价值观）之影响的自由。一些分析家尤其是那些采取政治经济学方法的分析家认为，记者的独立性被夸大了，不仅体现在其与所有者之间的关系中，也体现在其与其他因素如商业、资源和主宰价值观之间的关系中。詹姆斯·卡伦（Curran，1990：120）就是如此。相对于术语“相对自主”，他更喜欢“被许可的自主”这个词。他评论说：“只有当他们的独立性经检验符合其雇主的要求时，记者才能获准独立写作。”卡伦认为，在新一代所有者干预的影响下，英国报纸 20 世纪 70 年代和 80 年代呈现出比数十年前更具党团性的姿态（见专栏 7—2）。卡伦举例说明了在此种新统治下，英国报纸的高层执行官是如何在 20 世纪 80 年代逼迫记者对左翼的大伦敦议会（Greater London Council）进行负面报道的。另一方面，电视机构则出于组织和文化的复杂原因，以赞许的口吻描述了大伦敦议会，这也许是因为，就算在商业新闻机构中，公共服务责任也已经内化在其中了。

---

① 我的观点是，现代社会中符号创作者的高度自治，很可能（或者类似）是为民主化以及更大多数人的更好生活而服务的（见本书导论）。

② 有人对新闻专业化在维护新闻自主和独立上所扮演的角色产生了质疑。菲利普·艾略特（Elliott，1977：150）消极地将第二次世界大战后的新闻专业化归类为某种形式的自合法性（self legitimation），即将日常任务中的技能提升为职业理念了。在受到本书所讨论的变化所带来的商业化猛攻之前，他一直持这一观点。哈林的更为乐观的评价是：也许事实是这样的，在市场化时代，新闻专业化向外追求客观性和服务公众的权重，要大于自命不凡这一缺点的权重。

245 **专栏 7—2**

媒介巨擘和新闻控制

在专业化市场时代（19 世纪末 20 世纪初），家族企业是当时居于文化产业核心的报社和出版公司的主要力量，而支配家族企业的通常来说都是强大的个人。在其他产业里，占优势地位的家族企业让位于复杂的控制系统，公司运作受到董事会的控制，而大部分董事则代表着其他公司，并且使该公司免不了与其他公司的众多连锁关系。这也同样发生在文化产业中，占优势地位的媒介巨擘——它们拥有一项主营业务，在自己的公司中拥有绝对控制权——在复合型专业化时代也更加持久稳固了。然而，即使文化产业公司规模不断扩大、复杂性日益增强，还是有大量公司仍然处于个人控制之下。

许多媒介巨擘准备通过其在文化产业中的影响力来极力推销自己的政治观点。近些年来，在发达工业国家，通过媒介所有权来谋求政治野心的最为显著的例子也许要算西尔维奥·贝卢斯科尼（Silvio Berlusconi）了，他通过自己所拥有的电视、出版物和体育俱乐部宣传他的政党——意大利力量党（Forza Italia）。他于 1994—1995 年担任意大利总理（Mazzoleni，1995），并在 2001—2006 年、2008—2011 年连任。[1] 然而，在所有国际媒介巨擘中，最持久的还得算鲁伯特·默多克。卡伦（Curran，1990：132 - 133）介绍了《星期日泰晤士报》（*The Sunday Times*）被默多克的新闻集团接管后，是如何从一家持中间偏右立场的报纸（甚至是自由主义报纸）摇身一变成为撒切尔主义报纸的。默多克重新启用了 20 世纪早期报业巨头所使用的直接控制战略，例如北岩勋爵（Northcliffe）、比弗布鲁克（Beaverbrook）和赫斯特（Hearst）的战略［奥逊·威尔斯（Orson Welles）的《公民凯恩》（*Citizen Kane*）便是以赫斯特为原型的］。默多克还更换了那些不能完全支持右派强硬首相撒切尔夫人的报社领导，并开除了左倾或温和的保守派编辑。通过否决编辑预算，以及审批所有可能耗资巨大的编辑决策，默多克竭力对《星期日泰晤士报》中持自由主义态度的编辑施压。因此，该报的中间偏右派编辑被迫让位于支持撒切尔夫人的安德鲁·尼尔（Andrew Neil）。报纸的编辑方向也需要重新定
246 位，记者们面临选择，选择是否继续承受这一公然的有辱人格的压力。100 多位记者在 1981—1986 年间（1981 年该报员工数是 170 多位）离开了该报。自那时起，《星期日泰晤士报》就开始追求极为保守的编辑政策，像《泰晤士报》一样。

既然默多克拥有一个巨大的全球性媒介帝国，那么，编辑们手中还有操作自主权吗？用《星期日泰晤士报》前编辑安德鲁·尼尔的话来说就是：

> 鲁伯特有一种不可思议的力量，即使他不在那里，你也会觉得他就在那里。当我听不到他的声音时，我知道他就在某个地方看着我，他在我心中一直是至高无上的。……鲁伯特期望他的报纸能更广泛地代表他的信仰：来自美国的右翼共和党和来自英国的纯粹撒切尔主义的完美结合。（转引自 Curran，1998）

---

① 曼奇尼和哈林（Mancini & Hallin，2001）认为，贝卢斯科尼在 2001 年的成功不是由于他运用电视台做宣传，而是因为他将自己的电视帝国作为一种资源，与其他政治、经济和社会的个体和机构进行谈判和交易。

2003年，默多克的这一嗜好以最引人注意的方式得到了确认。媒介评论家罗伊·格林斯莱德（Roy Greenslade）的调查显示，就在美国、英国及其盟友正着手处理此事的时候，新闻集团旗下175家媒体中最畅销和最有影响力的报纸一致支持武装入侵伊拉克。同样引人注目的是，战争的反对者，或者是政治领袖或者是普通公民，则受到了嘲笑。格林斯莱德评论道："你不得不承认，鲁伯特·默多克是一位老谋深算的传媒大亨，因为他拥有准确无误地在全球范围内挑选像他一样的编辑的能力。要不然我们如何解释在向伊拉克发动战争这件事上，他的传媒帝国内部的想法出人意料的一致呢？"（*The Guardian*，2003-02-17）

媒介巨擘受到强烈关注，部分原因在于媒介通过报道富有魅力的个人的活动而备受青睐。媒介中的干预者非常重要，但实际上，在文化产业环境中，干预者比较罕见，他们也都声明自主权是绝对不能取消的。过度关注媒介巨擘可能会令我们分心，毕竟我们的关注重点是文化产业的体制特征。过度关注媒介巨擘，还会模糊甚至抹杀我们对记者以及文化产业公司中其他创作人员所拥有的操作自主权的重要性（以及矛盾性）的认识。我们一定不能忽略卡伦所论述的所有者和高层执行者的直接干预行为，但是这种间接的高压政策也不应该在专业化的文化产业中出现。记者自主权这一概念仍然是文化产业组织赢得合法地位以及可信度的强有力手段。吉特林（Gitlin，1997：8）指出，自1990年以来，NBC例行公事般掩盖了其母公司通用电气的丑闻；《ABC新闻》的彼得·詹宁斯（Peter Jennings）则"掩盖了对迪士尼（旗下包括ABC公司）的批评"。在吉特林看来，最大的危险在于"自我审查"：记者决定不追踪可能与公司文化相冲突的新闻事件，而新闻媒介则被用于宣传其所属集团的娱乐业务（我将在第十一章讨论这些问题）。

就算在20世纪，卡伦的观点也得到了支持，即传媒集团会时不时地运用新方 247
法来提升其商业利益。前一章，我们讨论了新闻集团通过其在英国的报纸来推广旗下的卫星电视服务（Hardy，2010）。20世纪80年代和90年代，美国电视新闻网和地方报纸的集团化促进了商业化的发展。福克斯新闻频道的崛起预示着一种新的党派形式的出现，它与之前的美国新闻传统格格不入。随着家族报纸被传媒集团收购，并期望作为股东获得回报，出现了越来越多的例子，逐渐打破了"教会与政府之间的隔离墙"（Bagdikian，2000：XXV-XXVII）。在这一比喻中，教会代表言论独立，政府代表报社的商业利益。巴格迪肯（Bagdikian）讲述了一个关于20世纪90年代末时代镜报公司（Time-Mirror Company）某一新任CEO的故事：马克·威尔斯（Mark Willes）重组了公司的旗舰报纸《洛杉矶时报》（*The Los Angeles Times*），负责编辑业务的团队中有一些人来自报社商业部门，而新闻记者则日益卷入公司的广告业务中去了。

此外，不仅在美国，在其他许多国家，其他组织和机构试图将自己认定为关键资源（这样他们就可以获得快速增长的公共关系产业的资助了），因此对记者自主权这一概念的限定还需作更进一步的努力。在1963年的英国，据估计约有3 000家专业公关公司；而到了1995年，仅前150家咨询公司的雇员总数就达到了4 854人

(Miller，1998：67)。对于那些吸引他们兴趣及同情心的努力，大部分记者保留了职业性的怀疑态度，实际上，这促进了新闻资源等级制的形成，即从最可信赖的资源到不知名也不值得信任的资源。自然，最权威的组织也最可信。近期研究表明，想要见报也不完全依赖于资源本身，有时候，相对弱势的、对立的资源也会被赋予极大威望（Schlesinger & Tumber，1994）。不过，权贵组织竭力施加给记者的压力可能是无穷无尽的。即使记者在日常工作中表现得相对自主（所有者和执行者赋予他们自主权），他们也不能摆脱为公司追逐特殊利益而工作的压力；而且，他们的日常自主权也是由他们所为之服务的组织的总体利益决定的。

我们有理由怀疑那些出于国家和民族利益考量的专业新闻主义的最坏的例子所表现出来的真实的自主权，我们也有理由怀疑就算是最高尚的出版物和节目，是否有足够的能力去报道它们所处社会的结构性问题。即使在专业新闻主义的腹地美国，这也是真实存在的：正如詹姆斯·卡伦所指出的，“美国社会中潜在的保守主义力量给美国新闻业烙下了深深的印记”（Curran，2011：10）。美国在海外报道上
248 的干预尤其如此。美国媒体大体上支持美国对其他国家的入侵，为反对的观点所预留的空间极其有限。① 卡伦（Curran，2011：35）声称，这是一种“深嵌其中的形形色色的帝国主义文化”的结果，“它使得政治家和记者们都对此习以为常”，美国的记者们求助于白宫、五角大楼和国务院的权力资源而不是民间团体和独立智库也很好地解释了这一点。美国新闻媒介也在政治立场上接受了美国社会极大的不平等，数以百万的人仍生活在贫困线上。

然而，随着21世纪第一个10年报纸销售收入和广告收入的加速下滑，即便是在20世纪50年代和60年代新闻自主性十分有限的专业新闻主义时期［哈林（Hallin，1994）称之为“高度现代化”时期］，看上去俨然就是新闻的黄金时代，几乎所有人都同意，新闻业面临危机，尤其是在美国，报纸产业由于读者流失和广告收入被互联网卷走而一片狼藉，这种情况在20世纪末由于经济衰退而愈发恶化（McChesney & Nichols，2010）。第一块倒下的多米诺骨牌是地方和区域报纸赖以生存的分类广告。一旦展开式广告也急速下跌，即使是当地最负盛誉的报纸也会很快破产。在复合型专业化时代，高质量的专业报纸依赖高层次的广告和销量。在集团化时期，虽然报纸收入和利润仍然很高，但是追求利润的报纸所有人和执行官们已经准备好大幅度裁减记者数量。随着经济危机的冲击以及互联网对报纸销量的影响，这种情况有加速恶化的趋势。几乎没有足够的记者去报道主要的新闻领域，例如地方政府办公室，全面报道更是消失殆尽。不可避免的是，在这一时期，金钱压力严重地侵蚀了记者的自主权。在线新闻这种新的形式，尤其是“公民新闻”（citizen journalism），在多大程度上弥补了这一缺失，我们将在本书第十一章讨论。

2. 流行音乐和现场戏剧表演中的创意、商业和控制

当然，评估与商业目的有关的新闻的真实性、准确性和客观性非常具有挑战

① 只有在极少个案中，精英群体对有关海外干预的批评报道有不同意见，尤其是越南战争这一例外案例（Hallin，1986）。

性。但是在其他以娱乐生产为导向的产业中，这类关于质量的问题，要证明起来就更加困难了，因为就质量和艺术表现达成统一认识困难重重。例如，对某种娱乐产 249 品的质量进行评判，可能会过于主观。这些问题是无法避免的，但是如果我们小心谨慎，还是能够处理的。接下来，我将考察另外两种产业中创意和商业之间不断变化的关系，这两种产业不像上文所讨论的报纸和电视广播那样对“信息”特别关注。它们也是对本章第二部分讨论市场营销时所研究的电影、广告和电视个案的补充。流行音乐的案例让我们能够去考察创意和商业之间的紧张关系如何在创意自主权降低的时代被重新拿到谈判桌上。现场戏剧表演的案例指明，这一产业内的不同部门之间有很大的不同意见，它们有的强调商业性，有的强调创意，但是创意自主权往往是牺牲较大的那个——虽然它的牺牲也是有价值的。

（1）流行音乐。

流行音乐是在商业驱动体制大环境下调节创业目标和财务目标的各种努力中最引人注目的领域。20 世纪 60 年代和 70 年代，我们见证了商业和创意之间的伟大联姻，面对大部分发展中国家和地区年轻受众对原创性和意义性的高层次需求，唱片公司赋予了那些有天分的音乐家相当大的自主权，回报是开辟出了接近新兴的年轻消费者市场的通途。这一切建立在对爵士乐和民族音乐自主权的早期需求，以及对商业的充满浪漫色彩和现代色彩的蔑视之上。由于唱片公司在嘈杂无序且不可预知的市场中追寻新兴的声音，艺术创新和艺术试验在很大程度上成为可能。这就是“往墙上扔稀泥”策略，看看到底哪一个能黏在上面（见本书导论中所提到的文化产业特征的复苏）。其结果是制造出了大量奇怪和有意思的音乐。[①] 在西蒙·弗里斯（Frith，1981：11）看来，摇滚是“一种批量生产的音乐，这种音乐的生产方式也值得批判”。然而这一悖论也是富有成效的（this contradiction was productive），对自主权的需求也存在于摇滚之外的其他音乐形态中。这一时期，受到愤怒感和文化赋权（cultural empowerment）的助力，非洲裔美国音乐家和亚洲、拉美、加勒比和非洲的音乐家们接连不断地打破了自我表达和声音创新的壁垒。

大部分关于音乐的讨论，依赖于真实性和独立性这两个具有浪漫色彩的概念。对于商业性的批判往往是自相矛盾且幼稚的。这使得一些反对商业化的思想，更容易在 20 世纪 80 年代和 90 年代的强烈抵制中，受到后现代主义和新自由主义的攻 250 击。直到 20 世纪 90 年代和 21 世纪初，在最为反对商业化的摇滚乐领域，这种僵硬的对商业的敌对态度慢慢放松了。或者说，换了另外一种方式：整个摇滚乐领域开始接受商业化。20 世纪 80 年代，在公司化生产的这一端，大部分成功的摇滚乐队不再主张质疑商业体制，例子包括成功的软金属乐队邦乔维（Bon Jovi）和空中铁匠乐队（Aerosmith）。介于两端之间的是大众摇滚艺人，他们摆出的姿态是反对公司化政治，沉溺于拯救地球的慈善活动，然而却二话不说就接受了巨额赞助。位于“独立音乐”一端的，是脱胎于朋克和后朋克音乐的独立摇滚和流行音乐，以及

① 当然，音乐家们还是源源不断地创作着为受众所消费的音乐，他们并没有意识到外界对商业色彩的批判或者说根本对商业批判不感兴趣［例如，北欧和东欧的很多音乐变体，在德国称为*施拉格*（*Schlager*）音乐］。它也有其魅力，但那是另外一个问题。此处的重点是，摇滚及相关音乐类型高层次的自主权。

折射出独立音乐某些道德标准和审美价值的电子乐。在对狂妄自大且反对资本主义的嬉皮士和其他浪漫主义者以及异化的猛烈批判之间，我们捕捉到了这些道德标准和审美价值。

通过考察对广告和赞助的态度，我们能够阐明与摇滚相关的流行音乐和商业之间不断变化的关系。贝瑟妮·克莱恩（Klein，2009）讨论了摇滚乐在广告的运用上如何发生变化，从而反映并导致了商业与创业之间关系的变化。她引用了一系列资料，有来自广告行业媒体的，也有来自记者的，这些资料表明摇滚乐和广告之间的关系发生了不可逆转的变化。例如，耐克公司于1987年有争议地使用了甲壳虫乐队的名曲《革命》（*Revolution*）——这是克莱恩分析某些细节时的关键时刻，而行业杂志《创意》（*Creativity*）则在2003年宣称："当时，一些正统主义者尖叫道：'异端！'现在它不再是大问题了。"该杂志还将广告商的音乐许可描述为"出卖"（selling out）。《纽约时报》于1999年认为"出卖的耻辱已经慢慢消退了"，而《纽约每日新闻》则认为"突然间，求爱用的服装和汽车成为酷帅的标志"（Klein，2009：20）。克莱恩将这些不着边际的转变与该书所讨论的发展联系在一起，这些发展包括电视产业的市场化、电视产业所有权的持续集中，以及变化莫测的版权法（甲壳虫乐队无力保护《革命》被耐克公司使用，因为美国的版权法没有授予创作者决定其作品使用权的"著作人权利"）。在广泛分析了各方的态度和实践之后，克莱恩对在广告中使用特定歌曲的方式进行了质疑，因为这会影响人们对音乐的体验，而这种体验在他们的生命中扮演着丰富的角色。她考察的个案包括在一道加勒比菜肴广告中使用了伊基·波普（Iggy Pop）的歌曲《渴望生活》（*Lust for Life*），这首歌是关于毒品瘾君子的生活体验及其结果的；还有一个个案是一家牛仔裤公司采用了清水乐团（Creedence Clearwater Revival）演唱的反爱国主义的歌曲，但是隐匿了与反爱国主义相关的信息。然而，正如克莱恩所指出的，在流行音乐和流行文化中，对于广告中这种用法的反对声音不会绝迹。例如，讽刺性杂志《洋葱》（*The Onion*）就举了《渴望生活》这首曲子中的一个乐段被一家银行作为虚构类广告所采用的例子（在作者写作本书期间，仍能很容易地通过搜索引擎找到这则广告）。

251 在克莱恩的书出版之后的2009—2011年，流行音乐领域中创意和商业之间的紧张关系仍非常显著，作为朋克反叛者的标志性人物，伊基·波普本人也出现在一部英国电视剧中，为一款针对老年旅客的汽车保险产品做宣传。这则广告非常风趣，波普扮演了一个啼笑皆非的角色，因为他的处境非常尴尬。但是，这并未遏制住人们失望情绪的蔓延，甚至埋葬了他的早期仰慕者。对商业的持续反抗在其他个案中也很明显，例如，英语国家一直对喜剧演员比尔·希克斯（Bill Hicks）非常尊重，虽然他已于1994年去世，但是他反对流行音乐中的商业主义的咆哮与震怒仍然能在DVD和YouTube上看到。[①]

---

① 伊森·奎恩（Quinn，2004）对于街头说唱（gangsta rap）中创意和商业之间的关系进行了非常有意思的分析。在这一音乐类型中，个体对商业价值的直白追求被视为真实的象征，在这一时期，美国黑人"后灵魂"（post soul）音乐一辈的重要成员俨然承受了个人创业的艰辛。正如奎恩所明确指出的，这并没有让街头说唱比起其他音乐类型来说显得技不如人，而是使之看起来非常有趣。

（2）现场戏剧表演（Live theatre）。

为了看一看其他不同的关于创意与商业之间紧张关系的例子，也为了将我们在文化产业中的讨论话题过渡到劳动条件，我们该说一说戏剧。在 20 世纪 90 年代和 21 世纪的第一个 10 年，戏剧产业在全球范围内的价值达到数百万美元，其很多投资来自大型的转型文化产业公司，如迪士尼。基于对这类演出的人类学研究，乔纳森·伯斯顿（Burston，1999）指出，现场娱乐企业的盈利潜力越来越大，并且随着这些企业日益整合为娱乐集团，流水线式的生产方式在剧院中的表现也越来越明显。伯斯顿考察了过去 20 年支配现场剧院经济的大型音乐剧，诸如《猫》（*Cat*）、《歌剧魅影》（*The Phantom of the Opera*）、《西贡小姐》（*Miss Saigon*），以及迪士尼的《美女与野兽》（*Beauty and the Beast*）等。这些音乐剧往往由巨星联袂出演，并且十分强调独特的舞台效果。巨额的投资成本以及通过演出获得的可观收入意味着，当原创的演出排练过后，在如何控制其知识产权上，生产公司往往非常谨慎。是否能够进行演出，这需要所有者的特许，并且只有在满足了特殊条件时才会上演。伯斯顿认为，这种生产方式导致了相关参与人员的日渐偏离。伯斯顿采访过的一个导演描述了他对导演工作的厌恶，因为，“你不得不站在那里，嘴里嘟囔着，‘女演员，你的位置向右偏离了 6 英寸’……无休止地训练‘男演员和女演员’，让他们一遍又一遍地穿越舞台”（Burston，1999：75）。

德国的例子表明，很多现场戏剧表演渴望获得商业自主权，但是这需要付出代价。多里斯·埃克霍夫和埃克塞尔·豪斯蔡尔德（Eikhof & Haunschild，2007） *252*
描述了公共基金和艺术自由原则如何创造出这样一种盛况：德国剧院能够上演非常丰富的剧目，不仅包括先锋剧目，还包括流行演出，而且观众需要提前几个星期订票。高质量的商业性大型音乐剧，是“创意—商业”两极中的另外一个极端。创意创新、原创性、深度和不可预测性，其价值远在场面的宏伟和奇观之上。埃克霍夫和豪斯蔡尔德引用法国社会学家皮埃尔·布尔迪厄的措辞说，艺术的逻辑位于经济的逻辑之前，因为政府基金、观众和剧院工作人员会提供保护机制使得艺术免受商业侵害。

然而，埃克霍夫和豪斯蔡尔德也认为，即使在这一相对受保护的空间，严管措施仍在运作。看起来，只有在高度倾斜的劳动力市场，自主权才有可能实现，在这样的市场状况中，演员的供给量远远大于观众的需求量，尤其是在现场戏剧表演这样一个可以获得高额津贴补助的产业。人们对工作的竞争暗潮涌动，也许因为（在许多方面）工作本身就具有令人渴望得到的本质，演员必须在真正友好的互动和签订的战略合作协议之间随时做好准备。剧院工作必须不间断地得到其他工作的补充，这导致对剧院的承诺与其他项目（如教学）之间的平衡出现了问题。此外，对演员的要求更加灵活，人才的流动性也给他们中的很多人施加了巨大的压力。

因此，对于演员来说，自主权的获得是以大量的时间和精力为代价的，他们必须在对艺术实践的奉献与谋生（例如在剧院工作之外再从事一份工作）之间进行折中。在如何平衡艺术目标和经济目标上，演员和经理通常有不同的意见。一位剧院经理认识到了演员的创意自由所蕴含的矛盾性，用他的话来说就是：

> 在剧院中，最基本的精神分裂就是，你要求你的演员按照自己的理解去表演，此时他们是有创造性、批判性的伙伴；然而同时，由于你的谨慎，无论你做出何种决定，他们必须当作命令来接受并执行，此时你则期望他们立即收起自己的独立见解。(Eikhof & Haunschild，2007：534)

但是，大多数现代工作机构内部的人力资源管理部门都不是用来解决这一问题的。相反，他们把大量的时间花费在个人会谈上，试图解决人事决策或艺术分歧所
253 导致的冲突。埃克霍夫和豪斯蔡尔德认为，人力资源管理技术有助于阻止在这类决策中浪费时间，情况就是这样，也可能不是。这一有趣的例子表明了为什么自由（freedom）并不是自由的（free）[①]，以及生产体制如何将商业规则嵌入劳动力市场之中。文化劳动力市场是下一部分的主题。

四、劳动分工和工作条件

本章最后两部分考察文化劳动力市场和文化工作者的薪酬体制在最近几十年的变化程度。我们已经看到，第六章的证据表明，文化产业所雇佣的劳动者数量显著上升。但是这些工作者期待什么样的工作生活呢？第二章概括了文化产业中的劳动分工，并将之置于历史的角度去考量。在我所称的文化生产的复合型专业化时代，这一分工获得了发展，并代表了那一时期的生产的核心特征。以上所讨论的创意工作建立在相对的自主权之上。但是这里，我专注于更为广义的问题，包括劳动力市场以及文化劳动者的薪水、满意度和回报。**如果文化劳动力市场和文化工作者的薪酬体制发生了变化，那么到底发生了何种变化？在这一时期，创意工作者（以及文化产业中的其他工作者）的薪酬和工作条件是改善了还是恶化了？**

文化劳动力分类

管理学研究的一个重要流派阐述了现代社会中工作和职业不断变化的本质。“无边界生涯”（boundaryless career）这一概念涉及一系列新的雇佣形式（Arthur & Rousseau，1996），即人们由于不同的工作项目在许多雇主之间游移，并从工作机构外部获取认可。文化产业中的职业生涯通常采取这种形式，因此管理学研究等领域对与这些产业相关的工作模式非常感兴趣。例如，坎达斯·琼斯（Jones，1996）称，随着20世纪50年代好莱坞电影工作室体制的瓦解，电影生产逐渐发展成为以一次性项目的形式组织拍摄，然后以系列剧的形式展开，但系列中的每一部电影在财务上都是独立核算的。一些管理学研究文献认为，新的流动式职业模式比阴暗的传统组织世界中的职业模式更美好、更光明（Anand et al.，2002）。但是，经济学家和社会学家对劳动力市场和艺术家收入模式的研究表明，文化产业世界对于选择

① free既有“自由”之意，又有“免费”之意，这里是一语双关。——译者注

在其中工作的人来说是一个不太一样的世界。通过修改鲁斯·陶瑟（Towse，1992）对艺术劳动力分类研究的杰出成果[①]，我们可以列出目前所知道的关于文化 254
产业工作者的许多知识：

- 他们倾向于从事多份工作。
- 自雇者或自由职业者占主导。
- 工作无规律，合同期短，几乎没有工作保障。
- 职业前景不确定。
- 收入分配高度倾斜（即不平等）。
- 文化产业中的工作者一般比其他产业中的更年轻。
- 工作者数量呈现增长态势。

蒙哥马利和罗宾逊（Montgomery & Robinson，1993；转引自 Caves，2000：79）就“高度两极分化”的收入状况意味着什么提出了自己的见解。他们的数据主要来源于艺术家和专业经典音乐家，但是他们也指出了其他文化产业中可能出现的动态。2 000 名视觉艺术家中的 1 989 人来自艺术工作的平均收入仅有 3 000 美元。同一研究还表明，从事这一职业的平均成本是 9 625 美元左右，因此赤字竟然达 6 000多美元！这 2 000 名艺术家的平均总收入，包括他们从事其他工作的收入，在 1 万美元到 2 万美元之间。创意工作者甚至要依靠家庭成员和其他工作的支持来维持生计。

在第二章我们看到，根据伯纳德·米亚基的分析，文化产业中的创意劳动者由于艺术劳动者的长期供过于求而收入很低，艺术劳动者采取的形式是非专业性的文化工作者储备库以及创意专业人士在不同领域之间移动。劳动力的供过于求是决定文化产业中工作条件的核心原因之一，即使在文化雇佣数量增长的时期也是如此（见本书第六章）。鉴于以上原因，尤其是文化工作本质的无规律、不确定和收入的不平等，用于弥补文化产业中日益增长的劳动力需求的劳动者并不匮乏。那么，为什么越来越多的人，其中很多都是年轻人，表现出想在文化产业中工作呢？孟格尔
(Menger，1999：554）分析了（在“艺术劳动力市场”大环境下）对这一现象的 255
三种不同解释（但是他的见解可以应用于一般意义上的文化产业）。

- 第一个解释是“热爱劳动”（Freidson，1990）——艺术家或符号创作者有强烈的“召唤感”和潜在的满足感，正因为如此，他们做好了接受挑战失败的准备。
- 第二个解释是，艺术家可能是风险偏好者或者博彩玩家，他们不太去考虑可能会失败（虽然成功与失败不像在博彩中那样具有独断性）。
- 第三个解释是，文化工作能带来非金钱的、心理上的回报，这很具有吸引力，其特征我们在前文已经说明了。某些工作者所获得的高度的个人自主权在这里尤其重要。当然也存在其他原因——社会感和社区感、自我实现的可能

① 许多研究用“艺术家”指代演员、音乐家、舞蹈家、作家等，他们在接受政府津贴的艺术部门工作，但实际上，这些表演者主要还是在商业文化机构工作，陶瑟的分类更适用于后者。

> 性、较高的知名度，也许还包括声誉。有人可能争辩说，当代劳动力市场具有平衡差异的功能，因此那些无金钱回报的工作被抵消了。但是孟格尔指出，在艺术和文化工作中，这些非金钱的回报也是极为不平等的。当然，非金钱也存在坏处，这与工作不稳定和维持网络有关。

此外，更多近期的研究分析了电影和电视如何通过描绘一幅看上去具有叛逆性的关于审美和作家身份的图景，对文化劳动者进行描述，鼓励人们接受文化产业中工作条件很差的现状，但是这些分析也遵循了当代资本主义的需求（Stahl，2006）。

自陶瑟和孟格尔提出观点以来的几年间，创意产业政策（我们在第五章讨论过）一直试图增加现代社会中致力于符号创作的工作的数量。政策之所以支持这样的扩张，不仅因为其能够提供新的经济增长点，而且因为这些工作和职位可能为工作生活带来更好的品质。那么其程度如何？凯特·奥克莱（Kate Oakley）提供的经验主义证据表明，在实行了多年不太关注劳动者的创意产业政策之后（Banks & Hesmondhalgh，2009），英国文化劳动力市场“维持着性别、种族和阶层所导致的两极分化态势”（Oakley，2011：281）。尽管大学毕业生出现在文化劳动力市场中，但是工资水平依然维持在较低水平。英国创意和文化技术委员会（The UK’s Creative and Cultural Skills Council）于2009年发布的数据显示，文化产业中62%的工作者每年的收入不足2万英镑，31%的工作者每年的收入不足1万英镑。尤其是在伦敦这种高消费城市（它是英国文化产业工作集中地），这种工资水平是非常低的。为了获得进入竞争性极高的文化产业的机会，实习是必不可少的，然而对实习的依赖却对那些背景不太有优势的年轻人极为不利，相反，还会强化那些出生在受教育
256 水平较高的家庭中的人所创造的符号的支配地位。在早期的一篇文章中，奥克莱（Oakley，2006：263）引用的数据显示，在伦敦，大约有4.6%的创意和文化产业工作者具有少数族裔背景，而同期英国全国的相应数据是7%。

其他研究强化了文化劳动这一令人担忧的状况。苏珊·克里斯托弗森（Christopherson，2011）分析了过去几十年间电影电视产业中对美国文化劳动力具有消极影响的许多相关发展情况。

- 在市场化和集团化浪潮中广播电视网规模的缩减。这与“去工会化”劳动的重要尝试是同时进行的。在以前很稳定的电视制作领域，也出现了向更加不确定的、以项目为基础的类似电影制作模式的转变。
- 对自由的独立订约人的逐渐使用，以及低成本有线电视环境中工作的发展。即使是有工会保护的工作，劳动者的工作时间也越来越长，工作越来越辛苦。
- 克里斯托弗森还描述道，与企业集团一样，创意工作者和技术工作者都支持州政府的生产激励措施，该政策旨在吸引来自洛杉矶和其他州的产品。这些生产激励措施对于企业和劳动者都非常具有吸引力，因为它们看上去可以为更多的产品提供政府补贴。但是这些补贴会带来意料之外的后果，破坏洛杉矶地区电影和电视工作者的“产业公地”（industrial commons）。在那些没有文化工作历史的州，基础性生产工作需要来自外界的大量工作移民。

从更一般的情况来说，近年来，许多分析者提供了关于文化及相关产业如IT产业和时尚产业中劳动条件的高度偶然性、风险性和不稳定的分析；同时，还有一些人论述了那些相对来说令人振奋的工作是如何导致工作者进行“自我开发”的，他们为了建立声望而极度努力，这样就能够获得追求高质量产品的足够的自主权了(Banks，2007；Hesmondhalgh & Baker，2011a；McRobbie，2002；Neff，2012)。后来的一些学者对这种悲观主义也持支持态度，但进行了限定，比如他们注意到当代文化产业生活中的某些方面可能会给人带来希望。马克·班克斯（Mark Banks）指出，有广泛的迹象表明“社会创造性和独立的艺术生产实际上建立在增长之上”(Banks，2007：102)，许多文化生产者继续争取工作应得的回报，而不仅仅是名誉、运气或者钱财。班克斯指出，信任、忠实、责任和公平的道德机制，在现代工作场所并未完全消失。此外，许多文化工作者除了追求审美目的，还寻求社会关 257
系。文化生产并非完全放弃了其与人类解放斗争之间的联系。萨拉·贝克（Sarah Baker）和我采访并观察了许多文化工作者，他们来自不同产业、拥有不同工作类型和不同地位。我们发现了低质量工作生活的证据：短期的工作限制了他们以此为基础的自我实现的能力；自主权通常受到高强度的制约；许多工作者在很年轻的时候就离开了文化产业，过度的需求和对未来的不确定将他们的热情燃烧殆尽。但是我们也看到、听到了许多积极的例子，这些例子不仅来自那些拥有运气和才干的人，也来自相对初级的工作者，他们在传播与娱乐观众的工作中获得了真正的满足。以下这一重要问题，安德鲁·罗斯（Ross，2009）等人也提到过，即一个社会如何确保文化产业能够为其工作者提供更好的工作生活质量，如何确保提供稳定的工作，而不是那种随着资本从一个创业企业向另一个创业企业流动而消失的工作？我们认为，在文化产业中，工会是为扩散“好工作”而进行的重要斗争的一部分(Hesmondhalgh & Baker，2011a：222-226；Mosco & McKercher，2008)。除此之外还有其他一些社会运动和发展也具有同样的功能。这些运动和发展强调人有选择的自由，不会将成功建立在牺牲生活中其他方面的代价之上，例如，为所居住的社区做贡献，为亲朋好友提供爱与支持，显示与其他人（包括遥远的陌生人）的团结一致（Hesmondhalgh & Baker，2011a：226-228）。

专栏7—3

合同、版权和文化工作

在复合型专业化时代，版权法律与实践是决定文化劳动报酬的舞台。文化工作者和文化公司所签订的合同对文化产品的版权收入做出了明确规定。合同通常采取由符号创作者和公司共同协商的形式（Stahl，2009），并受到国家版权法或者州劳动法的监督，它决定了哪些创意工作者能够获得多大比重的收入，可以持续多长时间，以及谁有权决定在合同条款规定下对文化作品进行改动。除了极少数的个案（超级明星），合同往往对公司一方更为有利。

258 正如我们在第五章所见，版权法在 17 和 18 世纪的图书出版中获得了发展，并在 19 世纪呈现出现在的形式。在 20 世纪，随着新媒体形式如电影和唱片的发展，这一具有矛盾性和复杂性的法律框架变得更加复杂，并需要针对国家版权法和国际出版惯例做出调整。到目前为止，几乎所有的新媒体形式都比以前有了更为复杂的劳动分工，导致了一些与文化作品著作权相关的深层问题。

版权法裁定了三类群体之间的利益关系，即*创作者*（*creators*）、*使用者*（*users*）和*所有者*（*owners*）。版权保护创作者的思想表达不受剽窃，但是与公司签订的版权通常有一个固定的期限。在作者决定其作品被改编或者被复制的“道德权利”方面，不同的法律体系或多或少有保护作者权利的条款，但是在所有的现代版权体制中，都倾向于让文化产业公司成为版权的拥有者。在 20 世纪末，随着公司所有者通过各种方式在拓宽所有权范围上的日益成功（包括在国家法律下它们所拥有产品的版权期限的延长，见本书第五章），出现了重要的反对声。许多评论家相信，这种状况已经发展到了危及使用者和主要符号创作者利益的程度。

菲利普·施勒辛格和夏洛特·维尔德（Schlesinger & Waelde，2012）梳理了近期关于这些问题的争论，在对舞者和音乐人进行访问的基础上，他们认为，文化工作者主要受到献身于艺术以及自我实现之渴望的激励。这驳斥了文化政策对版权和文化工作之间关系进行构思的方式——文化工作者是受到版权回报“激励”的。

现在，我通过考察文化产业中不同类型的角色或功能来深入探讨这些问题。

五、不同角色中文化工作的条件和状况

在本书第二章，我们通过鉴定文化产业中的以下角色和功能，对劳动分工进行了解释：

- 所有者和执行官。
- 创意经理。
- 营销人员。
- 符号创作者。
- 259 技术人员。
- 不熟练和半熟练工人。

以上对角色和功能的分类非常清晰，即使它们之间以不同的方式相互作用，但它们之间的边界并不模糊，正如本章前面在讨论市场营销时所表明的那样。但是，从工作条件和国际分工方面看，这一分类也存在一些变化。这里，我更为关注创意人员是因为他们所扮演的角色——他们在符号、信息、娱乐和意义即文化产业核心产品的生产中是首要的工作人员。

1. 不熟练和半熟练工人

与其他产业一样，文化产业如果没有大量从事相对乏味的（虽然通常是基础性的）工作的人就不能运转。这就拓展到了那些在文化产品制作场所（如录音室、演出现场或播放电影的场所）工作的清洁工和其他辅助人员（Hesmondhalgh & Baker，2011a：233）。我们对这些工作人员知之甚少，如果理论足够完善，这可能会成为将来研究的重要论题。

虽然数字发行范围越来越广，但是文化产业仍然免不了产品的批量生产和发行工作，如 CD、DVD、蓝光光碟、视频游戏和赛璐珞电影。这些产品基本上都是由乙方制作的，通常使用廉价的海外劳动力，并由合同规定的批发公司进行发行。对于与这类生产和发行相关的工作人员的工作状况，显然关注度不够。

此外，我在本书中反复强调，作为一个整体的文化产业，与一系列相邻产业关系密切，这些产业主要包括消费电子、IT（包括互联网）和电信。一个典型的例子就是消费电子产业中的电视机制造业。基于参与式观察研究，维姬·梅耶（Mayer，2011）撰文描写了巴西马努斯地区"国际产业园"电视机流水线工人的生活。她有力地描述了这些流水线工人的工作状况（他们无论在身体上还是情绪上都有很大的压力），以及他们应对生活所需而付出的努力。她也分析了工厂对特定"创意"形式的鼓励与压制。[①] 梅耶对文化产业背后的所有劳动者的关注，以及对其他分析者没有提到的人的工作状况的关心，我百分百支持。毫无疑问，所有的工作 260
者（所有人）在自己的工作中都会体验到创造性。但是，区分不同种类工作中所蕴含的不同种类的创造性，以及这些不同种类创造性所蕴含的政治意义及其管理形式，是非常重要的。对于这一点，我坚信不疑。在我看来，虽然梅耶对"隐形劳动"工作条件的揭示令人印象深刻，但是并未达到理论的高度，归根结底，这一点对她所有的论证来说都是必要的。

2. 技术人员

一些加入了工会的技术人员能获得较高的薪酬（例如电视和电影产业中的摄影师），然而他们的工作条件却日益受到抨击（参见以上克里斯托弗森的讨论）。发达工业国家出现了大规模的去工会化趋势。国际化意味着，可以将许多单调的工作转移到海外，在那里，工人的法律意识比美国或英国的工人弱得多。约翰·A·兰特（Lent，1998）指出，动画片的制作便是一个例子。创意的部分在美国进行，而更为乏味的技术部分则被外包出去。尽管这些工作的受剥削程度远不如服装和时尚产业那么严重（Ross，1998），但仍然在一定程度上代表了米勒等人（Miller et al.，2005）所称的新国际劳动分工（New International Division of Cultural Labour，英文缩写为 NICL，我不知道字母 D 到哪里去了）。随着文化产业规模的扩大，不仅

① 梅耶也对其他许多研究进行了批评，包括佛罗里达（Florida，2002）关于创意阶层的著作、我和萨拉·贝克对电视产业人员的研究（Hesmondhalgh & Baker，2011a）等，所有这些著作都被指责采用了"排他性的定义，将制片人定义成创意专家"（Mayer，2011：16）。

工业生产环节逐渐转移到劳动力廉价的地方，文化生产亦如是。美国的一些动画公司，诸如汉纳-巴伯拉（Hanna-Barbera），通过在澳大利亚（1974 年）和中国台湾（1978 年）开办海外工作室而获得了巨额经济收益。美国和欧洲公司大部分的动画制作环节源源不断地转移到了亚洲（Yoon & Malecki，2009）。迪士尼多年来与一系列日本子公司签订合同，然而到了 20 世纪 90 年代，迪士尼的日本分公司又开始将大部分工作转包给韩国或中国公司。随着 21 世纪初动画电视和电影市场的蓬勃发展，美国之外的一些工作室也在电视节目甚至电影上获得了成功。但是，大预算的动画电影开始转战三维动画领域，而全球只有几个地方能达到这种高度专业化的技术水准（Yoon & Malecki，2009）。

3. 创意经理

赖安（Ryan，1992：第 4.3.2 节）指出，近年来，创意经理的工作变得越来越专业化了，其角色和职责得以确立，甚至在某些情况下也通过正式课程进行讲授。这一趋势越来越明显。所有“成熟”的文化产业都设立了完整的创作管理职能，并逐渐以团队的形式实施。这催生了企业内部的劳动分工和等级。例如，一个唱片公
261 司内部的 A&R 部门可能设有一个高级经理，专门负责处理与签约艺术家的协调工作，或者在某一耗资巨大的活动方案上签字；同时，团队中的年轻人和新成员将负责更多的联系工作并尝试新方案，不论是录制唱片还是现场演出。某些创意经理还有自己的演员，由于形式更加机动灵活，创意经理便能够索要比以前更多的经济回报。在 20 世纪 60 年代集团公司进入图书出版业以后，由于账目清算更加严格，管理更加官僚化，许多成功的组稿编辑（组稿编辑是图书产业中创意经理的主要形式）离开集团并建立了自己的小公司——当然多年后这些小公司还是免不了被集团收购的命运。最近 30 年，唱片产业也上演了同样一幕，A&R 人员离开公司去开办自己的独立公司。我们又一次看到了许多文化工作的“网结”属性：创意经理在独立生产和公司文化中荡来荡去，难以取舍。

4. 符号创作者

我们在前面谈到，许多文化工作者的工作条件很差，回报较低，但这一事实却经常被以下事实抹杀，即在复合型专业化时代，绝大多数薪酬是支付给那些在观众心中留下认可的符号创作者的。明星的超额薪酬，一部分源于文化公司需要在类型化产品中利用他们的名字来降低风险（见本书导论）。复合型专业化时代，在文化生产领域谋生的大部分人的真实状况，与少数高收入的超级明星形成了鲜明的对比。①

创作人员在艰难的工作条件下超负荷工作。他们以经济回报和安全保障来换取创作自主权。但是，我在前面几章所搭建的权力模型也不足以解释这些。很少有公

① 这就在一定程度上解释了为什么将“符号创作者”作为“专家群体”来对待，并将他们视为工作条件比“平均线以下”的劳动者好得多的特权人士是错误的。正如在导论中所提到的，相比“平均线以下”的创意人员，“平均线以下”的技术人员通常有更好的报酬和工作条件。

开的权威数字能够表明，符号创作者工作艰辛，却收入甚微。实际上，所有的文化工作者、创作人员，以及某种程度上的创意经理和技术人员，有时候不得不为了从事创意工作和在创意领域获得荣耀而接受更为恶劣的工作条件（例如长时间艰苦的工作）。

那么，对于成功进入文化产业的符号创作者来说，情况又会怎样呢？创作人员 262
的薪酬由他们所签订的合同决定。但是，他们却不能仅仅依靠合同上所写的薪酬过日子，他们的收入还得依靠文化产业公司所从事的业务的情况。唱片产业中的交易是一个例子。

在复合型专业化时代音乐家的出版和唱片交易总体来说采用以下形式：音乐家同意在特定时期、特定地点排他性地为一家公司服务。作为回报，该公司通常许诺为该音乐家做宣传。首先，音乐家获得预付款，当预付款在销售收入中扣除后，音乐家获得版税。

不可靠的合同和有损艺术家职业生涯的“敲竹杠”的历史不便在这里讨论。[①] 但是，围绕着音乐家和公司之间的“预付版税和排他性合同”的标准，却有两个矛盾之处。第一个矛盾与艺术家实际获得的经济回报有关。预付款实际上是一项贷款，公司只不过把唱片的未来收入提前支付给音乐家而已。同时，公司将作者的报酬作为成本的抵押品，例如唱片灌制成本和运转成本，双方的关系实际上是“交叉担保”（当与同一家公司签订不同的合同时，例如出版物合同，也通常将版税作为抵押品）（Passman，1998），也就是说，音乐家从他们向唱片公司的贷款中拿出一部分来支付宣传费用。在许多情况下，预付款根本收不回来，因此，许多音乐家不得不在很长一段时间内成为唱片公司的债务人。许多年轻的乐队在刚进入这一领域的时候，往往喜欢预付款，但他们却没有意识到偿还预付款的艰难。

自从20世纪70年代以来，情况发生了变化。音乐家日益意识到“敲竹杠”的危险，并认识到，签合同时有必要采纳法律方面的建议。在20世纪70年代，版税率通常是7%至9%，然而在那以后，版税率明显提高了（Caves，2000：62）。在原始的合同中，版税率是零售收入的某一特定比例。大明星获得很高的版税（16%至20%），而中等的音乐人能拿到14%至16%，新手则能拿到11%至13%。一般来说，随着音乐家出版更多的唱片，版税率也会提高，这是因为公司在开始时不得不为构建音乐家的事业而投入很多资源。然而，在大部分合同中，版税仍然被用来抵押成本，换句话说就是，音乐家要从收入中拿出钱来支付唱片制作以及许多宣传的费用。在收益分配的时候，公司占大头，而且日益成为文化产业中重要财富的版权也为它们所控制。

第二个矛盾是音乐家的创作自主权与公司面对符号创作者的作品所承担的义务 263
程度的矛盾（显然，这与之前关于创意自主权的讨论有联系，但是我在这里是将之作为文化工作体验的一个重要侧面来处理的）。近年来，在音乐产业中一个特别重要的问题是对符号创作者的限制，这是由唱片业和（或）出版业合同的长期性引起

① 格林菲尔德和奥斯本（Greenfield & Osborn，1994）总结了文化产业中合同法的重要发展。加菲尔德（Garfield，1986）也以记者的口吻讲述了同样的内容。

的。虽然已经站稳脚跟的明星有能力赢得更高的版税率，然而，大部分合同仍然长时期保持原状——这实际上是艺术家的劣势。通常来说，公司有权通过筛选决定是否继续保留对音乐家的服务。但是，几乎所有的合同都是一边倒，也就是说，如果音乐家想继续留在公司的话，她/他必须满足特定标准（例如销售额，然而这却有赖于唱片公司的努力，音乐家对此无能为力），但是她/他不能选择离开。遵守长期合同的音乐家所面临的一个危险是，与他们签约的富有同情心的员工可能会离开那个公司，取而代之的是对乐队丝毫不感兴趣的创意经理。另一个危险是，音乐家在方向上的任何转变得到的可能只是唱片公司的冷板凳。[①] 至今，这些危险在唱片产业中仍然存在。这一情况自 20 世纪 70 年代以来就没有什么改变，唯一的改变就是唱片公司的员工更倾向于在各公司之间跳槽，因此唱片公司可能会说，它们用于支持艺术家的资源是有限的。专栏 7—4 就挑战 20 世纪 80 年代的现状进行了有意思的尝试。

专栏 7—4

后朋克干预

20 世纪 70 年代末 80 年代初，众多独立唱片公司进军朋克音乐，处理与艺术家之间关系的新方法层出不穷，这给音乐产业的“标准管理模式带来了挑战”。与音乐家们的利润分配经常是五五分成，而不是当时常见的不到 10%的版税率。长期合同废止了，代之以基于个人信赖的交易。这些交易的目的是尽量“以音乐家为中心”。如果标准合同偏袒公司方，或者音乐家和公司之间的个人信用被打破了，没有必要继续维持双方关系，则合同自动解除。

264 公司对通过唱片交易得来的唱片宠爱有加，而唱片交易也给予艺术家跳槽的自由，如果他们真想这么做的话。五五分成意味着音乐家所获报酬的比率比 10%以内的版税率高得多，对知名乐队的知名唱片而言更是如此。如果一个乐队在此交易中能够达到很高的销售额，那么钱财便向他们滚滚而来。

认识到发行战略的重要性之后，英国众多独立朋克唱片公司组成了分销和零售网。更重要的是，许多极具天赋的音乐家主动为独立朋克唱片公司工作，因为他们愿意与那些真正懂得他们音乐的人共事，而不是跨国公司中的那些创意经理。他们的唱片取得了难以估量的成功，并将不同声音带入英国的主流文化生活。（Hesmondhalgh，1997、1999，该文对后朋克时期的独立公司进行了详细考察。）

后朋克的介入说明了许多音乐家和听众有了获得独立的可能，这不仅仅表现在音乐创新上，还表现在与符号创作状况相关的政治环境上。后朋克还可以作为一个试图转变商业文化生产机制的例子。最常见的是，试图构筑另类的文学被局限在一个狭小且边缘

① 这是作者兼歌手 Panayioutou［即乔治·迈克尔（George Michael）］诉索尼音乐娱乐（英国）有限公司一案的核心问题。迈克尔试图在这一重要的法庭辩论上指责索尼公司与他所签的合同在欧洲法律下属于“贸易监管”。知名符号创作者越来越多地向合同发起挑战，这反映出他们的权力正在增强，但对大多数创意人员来说，让合同对自己更有利就没那么容易了。

化的框框内，截至目前，其运作仍远离大众的流行文化体验，只有一小部分激进分子和知识分子能够认识它们。① 但是，激进主义却在商业娱乐生产领域中发生了。

最后，后朋克的“造反”失败了。重要的公司破产了，小型唱片公司有限的宣传预算使许多音乐家清醒了；逐渐地，更多独立公司在分销和资金筹措上与跨国公司达成了交易（Hesmondhalgh，1999）。但是，新的音乐类型继续在汤因比所称的“原创市场”（proto-markets）发展，独立唱片公司仍然是其自有唱片广泛发行的重要渠道。

文化劳动者组织（organization of cultural labour）的深层变革也值得一提。随着文化产业的发展，文化劳动者组织变得越来越复杂，介于文化产业组织和创意工作者之间的中介组织的数量和功能也获得了发展。其中，两个最有名的职位就是代理人（agents）和艺术经理（artist managers）。凯夫斯（Caves，2000）认为，文化公司曾经回避代理人制度，但是现在，在图书出版、电影电视和各类表演艺术产业，代理人成为削减招聘成本的方式之一。通过引用科瑟等人（Coser et al.，1982：130－132）的数据，他还解释了为什么 1 万本想要出版的图书中只有三四本能够顺利付梓。代理人为出版公司做了过滤的工作。在唱片产业，艺术经理扮演着类似的角色。近年来有一个重要的变化，那就是在招聘或者培训品牌（training brand）方面，经理或者管理团队越来越扮演起企业家的角色，所需资金通常源于自筹。21 世纪第一个 10 年的唱片产业越来越像电影产业，艺术经理担起了独立制片人的角色，并努力去开展详细的项目。在未来的几年，艺术经理和代理人这种中间人的角色将越来越重要，他们会从明星创意人员高额的薪酬中提取佣金。当然，想让他们对那些有抱负的创作者施加援手基本不可能，但是对于那些通过合作寻求合并的大公司来说，它必将是一种新的挑战。 *265*

★★★

本章所讨论的案例表明，对一些产业和文化类型的控制更加严格了，而对另外一些则更加宽松了。但并非如某些政治经济学家所言，文化产业集团化和资本化的逐渐深入导致了自主权的整体丧失。我们无法得出这样的结论。但是，诚如分析家戴维斯和史克斯所言，也并未出现全面放松监管的情况。毫无疑问，对市场营销和市场调研的强调，对商业目的高于公共服务目的的追求等等，使得创意自主权所承受的压力从未中断。

自戴维斯和史克斯的著作出版以来，新一代数字技术的发展引发了关于放松监管的更强烈的呼吁。基于此，数字生产技术让民主化的文化生产成为可能，尤其是让业余的符号创作者可以通过网络接触自己的受众。这些问题将在第九章论述，但是提前表明我的观点很有必要，即数字化并未使得对自主权（及其限制）的讨论变得毫无意义。因为数字化的文化产业刚刚出现，并非无中生有，它们很有可能会保留本章所讨论的前数字时代文化产业的态势和特征。

本章总结了文化生产组织的延续与变迁，归纳了文化工作者的条件与状况。可悲的

① 约翰·唐宁（John Downing）在其名著《激进媒体》（*Radical Media*，2001）中识别了这一点。

是，在前面结论的基础上，虽然文化产业的重要性增强了，但是没有理由相信文化劳动者的工作条件和状况有所提升。在某些产业和类型中，创意自主权受到限制，但是认为文化
266 工作整体上都是受压迫、被监视的对象，则言过其实了。可以说，文化产业中存留的自主权，仍吸引着许多年轻人去从事低薪且无保障的文化工作。从这一方面来看，“创意自主权需要保护”这一观点仍值得商榷。同时，企业要确保对发行有严格的控制权。20 世纪所建立起来的文化产业的组织形式——对创意的从松控制和对发行的从严控制——在 21 世纪将继续存在。

评论及拓展阅读

由于本书的焦点是从历史的角度考察文化产业，因此本章未能就具体文化产业组织进行“深入考察”。但是，也有一些有价值的社会学和文化研究类的图书意图在于此。在我看来，其最大的作用就是提醒我们注意创意和商业之间的关系，这点我在本章中也做了重点强调。

基思·尼格斯（Keith Negus）关于唱片产业的研究著作《流行音乐制作》（*Producing Pop*，1992）和《音乐类型与公司文化》（*Music Genres and Corporate Cultures*，1999）向我们表明了两点：第一，用文化研究的方法来研究组织和组织社会，对于我们理解基于娱乐的文化产业是多么富有成效，虽然他关注的焦点主要是创意经理；第二，符号创作者很多都是兼职工作。他的洞见对于现存的唱片产业仍至关重要。同样重要的还有西蒙·弗里斯（Simon Frith）的名著《摇滚社会学》（*The Sociology of Rock*，1978），再版时改名为《声效》（*Sound Effects*，1981）。

分析创意与商业之间的斗争以及文化工作者的工作状况，电视产业是一个丰富的领域。英国独立电视制作产业一直是大卫·李（Lee，2009）和安娜·左尔纳（Zoellner，2010）博士阶段研究的主题，他们两个人都基于自己的分析写了一些报刊文章或者图书的某些章节。珍妮特·斯蒂莫斯（Steemers，2010）对学龄前电视节目的商业化进行了分析。

我在本书第一章提到，媒介产业文化研究的近期发展更加关注文化工作者的规则、价值和实践，尤其是在电视和电影产业。参见约翰·特伦顿·考德瓦尔（John Thornton Caldwell）的经验主义著作《生产文化》（*Production Culture*，2008）以及梅耶、班克斯和考德瓦尔（Mayer，Banks & Caldwell）的论文集《生产研究》（*Production Studies*，2009）中的一些文章。

创意和商业之间的紧张关系，是法国社会学家皮埃尔·布尔迪厄关于文化生产的著作的核心［其中最著名的就是《艺术的法则》（*The Rules of Art*，1996）］。理解布尔迪厄对于分析文化产业是必不可少的，但是他的著作读起来真的很费力（也许他的翻译者没有帮上忙）。主编兰德尔·约翰逊（Randal Johnson）在英文论文集《文化生产领域》（*The Field of Cultural Production*）中所写的导论对理解布尔迪厄特别有帮助，而理查德·詹金斯（Richard Jenkins，1992）则从整体上对布尔迪厄进行了清晰且略带批判性的介绍。我在其他著作中也评价了布尔迪厄对理解文化产业做出的贡献（Hesmondhalgh，2006a）。罗德·本森和埃里克·内弗（Rod Benson & Erik Neveu）的论文集《布尔迪厄与新闻业》

(*Bourdieu and the Journalistic Field*，2005）用布尔迪厄的眼光对新闻业进行了考察。

对创作自主权问题最透彻的讨论来自新闻学研究，例如菲利普·施莱辛格（Philip 267
Schlesinger）的《整合真实性》(*Putting Reality Together*，1978)、盖伊·塔奇曼（Gaye Tuchman）的《制造新闻》（*Making News*，1978)、赫伯特·甘斯（Herbert Gans）的《决定什么是新闻》(*Deciding What's News*，1979)，以及詹姆斯·卡伦（James Curran）的著作（参见其1990年的著作，文章名是《文化主义者对新闻机构的认识》)。卡伦近期的著作《媒介与民主》(*Media and Democracy*，2011）对新闻自主权问题进行了出色的分析。兰斯·班尼特（Lance Bennett）的《新闻：政治的假象》(*News：The Politics of Illusion*，2011）和迈克尔·舒德森（Michael Schudson）的《新闻社会学》(*The Sociology of News*，2012）对于新闻业的概括也很有价值。

关于电影产业市场营销和宣传的更多发展，除了本章以上的讨论之外，还可参见保罗·格林格（Paul Grainge）的《品牌化好莱坞》(*Brand Hollywood*，2008）和《全球化好莱坞2》(*Global Hollywood 2*，2005)，其合著者包括托比·米勒（Toby Miller)、尼汀·格威尔（Nitin Govil)、约翰·麦克默利亚（John McMurria)、理查德·麦克斯维尔（Richard Maxwell）和王婷（Ting Wang)。后面一本书涵盖了好莱坞品牌化和市场化的实践，但是你必须忍受麦克斯维尔独特的写作癖好。菲利普·德拉克（Drake，2008）和艾丽莎·佩兰（Perren，2011）在其他论文集的某些章节中提供了一些关于市场营销和宣传的有价值的背景信息。由于篇幅有限，我没有对品牌化进行深入研究，但是约翰·辛克莱（Sinclair，2011）在这一领域做出了有价值的贡献。

关于市场研究或者说"受众研究"，参看詹姆斯·S·艾特玛和D·查尔斯·惠特尼（James S. Ettema & D. Charles Whitney）的《制造观众》(*Audiencemaking*，1994)，以及菲利普·那波利（Philip Napoli）的《观众经济学》（*Audience Economics*，2003)。在《终将被革命的电视业》（*The Television Will Be Revolutionized*，2007）一书中，阿曼达·洛茨（Amanda Lotz）所写的一章非常有帮助。那波利近期的著作《观众进化》(*Audience Evolution*）对这些问题进行了更新，使之更符合网络时代的要求。杰森·汤因比（Toynbee，2006）也很好地概括了关于文化产业如何认知观众的各种观点。

本书中，我忽略了公共关系。参见斯图亚特·伊文（Stuart Ewen）的《公共关系》(*PR!*，1996）一书，以及李·爱德华和卡洛琳·霍奇斯（Lee Edwards & Caroline Hodges）的《公共关系、社会与文化》(*Public Relation*，*Society and Culture*，2011)。

20世纪最后一个10年，我们看到了文化劳动者研究的繁荣，也出现了一些杰出的著作。其中大部分都将创意和商业之间的关系作为核心，包括马克·班克斯（Mark Banks）的《文化工作的政治学》(*The Politics of Cultural Work*，2007)。

许多重要的著作都论述了信息技术产业中劳动者的问题，包括安德鲁·罗斯（Andrew Ross）对一家网络设计公司的人类学研究《无领》(*No-Collar*)、吉娜·奈夫（Gina Neff）考察了风险问题的《风险劳动》(*Venture Labor*，2012）以及海伦·肯尼迪（Helen Kennedy）的《网络工作》(*Net Work*，2011)。

罗斯很早就开始关注"精神劳动问题"(2000)，并在著作《如果你能得到，这就是一份好工作》(*Nice Work If You Can Get It*，2009）中继续深究这一问题，他论述了与当代劳动有关的许多重要的论题，包括文化产业中的劳动。阿兰·麦克金莱和克里斯·史密斯

（Alan McKinlay & Chris Smith）主编的《创意劳动》（*Creative Labour*，2009）一书收录了一些关于文化产业的有用的文章。文森特·莫斯可和凯瑟琳·麦克科切尔（Vincent Mosco & Catherine McKercher）的《传播劳动》（*The Laboring of Communication*，
268 2008）研究了媒介、电信和信息技术产业中的劳动，并准确找到了团结这些不同产业劳动者的方法。维姬·梅耶（Vicki Mayer）的《流水线之下》（*Below the Line*，2011）研究了那些通常不在研究范围之内的文化劳动。马特·斯塔尔（Matt Stahl）的研究在与文化劳动有关的法律、历史和意识形态分析中是最老到的（Stahl，2006、2009）。萨拉·贝克（Sarah Baker）和我的《创意劳动》（*Creative Labour*，2011）一书对此也有所涉及。

在线阅读

以下所列线上资料都能够免费获得，地址是 http：//www. sagepub. co. uk/hesmondhalgh。只需点击“Sample Materials”标签即可找到每篇文章的链接。

期刊《理论、文化和社会》（*Theory*，*Culture and Society*）2008 年特刊（第 25 卷，编号 7－8）致力于“危险系数和文化工作”问题，收录了罗斯林德·吉尔（Rosalind Gill）、安迪·普拉特（Andy Pratt）、安德鲁·罗斯（Andrew Ross）、布莱特·尼尔森（Brett Neilson）、奈德·罗斯特（Ned Rossiter）和苏珊·克里斯托弗森（Susan Christopherson）等人的有价值的文章，以及我和萨拉·贝克关于电视“情感劳动”的一篇文章。罗斯林德·吉尔和安迪·普拉特的导论性文章对背景进行了阐述。

关于流行音乐中创意与商业之间关系的文章，参见克莱恩（Klein，2008）。

- Gill，Rosalind and Pratt，Andy（2008），“In the Social Factory? Immaterial Labour，Precariousness and Cultural Work，” *Theory*，*Culture* & Society，25（7－8）：1－30.
- Klein，Bethany（2008），“ ‘The New Radio’：Music Licensing as a Response to Industry Woe，” *Media*，*Culture* & *Society*，30（4）：463－478.

第八章 国际化：既非全球化，也非文化帝国主义 269

过去 100 年来，文化产业一个重要的特征就是美国主导了国际文化贸易的大部分，其次是欧洲。本章考察这种主导地位在多大程度上面临着威胁，以及这种主导地位的复杂性，包括逆向流动和其他生产中心的存在。

19 世纪末 20 世纪初存在着关于技术国际化、文本国际化和类型国际化的重要 270
证据，文化生产复合型专业化时代的特征之一就是国际化趋势的加强。过去 30 年，我们见证了国际文化流动在程度和速度上的强化，包括文化企业的国际化趋势日益增强，正如我们将要看到的。其中部分原因是，这是对经历了大萧条的各类企业追求更高水平利润的回应。本章还有一个重点，即随着传播和传输的改进，跨国商务活动日益增多。随着休闲时间和可支配收入的增加，根植于欧洲和北美的文化产业跨国公司开始在地球的某些地方运作，如亚洲和拉丁美洲。但是亚洲和拉丁美洲的公司也在扩张，其中一些还得益于这些较大市场中日益增长的文化产品需求。因此，国际化在不同的方向发生了。第四章讨论过的接连而来的市场化浪潮，以及第五章讨论过的政策的更加深入的发展（尤其是版权的变迁），在通过废除文化贸易政策壁垒从而为国际化进程铺路的过程中起着非常重要的作用。本章力图使用第二章所确定的术语来分析和评估这些发展情况。在这之前，我们需要更仔细地考察以下问题：在复合型专业化时代，为什么美国主宰了国际电视潮流和一般的文化贸易，它是如何做到的？

一、美国文化主宰地位背后的因素

美国是如何主宰了国际文化贸易的？这一问题引发了关于决定文化产业发展的经济、政治权力和符号内容所扮演的相关角色等一系列基本问题。当然，美国的主宰并非完全主宰，我会在接下来的部分考察其主宰地位面临的争议性和局限性，但无论如何其主宰地位还是很明显的。我们可以识别出两个主要因素：

- 美国国内休闲和娱乐市场的规模和本质。
- 美国政府所扮演的积极角色。

1. 美国国内休闲和娱乐市场的规模和本质

从较早时期开始，美国国内的休闲和娱乐市场就比世界上的其他国家都大、都
271 丰富，这使得美国文化产业中的生产公司能够在国内掩盖成本，并将海外市场作为更深一层的利润来源。在电视时代早期，这些公司建立了较大的节目库供海外进口商或其国际代理从中选择。第二次世界大战后，更多国家的经济得以重建，而美国电视市场的建立要比其他国家早得多。电视节目出口商能够利用早已建立好的全球电影（在一定程度上还包括流行音乐）资源库，依据的是美国娱乐业的声望和品牌、明星和类型的识别性和吸引力。类型、明星和其他创意人员（包括技术员），可以跨越这些产业。此外，当许多国家仍在转播现场直播节目时，美国电视业已经能够进行昂贵的投资，让其电视节目出现在电影荧屏上，这使得美国电视业能够比其他国家更早地出口节目。

其他评论家强调了另外两个相关因素。其中之一是，美国有更发达的制作体制，比其他国家更加注重竞争——虽然这种竞争必定是大型垄断公司之间的竞争（Hoskins et al.，1997）。另一个因素是，不得不迎合各种类型家庭中的观众，这有一定的积极作用，虽然有争议，但它使得美国文化出口商也能够迎合海外市场的不同观众。这种将美国对不同移民文化的“融合”与假设其他国家文化具有同质性进行对比的方法，显得太鲁莽也太高估美国的多样性了。更为严重的是，霍金斯等人沾沾自喜地驳回了反对者的声音，后者强调美国政府在提高文化产业利润的过程中扮演了“阴谋论者”的角色。

2. 在促进其海外文化产业发展中美国政府所扮演的积极角色

美国政府机构与美国公司和贸易协会联盟，在促进其海外文化产业发展中扮演着核心角色。这种政府干预行为有两个很明显的动机。其中之一是保护更大的进口收益。另一个是出口与美国全球霸权相配套的信仰和价值观，包括美国人生活的消费地（the place of consumption in American life）。

在一些国际论坛上，例如第二次世界大战后的联合国教科文组织，美国代表无情地按下按钮，赞同信息和娱乐在全球的自由流动，这使得跨国文化公司能够在海外运作，并限制了政府对其行为的监管（Schiller，1998：19）。战后时期美国向他国提供的援助与刺激本国文化出口息息相关。另外，美国政府对基础传播设施（如
272 卫星）的发展贡献巨大。战后时期，美国的文化出口呈井喷态势（Herman & McChesney，1997：18－21），正如我们在第五章看到的，政府对文化产业公司的干预（代表形式是对版税的干预），直接导致《与贸易有关的知识产权协议》（TRIPS）的订立，该协议规定了世界贸易组织处理知识产权的方法。

但是，我们必须通过两种方式限制这种观点。首先，美国利益群体和企业在追求这些目标时不能做到完美的和谐：美国政府内的一些人热衷于将文化产品作为宣传工具。其次，正如我在本书中通篇强调的，文化产品的含义是复杂的、矛盾的，

并非所有的美国出口产品都显示出美国文化的光环。创作自主权原则意味着，这些产品中的一些揭示了美国社会中深层的紧张关系，例如围绕在生活周围的应该是快乐还是责任。摇滚歌手小理查德（Little Richard）用极富刺激性的高颤音为我们讲述了一个来自西方的与众不同的故事，此外，战争电影充斥着全球的电影院线。

二、既非全球化，也非文化帝国主义

一些激进的作者极力强调，有媒介经济学家试图低估美国政府在国际文化流动中的作用。这些激进的作者，尤其是在 20 世纪 70 年代和 80 年代早期，使用**文化帝国主义（*Cultural Imperialism*）**的概念来描述欠发达国家的文化是如何受到打上了“西方”标签的文化文本、形式、技术流动的影响的。但是，作为理解文化产业国际化的一种方法，文化帝国主义也存在其固有的问题。

文化帝国主义理论认为，殖民者在政治和经济上进行直接统治的时代结束之后，一种新型的、更间接的国际统治形式出现了。用赫伯特·席勒（Herbert Schiller，1976：9）的话说就是，经济周边国家对“（当代世界）统治中心的价值观和结构体制”的吸收利用。正如安娜贝勒·斯里伯尼（Sreberny，1997：49）所指出的，文化帝国主义的概念只是一个“令人回味的隐喻”（evocative metaphor）而非一个“精确的构造”（precise construct），但是这一术语还是引起了我们对一些关键问题的关注，例如：

- 非西方国家被迫接受西方文化产品①；
- 随着西方文化的传播，可能存在着同质化影响；
- 国际文化流动破坏了本土传统，信仰体系从西方传入非西方国家。

文化帝国主义一词在 20 世纪 70 年代和 80 年代初最为流行，因为当时联合国 273
教科文组织的一系列报告、研讨会和宣言，激发了人们对于文化发展的焦虑，如该组织在 1980 年发布的《麦克布莱德报告》（MacBride Report，UNESCO，1980）。但是从 80 年代早期开始，激进的学者们对国际化大众传播的理解范式却发生了转变（Fejes，1981）。许多学者开始反对文化帝国主义观点。一些学者转而用**“全球化”（*globalization*）**一词代替文化帝国主义。

全球化一词是由国际政策论坛和行动主义的圈子中具有某种十分特殊传统的学者（Giddens，1990；Robertson，1990）发展起来的，之前，文化帝国主义主题已经在这两个领域获得了广泛传播。这些理论家所阐述的全球化的概念有别于新自由

① “西方”和“非西方”这两个词很有问题。西方诸国不仅差异极大，其内部也极为不同；非西方社会也是一样。但是，作为反抗现代化和商品化最坏的一面的工具，西方和非西方这两个词却在世界的某些地区引起一些政治上的共鸣。

主义的政策制定者和经济学家们对国际文化流动的理解。全球化旨在捕捉世界不同地区间日益增加的互联趋势。也许是因为全球化涉及广泛的经济、政治和文化实践，因此这一术语迅速传播，成为 90 年代引起最为广泛讨论的社会科学概念，甚至从学术界跃迁到其他许多圈子。最显著的是，该词 90 年代后期还被用于指代经济全球化的一个方面，即国家间贸易壁垒的消除。对众多激进的学者和活动家来说，如此的"自由贸易"实际上迎合了全球国家系统中最富有的国家的利益。（因此，最近几年对全球化的抗议在世界各个城市此起彼伏，最著名的就是 1999 年发生在西雅图的一次运动。）由于全球化这一术语在许多不同环境中都获得了传播，因此，对于这一概念的理解不免有些混乱（见专栏 8—1，其中这一术语的用法让人十分困惑）。

专栏 8—1

赫尔曼和麦克切斯尼：全球化是一种文化帝国主义

对文化产业国际化讨论得最彻底的是赫尔曼和麦克切斯尼的《全球传媒》（*The Global Media*，Herman & McChesney，1997）一书。作为对文化帝国主义概念的强烈回应，两位作者使用了"全球化"一词，他们拒绝使用社会学理论中经常出现的"文化帝国主义"一词。这与社会学家安东尼·吉登斯（Anthony Giddens）对"全球化"这一概念的用法非常不同，吉登斯强调的是这一概念复杂且矛盾的全球互联属性（Tomlinson，1991）。部分原因是，赫尔曼和麦克切斯尼正将全球化一词从行动主义圈子中引用到经济全球化的语境中。不过令人震惊的是，他们几乎完全没有涉及"文化帝国主义"概念层面上的争论。开头他们只简要地说明了对全球互联负面影响的一些认识。通
274 过分析商业性的流行文化，他们简短地指出了文化产业国际化的积极影响，如"人与人之间更为深远的互动与连接"，以及某些积极价值的出口——对权威的怀疑和对压制传统的质疑（Herman & McChesney，1997：8）。但是，赫尔曼和麦克切斯尼很明白，在他们看来，文化产品国际化（或曰全球化）的主要影响是成体系的而且几乎全是消极的："传播的商业模型"（Herman & McChesney，1997：9）的植入、扩张和强化。确实，其著作的余下部分主要做了一个分类，分析媒介公司如何传播此种商业模型并创造出以娱乐为基础的文化。但是在他们看来，以娱乐为基础的文化是与真正的民主不相容的。因此，我认为他们的著作中最显而易见的，就是用全球化一词代替了文化帝国主义，他们也是文化帝国主义批判的急先锋。

关于过去几十年全球化（指的是极为重要的新型全球互联）到底在多大程度上得以发生，以及它是一种长期趋势还是更为近期的发展，尚存在着激烈争议。大卫·赫德、安东尼·迈克格鲁、大卫·古德布拉特和乔纳森·佩拉顿（Held，McGrew，Goldblatt & Perraton，1999：425）认为，"全球化的当代形态……已经超越了其早期形态"，"当今时代是一个全球化在各个领域得以汇流或集聚的空前独特的时代，这些领域包括政治、法律与治理、军事事务、文化

链接和人类移民等方方面面，它充斥于经济活动的各个维度，也充斥于全球所面临的环境威胁”。

赫德等人认真描述了全球互联的增长与加速，考察了全球互联如何以极为特殊的方式影响了不同的经济、政治和文化现象。但是，有人认为，这种对全球化趋势的实证主义分析忽略了全球互联的文化方面。例如，赫德等人对于文化全球化的讨论几乎完全局限于文化贸易的范畴，而没有涉及文化身份（cultural identity，或曰文化认同）等论争。

一种崭新的全球化理论对全球化的文化方面进行了更为普遍的研究，该理论反对文化帝国主义理论及与之相关的马克思主义研究方法，它试图发展出一种更为成熟的方法以解释全球文化流动的复杂性和矛盾性。20 世纪 90 年代和 21 世纪初，全球化理论的发展加速了文化帝国主义理论的衰落。

第一，一些学者认为，将全球文化体系描述成西方国家（或者用一个更成熟的 275
说法——“核心国家”，也包括颇具力量的“东方”国家，如日本）将其文化强加于非西方国家，这已经不合理了。根据这些学者所言，如果全球化一词本身合理的话，新兴工业国家的兴起则更新了人们对全球化的理解（Tomlinson，1997：140－142）。

第二，虽然某些持文化帝国主义论的学者假设，西方文化产品和技术的传播导致了同质化或曰文化同一性（Hamelink，1983），但是，文化帝国主义这一概念的批评者却指出，全球文化异质化的进程也很强劲。正如斯图亚特·霍尔（Hall，1997：211）所指出的，“有许多相互排斥的趋势保护着世界不会沦为一个同质化的文化空间”。很多观察家看到，受西方文化的影响，文化多元化趋势加强了，社会中出现了一些新的文本和类型，例如 Hip Hop（Mitchell，2001）。格式化的演出组合（如偶像表演），在不同国家也有非常不同的表现形式，这也被视为文化均衡现象（Kraidy & Sender，2010）。确实，随着新型文化文本及类型在暴露于西方文化影响之下的社会中传播，认为文化多样性增加了这也是可能的。然而，先前一代的学者们却甚为担忧，他们担心西方文化输出可能会抑制甚至破坏本土文化传统。文化研究的方法倾向于将现有文化视为旧有文化的“混血儿”（Chambers，1994；Canclini，1995），并且认为纯粹的、未被污染的传统文化是有问题的，甚至是危险的，因为它可能会支持种族主义或者反动的国家主义（见本书第一章）。这些批评家认为，不能再以任何简单的方式将文化等同于地区了。全球化意味着“淡化边界”（deterritorialisation）（Canclini，1995）——所有地区都受到其他地区的影响吗？这种观点再一次说明，现代国际文化流动带来了异质性，而不是全球同一性。

第三，尽管文化帝国主义理论倾向于假设西方文化产品输出的消极影响，然而，许多学者却强调了受众对在全球范围内流通的文化产品的创造性、能动性使用。其中最著名的是利布斯和卡茨（Liebes & Katz，1993）对于美国电视剧《豪门恩怨》（*Dallas*）在不同国家收视情况的研究，该研究运用了自由多元主义传播研究中有关“受众能动性”的经典理论。

全球化理论对于揭露文化帝国主义理论在概念上的局限性非常有效。但是，全球化理论学者（以及文化帝国主义批判者）也有他们的局限性。首先，在诸如约翰·汤姆林森（John Tomlinson）、斯图亚特·霍尔以及其他支持全球化理论的批评家的著作中，几乎没有实证研究，而赫尔曼和麦克切斯尼（Herman & McChesney，1997）等持文化帝国主义论的学者的作品，却又理论性不足。受众能动性理论将文化帝国主义理论的某些著作中的“非西方国家人民被迫接受西方文化产品的文化价值”这一假设作为问题进行讨论，但是对许多急需解决的政治问题却闭口不谈。例
276 如，文本流动与国家间、国家内部财富及机会不平等的增加（如果有的话）之间有什么联系？受众能动性理论对此没有作出回答，它只是说这些联系比先前学者所思考的更为复杂了。——这种理论虽然没有错误，但也没什么洞见。

毫无疑问，全球化理论家在写国际文化流动的“矛盾性”时是有所指的。约翰·汤姆林森过于强调文化全球化的矛盾性，并将文化全球化描述为“一把双刃剑：一方面，它打破了当地的文化壁垒；另一方面，它提供给人们在更广阔的环境中（几乎是全球）体验文化的机会”（Tomlinson，1997：30）。此外，他还认为全球化进程本质上是“间接的”。

> 至少，文化帝国主义的观点包含着“有目的性的计划”的意思：刻意地从权力中心向周围世界辐射的一种有意的社会体制的传播。而“全球化”概念则表明，发生在全球各地间的相互联结和互相依赖绝非刻意而为（Tomlinson，1997：175）。

汤姆林森之所以强调文化全球化的矛盾性和间接性，是为了回应文化帝国主义著作中的功能主义和对复杂性的认知不足。但是，汤姆林森没有回答他自己在著述过程中经常提到的一些问题。例如，如何评估全球经济不平等和文化不平等？哪些因素促成并维持了这种持续的经济和文化不平等？

在本书中，我试图通过列举在国际文化生产及流通中占据支配地位的公司的利益，来更加充分地讨论这些问题。我将主要采取叙述的方法，当然也会注意到这些公司的动机及其收入的复杂性和矛盾性。此前，我对第二章和第三章所概括的评估性和解释性问题进行了讨论，以此作为背景，本章旨在通过提出一些与国际化有关的“中观问题”（与宏观和微观相对）来把目标放在全球化的抽象概念上。第二章有关“程度”的问题是：

- 美国在国际文化中的主宰程度是怎样的？
- 国际文化流动在多大程度上改变了我们对文化生产和流通的新时代的划分？

与“评估”有关的问题是：

- 大公司不断延伸的全球触角在多大程度上意味着将其他声音从文化市场中排除出去了？
277 - 居于文化生产“核心”之外的文化生产者有多大机会进入文化生产及消费的全球新网络？

我将通过分析三种文化产业——电视、电影和唱片——来调研这些问题。

我之所以用“国际化”一词，就是为了避免“全球化”一词所存在的争议。但是，为了说得更清楚，我在此处比较关注文化国际化的三个主要方面。

- 文化企业的国际化：越来越多的文化产业公司不再限于在一个国家进行投资。这也许意味着文化产品得以在许多国家生产，然而它通常更意味着，在某一地方生产的文本将在其他许多地方发行。一些人声称跨国公司没有身份，尽管其总部可以坐落在某一国家，然而公司本身却没有国籍。不过许多跨国公司的营业利润（至少是以电子金融的方式）却会被“返还到”它的母国。
- 文化文本的国际化：某一国家生产的文化文本日益被其他国家的人看到、听到或者感触到。由于文化流动的这种增长，各个地方的受众和符号创作者都能够引用来自其他地方的文本。文本、类型甚至技术（例如乐器）将被其他环境中的符号创作者重新阐释、改编。
- 地方日益受到全球影响：由于文化文本的流动趋势，也由于一些广义因素，文化认同变得越来越复杂。也许将文化与某个简单的版图一对一挂钩永远不是一个明智选择，但是，某一特定地区的文化却越来越多地涵括了来自许多其他地方的因素。现在，许多文本不是以某些特定国家的利益、关注和文化为基础，而是以不同国家或者是共享某种跨国文化的民众的利益、关注和文化为基础。例如，流动群体，或者共享某种特别文化感受或类型的群体（例如全球极端金属音乐爱好者）(Kahn-Harris，2007)。

很明显，我的主要关注点（即本书主题）是上述国际化三个主要方面中的第一方面，即文化企业的国际化。但是，我也不会完全抛开后两方面而仅仅论述第一方面。

三、电视和地缘文化市场

正如在第二章中所见，美国在20世纪60年代支配着电视节目的国际流动。因此，电视成为学者们关注美国大众文化的更为普遍的切入点。某些学者认为，电视是美国文化支配中最新也是最重要的形式（Schiller，1969）。这种观点建立在美国的节目输出上，也建立在美国公司在海外的直接投资，尤其是在拉丁美洲的投资上（Wells，1972）。另一些评论家关心的是美国电视节目的质量，这在20世纪80年代关于美国节目和模式的支配地位是否将导致“《豪门恩怨》泛滥”（wall-to-wall *Dallas*）[①] 的讨论中达到顶峰。 278

然而，具有讽刺意味的是，20世纪70年代和80年代早期，当文化帝国主义理

---

① 这一术语在20世纪80年代的英国使用广泛，尤其是在《金融时报》记者克里斯托弗·邓肯雷（Chirstopher Dunkley）的书中（作为书的副标题）。又见柯林斯（Collins，1986）。

论达到巅峰时，美国电视的支配地位却下降了。同样，恰恰在 1977 年汤斯托（Tunstall，1994）首次将其关于媒介和文化帝国主义的开创性分析（《媒介即美国》，*The Media are American*）付梓之前，大部分黄金时间的电视节目，包括最流行的节目，都是当地原创的。换句话说，巴西最受欢迎的节目是巴西制作，以此类推。唯一的例外是媒介资源非常贫乏的小国（如牙买加，文化与美国接近，语言也相通）。汤斯托（Tunstall，1994/1977：14）指出，黄金时间电视节目的趋势是，或者在本国制作，或者由一个具有相似语言和文化传统的较大的国家制作——对一些国家来说这个大国是美国，对许多阿拉伯国家来说是埃及，对中美洲国家来说是墨西哥。美国电视公司在拉丁美洲的直接投资往往以失败告终，而其他产业的美国公司也已经从 20 世纪 70 年代中期开始撤回在拉丁美洲的风险投资。之所以这样做，主要是由于当地政府，例如巴西，采取了贸易保护措施。这些措施不能被视为拉美国家对美国文化帝国主义的开明抵制，因为采取这些措施的通常是军人集权政府（见下文）。

20 世纪 70 年代和 80 年代初，对美国电视节目的进口呈下降趋势。根据塔皮奥·瓦里斯和卡拉勒·诺登施特伦（Varis & Nordenstreng，1985）提供的数据，在第三世界国家的电视台中，外国节目的比例在 1973—1983 年的十年中平均下降了 15%以上。在拉美六大国家中，1972—1986 年间进口节目下降了 29%（Berwanger，1998：192）。

虽然汤斯托的《媒介即美国》一书名字很引人注目，但他将国际文化产业看作是处于美国（或者美国和英国）支配之下的观点太过简单化了。一项近期研究试图超越这种“同心视角”（concentric perspective）。同心视角是指“居于中心地位的
279 ‘西方国家’通过向外输出文化产品，支配着边缘的‘第三世界’”。这一研究的作者是澳大利亚作家约翰·辛克莱、伊丽莎白·捷卡和斯图亚特·坎宁安（Sinclair，Jacka，Cunningham，1996：5）。辛克莱等人引入了“地缘语言区域”（geolinguistic region）概念来捕捉国际电视流动的复杂性（Sinclair et al.，1996：11－14）。地缘语言区域是一组拥有共同文化、语言和历史联系的国家。它们可以是实际上的地理区域，如相邻国家。但是在许多情况下，它们之间的关系依赖于文化而非地域相邻，这种关系在长期跨国接触中得以铸造成型，尤其是殖民主义帝国对它们的影响。例如，可以将美国、加拿大、英国、爱尔兰、澳大利亚和新西兰看作同一地缘语言区域，因为它们的第一语言都是英语，也主要是由白人、基督教文化传统组成的。另一个潜在的地缘语言区域由西班牙、说西班牙语的拉美国家、先前曾归属于西班牙帝国的国家以及大量说西班牙语的美国人组成。另外的地缘语言区域则包括葡萄牙、巴西，以及非洲和亚洲曾属于早期葡萄牙殖民地的国家，这些国家深受葡萄牙语及其文化的影响。

我喜欢**地缘文化市场（*geocultural market*）**这一合成词。地缘文化一词比地缘语言更为准确，因为语言只不过是地区和民众之间众多潜在的文化联系中的一种。例如，那些原先属于苏联的欧洲国家和东欧国家也形成了一种特殊的地缘文化区域，它们共同经历了苏联的体制并有着长期的基督教传统，但是却没有共同的语言。“市场”比“区域”一词更为准确，因为这种文化联系能够超越地域限制，在

更广阔的遥远的地方发挥功效。需要指出的是，一种特定文化可能不只属于一个地缘文化市场，因为几乎所有的国家都包含不同种类的人群，他们的文化认同也各不相同。更为重要的是，这也是文化研究方法的卓越之处，因为同一个人也会有多种文化认同。一个生活在英国的印度裔妇女可能会感觉到自己是母语为英语的地缘文化市场的一部分，她会对英国、美国和澳大利亚的大部分节目感到亲切。然而，她也可能感觉自己属于一个由印度本土和阿拉伯湾等地的印度移民社区所构成的地缘文化市场。由于不同的生活体验，例如和谁在一起，她的自我归属可能会发生改变，甚至她的个人感情也会影响她的归属。

除了好莱坞之外，这些不同的地缘文化市场还有其他生产中心。辛克莱等人对这些中心特别关注，“墨西哥和巴西为拉美服务，中国的香港和台湾为亚洲说汉语的人服务，埃及为阿拉伯世界服务，印度为非洲和亚洲的印度人服务”（Sinclair et al.，1996：8）。他们注意到，这些地区的电视节目生产中心建立在先前存在的电影生产中心的基础之上。我将在本章稍后讨论这些问题。

但是，认识到文化贸易发生在地缘文化市场内部，还不足以说明全球电视文化
新出现的复杂性。辛克莱等人很明白，这些地缘区域不是有界限、离散的空间，在 280
电视文化的新时代，“全球、区域、国家甚至地方圈子的节目都在一面多棱镜中互相交换、交叠、互动”（Sinclair et al.，1996：5）。为了更具体地说明并进一步描绘这一复杂的、多中心的全球电视图景，我将讨论两个非常重要但是极为矛盾的有关电视近期发展的例子。

- 欧洲、美国及其他地缘文化市场的节目发行。多年来，讨论得最多的例子就是拉丁美洲出口的电视连续剧。那么，这在多大程度上代表了世界其他地区会将其文化传回西方国家呢？这是否可以被理解为文化帝国主义模型的瓦解，以及出现了更平等的国际文化交流趋势呢？
- “电视节目仅在国内播放、节目单同时混有国产节目和进口节目（主要是美国节目）”的系统瓦解了；由于卫星传输系统的兴起，一国可以接收其他国家的电视频道。那么，这在多大程度上可被视为是国内电视系统向真正的国际视听系统的转变？这些转变在多大程度上可被理解为朝着更多声音和多样性系统迈进？

1. 逆向文化流动？拉丁美洲电视个案研究

学者们经常以拉丁美洲电视为例，来质疑那种认为好莱坞电视节目和美国集团公司支配了欧美以外电视市场的简单化的观点。拉美电视也被作为描绘非核心电视节目生产国如何在国际电视市场中赢得更多份额的一个模式。[1] 奇怪的是，对这种文化逆向流动的溢美之词，常常忽略了节目生产体制的集权化和不民主的本质。

20 世纪 60 年代以来，大部分拉丁美洲国家的电视产业都获得了发展，尤其是墨西哥和巴西。20 世纪 80 年代和 90 年代的一个重要发展是，墨西哥、巴西以及其

① 例如，马特拉特夫妇（Mattelart & Mattelart，1990：2）引证 20 世纪 80 年代的意大利政策研究。

他拉美国家，诸如委内瑞拉，都成为重要的节目出口国，其节目不仅出口到西班牙语地缘文化市场，还出口到美英等其他许多国家，即那些被认为处于文化产业版图核心区域的国家。

墨西哥和巴西电视产业的国际形象建立在其国内两大强势公司——Televisa 和 Globo 的基础之上。在墨西哥，20 世纪 90 年代中期，Televisa 电视网大约拥有国内电视市场份额的 80%，这一数字在巅峰时期还要更高一些。在巴西，Globo 电视公司在 1.6 亿人口左右的巨大市场中所占的份额约是 76%，而巴西的电视市场又几乎垄断着巴西的广告支出（Sinclair，1996：35）。Televisa 电视网还吸引了广大的海外市场，如拉丁美洲的西班牙语国家、美国的西班牙裔群体以及西班牙。Globo
281 电视公司则较少依赖同属一个语言文化区域的海外市场，但是其节目输出的成功则源于 20 世纪 70 年代末对葡萄牙的输出。

拉美**伦理长剧（telenovelas）**是有关拉丁美洲电视节目所存争议的核心。拉美伦理长剧这一术语有时候也被译为“拉美肥皂剧”（Latin soap），但是，在以英语为第一语言的国家中，“肥皂剧”一词含义太过复杂，以至于经常被误解。[1] 尽管英国的黄金时间肥皂剧（prime-time soap）和美国的全天候肥皂剧（day-time soap）原则上会不断播映，没有完整的叙述模式，然而，拉美伦理长剧的出现为众多连续剧敲响了丧钟。美国的黄金时间肥皂剧采取“系列剧”形式，每年 20 集左右，按季（season）播出，长年播放。拉美伦理长剧不采取系列剧形式，而是 100 集左右连续播放完毕。与英美的黄金时间肥皂剧不同，拉美伦理长剧每周播出 5～6 遍。在同一天当中，大概有 15 部电视连续剧在不同频道播放，播出时间经常是下午和晚上，播出地点是街区范围内。拉美伦理长剧与英美肥皂剧都很关注家庭关系，这引起了观众强烈的情感反应。拉美伦理长剧比英国肥皂剧更强调“单极化的道德力量”（polarised moral forces）[2]，但是，某些拉美伦理长剧也具有明显的“美学价值”，尤其是巴西的伦理长剧（Sinclair，1996：50）。在那些最为重要的拉美伦理长剧中，有一些是由文学小说改编而成的。肥皂剧一直以来被认为是英语世界中恶俗而浅薄的娱乐形式，但是在拉丁美洲，伦理长剧却常常更具声望。在英国和美国，肥皂剧往往受到女人以及受教育程度较低的人的喜欢（Vink，1988：221 - 222），这一事实经常被含蓄或（有时候）直白地阐释为价值匮乏的标志。例如在英国，有证据表明，观众的实际构成比例是男女各占一半（Vink，1988：247）。然而，在拉
282 丁美洲，伦理长剧却是主要的电视类型，这与澳大利亚、加拿大、英国或美国的情况是不同的。虽然拉美伦理长剧在 20 世纪 60 年代早期才出现在拉美电视市场，但它却充分利用了拉丁美洲流行小说、电影和电视剧中悠久的情节剧传统（Mattelart & Mattelart，1990）。因此，拉美伦理长剧从文化上来讲是非常特殊的。

从以上所述可以看出，20 世纪 80 年代和 90 年代的拉丁美洲电视在本土之外的

---

① 肥皂剧和伦理长剧之间虽然有差异，但也有相似之处，即早期的广播剧是由英美的去污剂公司赞助的，这也是“肥皂剧”名称的由来。

② 这一强调有时也被称为“情节剧的”（melodramatic）。乔斯坦·格瑞普思若（Gripsrud，1995：242 - 248）在对美国黄金时间肥皂剧《豪门恩怨》（*Dynasty*）的卓越研究中指出，情节剧这一概念极为复杂，有时候，肥皂剧研究者也会将其误用。

成功至少在一定程度上代表了拉丁美洲文化一个重要的国际化新形象。拉美伦理长剧得以在全球传播有一个经济原因。例如，据马特拉特夫妇（Mattelart & Mattelart，1990：2）所述，意大利电视台每引进一集 40 分钟的拉美伦理长剧的成本在 3 000 美元到 6 000 美元，而引进每半小时美国肥皂剧就需花费 6 000 美元到 48 000 美元。随着 20 世纪 80 年代电视市场内容需求的增长，巴西 Globo 电视公司的节目出口呈现出稳健增长势头。各类小说在其所出口的国家中变成了伦理长剧：Globo 的《女奴伊佐拉》（*La Escrava Isaura*）在中国、捷克斯洛伐克和古巴，《加布里埃拉》（*Gabriela*）在安哥拉，《富人也哭泣》（*The Rich Also Cry*）在俄罗斯都是如此（Paterson，1998：62）。那么，我们如何解释拉美伦理长剧的成功传播呢？很明显，引进成本等经济因素不足以说明这一问题，必定还有文化因素在起作用。马特拉特夫妇（Mattelart & Mattelart，1990：144）推测，具有异国情调的非西方电视节目在西方将日益流行，这是观众“对西方现代性产生审美疲劳的结果”（Mattelart & Mattelart，1990：152）。他们还指出，情节剧在 20 世纪晚期日益展现出它的广泛潜能，并成为一种“超类型”题材，它老少皆宜（至少在某些时候如此），将悬念、喜剧、悲伤、武打等因素融合在一起。①

但是，也不能过分夸大拉美伦理长剧的重要性。在 Televisa 电视网的节目构成中，拉美伦理长剧仅占 8%（Sinclair，1996：49）。一个重要但经常被忽视的事实是，在巴西，当拉美伦理长剧在学术界和政治圈被广泛讨论时，新闻节目却比拉美伦理长剧更受欢迎（Vink，1988：11）。美国电视收入的 50%来自海外；而 20 世纪 90 年代中期，在 Globo 的收入中只有 3%来自海外市场，这“海外”还包括拉美市场本身；Televisa 的收入中有 10%来自海外市场，这些收入主要来自输往美国的电视连续剧和其他类型片，因为美国的西班牙语人口增长迅速（Sinclair，1996：49，52）。

关注拉美伦理长剧可能有助于我们纠正一个错误观念，即世界电视节目的多级市场是由美国支配的。同时也表明，从边缘向中心、从边缘向边缘的文化输出在未来是有可能的。但是，从经济角度来说，拉美伦理长剧的出口相对来说没那么重要，从文化角度来讲，它们也仍然是所有电视节目中的一小部分，这种情况甚至在拉美伦理长剧十分流行的俄罗斯亦如此。在大多数国家，国产节目仍旧比美国进口节目的受关注度高些（Hoskins et al.，1997：29）。绝大多数的非国产节目都是美国生产的：美国至少占了电视节目出口总和的 75%。仅仅根据某些拉美伦理长剧的零星成功，就声称跨国电视新时期已经到来，未免言之过早。 *283*

在许多情况下，对于那种认为拉丁美洲公司的存在是对抗文化帝国主义的工具的观点，我们应该谨慎对待。正如马特拉特夫妇（Mattelart & Mattelart，1990）指出的那样，Globo 和 Televisa 等公司分别支配了本国市场，美国传媒巨擘的 CEO 们只能望洋兴叹。这两家公司都依赖于重要的纵向一体化：Globo 由马利姆家族

① 这种国际性的传奇剧类型似乎衰退了，被流行剧和智力竞赛节目取代——当然这并不意味着马特拉特夫妇的观点不可信。参见利布斯和卡茨（Liebes & Katz，1993）对美国成功电视剧《豪门恩怨》（*Dallas*，1978—1991）的研究。

（Marinho Family）建立，它是从一家主导性日报《环球报》（*Globo*）起家的；而 Televisa 则从报纸和电视业务中获利。Globo 拥有唱片、录像的生产和发行公司，一家电子公司，一家广告公司，以及巴西主要的艺术画廊。马特拉特夫妇（Mattelart & Mattelart，1990：42）引自《综艺》（*Variety*）杂志的数据表明，据估计，自 1987 年以来，平均一部拉美伦理长剧在巴西可以助销 20 万张碟片，在全世界范围内可以助销 100 万张。这两家公司也进行了强有力的横向一体化。每家公司所播送的节目中有 78%到 80%都是自己生产制作的。实际上，所有知名的巴西演员都是 Globo 旗下的签约艺人。

被西方描绘成拉美商业魅力领袖的 Globo 和 Televisa，都与施压性的强权政府有紧密联系。巴西的军人政府曾出资构建卫星基础设施，将巨大的巴西版图合并成一个独一无二的电视市场。正是电视市场的大统一保证了 Globo 的主宰地位。在墨西哥，政府在发展电视基础设施上的支出使私人公司大获其利。当然，电视公司与政府之间也矛盾重重。Televisa 脱胎于两个商业频道，并与墨西哥政府新近建立的 13 频道唱反调。然而，Televisa 也与曾经统治墨西哥的革命制度党（PRI）关系密切，后者自 20 世纪第一个 10 年上台，直到 2000 年才下台。无论是在墨西哥还是在巴西，政府对电视的监管都极为宽松，允许跨媒体经营与大型商业集团的存在——巴西电视公司在 20 世纪 80 年代和 90 年代获准每小时播放长达 15 分钟的广告。政府对传媒产业的支持，与未能在更多基础领域为民众提供更好的生活，形成了鲜明的对比。汤斯托（Tunstall，2008：20）引用了《经济学人》杂志的观点：20 世纪 90 年代，巴西家庭拥有电视机，但是却享受不到干净的水或者良好的小学教育。

对拉丁美洲电视进行详细研究，有助于我们去领会不断变化的国际电视图景的复杂性，拉丁美洲的电视节目也可以获得巨大的文化利益。但是，将拉美电视视为
284 对文化不平等（文化帝国主义理论家试图让我们相信文化不平等，无论这样做犯了多大的简单化错误）的重要反抗，则大错特错了。国际传播并没有实现真正的民主。拉美电视伦理长剧的存在很难证明民主的存在，它只是电视节目由发展中国家向发达国家输送（与长期存在的由发达国家向发展中国家输送相对）的小个案。那些支配拉丁美洲电视市场的公司并不能够替代在全球随处可见的电视支配模式。这表明，在显示国际文化流动的复杂性方面，全球化理论可能比文化帝国主义理论要有说服力，并更能解释颇有压抑性的有关经济、政治和文化力量之间互动关系的问题。

后来的发展强化了这一观点，但是地缘市场的民主化使得文化产业研究成为非常有意思的领域。市场化向前发展了一小步——这发生在公共电视网比较弱势的地方。新一代传媒集团的出现，对以家庭所有权为基础的控制结构进行了补充（Fox & Waisbord，2002）。在墨西哥等国，电视领域的单寡头垄断让位于双寡头垄断（Sinclair，2004）。同时，Globo 的支配地位也受到来自新势力的挑战——巴西宗教电视频道崛起，包括新教福音和罗马天主教。① 选举出来的政府比以前的政治体制更有利于实现社会正义，马斯特里尼和贝切拉（Mastrini & Becerra，2011：

① 观众群的缩减导致 Globo 公开支持外资传媒进入，并开始寻找合适的生意伙伴（Straubhaar，2004）。

73）提到了一些鼓舞人心的进步：监管和干预加强、对产权集中进行适度控制、公民社会行动者在传媒角色大讨论中的参与程度逐渐提高。还有一些学者认为，这种局部的民主化和新闻专业主义是相伴而生的，至少在巴西如此（Matos，2008）。

2. 跨国电视输送与接收：后国家电视？

我想考察的有关电视国际化的第二个主要方面是全频道跨国输送的持续增长。20 世纪 80 年代和 90 年代，电视产业领域出现了日益复杂的跨文化流动，而这并不能被简化为文化帝国主义。新技术意味着，通过卫星电缆和广播卫星，西方电视频道（尤其是美国电视频道，如 MTV 最早是为了满足美国国内市场需求）在海外市场也能被接收到了。正如凯文·罗宾斯（Robins，1997）所言，20 世纪 90 年代建立的 MTV 和 CNN 不得不根据当地观众的喜好作出调整。新的混合式节目诞生了， 285
产权归美国公司所有，或者由美国与当地企业或国家合资，输送地方新闻或者流行文化。

20 世纪 80 年代以来，我们见证了电视领域复杂的跨文化流动，但这并不代表文化帝国主义。80 年代，录像机在全球广泛使用，漂泊在外的人们能够观看从祖国进口的电影和电视节目了。电缆和卫星技术自 80 年代初便被各国使用，这使得跨国节目消费更为广泛。例如，纳费西（Naficy，1993：62）在其著述中提到了一个独立电视台——18 频道（KSCI TV），其同期研究表明，该电视台“用大约 16 种语言全天候播放电视节目，这些节目或由流浪在美国的人士制作，或从其原出生国进口”。这 16 种语言分别是：阿拉伯语、亚美尼亚语、柬埔寨语、汉语普通话、法语、塔加拉语（即菲律宾土著语）/英语、德语、匈牙利语、北印度语/英语、帕诺安语、意大利语、日语、希伯来语、韩语、俄语和越南语。近来，在许多发达工业国家，这类“旅居族群电视台”（diasporic television）迅速繁荣起来。我们不能想当然地认为，这类电视台对于满足这类族群对所属群体文化的需要是必需的；在主要大都市之外的许多地方，这类电视节目是无法收看到的。如果某人不是来自特定的旅居族群居住区的话，他就很难看到这些节目。然而，这种“边缘”节目在“中心”城市的可获得性，对文化帝国主义发起了挑战。[①]

许多研究讨论了这些新的跨国输送形式，其中有的还认为这些输送形式在文化价值上具有进步意义。例如，玛丽·格里斯潘（Marie Gillespie）认为，“在旁遮普人（Punjabi）家庭中，具有文化多样性的电视节目及电影的共存，刺激了（针对这些家庭的）媒介文本的跨文化研究和比较研究”（Gillespie，1995：76）。她还说，这提升了人们对文化差异的意识，强化了文化认同感，并导致了对文化变迁的渴望。

有线电视和卫星电视的发展对我们的影响要比旅居族群电视更深远。这是比以往更伟大的跨国传输。引用 21 世纪早期的数据，阿梅萨加（Amezaga，2007）识

① 纳费西的说明中最有意思的方面是，他指出了旅居的伊朗人（由于他们属于精英文化而非跨国文化）是如何被迫自己生产节目而不直接从原出生国伊朗进口节目的。

286 别出 13 750 个卫星广播或资源。[①] 卫星传输的繁荣被视为跨国文化流动增长的关键代表——这也是 20 世纪 90 年代和 21 世纪初社会理论的主题。种群景观（ethnoscapes）和媒体景观（mediascapes）的概念，试图将人口和文化的流动理论化，它们也是这一时期被引用最多的概念。但是，阿梅萨加（Amezaga，2007：40）指出，这种进程是矛盾的。它们围绕着地缘语言和地缘文化市场进行，正如旅居族群越来越能够看到来自祖国的电视节目。但是，卫星服务也强化了全球范围内极少数优势语言和文化的垄断地位，尤其是英语。诚如阿梅萨加所指出，40%的电视节目都是英语节目。更有甚者，千种语言中，只有 80 种被使用。有些语言尽管有数百万人会说，但是电视中不会用到。此外，实际上，在全球出现最多的几种语言至少也是某些国家的官方语言。

这表明，在跨国卫星电视的繁荣是否代表了后国家电视体制的崛起这一问题上，我们必须小心谨慎（Sinclair，2009），至少在电视能否削弱一个国家的政治控制和监管这个问题上，不能太乐观。科林·斯帕克斯（Sparks，2008：164）提出很重要的一点，当卫星电视实现从一个国家上传节目、在另外一个国家收看节目时，“地球上没有一个点是能够超出法律管辖范围的”。上传节目的国家“保留着对卫星服务的控制权”。斯帕克斯举了一个极端的例子，1999 年英国管治者关闭了库尔德人的卫星电视台 Med-TV，作为对土耳其政府施压的回应，但是他也讨论了其他问题，例如如何跨国界地辨别不雅的内容。政府政策和国家政治问题也很重要。斯帕克斯指出，卫星服务只能通过广告或者捐赠实现盈利，这两者都离不开办公室、工作人员和银行账户，这意味着任何卫星服务的“每一个字节都受制于观众所在国家的法制环境，都是地球上的传播者”。他还讨论了新闻集团为建立星空卫视服务在中国获取特许权的著名案例。鲁伯特·默多克的新闻集团于 1993 年收购了
287 在死亡线上挣扎的亚洲卫星服务公司星空卫视，并于几年之内在众多国家和地区的电视市场落地，包括中国大陆、印度和中国台湾。到 21 世纪前几年，它覆盖了 3 亿人口。这些巨型公司渴望进入规模巨大的亚洲市场，新闻集团在与中国政府的谈判上尤其百折不挠，如停止星空卫视播放 BBC World Service 电台的节目，确保旗下的出版公司哈珀柯林斯（Harper Collins）不出版最后一任香港总督彭定康的回忆录。

即使“后国家传播”的说法并不成熟，但是无视电视产业跨国传播在文化意义上的重要性及其日渐渗透的现象（卫星传播的渗透只是其中一部分）是严重错误的。国家和商业的联合也不能阻止我们结束这一研究。虽然采取的是文化帝国主义集团和有代表性的国家相联合的现代化形式，但是星空卫视并不简单地代表文化帝国主义。星空卫视是一个娱乐发行网，它播送与西方人所熟悉的节目类似的混合节目，而不仅仅是默多克传播理念的载体。它强调个人主义者和商业主义者的价值，同时也强调那些不直接支持资本主义积累的价值，如家庭道德和社区忠诚［请参考本章后面王爱华（Aihwa Ong，1999）的讨论］。

---

① 由于从卫星接收的广播信号有重叠，阿梅萨加及其同事仅统计了“直接面向终端用户和有线电视提供商的广播”。鉴于许多频道在不同的卫星电视上传播，我们统计的是广播的数量，而不是频道的数量。

四、东亚电视的崛起

正如表 8—1 所示，21 世纪第一个 10 年，很多曾经位于全球电视节目制作腹地——欧美——之外的国家获得了快速增长。在这一增长势头的点燃下，分析家表现出了对东亚电视的特殊兴趣。实际上，北美和欧洲电视产业在 21 世纪第一个 10 年晚期相比亚太地区增速更快，并创造了更高的利润。但是，对东亚电视的关注更多的是出于利润和增长之外的原因，与该地区经济和社会文化的深层变革不无关系。

表 8—1　　2006 年以来全球部分国家和地区电视收入的变化　（单位：百万欧元） 288

地区	2006 年	2007 年	2008 年	2009 年（估算）	2013 年
北美	92.9	101.1	106.1	104.1	120.4
欧洲	75.5	80.8	84.1	82	98.5
亚太	51.2	53.3	55.8	56	68
拉美	20.4	23.7	29	30.7	42.3
中东和非洲	4.4	2.6	6	5.7	8.8
合计	238.3	257.9	272.1	268.9	322.9
中国	6.9	7.7	8.7	9.2	11.3
印度	3.6	4	4.7	5.2	6.9
巴西	6.1	7	8.8	9.6	14.1

资料来源：IDATE，2010.

一个特别的焦点是东亚不同国家之间节目及类型的日益流动（Keabe et al.，2007）。但是，这种增长——为非西方国家的媒介生态带来了新的多元化——在多大程度上意味着向更加多元的电视体制、信息和娱乐的开放？（专栏 8—2 比较简单地介绍了一个个案——阿拉伯世界电视的发展尤其是它与卫星新闻的关系。）

中文电视的个案尤其令人感兴趣，用迈克尔·柯汀（Curtin，2007）著作的标题来说就是，它有能力与“全球最大的观众群”沟通。这表明中文电视有潜力重建被欧美公司主宰了几十年的现有国际化电视节目模式。中国香港和台湾地区以及新加坡多样的电视产业增长很快，中国地缘文化市场的广播范围发生了改变。柯汀（Curtin，2007：276－277）指出，这些产业面临着很大的问题。新一代企业家被媒体所有权的潜在魅力和影响吸引，而政府逐渐放弃了对媒体内容的直接控制。这些新企业家缺乏有关资本运作和创意的专业技能，但他们有投机取巧的倾向，把目标观众定位为小众群体，制作低成本的节目类型，如脱口秀、室内情景剧、真人秀和真人新闻节目。这种低成本的节目类型不太可能打入大中国市场——但这正是这类节目获得可观收益的唯一出路。此外，正如柯汀所指出的，要成为地方媒介大咖，必须具备吸引创意天才的能力，这也是文化企业成功的必备要素。中国香港电影无疑是成功的，但是台湾地区电影和香港电视产业在柯汀所研究的时代却远远不及。

同时，从观众人数角度来看，最大的电视产业实体中国表现出其他一些矛盾性。党和国家控制着新闻和信息内容，非新闻内容的供给则在政府机构的管控下向
289 私人企业开放，特别是在 2001 年中国加入世界贸易组织以后。赵月枝（Zhao，2008：211－216）讨论了中国巨大的、充满活力的电视产业是如何涌现出来，并致力于连续剧的生产的（连续剧是中国电视观众尤其是受教育程度不高的农村观众所消费的主流产品）。2000—2005 年，中国国内每年制作的电视剧达 9 000～11 000 集，大部分由 700 家私人电视公司制作。中国有一套复杂的控制系统，包括电视节目制作许可制，官方表决通过、发行许可、“主旋律”体制。例如，2004 年，中国取缔了犯罪剧和以真实故事为题材的警察类节目，目的是减少犯罪模仿和警察腐败，一夜之间，黄金时间档的电视节目改头换面，从而创造了“充满活力且百花齐放的电视流行文化”（Zhao，2008：216）。这些电视剧利用香港、台湾等地的制片技术和风格，就像被人为控制的讨论各种事件的论坛，从婚外情到贪污腐败，无所不有，无所不包（同上）。赵月枝和孙皖宁（Wanning Sun）还强调了电视节目与一个矛盾进程（中国同时追求市场化和党的领导）的关系（Sun & Zhao，2009）。大量有影响力的连续剧表达了对党的热爱和强烈的情感。纪实节目提供了普通老百姓遇到困难时的感情丰富的叙事，并通过道德、法律、医疗、体制等途径对他们进行教育，告诉他们所有的问题都是能够解决的，但是却不讨论社会的、政治的、体制的原因。中国的市场化因此引入了大众化的、充满活力的、迷人的电视体制，但是认为它能够与美国的垄断地位一争高下却言之过早了。

与个体国家电视产业（日本和韩国，也包括中文电视市场）的发展同样重要的，是东亚诸国之间文化交流和融合的日益加深（Keane et al.，2007）。这种跨国文化流动清晰地表明，用“西方化”或者“美国化”来描述 21 世纪的电视产业很有问题，而且可能确实没必要。亚洲内部文化生产、发行、消费很繁荣。但是，它在何种程度上丰富了那些将自己暴露在文化流动面前的人的生活呢？我们又应该如何对之作出评价？在岩渊功一（Koichi Iwabuchi）看来，东亚不同国家之间的媒介文化消费，尤其是电视剧消费，有助于加深观众对自己所处社会和文化及其他国家社会和文化的理解，尤其是在两性关系和年轻人生活方式方面。例如，在日本，对
290 中国香港和韩国媒介产品的消费，动摇了“历史上建立起来的日本相对于亚洲其他国家和地区的优越性；日本在地理位置和文化上虽然属于亚洲，但日本与亚洲之间还是有区别”（Iwabuchi，2010：200）。这里并不是幼稚地赞美亚洲文化帝国主义。在岩渊功一看来，我们需要在文化产业权力的大环境下思考东亚媒介文化的崛起。例如，日本文化产品的出口通常依赖于好莱坞的发行网络，而后者则依靠去除其中的日本色彩“使之能够被全球观众接受（从美国制片人的角度来看）”。岩渊功一还认识到了与版权控制和劳动力控制相关的问题，我在本书的前几章（以第五章和第八章为代表）已经讨论过了。

一些研究者已经注意到，在亚洲电视生产和消费的成长过程中，电视节目版式（formats）的发展和交流在新兴的、去中心化的、越来越平等的全球电视体制中变得特别重要和显著（Jensen，2007；Keane et al.，2007）。黑文斯（Havens，2006：36）发现了电视节目版式超过合拍影片和引进真人类节目的三个优势。

- 低风险：一种电视节目版式有利于它在其他市场上也受到欢迎。（当然，节目可能仍然是失败的，我们可以提供极为失败的案例。）
- 电视节目版式可能胜过进口：正如我们已经解释过的，电视观众几乎总是喜欢本土节目胜过进口节目，尤其是本地语言节目。
- 潜在的廉价：电视节目版式许可费比节目本身的成本低很多，当然，节目还需要制作出来。

电视节目版式国际贸易有较长的历史，但是在20世纪90年代和21世纪初随着产业发展和贸易市场的繁荣而得以加强（Havens，2006）。电视节目版式市场主要受到欧洲和北美出口商的主宰（Tunstall，2008），但是非欧美国家之间也有可观的贸易，而这也使得电视节目版式贸易成为宣称一个新兴的、更平等的全球电视体制已经到来的基础。在迈克尔·基恩（Keane，2004：11）看来，“尤其是在边缘体制……和拓展电视理念储备的过程中，电视节目版式在促进产业发展上起着重要作用”。电视节目版式极为蔑视持文化帝国主义观点的政治经济学家，他们无意识地写道：“与虚华繁荣的好莱坞相比，亚洲媒介还涉世不深。”（Keane，2004：14）[①] 相反，电视节目版式向我们展现了一个新兴的、充满活力的亚洲文化基础架构，“更大范围内本土内容的振兴”（Keane，2004：12），因为亚洲电视体制创造性地重建了西方导向的电视节目版式，并开发出属于亚洲自己的电视节目版式。 *291*

看来，亚洲电视节目版式的发展和交流确实引发了一些令人惊喜的文化现象。岩渊功一（Iwabuchi，2010：199－200）讨论了这样一个案例：关于高中生的日本喜剧漫画《花样男子》（*Hana Yori Danga*）被改编为电视连续剧，不仅在日本，在中国台湾也是如此。其改编后的作品《流星花园》（2001—2002）也捧红了中国台湾男子组合F4。这部连续剧和F4在东亚地区都非常受欢迎，不论是中文地缘文化市场内部还是外部。继而，一家日本电视台制作了日本版的《流星花园》并成功出口到韩国，直到韩国于2008年制作了本国的版本。乍一看，这彰显了亚洲地区文化生产的活力。但是这种亚洲内部的传播被打上了冲突和权力斗争的标签，就像欧洲和北美文化产业内部一样——有时候，知识产权法律和实践甚至更加不确定。由于原日本动漫版权所有者收回了F4这一名称的使用权，之前提到的中国台湾男子组合F4不得不在2007年改名为JVKV，仅仅因为日本版《流星花园》和组合面世了。此外，即使这种电视节目版式贸易突出了亚洲内部文化交流的繁荣，我们仍需要考虑本版块一开始岩渊功一所提出的那个问题，在许多关于电视节目版式（当然也包括电视节目版式贸易）的讨论中，这一问题显然被边缘化了：对电视节目版式的本地化改编，在多大程度上增加了亚洲等地公共生活和个人身份的丰富性和多样性？这些贸易的大部分都发生于三种节目类型上（Jensen，2007）：猜谜和游戏秀、电视真人秀、生活方式规划（家装类节目等）。它们丰富了观众的电视世界吗？这个问题我们会在第十一章讨论。

---

① 这种对文化政治经济学的嘲讽并不常见。政治经济学确实存在问题（见本书第一章），但是一些学者把它作为稻草人（straw figure）对待，很少识别更好或更坏的版本。

格雷姆·特纳（Turner，2010：55－66）研究了亚洲和阿拉伯国家对电视真人秀节目的改编。他没有赞美这些电视节目版式可能带来的商业增长，而是强调与之相关的复杂性和矛盾性。例如，他注意到，中国著名的偶像类比赛节目《超级女声》，以一种有趣的、新鲜的方式扰乱了中国的流行文化，因为它捧红了一名与中国传统女主角形象格格不入的外表中性的冠军。但是，他也举了对西方电视节目《名誉学院》（*Fame Academy*）进行改编的例子，该节目使马来西亚群情激动，节目名是《幻想学院》（*Akademi Fantasia*）。通过对两性同居的描述和对个人主义的关注，这一节目的巨大成功向严密监管其公民价值观的马来西亚政府根深蒂固的传统和权威发起了挑战。特纳说，虽然在马来西亚对该节目的褒贬不一，许多西方媒
292 介学者还是把该节目所产生的影响视为一种进步："因为从长期来看不会对（马来西亚）社会有任何损害，而是温和地推动它向构建了 21 世纪现代性的全球化范式过渡。"（Turner，2010：61）但是引起特纳注意的是"娱乐产品的短期目标和文化影响的长期重要性之间显著的不均衡"（Turner，2010：63）。在特纳看来，这反过来指出"通过全球电视节目版式如《名誉学院》所进行的文化认同贸易，一方面是多么商业味十足，另一方面在意识形态上又是多么随意"（Turner，2010：63）。这里，他有效地挑战了那种以全球化名义盲目赞美文化杂糅现象的空虚的民粹主义。

专栏 8—2

阿拉伯世界电视和半岛电视台：专业新闻的输出？

与欧洲邻居不同，阿拉伯国家政府希望卫星电视能够为促进地区认同做出贡献。阿拉伯国家电视输送系统从国家系统向跨国系统转变的第一个主要进步发生在 20 世纪 90 年代初。① 埃及虽然不是第一个引进电视机的阿拉伯国家，但是自 20 世纪 60 年代早期以来，埃及便支配了阿拉伯国家电视节目的生产和贸易，部分原因在于其高度发达的电影产业及众多经过培训的技术和创作人员。埃及在 1991 年建立了自己的卫星频道空间网（SpaceNet），并在第一次海湾战争期间提供了大量替代性新闻报道，产生了巨大影响。紧随其后的是沙特阿拉伯的私有电视台中东电视中心（MBC）和科威特的空间频道（Space Channel）。不久之后，覆盖全国范围的卫星频道也出现了，阿拉伯世界的许多富有国家竞相将本国卫星电视纳入运营之列，并将其作为赢得国际声望的一种手段。这些频道还致力于覆盖出生在阿拉伯而生活在欧洲的 500 万阿拉伯人，以及生活在美国的 200 万阿拉伯人。

我再强调一次，读者们千万不要认为这些发展是一个多样的、理想的电视新世界正在形成的标志：阿拉伯的电视仍然处于政府的高压控制之下，而新兴的私人电视台诸如中东电视中心和轨道（Orbit）等，也经常是由富有的精英人士运作的，例如沙特阿拉伯的皇族或者与他们关系密切的商人（Boyd，1998）。（文化帝国主义的论述倾向于忽视

① 实际上，阿拉伯国家曾在 1976 年合作建立自己的卫星系统（Amin，1996：106－108）。虽然这有可能使卫星节目成为现实，但该卫星仅工作了 15 年。

这种“国家内部的”权力动态。）

阿拉伯的半岛电视台（Al-Jazeera，意思是“半岛”，位于卡塔尔）可能代表了这一领域的积极变化，它为其他阿拉伯媒体带来了新视界，虽然后者不这么认为。半岛电视台由卡塔尔酋长创建，但是被允许有很大程度上的独立自主权。特里·弗卢（Flew，2007：182－183）作出的一些关于其发展情况的总结对我们很有帮助。阿拉伯世界有对未经审查的卫星新闻的需求，主要是受到1991年海湾战争期间CNN广阔覆盖面的刺激。有一家位于罗马、由英国BBC公司与沙特阿拉伯合资创建的电视台，目的是提供区域新闻服务，但是却于1996年走向终结，原因是沙特阿拉伯对其内容感到不自在。半岛电视台雇用了阿拉伯新闻服务机构（Arabic News Service）前雇员。这意味着，半岛电视台有了一支专业技术过硬且具有公共服务理念的客观的记者队伍。当然还有一个重要条件，那就是具有现代理念的卡塔尔酋长希望半岛电视台能够不受政府控制而独立运作（虽然卡塔尔皇室成员在董事会占有席位），并将之作为区分卡塔尔与极度保守的沙特阿拉伯的方法。半岛电视台在“沙特领导下的阿拉伯现状”下所做的批判性报道（Kraidy & Khalil，2009：84），让它在许多阿拉伯人眼中很有公信力。作为反击，沙特大亨为Al-Aribiya提供资金，Al-Aribiya是一家新的阿拉伯语卫星频道，旨在提供更顺从于沙特领导的阿拉伯新闻审查制度的新闻报道。人们发现，半岛电视台更倾向于提供软新闻，并且避免与美国政府和企业利益疏远开来。然而，它也引起了一些争议，例如2003年播放了萨达姆·侯赛因的演讲，冒犯了伊拉克过渡政府。 293

半岛电视台的各个频道，包括新闻频道，通过电缆和卫星电视在许多阿拉伯国家和侨民所在地转播。它于2006年开通了英语广播服务，由于热衷于播放本·拉登录像而成为美国政府的敌人，直接造成其位于喀布尔和巴格达的办公室分别于2001年和2003年遭到了美国导弹的袭击。从2007年起，随着卡塔尔和沙特阿拉伯关系的解冻，半岛电视台对沙特阿拉伯事件的报道不那么具有批判性了。后来，有迹象显示，卡塔尔重新施加了对半岛电视台经营管理和新闻实践的控制（Sakr，2005）。哈菲兹（Hafez，2007：78）指出，它对阿拉伯政府控制媒体的争论，逐渐让位于对美国在以色列政策上的讨伐。在一些人看来，半岛电视台只不过是泛阿拉伯地区新闻审查制度的影子，而且它没有坚守新闻客观性的职业素养。但是也有人用“文本客观性”来反驳这种观点，认为半岛电视台“不得不亲阿拉伯，以弥补西方媒介的亲美国、亲以色列”（Hafez，2007：79）。然而，毫无疑问，半岛电视台和Al-Aribiya电视台共同促进了非西方信息类节目的重要发展。

五、国际电影产业：好莱坞的力量

电影产业为这些问题提供了一些近似而不同的视角。与电视相比，美国对国际电影生产和发行的控制程度更深（原因已经在第二章讨论过了）。 294

那么，最近这些年，好莱坞在多大程度上主宰了国际电影市场?①

- 据伽纳姆（Garnham，1990：176）估计，1979年，在非社会主义世界，电影租金毛收入的70%以上都是由美国的主要电影公司和小型公司贡献的。
- 在欧盟各国，好莱坞的票房收入份额从1984年的60.2%上升到1991年的71.7%（Held et al.，1999：356）。
- 国与国之间的数字有着巨大不同。1991年，美国电影占据了英国电影市场份额的93%，在法国则是58%，这也是在欧洲主要国家中占比最低的（Wasko，1994：222）。
- 但即使在法国，本土电影的票房份额到1998年时也已经跌至26%（*Variety*，1999-01-25）。
- 2010年，好莱坞仍然主宰着全球影院。在每年贡献超过2 000万张电影票的31个地区中，美国电影拿到了24个准入许可证，超过了50%，其中在新加坡和墨西哥占90%，在加拿大占88.5%，在西班牙和荷兰占65%（数据来自Audiovisual Observatory Report，*World Film Marker Trends*，2010）。②

我们可以将20世纪80年代和90年代好莱坞国际化的新一轮浪潮与第七章所讨论的生产和市场营销呈螺旋形上升的成本联系起来［瓦斯科（Wasko，1994：223）引用了许多执行官经常采用的观点］。即使欧盟及其多国政府已经设立了某些项目来支持电影生产，欧洲从好莱坞进口电影的脚步也没有停息。由于缺少市场营销和发行的能力，欧洲电影在非本土市场的盈利能力极差。德国和西班牙电影在其他主要欧洲国家的票房收入还不到本国票房收入的0.5%（*Screen Digest*，June 2000：189）。这种失败经常被归咎于语言不同，但是更重要的是缺乏市场营销力和发行力——毕竟，印度和美国的电影在海外市场的表现也可圈可点，即使其第一语言不同。

295 2004年本土电影票房收入占比数据详见表8—2。当然，随着其他赚钱方式（DVD租赁与销售、版权销售等）的日益重要，票房收入的重要性与日俱下。但是数据显示，许多国家的电影产业在国内的基础比较薄弱——但对本土电影来说，情况相比前些年还是好多了。

表8—2　本土电影占票房收入的百分比（2004年）

国家或地区	票房收入占比*
美国	93.9%
印度	92.5%

① 获得可靠数据比较困难，原因之一是美国的贸易联合会和电影联合会（Motion Picture Association of America）不愿意公布全部数据（Garnham，1990：171；Wasko，1994：293）。但是，随着政府尤其是欧洲国家越来越关注文化产业，数据的可获得性增加了。

② 一家澳大利亚网站——Green Ash——提供了关于好莱坞主宰地位相关数据的很有帮助的摘要，数据基于2011年的视听观察报告（Audiovisual Observatory Report），值得一看。

续前表

国家或地区	票房收入占比*
中国（不含港澳台）	55.0%
韩国	54.1%
中国香港	40.2%
法国	38.4%
日本	31.8%

* 数据指的是该国家或地区名义上的境内电影的票房收入占比。

资料来源：*Screen Digest*，April 2005：108.

然而，长期的不平等不能掩盖许多特色电影都不是美国生产的之事实。至少自20世纪20年代以来，许多非西方国家都拥有重要的电影产业。我们必须记住，世界上绝大多数电影并不是由美国生产的。从表8—3可以看出，1989—1998年间，美国之外的另外8个国家或地区，平均每年生产的电影都在100部以上。虽然好莱坞拿走了全球票房极高比例的收入，世界上仍有许多其他地区在生产电影，而且这些电影在其本国市场上颇为重要，有些甚至在国际市场上也十分卖座。

到2010年，印度平均每年制作1 274部故事片，美国754部，作为全球第三大中心的中国则在2010年制作了526部电影（*Screen Digest*，November 2011）。好莱坞在全球电影票房收入中占有很高的比重，但是许多国家的电影业也拥有重要的市场，其中一些甚至拥有重要的国际市场。印度和中国香港电影业时常会被引用为挑战文化帝国主义的例子。那么，它们可能是好莱坞的替代者吗？

表8—3　世界上最多产的故事片生产国或地区

国家或地区	1989—1998年年平均故事片产量（部）	1998年每部故事片平均投资（万美元）
印度	787	8
美国	591	1 400
日本	255	357
中国香港	169	58
菲律宾	160	数据未提供
法国	148	526
中国	127	42
俄罗斯	124	数据未提供
意大利	105	393
泰国	73	15
韩国	73	72
英国	67	825

资料来源：*Screen Digest*，July 1999：130.

六、其他产业、其他文本：印度和中国香港

好莱坞对印度国内电影市场的影响力惊人地小，其原因在于印度的国家保护主

296 义：印度政府不允许将国外电影翻译成北印度语。这一规定一直延续到 20 世纪 90 年代。不过，虽然 90 年代初期这一禁令在文化市场化过程中被解除，好莱坞的电影仍然只是偶尔卖座而已。部分原因是，印度电影的美学表现与好莱坞电影明显不同。印度电影的情节、结构和叙述形式来源于悠久的剧院和民族史诗传统（Thomas，1985），长度通常在 3 小时左右，而不是好莱坞特色的 90 至 100 分钟。经典好莱坞电影的叙述形式依据的是现实主义传统，即使在处理幻想的时候亦尊重现实。然而，印度电影强调的是情感和奇观，而并非紧张的情节（Thomas，1985）。印度电影期待某种似真非真的幻境，关注理想的家庭行为，尤其关注作为印度电影本质特色的歌舞剧，而时间和地点的连续性（好莱坞音乐剧通常尊重时间和地点）则附属于情感和奇观。不过，印度电影的独特文本秉性能否保护印度的文化壁垒不被打破，还有待观察。

自独立以来，印度每年生产的电影就一直比美国多。——尽管随着 20 世纪 70 年代以来美国电影产量的大幅增加，两国之间的差距已经缩小了，印度每年的电影产量仍居世界之最，正如我们在前文所看到的。人们经常用“宝莱坞”（Bollywood）来描述印度的电影产业，而“Bollywood”中的“B”则来源于印度城市孟买（Bombay，1995 年改名为 Mumbai）的第一个字母。在孟买，最著名的北印度语的“全印度”（all-India）电影被生产出来，这些电影中的大部分是全球发行的。[①]
297 有批评家认为这一名称有点自命不凡，但是全球的印度人都使用，所以看在简洁的份上我就将就使用了。

印度电影的出口在经济上和文化上都非常重要。1988 年，印度电影的主要市场是阿拉伯湾地区（Arabian Gulf）、印度尼西亚和苏联[②]，但重要的出口国还包括英国、摩洛哥和一些拉美国家（Pendakur，1990）。借助于录像和新型电视技术，居住在海外的数百万印度同胞对北印度语电影的需求大幅增长。1989 年，印度电影出口额在 1 000 万美元左右，但是到 1999 年，这一数字已经超过了 1 亿美元。这对一个发展中国家来说是一笔不小的外汇收入。到 20 世纪末，印度电影产业的全球总值是 55 亿美元。

21 世纪初，印度电影业呈井喷之势。2001 年，印度政府认证宝莱坞为官方产业，“打开了税收减免以及从银行、外国制作室和其他合法金融机构获得投资的闸门”（Jones et al.，2008：10）。虽然所创造的实际收入与好莱坞相比还是很小，但是宝莱坞试图通过向全球印度侨民发行和推销产品，从而将触角扩张到印度之外。孟买产业仍然大体上基于成百上千的小型制作公司和地区发行商，而不是垂直一体化的垄断性公司。但是根据劳伦森和陶贝（Lorenzen & Taübe，2008：290－291）的研究，一些生产公司中有显著的专业化表征。这些发展也伴随着产品领域的一些

---

① 印度制作的大部分电影并不出口，而是为了满足本土市场需求，部分原因在于地方政府和国家对电影制作进行了慷慨资助。潘达柯（Pendakur，1990）指出，只有 20%左右的印度电影是在孟买制作的。这种情况一直延续到 21 世纪初。宝莱坞主宰着印度民族语言（Hindi）电影的生产。海得拉巴（Hyderabad）和金奈（Chennai）两地生产的电影也较多，但宝莱坞仍占有最大的市场份额（Lorenzen & Taübe，2008：287）。

② 在讨论文化全球化的问题上，1945 年到 20 世纪 90 年代社会主义国家之间的文化产品跨国交流，是一个被忽略的话题，我认为这个话题可能会很有意思。

创新。除了传统的玛莎拉（masala）歌舞电影（较长的史诗般的浪漫影片），迎合城市年轻人（他们熟悉西方媒介与娱乐）口味的新一代多元化形式的电影也有崛起之势，国际性的合拍电影亦获得了一定量的增长，其中最著名的可能就是《我爱贝克汉姆》（*Bend It Like Beckham*，2002）和《新娘与偏见》（*Bridge and Prejudice*，2004），二者都是英籍亚裔导演顾伦德·查达哈（Gurinder Chadha）执导的。传统的玛莎拉歌舞电影也发生了改变，例如在对城市年轻人的描述上面（Jones et al.，2008）。换句话说，它们是随着宝莱坞向外扩张多元化表现形式日益增长的标志。

与此同时，另一个重要的电影生产中心是中国香港。香港电影经常被人与 20 *298*
世纪 70 年代流行于全球许多地方的功夫电影[①]和暴力动作片联系起来。但是，诚如史蒂芬·特奥（Teo，2000：166）所言，香港在整个 20 世纪 50 年代以及 60 年代的大部分时间成了一个重要的电影生产中心。在 1956—1957 年的高峰期，香港年产电影 311 部，此时音乐情景剧和舞刀弄剑的历史大片占据优势地位（Lent，1990）。20 世纪 60 年代末，粤语电影没有以前那么流行了，以散落在东亚的中国内地人士为目标受众的普通话电影开始占主导地位。到了 70 年代，随着香港经济的繁荣，电影观众人数剧增。认识到电影的潜在利润，勇于冒险的资本家开始进入电影产业。粤语电影占据了香港电影产业的中心地位。粤语电视节目以及以香港为基地的粤语流行音乐产业推出了一大批粤语明星。地方电视还滋养了一批“技术娴熟、具有社会意识、审美文化多元化”的新一代导演（Stokes & Hoover，1999：24）。

王爱华（Aihwa Ong，1999：161－167）撰文探讨了亚洲多国中产阶级消费者队伍的扩大是如何极大地影响中国大众传媒市场的。王爱华强调了这样一个事实，即漂泊在海外的华人——包括全美、中国香港、中国台湾、马来西亚、新加坡以及东南亚的其他地方——不仅仅依靠新闻媒介联系起来，电视、电影、杂志等的纽带作用同样重要。王爱华声称，媒介产品正塑造着跨越国界的中国人认同的新形象，这些媒介产品包括流行的功夫小说和卫星电视，尤其是构成香港电影产业主要形式的功夫片和警匪片。王爱华认为，这些电影“是在资本主义导致漂泊和剧变的情况下……探索中国人具体价值的媒介”（Aihwa Ong，1999：162）。香港电影宣扬手足情谊、哥们儿义气、等级效忠和血缘忠诚，并展现这些价值的脆弱性和重要性。王爱华相信，这可以使观众产生共鸣。

然而，王爱华也很仔细地注意到了美国文化产业公司和文化形态挥之不去的影响，包括最著名的星空卫视。在其研究期间，星空卫视向 38 个国家播送节目（Ong，1999：167）。印度和中国香港，也许因其独特的叙述方式成为重要的地区性电影生产厂的范例，然而，欧洲尤其是北美的公司和文化产品仍有巨大影响力。
这在如下事实中表现得非常明显。好莱坞电影和某些美国电视节目几乎总是在海外 *299*
市场有出色表现，然而，印度和中国香港电影在美国的表现却不尽如人意，特别是

① 虽然中国香港生产的功夫片在国际上最为成功，然而功夫电影类型的源头并非仅是香港地区。日本、韩国、泰国、印度尼西亚、中国台湾和菲律宾都生产功夫片（Lent，1990：5）。

在印度语区和汉语区之外（但是也有例外，见专栏 8—3）。

专栏 8—3

开放全球影院?

在过去几十年的不同时期，某些国家的电影产业获得了国际认可，包括伊朗电影院在 20 世纪 90 年代的成功及韩国电影院在 21 世纪头十年的成功（参见后面专栏 8—4）。这些事件在多大程度上代表了新资源对全球观众的开放？有一些好的电影从这些地区走了出去，但是其在欧洲和北美的影响却很大程度上限于艺术巡演以及租赁店的“外国电影”或“世界电影”专柜。

在一些人看来，一个更重要的发展是《卧虎藏龙》（*Crouching Tiger, Hidden Dragon*，2000）和《英雄》(*Hero*，2000）这类电影所获得的更加广泛的成功，它们成功打入了主流影院和 DVD 店（Rawnsley & Rawnsley，2010）。这类电影运用了不同于好莱坞电影模式的新战略——与非美国制片公司合作，尤其是在有利可图的成长中的亚洲市场。但是，一些批评家认为这种合作寄生在文化差异性上，并非真正的合作（参见下文关于世界音乐的类似论点）。

好莱坞电影继续主宰美国巨大的国内市场。国外电影所占比重不足美国电影市场票房收入的 3%（“Cultural Wars”，*The Economist*，1998-09-12）。这意味着，好莱坞电影公司主宰着美国巨大的国内市场。美国对“观众不喜欢外国电影”的假设并非自然现象，而是特殊社会文化和经济环境的产物，包括深深根植于人们心中的美国大众文化优于其他文化的优越感（见第十一章）。自然，好莱坞有兴趣培养这种优越感。

20 世纪 90 年代和 21 世纪头十年，美国维持着其霸权地位。同时，在欧洲、拉丁美洲和亚洲，有一些本土电影产业获得了扩张，还有一些则崩塌了。以中国香港为例，20 世纪 90 年代中期，中国香港电影制作直线下滑，来自美国的大片在香港地区所占的市场份额也快速丢失（最典型的就是《泰坦尼克号》）。21 世纪初，香港影院陷入危机，而一小部分电影在国际上获得的成功［例如《无间道》（*Infer-*
300 *nal Affairs*，2002)］以及新一代的三人组警匪电影的出现，也只能勉强减轻香港电影的窘迫（Marchetti & Kam，2007）。但是在这里，我们必须紧紧抓住文化生产和发行的复杂性。柯汀（Curtin，2003b）表示，中国香港电影的崩溃不能完全归咎于好莱坞电影的干预。然而，好莱坞电影利用了地区的发展情况，包括香港低质量电影的过度生产、新技术的到来以及在中国台湾地区这一重要市场上票房的暴跌：中国的电影没上映多久便会在电视上播放，因此到电影院看电影的人急剧减少。也可以说，好莱坞对这些状况的出现负有责任，但却是非常间接的。

在大多数国家，本土电影（指的是国内在资金或生产资料上有所投入）在 20 世纪 90 年代的市场份额都有所下降（*Screen Digest*，September 1999：122）。其部分原因在于全球化电影市场的兴起——在这个市场中，各国电影可以相互流动；同时也是因为“美国产品的支配性影响越来越强劲”。1997 年，好莱坞在中国香港电影市场中的份额超过了本土电影。1998 年，香港电影在香港本地票房收入中占有超过 45%的份额——这也是世界上比率最高的本地电影份额之一——不过，这个数字仍然比 1990 年下降了 30%以上（*Screen Digest*，July 1999：173）。在印度，早期对好莱坞电影入侵的预测，已经证明是错了。但是，随着预算的日益增加和开始在印度建立多厅影院，20 世纪 90 年代至 21 世纪初，美国电影在印度电影市场的票房收入占比稳步增长。索尼/哥伦比亚公司的《蜘蛛侠》尤其受欢迎，当然还有福克斯的《泰坦尼克号》。到 2004 年，美国电影市场份额占 8%，但是到 2010 年却滑落至 6%（Audiovisual Observatory Report，*World Film Market Trends*，2010）。

但是，这对文化创作和文化体验意味着什么呢？将印度和中国香港电影产业描绘成好莱坞霸权的另类选择，是一件很棘手的事。值得记住的是，不能把好莱坞和文化同质性简单地等同起来，尽管有些政治经济学学者会轻率地否认这一点。好莱坞发行的电影文本和类型非常广泛，部分原因在于其所服务的美国国内市场非常大，而且受众的需求也极为多元化。好莱坞电影预算代表的是骇人听闻的资源浪费，这反映了收入的不平等。不过，中国香港电影的小预算则意味着，质量有时候很难保证。在其他地方的电影产业中文本克隆也非常显著，包括印度和中国香港。诚如斯托克斯和胡佛（Stokes & Hoover，1999）所言，极短的创作时间和仓促的后期制作构成了中国香港电影的特色。演员的工作条件常常很简陋，制作电影的技术落后。很显然，组织上的遗憾紧紧纠缠着中国香港电影业，当然还有印度电影产 301
业（Jones et al.，2008：10）。因此，正如拉美电视一样，我们在使用“丰富”一词描述亚洲电影的时候一定要谨慎。

然而，就审美层面而言，我们不能简单否定这种本土电影，尽管斯托克斯和胡佛通常撰文赞美中国香港电影，然而，他们可能将“西方的”审美标准硬套在了香港电影之上。近来，领先的电影学者大卫·鲍德威（David Bordwell）用香港电影证明了大众化生产的电影也能够创造巨大的审美价值。[①] 他的书似乎称颂了香港电影：

> 香港电影可以是感伤的、快乐的、喧嚣的，也可以是滑稽的、血腥的、古怪的。其勇猛、圆滑、泰然自若的情感诉求，吸引了全世界的观众……好一个蛮横的娱乐港！好一套身手不凡、独具创造性的细致技能！它们是香港对全球文化的最大贡献。最好的香港电影不仅仅取悦大众，还富有可喜的艺术魅力。（Bordwell，2000：2）

如果鲍德威是对的，则表明非美国电影产业的生存和发展能以某种重要方式为国际审美多样性及品质做出贡献。然而，我们不应该忘记，美国电影主宰地位的削弱并不能解决关于多元化的所有问题。正如在 2009 年，12 个国家的电影占据了全

---

① 具有讽刺意味的是，当中国香港电影产业在创意和商业上开始走下坡路时，北美和欧洲的学者又开始赞美香港电影了。在这一语境下，韩国电影被描述成“新香港”，见专栏 8—4。

球电影市场份额的75%（*Screen Digest*，July 2010），美国仍然有能力在平均每一部电影的制作和营销上比其他国家投入更多（*Screen Digest*，November 2011）。

七、文化帝国主义与流行音乐

考察国际唱片产业，可以进一步推动由国际化和全球化所导致的文化与审美之间的论争。对文化帝国主义理论来说，流行音乐是一个特别的竞技场，文化帝国主义理论的一些最具影响的批判便来源于流行音乐的相关研究（Garofalo，1993；Goodwin & Gore，1990；Laing，1986）。但我们也感到，文化帝国主义理论不足以解释20世纪末的国际音乐流动。其原因是多方面的。

302

1. 原生态VS混生态

随着西方流行音乐对本土文化的影响，一些人类学音乐研究者，例如阿兰·洛马克斯（Lomax，1978［1968］）通过告诫人们警惕当地文化失去色彩来回应文化帝国主义理论。近期更多的学者倾向于强调流行音乐中混合、融合和“混生态”（hybridity）的价值。一系列研究已经阐明，引入的音乐类型和音乐技术在经过复杂的“再解释”之后，如何变成了各类本土流行音乐［参考哈奇（Hatch，1989）对印度尼西亚的论述，以及沃特曼（Waterman，1990）对尼日利亚的论述］。通常，引进的音乐本身也是全球经济内部某些边缘化群体的作品，例如，在沃特曼的论述中，夏威夷吉他演奏影响了尼日利亚的棕榈酒音乐家（palmwine musician）。确实，大部分影响全球的流行音乐都是非洲移民创意的产物，尤其是非裔美国人。跨国公司也许能够控制这类音乐的发行，但从文化上简单地将其鉴定为优势西方文化的产物却是错误的。

2. 对西方文化产品的不同解读

20世纪60年代，摇滚乐（rock and roll）的国际化经常被用来证明某些“西方”流行音乐鼓励人们质疑其所居住社会的统治权威。例如，莱恩（Laing，1986：338）强调了“那一代人是如何运用摇滚这种外国音乐来疏远自己与根源国文化的”。而威克（Wicke，1990）则撰文描述了战后东欧国家接纳摇滚乐所产生的积极影响。

与之相反，文化帝国主义理论的支持者们强调，全世界大部分最有声望的流行音乐都是用英语演唱的。本土音乐家可能最终将不同版本的进口音乐［例如饶舌音乐（rap）等］综合起来（Mitchell，2001）。而当地的听众却经常贬低这种地方性变种音乐，利润丰厚的英语市场的消费者也对其嗤之以鼻。许多音乐类型对英语的强调排除了非英语听众享受全球流行音乐盛宴的权利。这也是有疑问的。但是，文化帝国主义理论的批判者则反驳道，在许多关键的流行音乐类型中，歌词并不重要（Frith，1991），这意味着至少在原则上，英语听众的主宰地位可能最终让位于更大范围的全球性胜利。多年来，汉语和西班牙语音乐产品在全球音乐收入中的份额不断攀升。如同电影和电视一样，我们可以说一说音乐的地缘文化市场及其生产中心。日本的流行音乐主宰着东亚市场就是一个很好的例子（专栏 8—4 提供了关于东亚地区音乐产业的有趣的发展情况）。

专栏 8—4 303

K-pop 与韩流：对文化帝国主义的冲击？

自 20 世纪 90 年代以来，韩国流行音乐（Korea-pop，缩写为 K-pop）在东亚市场获得了巨大的成功，而之前这一市场一直是日本演员和团体主宰的。2009 年，该市场的市值大约是 3 000 万美元，而 2010 年韩国政府对其估值则翻了一倍（Williamson，2011）。K-pop 是自 20 世纪 90 年代以来韩国流行文化充满活力和获得巨大成功的一个新例子。有时候，也被称为“韩流”（Shim，2006）。其中一个关键因素是韩国政府在 20 世纪 90 年代推动韩国文化产业走出去。这涉及文化保护主义，最显著的就是韩国的电影配额制（又叫义务上映制度），强制规定韩国电影院每年每个厅都必须上满 146 天的本土电影。这也涉及在《文化产业促进基本法》（the Basic Law for Cultural Industry Promotion）之后紧随而来的数量可观的政府投资。韩国各种类型的电影全面开花，不论是在商业上还是在口碑上都获得了成功。韩国电影出口也蓬勃发展，韩国电影制片人在海外权威电影节上屡屡折桂。韩国电影被称为“新香港”（Leong，2002）。

毫无疑问，韩国媒介政策在经济上和艺术上都斩获了巨大成功，但是它能够在多大程度上制造出好莱坞电影的替代品（从商业和创意方面来说），却不太好说。一些电影依赖于好莱坞大片的审美特征。政府政策的目标很明确，即“向好莱坞学习”，并模仿美国电影业在市场营销和调研上的高花费（见本书第七章）。

与之类似，K-pop 的成功也令人喜忧参半。它建立在早期说唱、灵魂乐（soul）、摇滚、电子乐（techno）、朋克、硬核（hardcore）和陈旧的韩国音乐类型，如 20 世纪 90 年代的组合“徐太志和孩子们”（Seo Taiji and Boys），这些“创新性混合”的基础之上（Shim，2006：37）。但是后来的 K-pop 浪潮赖以成功的基础则是到日本去演出——这也可以说是一种语言上的亚统治。K-pop 团体横贯东亚的巡回演出也建立在非常靠不住的商业实践上，例如高度不对等的合同，演员只能拿到极少的利润提成（Williamson，2011）。

虽然本土权力中心存在，其中一些还是新的中心，但是英国和美国表演者获得的全球性成功是其他国家的表演者不能比的。表 8—4 列举了 2009 年全球最畅销的专辑排行榜，我们可以从中获得一些信息。几乎所有的专辑都是英国和美国的。只有两个例外，一个是 AC/DC——一个澳大利亚音乐团队，其主唱还是英国人；另一个是 IL Divo，由来自四个不同国家（包括美国）的歌手组成，但是其经纪人是英国人西蒙·康威尔。英国和美国主宰了英语市场，从某 304
种程度上讲是欧洲市场。日本继续从英国、美国、巴西以及其他地方引入音乐风格及专辑。全球专辑发行量前 50 名的榜单上，除了日本，几乎清一色都来自英美国家。

305 **表 8—4　　全球最畅销专辑排行榜（2009 年）**

艺术家	专辑名	所属公司
1　Coldplay	Viva La Vidao Or Death And All His Friends	EMI Music
2　AC/DC	Black Ice	Sony Music
3　Various Artists	Mamma Mia! The Movie Soundtrack	Universal Music
4　Duffy	Rockferry	Universal Music
5　Metallica	Death Magnetic	Universal Music/Warner Music
6　Leona Lewis	Spirit	Sony Music
7　Amy Winehouse	Back to Black	Universal Music
8　Various Artists	High School Musical 3：Senior Year	Walt Disney Records/Universal Music
9　Lil Wayne	Tha Carter III	Universal Music
10　Rihanna	Good Girl Gone Bad	Universal Music
11　Madonna	Hard Candy	Warner Music
12　Beyonce	I Am... Sasha Fierce	Sony Music
13　Pick	Funhouse	Sony Music
14　Guns N' Roses	Chinese Democracy	Universal Music
15　Britney Spears	Circus	Sony Music
16　Jack Johnson	Sleep Through The Static	Universal Music
17　IL Divo	The Promise	Sony Music
18　Taylor Swift	Fearless	Big Machine/Universal Music
19　Jonas Brothers	A Little Bit Longer	Hollywood Records/Universal Music
20　Various Artists	Camp Rock OST	Walt Disney Records/Universal Music
21　Kings of Leon	Only By The Night	Sony Music
22　Nickelback	Dark Horse	Warner Music/EMI Music
23　Miley Cyrus	Breakout	Walt Disney Records/Universal Music
24　Kid Rock	Rock N Roll Jesus	Warner Music
25　Enya	And Winter Came	Warner Music
26　Mariah Carey	$E=MC^2$	Universal Music
27　Take That	The Circus	Universal Music
28　The Killers	Day & Age	Universal Music

资料来源：IFPI.

中国台湾支配着东南亚地区的中文音乐市场。但是，与电影和电视相比，音乐产业最令人震惊的是，数不清的音乐中心与英美支配相互交叠、相互竞争。例如，刚果的音乐家和公司支配了中非和西非的大部分流行音乐市场。最近，科特迪瓦音乐在西非表现突出，这可部分归功于数字技术让“家庭音乐工作室”① 获得发展。巴西音乐在拉丁美洲的大部分市场一直具有影响力且销路很广，然而，古巴、波多黎各、阿根廷和哥伦比亚也在不同时间以不同形式竭力对这片广博的土地施加重大

① 我要感谢安妮·舒曼（Anne Schumann），是她引起了我对此的关注。

影响。流行音乐生产与传播的多中心状态也许源于流行音乐与电影、电视相比低廉得多的生产成本。

3. 所有权的扩散

20世纪70年代，除了飞利浦和宝丽金，占支配地位的跨国公司主要来自美国。20世纪80年代，索尼、松下等日本公司与德国出版巨人贝塔斯曼也加入这场争斗之中。一些研究音乐产业的学者声称，优势公司所有权的分散意味着，认为帝国中心将其流行音乐强加给“边缘”地区的观点已经站不住脚了（Frith，1991：267；Garofalo，1993：22，27）。此外，这可能只是要求重新调整对“中心”的理解，而不是眼睁睁地看着它黯然失色。文化帝国主义理论又一次犯了错误，它太过强调主导音乐公司所处的地理位置了，而不是把注意力放在这些公司的所作所为上。但是，在音乐界仍然有一些集散点（nodal point），从这些集散点处，可以相对容易地在国际上获得发行的成功。这些集散点包括旧金山、纽约、伦敦、巴黎和香港。音乐家们在城市之间甚至大陆之间游走，为的是挤进那些可以让他们获得成功的音乐圈、录音棚以及信息知识网。

同时，在百代音乐于2011年11月被分拆出售之后，国际音乐业看上去形成了三足鼎立的垄断局面：环球音乐集团（Universal Music Group，隶属于法国维旺迪集团）、索尼音乐娱乐（Sony Music Entertainment）、华纳音乐集团（Warner Music Group，隶属于美国艾赛斯实业集团）。这三家音乐集团的所有权虽然横跨三大洲，但是在运作上主要是在洛杉矶、纽约以及伦敦局部地区。

因此，流行音乐提供了若干反驳文化帝国主义理论的证据。但是，即使我们不应该以功能主义者的用语来谈论一种文化将其自身故意强加于另一种文化的现象，对音乐家来说，全球市场的逻辑仍然是：音乐接近听众的难易程度，以及音乐宣传与促销的力度和范围，似乎仍然极度不平衡，而这种不平衡又因地而异，因国而 306
异。当然，能提供给不同听众以何种音乐，也非常不平衡。这也许意味着，拾起一种修订过的文化帝国主义理论是可能的。“全球化”这一术语解释能力不强所导致的问题仍然存在且继续扩散，通过围绕两种相互矛盾的音乐之间的论争——“欧洲流行乐”和“世界音乐”，我们可以简要地说明这一问题。

欧洲大陆的流行音乐家几乎毫无例外地遭受英美听众的轻视。“欧洲流行乐”（Euro-pop）一词饱受批评，因为它是混杂着各类语言的洋泾浜英语（Pidgin English），也因为听众认为20世纪70年代和80年代的一代欧洲音乐人缺少真正的艺术修养。通过预测第二个U2乐队将从沃克劳（Wroclaw）或布拉迪斯拉发（Bratislava）横空出世，莱恩（Laing，1992：139）总结出了一个全国性的并且也是跨国的趋势。但是，验证这一现象的证据却少之又少。纵观欧洲音乐在全球乐坛上的表现，仅有阿巴乐队（Abba）比较接近流行音乐神坛的中心位置，但自20世纪70年代以来，其重要地位的获得竟然依靠的是庸俗的审美观。确实，20世纪90年代中期，欧洲最时尚的流行音乐中心——伦敦——重新确立了自己的地位，或者表现在舞曲方面，或者表现在独立的流行乐、摇滚乐方面，或者表现在替代性的流行乐、摇滚乐方面。在许多音乐迷看来，不少类型的欧洲流行乐有着傲慢地嘲笑某个物体、某件事情的传统。到21世纪，随着其他国家的一些艺术家获得了评论界的赞扬和信任，包括法国和瑞士的许多艺人，如凤凰乐队（Phoenix），彼得、伯恩、约翰三人组（Peter Bjorn and John），热射线［Fever Ray，是卡琳·德雷耶·安德森（Karin Dreijer Andersson）的化名］，以及瑞典女歌手莉琦·李（Lykke Li），曾经自以为优于欧洲音乐的英国和部分美国音乐风光不再。甚至在全球流行乐坛，例如罗宾（Robyn）等歌手在近些年也取得了不凡的成绩。然而令人震惊的是，像拥有西班牙血统的法国音乐家马努·查奥（Manu Chao）这样受到南欧众多音乐爱好者推崇的艺人，在英语世界内几乎无人知晓。

“世界音乐”（world music）［在美国，“世界节拍”（world beat）一词更受欢迎］为众多唱片和音乐出版商所采纳，非西方的流行音乐可在英国得到更充分的宣传（Firth，2000）。毫无疑问，从一些有问题的术语上来看（唱片公司名称、会演、巡回演唱会），一些非西方音乐人已经在国际上获得了成功和认可。最著名的包括巴基斯坦的努斯拉特·法帖·阿里·汗（Nusrat Fateh Ali Khan）及马里共和国的阿马多和玛丽亚姆（Amadou & Mariam）。20世纪90年代，音乐纪录片《乐士浮生录》（*Buena Vista Social Club*）将有半个世纪历史的古巴主流舞曲类型“颂”（son）展现在全球观众面前。但是，这些音乐人的影响是有限的，其听众都是一些年龄较大的中产阶级人士。无论是总销售收入，还是在全球流行文化中的位置，其音乐都很难与“流行”二字挂钩。另外，此类音乐人经常成为某种特定争议的主题，即只有当他们符合纯正、传统的西方特定观念时，他们的音乐才被认为是有价
307 值的（Feld，1994）。因此，只要不被认为是西方流行乐的音乐，就都可以纳入世界音乐这一无所不包的概念之中。通过将非西方音乐人定义为“异国情调”，便可以轻而易举地将其从全球流行市场中排除出去。① 在这一点上，正如古德温和戈尔（Goodwin & Gore，1990）所言，世界音乐作为一种音乐类型而存在，可被视作文化帝国主义影响的产物，而非抵抗文化帝国主义的重要表现形式。这可能是一个极端的观点。但是世界音乐不可避免地会与国际文化不平等联系起来。就算它对那种不平等有某种纠正作用——不平等问题比“文化帝国主义”是否真实存在更重要——它也是有限的、有问题的。

★★★

欧洲大陆的音乐家和非西方音乐家在国际唱片产业中的境遇表明，虽然文化帝国主义模型在概念层面上有瑕疵（我在本章已指出），但它引导我们注意到了流行音乐世界中持续存在的一些问题，尤其是文化声望和经济利益的全球不平等。相同的现象可以从电视和电影产业中得到反映（国际互联网接入在下一章讨论）。“核心”国家之外的制片人进入全球文化生产和消费网络的机会仍然有限。美国文化产业的支配地位依旧显著。一小部分核心国家之外的国家和地区，在全球文化贸易中仅占很小的份额，大洋洲和非洲加起来还不到1%（虽然这一报告基于海关统计数据）（UNESCO，2005）。非洲尤其被边缘化了，几

① “异国情调”这个词也经常包括那些用非西方资源作为创作要素的西方音乐家的作品，其中最著名的便是保罗·西蒙（Paul Simon）在1986年发布的专辑《雅境》（*Graceland*）。

乎没有悬念地“在媒介排行榜中垫底”（Tunstall，2008：285－326）——这导致外界对非洲文化产品没有兴趣或者认为其价值不大，非洲人民的生活质量也必然低于文化产业繁荣发展的欧洲国家。

在很多方面，文化产业的“延续”现象很明显。但是，我们也不应该低估国际文化流动在程度和复杂性上的真实变迁。正如第三章所言，过去30年文化产业的国际化进程是由各类“西方”公司为劳动力及其产品寻找新市场的需求所驱动的。其国际化很大程度上是为了抵制经济大衰退的影响。但是，美、日、欧的大公司并未完全支配全球生产，还有其他重要的文化流动。我们看到，新产业的出现，旧产业的发展，引入新技术以便偏远地区之间建立新联系，这些都使得国际范围的文化生产之间的社会关系变得日益复杂。全球化理论试图捕捉但是却没有捕捉到大型谋利公司在影响（但并非完全决定）世界文化新秩 *308*
序上的代理人角色。因为全球化理论忽略了国际不平等的经济及文化维度，对于优先政策权（policy priorities）也通常闪烁其词。文化帝国主义理论和全球化理论都不足以评估全世界文化产业的空间变迁和地理变迁。通过考察特殊产业和特殊文本，基础研究可能会在这两种理论的僵局之间辟出一条路来。

评论及拓展阅读

迈克尔·柯汀（Curtin，2003a、2003b、2007）分析了国际文化流动复杂的地理环境，尤其是其与电视的关系，也没有忘记权力和认同的问题。约瑟夫·斯特劳哈尔（Joseph Straubhaar）也是如此，他的《全球电视》（*Global Television*，2007）一书受到了高度好评。约翰·辛克莱（John Sinclair）和格雷姆·特纳（Graeme Turner）的《当代世界电视》（*Contemporary World Television*，2004）是关于全球文化转型相关信息的一座富矿，而辛克莱关于拉丁美洲媒介的著作也是极富见地和见多识广的，请特别参见他的《拉丁美洲电视》（*Latin American Television*，1999）一书，以及格雷姆·特纳和金娜·泰（Jinna Tay）的《电视之后的电视研究》（*Television Studies After TV*，2009）。这部论文集还收录了其他一些关于电视研究的有所助益的章节。

近年来兴起了对非西方媒介和文化产业的英语分析潮流，尤其是对中国地缘文化市场的分析。走在最前面的是赵月枝，她用政治经济学的视角来分析中国媒介和社会，尤其是她的《中国传播政治经济学》（*Communication in China*，2008），以及她在詹姆斯·卡伦（James Curran）的《媒介与社会》（*Media and Society*，2010）中所贡献的杰出一章。迈克尔·柯汀的《播放给世界上最大的观众群》（*Play to the World's Biggest Audience*，2007）也很值得学习。岩渊功一（Koichi Iwabuchi）有不少关于亚洲内部文化传播的成果，包括他的书《重新定位全球化》（*Recentering Globalization*，2002）。马尔文·克莱迪（Marwan Kraidy）和乔·哈里尔（Joe Khalil）的《阿拉伯电视业》（*Arab Television Industries*，2009）也不错。杰伦·德·克洛伊特（Jeroen de Kloet）的《打口中国》（*China With A Cut*，2010）对该国青年和流行文化的分析非常令人欣喜。

杰里米·汤斯托的《媒介即美国》（*The Media are American*，1994，最早出版于1977年）提供了关于文化产业国际化进程的最为丰富的资源。他后来对之前的版本进行了更新，并提供了关于全球媒介产业的丰富的历史信息。

米勒等人（Miller et al.）的《全球的好莱坞（第二辑）》（*Global Hollywood 2*，2005）是对美国电影业国际主宰地位和运作方式的猛烈攻击。保罗·麦当劳（Paul McDonald）和珍妮特·瓦斯科（Janet Wasko）合编的论文集《当代好莱坞电影业》（*The Contemporary Hollywood Film Industry*，2008）收录了关于好莱坞与其他社会和产业之间
309 关系的有价值的研究，包括尼汀·高维尔（Nitin Govil）对印度的研究、塔玛拉·法力克（Tamara Falico）对拉丁美洲的研究、约翰·兰特（John Lent）对东亚的研究。

赫伯特·席勒（Herbert Schiller）对国际化进行了流畅的分析，如《大众传播与美利坚帝国》（*Mass Communication and American Empire*，1969）、《传播与文化主宰》（*Communication and Cultural Domination*，1976）、《文化公司》（*Culture, Inc.*，1989）。席勒显然是一位很有灵感的教师，也是一名善辩的作家，但是在我看来，他的著作评论过多而分析不足。理查德·麦克斯韦尔（Richard Maxwell）的《赫伯特·席勒》（*Herbert Schiller*，2003）一书给出了更加肯定的评价。科林·斯帕克斯（Colin Sparks）也做到了，他的《全球化、发展与大众媒介》（*Globalization, Development and the Mass Media*，2008）一书，是关于国际传播的重要学术性研究。

彼得·S·格兰特（Peter S. Grant）和克里斯·伍德（Chris Wood）的《畅销品与贸易战》（*Blockbusters and Trade Wars*，2004）是一本关于当代国际化进程中问题的杰出著作，回答了我在本章所忽略的文化政策问题。该书富有思想性地批评了美国的全球主宰地位，并给出了政策大纲，特别阐述了作为美国全球最大文化权威邻居的加拿大所面临的问题。布莱特·克里斯托弗（Brett Christophers）运用地理学方法研究媒介，并在其《展望媒介权威》（*Envisioning Media Power*，2009）一书中对英国和新西兰的电视业进行了比较研究。

特里·弗卢（Terry Flew）的《理解全球媒介》（*Understanding Global Media*，2007）一书对关于国际媒介的更广泛的问题进行了概括。同样有帮助但更具争议性的是凯·哈菲兹（Kai Hafez）的《媒介全球化神话》（*The Myth of Media Globalization*，2007）。芬兰学者马可·阿姆普佳（Ampuja，2010）的博士论文推翻了关于媒介和文化全球化的一些主要理论。

以上我所提及的许多作者都位于澳大利亚，他们为我们理解国际文化产业和媒介文化提供了与该国人口规模不对等的贡献。《银幕文摘》（*Screen Digest*）杂志和《综艺》（*Variety*）杂志也颇为有用。

在线阅读

以下所列线上资料都能够免费获得，地址是 http://www.sagepub.co.uk/hesmondhalgh。只需点击"Sample Materials"标签即可找到每篇文章的链接。

参见阿梅萨加·阿里比祖（Alibizu，2007）关于地缘语言/地缘文化区域的研究。奥利弗·博伊德-班尼特（Oliver Boyd-Barrett）的一篇文章与新闻生产的国际化问题有关。

- Amezaga Albizu, Josu (2007), "Geolinguistic Regions and Diasporas in the Age of Satellite Television," *International Communication Gazette*, 69 (3): 239 - 261.
- Boyd-Barrett, Oliver (2010), "Assessing the Prospects for an Asian Reconfiguration of the Global News Order," *Global Media and Communication*, 6: 346 - 356.

第九章 数字化与互联网 310

一、新媒体与数字化：炒作的背后

在有关文化产业延续与变迁的任何一本书中，数字化和互联网绝不可能是次要部分。在文化生产的论争中再没有其他领域发生如此显著的变迁了，这使得对这些论述进行仔细而又冷静的评估变得尤为重要。毕竟，许多群体对于夸大新传播技术的作用都颇感兴趣。对记者和学者来说，耸人听闻地报道转型后的未来世界，可以引起读者、编辑和捐助者的注意。对公司来说，新技术的引进和传播提供了新的市场机遇。对政客和政策制定者来说，预测和支持转型可以让自己显得更加积极进取。

“新媒体”这一术语描述了关于技术转型的炒作说得是多么天花乱坠。这个词还经常被用来指代那些看似新颖实际上非常老套的技术，如电视所使用的同轴电缆和卫星广播。同轴电缆和卫星广播这两种“新”技术实际上在20世纪60年代就出现了。而电子邮件、第三代电话通信和互联网电话通信技术有时候也跟“新媒体”沾边。但是它们主要基于“一对一”或“一对多”传播，因此很难被视为媒介。“新媒体”这一术语通常被用来表示“少对多”的“大众”媒介传播，至少从这一点来说，它们也很难被视为媒介。新媒体被应用于互联网和网络上发生的几乎任何事情，其结果令人困惑。

如果把各种相互冲突的关于新媒体的定义摆在一块寻找相同点的话，核心的 311
一条便是“数字化”（digitalization）。[①] 1850年到1950年间，主要依赖于模拟系统（analogue system）而非数字系统（digital system）的“旧”电子媒介，如摄影技术、表音速记法、电影、广播、电视，与印刷媒介共同成长。例如，在模拟电视中，信息和文化表达的主要组成部分——文字、图像、音乐以及其他声音类型——

① 参见李斯特等人（Lister et al.，2003：13－15）对以下概念的定义：数字性（digitality）、互动（interactivity）、超文本性（hypertextuality）、弥散（dispersal）、虚拟性（virtuality）。

被转化成一个连续的信息载体即无线电波，无线电波能以某种方式复制或再现原始的影像、图像等。继而，无线电波（请记住，广播和电视节目都是通过无线电波播送的）便能够被收音设备或电视接收器解码。换句话说，无线电波是对原始传播活动的模拟，它与原始传播活动类似，或相当于原始传播活动。正如史蒂芬·莱克斯（Lax，2008：105）所指出的，“麦克风所发出的大的声音会产生大的信号，小的声音则产生小的信号”。在摄影、电影和录像等媒介中，通过捕捉真实图像所得到的类似物，能够被记录在电影胶片的负片上，然后在冲印过程中被“解码”。在表音速记法中，乐器所发出的声波和人所发出的声音被转换为信号，并编码在唱片凹槽或磁带中，而后经由电唱机或磁带播放机解码。

与数字电子存储、传输发展相关的重大革新，是文化表达的主要成分——文字、图像、音乐等——被转化为可供计算机读写和存储的二进制码（即 0 与 1 两个数字之间复杂的排列组合）。这是一个具有重要意义的变革，它使得传播比以前更便捷、操作更自如。也许最重要的是，不同类型的媒体之间可以相互连接了。专栏 9—1 讨论了早期的计算机化和数字化趋势是如何影响文化产业的。

专栏 9—1

文化生产数字化的早期形态

自 20 世纪 60 年代以来，数字化对商业的运作方式产生了影响，不过，这种影响的发生主要是通过大型主机和微型计算机实现的。在这一时期，发达工业国家中的人们与航班预订系统、电子数据库等的联系日益密切。在这些系统中，遥远的终端可以通过一条电话线连接到一个中心主机上。这些系统对文化产业的影响首先体现在新闻采集上面，如路透社等新闻通讯社开始向新闻机构提供电子金融数据和新闻服务（Tunstall & Machin，1999：80）。

但是，直到 20 世纪 70 年代末 80 年代初，数字化才对整个文化产业产生更为实质
312 性的影响。在许多案例中，数字化最直接的影响是对文化生产技术的影响。随着 80 年代个人电脑的发展（见第三章），生产数字化波及主要的文化产业领域，对摄影师、电影漫画家、电视制作人、电视编导等的工作实践产生了重要影响。

数字技术的传播通常伴随着这样的主张：它们通过使弱势群体和资源充沛的机构如独立机构和非主流机构甚至业余人士更易获得生产资料，通过削减成本和在个人电脑上办公，让生产变得民主化。

正如后来的发展那样，音乐由于其低成本和低带宽（比视频格式占据的电脑空间小）优势而在发展中一马当先。在音乐产业，乐器和录音棚在 20 世纪 80 年代早期逐渐让位于数字形态，因为这可以减少对信号的干扰，保证更精确地复制，操作也更加自如。但尚存以下矛盾和争议：数字技术使得个体通过吸收利用电脑中储存或者生成的声音进行混音操作成为可能，与传统方式相比，数字技术是否降低了音乐制作的创造性和合作性？（Théberge，1997）随着价格的下跌，消费者市场上出现了新的数字技术，如取样器（Samplers）、音序器（Sequencers）和乐器数字接口（MIDI，Musical Instrument

Digital Interface)，其卖点就是方便性和高质量。这些技术的出现使得无须租借昂贵的录音棚就可以制作唱片。尤其是，在对音质要求不那么高的音乐类型，以及基于情绪力量、真实性和可及性的低保真度声音中，“卧室工作室”成为一种真实的存在。例如，20 世纪 80 年代末 90 年代初的电舞音乐（EDM，Electronic Dance Music）潮流，从某种程度上来说就是受到了这一发展的浸润。（摇头丸也起了助推作用。）

此外，随着 20 世纪 80 年代以来桌面出版软件（指那种在个人电脑上用于生产和设计文档的软件，杂志和其他出版商经常使用）和其他数字技术变得更便宜、更容易获得，数字化和小型化对出版尤其是杂志出版产生了深刻的影响。[1]

数字音乐技术、桌面出版和其他数字文化技术形式对于现有的文化产业产生了实质影响。但是，从 20 世纪 70 年代末开始，高密度微处理器相对便宜的价格衍生出了一些新型文化产业，其中最早的类型便是视频游戏（video game）。在大多数国家，视频游戏一开始只是商店娱乐和酒馆娱乐的一部分，但随着 80 年代个人电脑的广泛使用，电
脑游戏日益成为家庭文化产品，也成为一种更精密复杂、更有利可图、更具争议的文化 313
现象。在本书第十章讨论数字游戏的那一部分（数字游戏是一个概念集合，通常用来指代视频游戏、电脑游戏和在线游戏等），我着眼于有多少游戏凭借自身的实力发展成为一种文化产业。正如我们将要见到的，虽然数字游戏依赖于数字技术，但数字游戏产业依然遵循着传统文化产业形态的许多原则。

20 世纪 90 年代和 21 世纪第一个 10 年互联网和万维网技术走进千家万户，无疑推进了文化生产的数字化进程，也强化了数字化可能带来好处的观点。其中有一些观点与效率（efficiency）有关。虽然数字化和互联网代表了人类的伟大成就，使前进的步伐更容易也更轻松，但是我们不应该把数字技术的发展解读为向更具效率的传播世界迈进的毫无争议的进步。机构生产计算机和微处理器需要耗费大量的资源，消费者学习使用软件也需要耗费大量的精力。如果说这些系统最终能够节约时间和金钱，只有一个可能，就是有大量的金钱花费在了人们没有注意到的地方，例如研发，以及在需要集中使用计算机的学校、研究机构和工作场所建立计算机房。

总之，本书关注的主要问题不是效率和利润。与本书第一篇的讨论一脉相承，我在本章及下一章的关注点是，在权力方面，以及文化生产与消费对文化、社会和民主的贡献方面，数字化和互联网是否带来了文化产业的基本转型。

二、数字乐观主义者及其主张

为了对这些发展进行评估，我们有必要理解互联网和网络传承了与个人自由、

---

① 由于篇幅所限，不能列举更多的细节，详见本书（英文版）第一版 202～212 页。

自治和去中心化有关的信息技术的衣钵（Flichy，1999；Streeter，2011；Turner，2006）。学术的和反主流的计算文化（computing cultures）促进了互联网和网络的发展，使得那些深切体会到这令人兴奋的发展的人想要表达他们的所思所感。通过将长久以来存在的知识与人类解放联系起来，他们将计算机视为促成解放的一种工具。在20世纪60年代和70年代，人们越来越清晰地认识到，计算机可能很快会
314 与电信网络合并［这是术语**“融合”**（***convergence***）最基本的含义］。计算机在促进人类生活、知识和商业上的潜能让一些人非常兴奋，在他们看来，这些新兴数字网络代表了新的乌托邦式的可能性。自20世纪80年代以来，一些与计算文化相关的知识分子开始批量生产这类文化，他们将数字网络视为人类的解放，并在传播这一乌托邦式理念的过程中发挥了极大的作用。[①]

发生在20世纪80年代尤其是90年代的这些事情非常重要。因为它们意味着，互联网和万维网的发展正好处于新自由主义和市场化横扫全球并影响人们对文化生产和消费的主流看法之时（见本书第四章和第五章）。与此同时，信息社会和知识经济论调助推了文化产业的成长。信息社会的拥护者全身心地欢迎这些新的发展。政府和企业也欣然接受了，互联网将兼具参与和繁荣的双重属性，将商业头脑和上行控制结合起来。

这意味着，在文化和传播领域，互联网和万维网被建构为民主性的、能够增添生活乐趣的力量，但只有当新自由主义、市场化和商业化继承了其解放性的衣钵时才会如此。我们不应该低估这一矛盾的复杂性。在本书的前几章，我们归纳了几十年前发生的与文化商品化相关的矛盾二重性问题。毫无疑问，资本主义市场倾向于将竞争力与合作力相结合，将集中化与去集中化相结合（Fuchs，2008）。随着时间的流逝，从木工活儿到医疗测试，许多技术变得廉价，也能够为更多的人提供服务。但是同时，在资本主义和资本主义市场依然存在强烈的不平等倾向。大体而言，阶层、性别、民族等的结构不平等有恶化趋势，除非政府采取坚决的政治行动进行对抗。但就算是这样，在强大的商业利益面前，这些行动也可能无果而终。更具体一些，在文化市场，正如我在本书第一篇所强调的，文化产业这种反复出现的特征，将不可避免地带来权力的集中，这一切建立在发行（将文化产品送达观众的过程）占据核心地位、人类的创造性不得不迎合商业需求的基础上。

由于对互联网不切实际的理解深植于文化内部，并时不时地被记者、学者、企业家、热心人士和受这些流行论调影响的上千万普通用户无意识地繁殖出来，我们
315 需要尤其审慎地评价“互联网和万维网拥有民主化的文化”这一观点。

数字化和互联网研究抛出了许多问题。本章，我关注的焦点是与文化产业中的变迁与延续相关的评价性分析。关于这一核心问题，有两大观点，第二个观点源于第一个观点。

- 数字化和互联网顾及非专业用户和/或观众的极高程度的控制和/或创意

---

① 例子包括霍华德·莱茵戈尔德（Rheingold，1992）、尼葛洛庞帝（Negroponte，1995）和《连线》（*Wired*）杂志。文森特·莫斯可（Mosco，2004）、弗莱德·特纳（Turner，2006）和托马斯·斯特里特（Streeter，2011）运用富有见地的历史叙述视角，极好地分析并评论了哪些价值塑造了互联网的发展，以及如何理解互联网。

和/或参与。

● 鉴于此，产业的、专业的和制度化的文化生产权威正被削弱，一个更加民主的、威猛的传播体制已经到来或者即将到来。

关于数字化和互联网对文化产业的影响，也出现了许多其他的观点，例如：生产者和消费者的边界正在打破，非专业媒体和“用户原创内容”正成为文化生产不可或缺的组成部分。但我认为到目前为止，这些观点只能作为以上两个核心观点的补充。

这些基本观点都是20世纪60年代和70年代信息社会和知识经济强力交织在一起的结果，并视信息技术为授权和解放的力量。随着20世纪80年代末90年代初计算机远程通信的实现，新一波技术预言家开始描写基于互动性而不是被动性的媒体新纪元。1995年出版的一本读者甚众且极具影响力的书写道：“庞大的媒体帝国正瓦解为大量的家庭手工作坊。”（Negroponte，1995：58）在媒体合并和集团化的最大一波历史浪潮中，这一观点一石激起千层浪，遭到了猛烈攻击，但其作者却被广泛尊为数字圣人。

这类预言通常假设预知的变化已经发生，让许多作者回避了关键的政治问题。例如，在如何监管媒体和文化产业的产品生产这一重大问题上，社会和民主国家极少为极度数字乐观主义者出面：信息的去中心化力量和个人电脑会照顾好所有的事情（Streeter，2011：69－92）。在美国，新自由主义的影响扩散到民主党内部和高度碎片化的左翼政党之中，其影响是非常明显的。极度数字乐观主义通常建立在简单的二元论基础之上，并延续下来。① 还存在一种很明显的倾向，例如，硬生生地在“旧媒体”和“新媒体”中间画一条界线，将前 316
者描述成基于被动性的，将后者描述成基于互动（活动）性的。尼葛洛庞帝的著作就是经典且具影响力的典型。后来的例子还有许多。例如，阿克塞尔·布伦斯（Bruns，2008：13－14）将文化历史分为“产业时代”和“信息时代”。在信息时代，通往信息生产和发行的阳关大道非常宽阔，消费者通过一对一和多对多（不是一对多）传播系统避开传统的组织机构，摇身一变成为文化生产者和发行者，并使得一种被称为“生产应用”（produsage，由produce和use两个词合成）的新形态或新模型出现。

这种观点其实是老调重弹，如果我们认识到这一点，就能够理解分析家们也许会很好地在技术上规划一整套欲望和梦想，而不是分析已经发生的事情。这些旧的论调，与近期的一些观点一样，模糊了预言与分析的界限。举个例子，阿尔文·托夫勒（Alvin Toffler），早先是一名记者，在20世纪70年代和80年代曾经是最具影响力和读者甚广的分析家，其关注的焦点是英语世界中的企业变迁和文化变迁，多年以前曾生造了“产消合一者”（prosumer）的术语（Toffler，1980）。这一观点与近期的一些论调极为相似：在大生产时代，生产和消费被迫分离，但是随着经济向新的以信息为基础的“后福特主义”的转型，为了获得定制化和个性化的产品和

① 不同意见很有助益也非常重要，二元论会使复杂性过于简单化。

服务，消费者会逐渐参与到生产过程中来。在近期关于数字传播技术的讨论中，有关生产和消费之间的界限逐渐消融的观点也引起了许多回应。“用户原创内容”、“共创”（co-creation）、“专业余者”（pro-ams）等概念在21世纪初如雨后春笋般涌现。作为一种理念，Web 2.0继续受到严肃对待。虽然生产和消费应该被视为相互联系的、相互交织的循环，二者之间的关系也应随着时间的流逝而发生变化，但是，想要条理清晰地构思一种消除了生产和消费之差异的经济生活，依然只是痴人说梦。

资本主义引起了技术创新潮流，又依赖于技术创新潮流。因此我们不可避免地看到了创新，关于转型的各种观点时不时地改头换面，尤其是在创新与自由主义论调密切相连的信息技术领域。20世纪90年代，互联网作为一种消费者技术来到我们身边，受到了持这种论调的人的热烈欢迎。互联网加速了20世纪90年代末互联网公司的爆发——与其他许多爆发一样，结果证明是泡沫。这一巨大的泡沫在20世纪末怦然幻灭。随着21世纪初金融、房地产、技术和营销领域的繁荣，IT产业逐渐复苏，权威人士声称，技术发展到现在才真正实现了信息社会技术预言家们的梦想。因此，有人预言，Web 2.0将带来民主化，而20世纪90年代老旧的版本则终于寿终正寝（参见专栏9—2）。

317 **专栏 9—2**

Web 2.0

用一位名人的话来说：

> Web 2.0是横跨所有互联设备的网络平台。Web 2.0应用能够让该平台发挥自身最大优势：提供软件持续更新服务，服务越好则使用者越多；从多重资源（包括个体用户）中处理并合成数据，同时按照其他人要求的格式提供数据和服务；通过“参与式架构”（architecture of participation）创造网络影响，超越Web 1.0提供的丰富用户体验，并翻开新的一页。（O'Reilly，2005）

21世纪早期，Web 2.0这一概念一度被用来描述万维网的发展。它被应用于开源软件如Linux中，但更通常被用来描述博客、视频共享网站YouTube和在线百科全书维基百科。在拥护者看来，Web 2.0有很多吸引人的地方：它“管理自由的数据，允许建构虚拟应用程序……它与共享代码、内容、理念有关……亦与传播和促进社区发展有关……建立在信任的基础之上”（Miller，2005）。它挑战了“过时的关于用户权利、消费者选择和授权的态度”（Miller，2005）。很快，Web 2.0成为多家公司的市场营销口号，继而迅速传播到一些学术人士耳中。例如，里兹尔和尤根逊（Ritzer & Jurgenson，2010）指出，Web 2.0催生了托夫勒“产消合一”（prosumption）理论（参见上文）的加强版，该加强版理论强调授予消费者权利，认为稀缺终会结束，经济繁荣定会到来。正如我们即将所见，我们有理由怀疑，在Web 2.0标题下，技术合并到底在多大程度上增强了消费者的权利——这当然也包括文化生产领域。

更为老到的数字乐观主义者？本克勒、詹金斯和卡斯特斯

毫无疑问，信息技术确实发生了向更大程度的互动性的转变，在这些技术中也存在着重要的解放性潜能。例如，科尔曼和布鲁默（Coleman & Blumler，2009：第5章）讨论了一些方法，通过这些方法，互联网能够为市民提供“特别的机会，让他们可以在受制度控制的传播渠道之外或者跨越这些传播渠道进行互动”，他们把这类例子称为“自下而上的电子民主”（Coleman & Blumler，2009：117）。比如，BBC的iCan电子民主计划、妈妈网（Netmums）——一个草根信息网站以及在英国运用互联网建立停战联盟。技术预言论并非完全空洞无意义。它表明，就我们在此处的具体任务——评估数字化和互联网对文化产业的影响（而非像科尔曼和布鲁默一样考察数字化和互联网对民主参与度的影响）——而言，我们需要看看关于数字乐观主义的更老到也更仔细的版本。 *318*

一种在现在看来颇为经典的乐观主义观点是，数字技术正在让文化和沟通向更好的方向转变。这一观点来自尤查·本克勒（Yochai Benkler）于2006年出版的著作《网络财富》（*The Wealth of Networks*）。

> 技术、经济组织和社会生产实践中的一系列变革……为我们如何制造并改变信息、知识和文化创造了新的机会……最近新出现的一些实践活动在软件开发与调查研究、先锋视频与多人在线游戏等各个领域都获得了可喜的成绩。所有这些都暗示着一个新的信息环境的诞生，在这个新的环境中，个人可以自由地扮演更为活跃的角色，这比20世纪的工业信息经济更进了一步。（Benkler，2006：2）

本克勒描绘了这种新的个体自主性（autonomy for individuals）所蕴含的解放的可能性（emancipatory possibilities）。

> 这种新的自由有很大的希望能够付诸实践：作为个人自由的一个维度；作为更好的民主参与平台；作为培养更具批判性和自我反省性文化的媒介；在日益信息化的全球经济中，作为所有地区人类发展进步的机制保障。（Benkler，2006：2）

就我们是否正迈向一个新的“信息网络经济”的问题，本克勒给出了严肃且学术性十足的分析。他很清楚，这一转型面临严重的障碍。但是，这些障碍主要存在于那些试图通过知识产权限制信息和文化流动以牢牢握住特权不放的商业既得利益者。按照本克勒的观点，如果企业和政府认识到新兴网络信息经济建立在信息自由流动的基础上，认识到“非专利生产”（nonproprietary production）的伟大职能，那么在他所称的“网络公共空间”新时代，我们最终都是赢家。但是，关于文化政治经济学的更高端的一些版本认为，这种双赢局面的实现还面临许多深深根植于资本主义文化生产之中的矛盾。

亨利·詹金斯（Henry Jenkins）《融合文化》（*Convergence Culture*，2006）一书提出了关于数字乐观主义面对面传播的另外一个观点，这一观点虽然相对老到却

也存在问题。我们在第四章看到，在20世纪80年代和90年代，“融合”成为政策
319 论调的一部分。其核心观点是，不同媒介和传播形态之间的界限正在模糊，因此，有线、电缆和无线电波也许能够携带多种不同类型的信息，文化形态（例如电视、广播和手写文字）也可能以许多不同的物理方式传输（Pool，1983）。一些人对这种融合表示担忧，并设想这一进程可能会导致公司权力更加牢固。詹金斯是一位热诚的乐观主义者，他强调，融合之路会带来参与和协作。

在赞美人的能动性（以打趣和顽皮的方式共享知识）上，詹金斯的方式非常引人注目。就观众如何使用数字技术，他提供了一些发人深省且颇具娱乐性的案例研究，例如富有魅力的《预言家日报》（*Daily Prophet*）——一份基于网络的边远学校（霍格沃茨魔法学校）校报。[1] 他也关注人们的媒介创意体验，这使得他的书要比某些激进的评论家枯燥的造谣（doom-mongering）好得多。

此外，詹金斯极为审慎地认识到其立场所存在的一些潜在局限性。这里有点与怀疑论者对话的意思。问题是，詹金斯没有真正阐述其所宣扬观点的异议性和局限性。他时常会谈到媒介公司根深蒂固的权力（Jenkins，2006：11），但是在他的书中，通篇都强烈地暗示出这种权力正面临来自新事物的强大挑战。他承认，只有小部分特权人士参与了他所描述的活动（Jenkins，2006：13），但是在数字乐观主义者的运动中，他声称，早期的数字技术采用者为未来的媒介转型提供了最佳指导。[2] 他说他不是在预测未来（Jenkins，2006：257），但是他的书中却充满了预示。他承认，参与和合作既可以是有创造性的，也可能是“坏消息”（Jenkins，2006：17），但是随后却提供了很明显具有积极意义的案例分析。以下这段文字很好地归纳了詹金斯观点的模棱两可性：

> 如果假定传统消费者是消极的，那么新消费者就是积极的。如果传统消费者是可以预测的，你让他们在哪儿他们就待在哪儿，那么新消费者就是迁徙的，对网络或媒体的忠诚度持续下滑。如果传统消费者是各自孤立的，那么新消费者就是具有广泛社会联系的。如果传统媒体消费者的工作是沉默的、不为人所见的，那么新消费者就是聒噪的、公开的。（Jenkins，2006：18－19）

320 这里的条件假设让詹金斯得以远离以上观点，虽然也许并非出于他的本意。但是他真的正在做这样的事：将传统消费者描绘为消极的、顺从的、孤立的、沉默的，将新融合技术的使用者描绘为积极的、叛逆的、共享的、聒噪的。詹金斯所有的案例研究都强调了创造性以及对观众和用户的控制。最后，他的分析强烈暗示，新传播技术（主要是数字技术）的应用提高了人们的生活水平，却并没有把对这一问题的讨论放入人类需求之中，对传播的需求也只是其中之一。

老到的数字乐观主义的第三个版本来自曼纽尔·卡斯特斯（Manuel Castells）。

---

① 假设你是世界上没听说过霍格沃茨的三个人中间的一个，那么让我来告诉你，霍格沃茨就是《哈利波特》图书和电影中的魔法学校。

② 对这类观点来说有一个重要的背景，即早期的采用者大部分是年轻人。在媒介研究中有一个奇怪的观点，即假设年轻人老了以后还会延用其年轻时的行为模式。参见关于“数字原住民”（digital natives）论战的一些例子，如班尼特等人（Bennett et al，2007）的观点。就算听到“电视正在消亡——我的学生不看电视”这类观点也并不稀奇。

1996年，卡斯特斯出版了有名的图书“三部曲”，详细描绘了经济和社会正在以什么样的方式进化。我在本书第一篇引用了他的有价值的观点。但是，卡斯特斯基于他在加利福尼亚大学伯克利分校时曾短期造访硅谷这一全球“后—反主流文化”（post-counterculture）数字乐观主义中心的经历，夸大了工业时代让位于“信息时代”的程度。由于夸大了数字网络促进媒介解放的能力，他的分析遭到了诟病。特别是，电视和广播的重要性从未被削弱，但他却对此几乎不提。也许是对早期作品饱受批评的回应，卡斯特斯近来越来越关注网络社会议题（传播网络研究是该议题的研究核心），也提供了一些对当代传播环境的具体分析。网络社会由“大众媒体”和一套新的“建造在互联网和无线传播周边的……互动的、横向的网络”构成（Castells，2008：4）。这使得卡斯特斯所称的“草根自媒体传播”（mass self-communication）成为可能。卡斯特斯说，这是一种大众传播，因为从理论上说它可以触及全世界每一个观众。他所给出的奇怪的例子是在YouTube上发布视频。但是YouTube上只有很小一部分视频能够被遥远的观众看到。说它是草根自媒体传播，是因为“信息是自发生成的（self-generated），潜在的接收者是自我引导的（self-directed），具体信息或内容的检索是自主选择的（self-selected）”（Castells，2008：55）。这有点像对本克勒的回应，卡斯特斯说，所有这些决定性地增强了“传播主体面对面沟通的自主性，因为用户变成了信息的发送者和接收者”（Castells，2008：4）。从这里也可以看出来，将传统媒体描绘为消极的、顺从的、权力集中的，将新的数字传播媒体描绘成解放性的，也是一种僵硬的划分方法。但是，卡斯特斯也承认，某些形式的“自发生成的内容”（self-generated production）是有问题的——他曾用“电子自闭症”（electronic autism）这一术语来描述写博客这种现象（Castells，2008：66）——他看起来极不愿意思考这种个人主义的传播形态是如何受到有问题的现代人格形态的制约的，例如，这种传播形态是如何既依赖又反过来滋养了这种自恋式自我实现的狂热的（Hearn，2008）。自发生成和自主选择看起来等同于自由。 321

三、数字乐观主义批判及三种困境

一些研究者向以下现象发起了挑战：对数字化的乐观态度、互联网和网络（还有移动传播技术）的影响以及与之有关的全球视角的核心观点。这里，我集中讨论三种主要的批判，因为它们与本书关于文化生产的焦点问题关系最为密切。

第一，批评家声称，由于在**接入**互联网和网络上存在**不平等**（**unequal access**），对文化、民主和社会有益的更大程度的参与和互动受到了限制。某些人还说，除了接入上的不平等，我们还要考虑可能隐藏在互联网和网络好的一面背后的不同类型的不平等，例如人们的**技术水平**（**levels of skill**）可能存在很大差异。互联网的普及率确实在提高，这使得一些乐观主义者断言这类问题已经过时或者即将不存在。（其他的互联网乐观主义者看起来不相信在接入互联网上还存在不平等，我在这里不会论述这种立场。）

第二，不像数字乌托邦主义者们所声称的民主化、互动性和去中心化，批评家们认为，出现了与互联网相关的**新的权力集中趋势**，此外，尚未受到互联网影响的**传统媒体中的权力集中现象**也持续存在。

第三，批评家相信，互联网在文化和传播领域引发了强劲的商业化趋势。在他们看来，其中一个原因是，政府未能及时为从商业领域中分离出来的信息和知识领域制定一套规则；另外一个原因是，数字网络的互动性使得**用户获取信息达到了前所未有的程度**，这开辟出了**新的商业模式**，而新的商业模式反过来又提出了关于**权力与监管**的问题。某些批评家说，在基于网络的活动（例如开源软件、博客、在YouTube上放置剪辑，甚至包括在社交网站上发布信息）中，参与性和互动性实际上形成了一种**无酬劳动（unpaid labour）**。这又将我们引领到监管问题上来，这类活动通常能产生商业价值，因为关于用户喜好和用户行为的信息能够很容易地被收集起来并出售给第三方。

322 这些批判导致了关于互联网对传播和文化之影响的三大问题。通过观察一系列文化生产实践，本书这一部分会依次回答这些问题，并考察批评家的观点在多大程度上有效地破坏了数字乌托邦主义者的核心观点。

在下一章，我将接着考察数字化和互联网对四个独立产业的影响：音乐、电视、报纸和图书出版。在下一章的最后部分，我将考察基于数字技术的数字游戏产业，它也是文化产业的一个分支。

专栏 9—3

互联网：不同的用途，多样的元素

我们需要区分互联网的不同用途。可以划分如下（还有更多）：

● 一种商业交易模式。从这一方面来说，互联网是私人联网计算机系统的延伸。

● 一种个人或小群体传播媒介，尤其是电子邮件和社交网站。随着社交网站的增加，我们可以说见证了一种新的传播类型的崛起，卡斯特斯称之为“草根自媒体传播”（Castells，2008：320），虽然这种说法也存在问题。

● 一种存储和寻找信息的途径。从这一方面来说，互联网扩充了报纸、联网电子数据库、图书馆甚至博物馆的容量，存储并传播知识。

● 一种提供和体验娱乐的方式。互联网与广播电视相似，却一直开着机；互联网与印刷媒体相似，却一直放在那儿。

人们使用互联网和网络的目的多种多样，这使得互联网和网络变得无比重要，也使得我们更加难以理解它们。这对本书所定义的文化产业产生了影响，本书最后两章和网络社交技术带来的“草根自媒体传播”尤其重要。在与前互联网时代的文化产业进行比较研究，进而评估互联网的功能效果时，我们还需要区分与所有这些不同用途和目的相关的不同元素（elements）：

● 计算机硬件——个人电脑微处理器和路由器——及其内部构造：用以传输信息的

电话系统、线路架构和互联互通。

- 计算机软件——微处理器、操作系统。 323
- 服务提供商——将硬件和软件与消费者相连。
- 门户网站、搜索引擎和主要网站——为互联网用户提供通向万维网的网关。

莱斯格（Lessig，2001）将这些元素分为三个层面：硬件、软件和内容。

由于用途和元素的多样化，实际上互联网还谈不上是“互联网产业”，它只是一系列大体上与其他产业有联系的产业，如信息技术产业和电信产业［参见诺姆（Noam，2009）以及该书导言中的评论］。我们能够看到存在各种各样的公司，它们专注于不同的层面和不同的用途。

这些元素中的每一个都可以反映某一个国家和市场实施（或者不实施）控制政策的水平，从而提供了新的挑战。鉴于我们的兴趣点在于文化和产业之间、创意和商业之间的关系，我们此处最为关心的是最后一个层面的问题，即内容和接触内容的方式，但是硬件和软件层面的问题也不应该被忽视。马修·欣德曼（Hindman，2009）指出，所有这些元素在一个整合的系统中通力合作，所以当其中一些元素可能含有开放性特质时，这一系统也会最大限度地开放。在欣德曼看来，互联网的“链接结构”（link structure）对于其塑造民主性具有重大的意义。超级链接是网络的基础，它创造了“更高一层的互联网结构，我们称之为搜索层，包括用户寻找和整理在线内容的各种方法”（Hindman，2009：40）。其所具有的意义，我们会在下文讨论发行控制和互联网关注度（concentration of internet attention）时进行探讨。

1. 数字鸿沟：接入、技术和行为中的不平等

要回答与文化生产和消费相关的互联网到底在多大程度上具有解放性潜质这一问题，首先要认识人们在互联网接入上的不平等。政策圈子中常用“数字鸿沟”（digital divide）一词来描述这种不平等。一些保守人士声称不存在不平等，那些没有接入互联网的人大体上也不想上网。这种说法忽略了传播和知识在促进民主进程中的核心地位。正如格雷厄姆·莫多克和彼得·戈尔丁（Murdock & Golding，2004：245）所指出的，在互联网时代，“不联网就意味着被剥夺了公民权”。

在互联网接入上存在极大的不平等。当然，最令人震惊的不平等是发达国家和发 324
展中国家之间的不平等（见下文）。但是，发达国家之间也存在极大的不平等。第一轮数字乌托邦理论炒作的巅峰时期，拉斐尔（Raphael，2001：203）引用数据显示，在1999—2000年的美国，黑人和拉美裔家庭的互联网接入率大概是18%，低于美国平均水平，过去的两年这一鸿沟还扩大了［统计数据来自美国国家电信和信息管理局（the USA's National Telecommunications and Information Administration，NTIA）］。

文化（和数字）市场的拥护者们回应称，随着技术的传播和市场的壮大，成本会逐渐降低，这会鼓励最低收入群体去接触互联网。接入互联网的渠道确实拓宽了，但是阶层导致的巨大不平等仍然存在。例如，1999—2003年，英国接入互联网的家庭比例从10%上升到46%。然而，在最富有的10%家庭中，互联网接入率

是85%；在贫穷的10%家庭中，互联网接入率仅有12%［数据来自英国国家统计局（Office of National Statistics），转引自戈尔丁和莫多克（Golding & Murdock，2005：78)］。此外，戈尔丁和莫多克指出，应该把这些数据放在21世纪初财富和收入日益不平等的大环境中来解读。

伴随着家庭接入互联网规模的扩大（至少在少数国家如此），研究者们开始关注作为数字不平等特征之一的技术水平的重要性。随着娴熟的用户继续寻找新的应用，数字技术的常态也不断变化，因此差异是一直存在的。使用宽带获取信息、发布资讯、写作博客与每隔几天查看电子邮箱、查询天气预报，这两种行为之间其实存在很大的差异。许多带有互联网接口的计算机都是买来的（或者说是政策制定者出于缩小数字鸿沟的目的而提供的)，但不久之后就会因系统升级而被取代。而且，计算机的拥有者可能不懂技术，没有能力也没有动机去使用它们（Murdock & Golding，2004)。对于那些使用计算机工作或者与计算机一同成长起来的人来说，他们很容易低估哪怕完成最基本的功能需要学习多少内容。因此，数字鸿沟的问题，远比能否接入互联网复杂得多。阶层、性别和年龄，继续作为什么样的人从互联网传播中获得什么益处的重要决定因素，有时候还是以非常令人震惊的方式决定的。虽说有时候人们会假定年轻人拥有娴熟的互联网技能，因此可能比老一代人受益更多，但也不总是如此。安德烈亚·普雷斯和布鲁斯·威廉斯（Andrea Press & Bruce Williams）在其早期一份纵向研究中讲述了瑞贝卡的故事。这是一个年轻的
325 工人阶层的女孩，由于长期缺乏母爱（她的妈妈是一位单身母亲）而变成了“电脑瘾君子”。计算机水平的进步并不会带给她生活的改善。相反，她厌倦了学校，把时间花在与朋友上网交流上——当然交流这件事本身还是有一定价值的，她“依赖网上现成的读书笔记”而拒绝读教科书（Press & Williams，2010：174)。

动机和技能的不平等，对数字乐观主义者的观点产生了重要的影响，即对于非专业用户来说，数字化和互联网引起了更深层次的控制和/或创意和/或参与。哈吉泰和威尔约克（Hargittai & Walejko，2008）研究了年轻的成年人创作视频、音乐、文字和艺术照并在线分享的程度。他们的研究结果表明，从事内容发布的人，远远少于数字乐观主义者在“人人时代”（Here comes everybody）论调中所声称的。此外，在表达都有谁被卷入了“参与式文化”（in shaping who is involved in such participatory culture）中时，教育和性别一直扮演着关键角色。

> 与现有文献相符合，创意活动与一个人的社会经济地位有关，而这种地位是通过父母教育来衡量的。但是，这种新颖的在线共享方式，在男女之间具有很大的差异，男性对此通常更热衷。(Hargittai & Walejko，2008：239)

在现存个别国家之间的数字鸿沟背后，是更深一层的数字鸿沟——工业化国家和发展中国家之间的国际数字鸿沟。哈菲兹（Hafez，2007：106－109）对一系列报道进行了归纳并指出，21世纪初的国际数字鸿沟不仅根深蒂固，而且情况变得更糟。更多的近期数据表明，状况没有得到改善。图9—1描述了发达国家和发展中国家在互联网接入上的巨大不平等，向我们展示了缩小鸿沟的效果是多么微乎其微。虽然发达国家和发展中国家之间的鸿沟没有显著缩小，但是两类国家的互联网

用户数量都获得了增长。我们还发现，“全球平均”数据更接近发展中国家数据，因为世界上大部分人都生活在这样的国家。 326

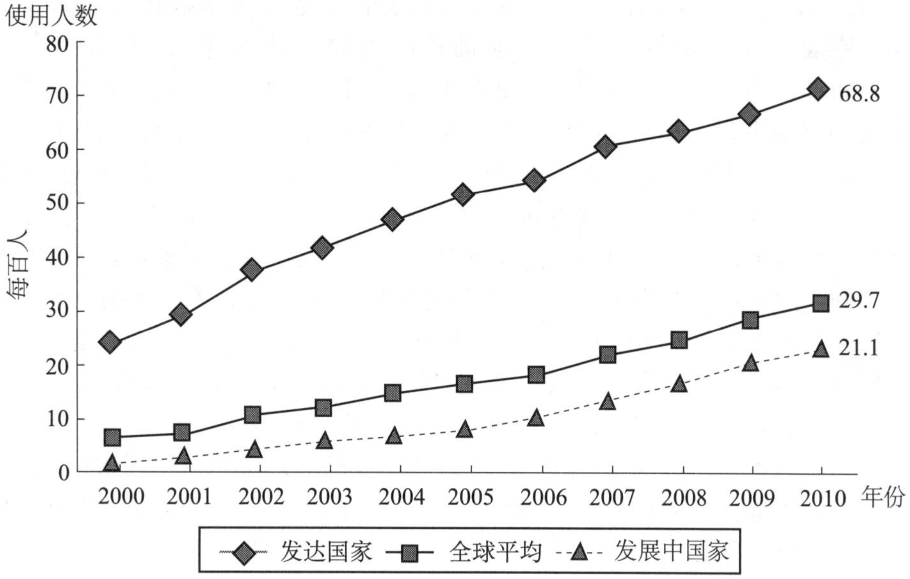

图 9—1　发达国家和发展中国家的互联网使用情况（2000—2010 年）

注：发达国家和发展中国家的分类基于联合国文件（UN M49），参见 http：//www. itu. int/ITU-D/ict/definitions/regions/index. html。

资料来源：ITU World Telecommunication/ICT Indicators database.

图 9—2 揭示了这种不平等在空间和地区上的运作方式。这些数据是关于家庭使用情况的，有了这些数据，我们就可以说，用户能够在工作之余的文化生产中成为积极的参与者。

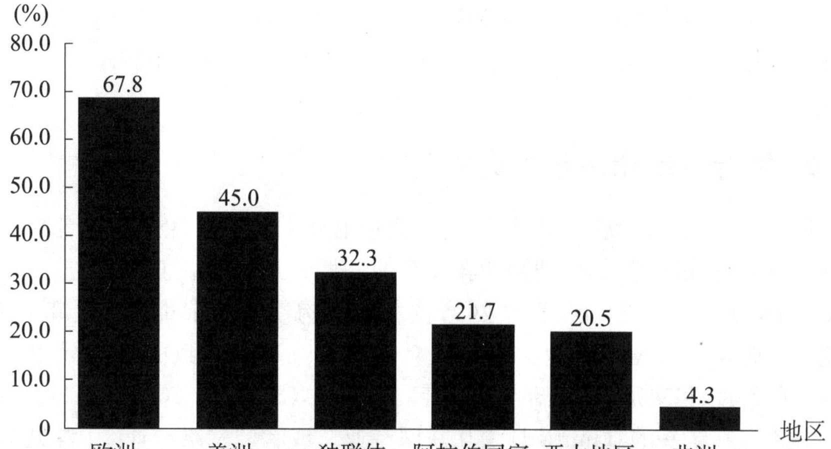

图 9—2　接入互联网的家庭占比（按地区划分，2010 年）

注：地区划分基于国际电信联盟电信发展局的地区划分，参见 http：//www. itu. int/ITU-D/ict/definitions/regions/index. html。

资料来源：ITU World Telecommunication/ICT Indicators database.

基于开放性原则，互联网无疑燃起了许多国家的希望，这些国家或者由于专制统治，或者由于缺乏资源，或者二者兼而有之而导致信息匮乏（Hafez，
327 2007：115）。虽然媒体报道往往言过其实，但数字网络确实也发挥了一些作用，在发展中国家带来了旨在渐进式改革的运动。例如，菲利普·霍华德（Howard，2010）概述了 2009 年发生在伊朗的令人兴奋的运动，数以万计的人使用移动电话和数字网络冲破了政府的信息壁垒，抗议总统内贾德选举胜利，因为许多人感觉被戏弄了。互联网引起了本地积极分子和国际线上积极分子（cyber-activists）的结盟，这些国际人士支持伊朗人民，为他们设置代理服务器以帮助他们匿名访问，为他们提供设备以帮助他们攻击政府服务器，让政府网站无法访问。然而，霍华德还说："尚不清楚国际线上积极分子对伊朗政府基础设施的影响是否远远超出了象征性影响的范畴。"（Howard，2010：9）他指出，当国际媒体在本地没有记者的时候，博客、Facebook 和 Twitter 的角色就相当于"西方新闻社进行新闻报道的简易基地"。"在抗议活动最火热的那几天，Twitter 是一个重要的传播工具"，但许多用户的真实身份仍然是高度不确定的，"这些天不知道注册了多少新的账户，这些账户归属于外部支持者，他们假装自己在德黑兰"（Howard，2010：9）。

比伊朗的抗议活动以及 2011 年发生在突尼斯、埃及和叙利亚的抗议活动更重要的是另外一种技术：移动电话或者说手机——大多数情况下未联网，仅简单用来发短消息和打电话。出于某些原因，移动电话不像互联网和社交网站那样令人惊奇，虽然在某种程度上它对全球传播的影响比互联网的影响还要大，至少目前是这样。玲和多纳（Ling & Donner，2009：8）根据全球调查数据估测，21 世纪的第一个 10 年，有 20 亿人购买了他们的第一部手机。这 20 亿人中的大部分来自发展中国家和地区：全球 58%的手机来自这些国家和地区。这一增长背后蕴含着一个关键因素，即建立无线通信信号塔比铺设电缆便宜，尤其是对远程通信而言。但这不是国际数字鸿沟的解决方案，因为在发展中国家，仅有一小部分手机用户能够真实且有效地接入互联网。总之，发展中国家接入互联网的集中程度要比发达国家高得多。

2. 发行控制和注意力集中度

有种观点认为，互联网可以通过其去中心化的自然属性逃避或者削弱控制，其实这只是对互联网持乐观态度的学者们的一厢情愿而已。正如曼纽尔·卡斯特斯（Castells，1996：352）所言，"网络技术的结构使其非常难以接受审查和控制"。
328 在克莱·舍基（Clay Shirky）看来，数字化和互联网导致的集体行动"通过削弱大规模的制度性垄断，向现存体制发起了挑战"（Shirky，2008：164）。

并不存在统一的（unified）"互联网产业"或者"网络产业"［参见本书导论中诺姆（Noam，2009）的讨论］。然而，网络可以被当作创意、复制和发行（包括市场营销和销售促进）之外的一个独立元素，就如同传统文化产业中的电视和电影那样。在网络空间，既有大量的符号创作者，又有海量的信息和娱乐，但是人们会访问哪些网站、不访问哪些网站呢？这取决于线上世界的发行量。

假设通过点击网络中任一图标或所选文本的任何部分，我们能够到达任何地方。对一些右翼的互联网支持者来说，这种假设中的互动是一种“线上”的独特体验，与“线下”的文化产业极为不同（Gilder，1994），消费个体能够自己做出裁决。实际上，这与漫步于一家大型书店没什么不同：一旦我们有钱或者持有信用卡，我们就能够走到任何我们喜欢或者想要买书的地方。问题在于，我们将要去的地方，在很大程度上是由我们的现有知识和倾向爱好决定的。我们如何知道将要去哪里？

早期用户——业余的热心人——通过在互联网上花费大量时间攻克了这一难题。随着互联网的普及，使用网络成为家常便饭，出现了许多旨在引导用户在网络中穿梭的新型文化形态。20 世纪 90 年代，可以说连接互联网的最主要的网关就是门户网站，它们与地位极其重要的商业网络服务提供商（ISP）相链接。这就是美国在线（AOL）在 20 世纪 90 年代末实力强大的原因之一：证券市场对它的估值非常高，因为人们认为这类门户网站和网络服务提供商代表着数字时代信息沟通的未来。但是到 21 世纪初，很明显，人们主要是通过**搜索引擎**来进入网络世界的。没有搜索引擎，何谈网络的去中心化特征？

卢卡斯·因特纳和海伦·尼森鲍姆（Introna & Nissenbaum，2000）针对搜索引擎问题提出了一个有价值的解释。他们指出，很多搜索引擎运用反向链接（Backlink）方法（这么说是因为它使用反向链接计数，即在全网上有多少链接指向某一特定网页），这意味着，与那些访问量大的网站相比，不知名的独立网站不太可能被访问，因此也不会被搜索引擎收录。他们认为，网页排名（PageRank）方法——谷歌主要使用这种方法——更糟糕，因为它赋予那些本身就有大量反向链接的网页更大的权重。搜索引擎公司不愿意泄露排名标准，它们抛出的一个理由是，如果公开标准的话，可能会刺激上面所描述的“欺骗”行为，因为一些企业和机构为了获得更靠前的排名，会采取“欺骗”的手段。但至少，我们的讨论有助于人们更现实地看到，那种将网络视为完全开放和去中心化的观点是有缺陷的。

因特纳和尼森鲍姆的分析加速了付费搜索［或称“赞助搜索”（sponsored 329
search)］的兴起，通过这种方法，内容提供商能够让搜索引擎收录自己的网页，或者在搜索结果列表中获得靠前的排名。后来，一位评论家说，因特纳和尼森鲍姆“未能预见到付费搜索在今天的搜索引擎市场中的重要性”（Zimmer，2005—2006）。但是，考虑到谷歌（它将付费链接单独列出）的主宰地位，一个不容忽视的问题是，谷歌的 PageRank 是以什么标准收录一些网站，又排除掉其他内容（排名在 20 名之外的毫无疑问会被排除）的呢？许多人声称，鉴于它具有极大的（但并非完全的）自动排名能力，PageRank 是目前为止最有效的排名工具。外部链接锚文本（anchor text）中的关键词是排名的决定性因素。

毫无疑问，搜索引擎已经成为大部分人查找信息的第一港湾，而这恰恰代表了信息的集中化。除了谷歌，还有三大公司共同主宰了全球搜索市场（见表 9—1）。

表 9—1　　四家主要搜索引擎公司的市场份额　　（单位：%）

公司名	全球	欧洲	北美洲	亚洲
谷歌	82.35	94.81	79.18	73.20
雅虎	6.99	1.57	9.01	9.84
必应	3.79	2.33	9.09	2.16
百度	5.12	0	0	12.23

资料来源：Netmarketshare. 2011. Search engine market share October 2011. http：//www. netmarket share. com/search-engine-market-share. aspx? qprid=4&qpcustomd=0.

据称，领先搜索引擎的排名具有很强的自我强化效应（self-reinforcing effect）——排名越靠前的网站越能增加其知名度，因为它们的评级很高。这导致了马修·欣德曼（Hindman，2009：55）所称的“googlearchy：最高链接法则（the rule of the most heavily linked）”。链接的数量决定了网站的可视性，进而导致了利基的永久自我支配地位。欣德曼（Hindman，2009）通过出示美国政治博客和网站的统计数据，对这一推论进行了分析，结果显示，在各类政论（流产、死刑、枪支管制、总统、国会、广义政治）中，人气最旺的网站表现出明显的优势。欣德曼指出，这些社区的作用就是“赢者通吃”（参见本书导论中关于文化产业中反复出现的特征如何制造出赢者通吃的市场环境的讨论）。同样的情况在他所考察的各类政治博弈中也非常明显：在全部网站流量中，访问新闻和传媒网站、政治网站甚
330 至社区网络的流量，在论战中受到了拥护。① 但是，这与靠点击量驱动的某些产业有一个不同之处。欣德曼还指出，在剩余的访客中，微型网站的主机获得了其中的大部分，大型网站和微型网站之间存在一个“消失的中间级”。然而，他认为，政治类网站的访客更关心前 10 条或者前 20 条新闻，这与对传统报纸杂志的关注方式不太一样。因此，正如因特纳和尼森鲍姆所指出的，很少有网络用户会意识到与搜索排名有关的问题，但大部分网络用户会将搜索引擎视为接近客观的信息源，类似图书馆馆藏目录。

欣德曼的结论恰恰印证了新闻记者克里斯·安德森（Chris Anderson）所提出的**“长尾理论”**：传媒和文化产业正逐渐从那种通过点击量创造受众关注和利润的模式向另外一种模式转变，在这种新的模式下，上百万的利基市场合并为一个大市场，能够抗衡甚至超过基于点击量的市场。人们可能会期望从《连线》杂志（一家鼓吹硅谷数字乌托邦主义的内部刊物）主编那里看到所期望的对数字技术的乐观态度：由于数字网络，这个小子最终赢得了胜利（Orlowski，2009）。但是欣德曼的研究指出，“对新闻和传媒网站以及政治类网站来说，最小的网站联合起来能够获得最大的流量，完全是无稽之谈”（Hindman，2009：135）。与之类似，在一项对各种平台的音乐销售情况进行的严谨分析中，经济学家威尔·佩吉和数字分析家埃里克·加兰德（Page & Garland，2009）指出，大部分提供电子版的音乐几乎无人购买。可供选择的产品无疑是海量的，但是消费者就是不买。实物专辑和单曲没人

① 政治类网站也遵循幂律分布（Power Law Distribution），“浏览量大小与访问频率成指数级的反比”（the size of an observation is inversely and exponentially proportional to its frequency）（Hindman，2009：41）。这一分布导致了“明显不平等的结果”。计算机科学家的一系列研究指出，幂律分布既适用于进站超级链接，也适用于出站超级链接。

买，数字音频也没人买。甚至在不合法的 P2P（个人对个人）消费中，大部分音乐也是无人问津。用佩吉和加兰德的话来说就是，可供选择的音乐确实有一条长长的尾巴，但却是一条极细的、干瘪的尾巴。如果说有什么不同的话，那就是对于点击量的依赖日益根深蒂固了。现场音乐也是如此，虽然与唱片业的销售情况相比略显繁荣（在他们进行研究的那段时间）。佩吉和加兰德没有去思考为什么现有数字唱片的长尾无人问津，但是我去做了：消费者可能不知道有这些数字音乐的存在。佩吉和加兰德参考了其他研究，这些研究将焦点放在新兴数字发行公司如奈飞公司（Netflix）的一小部分热门音乐上。在文化产业中，发行依然掌握着核心的权力。

3. 商业化、监管和“自由劳动”

对参与度的强调根植于一个反主流文化的观点，即为了人类的繁荣昌盛就要反对商业。许多互联网和网络用户社区都特别强调“信息传播自由”（Flichy，1999： 331
36)，以及“对未公开的商业利益的……拒绝”（Castells，1996：354）。

但是，在那些接触到互联网、享有相对特权的社会群体中，数字网络引人关注的积极方面在 20 世纪 90 年代末和 21 世纪初是否获得了进步？互联网是对其他文化产业中流行文化传播形式的一种挑战，然而自 1994 年以来，当“商业资本‘看上’网络”（Sassen，1998：177）后，互联网的发展方式严重破坏了这一潜能。尤其是，互联网和万维网变得商业化了。从网页浏览器自动生成的广告，到搜索引擎（包括前文所讲的隐蔽性更强的付费搜索引擎）和门户网站，再到你所访问的网站，以通栏标题广告（banner headings）和弹出式广告（pop-up）为主要形式的广告几乎蚕食了网络传播的所有方面。订阅任何服务条款、购买任何产品，都要冒着在接下来的数星期甚至数月里迎接电子邮件狂轰滥炸的危险。垃圾广告成灾。许多网站的广告达到了无以复加的程度，你有时候甚至很难断定广告从哪里结束、内容从哪里开始。正如斯帕克斯（Sparks，2004）所指出的，网络上几乎没有区分商业内容和非商业内容的惯例。

在线广告支出在 21 世纪第一个 10 年呈现井喷态势。其实在线广告在 20 世纪 90 年代就出现了，但是却受到了互联网泡沫的冲击。自 2003 年以来，美国的在线广告支出持续攀升，势不可当，甚至出现了两位数的增长率。埃文斯（Evans，2009）引用数据显示，美国的在线广告支出从 2000 年的 81 亿美元攀升到 2007 年的 212 亿美元，在线广告在所有广告中的占比从 3.2%攀升到 8.8%。在西欧，随着广告支出从灾难性的 2009 年的阴影中逐渐复苏，在线广告支出增长率达 16%，而同期其他媒介广告的增长率是 7%（*Screen Digest*，November 2011）。在 21 世纪第一个 10 年的末尾，搜索广告（与其他网站的“展示”广告相对）的增长态势尤其显著。

尚不能确定广告和其他何种混合形态将为数字化环境中的文化产业提供资助。购买和订阅给商业和文化都带来了问题，广告也是如此。传播机构越来越依靠广告作为收入来源，因此受制于广告主［参见卡伦（Curran，2011：153－167）对报纸广告历史的研究］。诚如埃德温·贝克（Baker，2002：24－30）所言，它对内容的影响是极坏的。这些影响无法提前预测，每一个影响都要具体问题具体处理。但是贝克说，大体而言，广告有利于那些与畅销产品和服务密切相关的内容，不利于那些对社会中相对贫穷者有利或有价值的内容。①

332 但事实是，资本管理下的互联网和网络无疑是商业发展的领头羊。具有影响力的互联网评论家们例如曼纽尔·卡斯特斯秉持这样一种看法：鉴于技术特质，该媒介所固有的解放性本质可以使自身避免陷入商业化的窠臼。

卡斯特斯很明白，商业化正在改变着网络媒介，但是他相信，"尽管最英勇的论调和反传统文化的意识形态已如潮水般退去……源自网络最初自由使用阶段的技术特征和社会规范已经对网络的效用化进行了建构"（Castells，1996：354）。在这一段文字中，卡斯特斯逼近了技术简化论的边缘。技术的发展建立在其周边的社会规范和社会话语的基础之上，它确实具有持久的特征；但是，这些特征也能被强有力的使用者和阐释者重构。帕特里斯·费里奇（Patrice Flichy）对卡斯特斯的假设进行了有价值的修正。当问到互联网的民主特征是否是该媒体技术特性的产物时，费里奇回答道："似乎不是，因为其他的网络数据处理模型也确实存在。IBM 和其他制造商为商业企业用户发明了集中型网络，在这种网络中，每一个参与者的角色都确定无疑：有的人输入数据，其他人参考。"（Flichy，1999：39）萨斯基亚·萨森（Sassen，1998、2000）注意到了"私人数字网络的崛起"。

> 在过去的几年里，领先的互联网软件设计者总是将焦点置于以防火墙为基础的企业内网建设，以及公司间交易的防护渠道建设。从某种意义上说，这两者都代表了私人公司将"公共空间"占为己有。（Sassen，2000：20）

换句话说，网络技术的社会用途超过了其可能表现出的固有的"技术结构"特征。

在数字时代，对商业主义的理解还有另外一个维度，它源于数字网络的互动特质如何让使用者获取前所未有的信息量。对于信息技术产业（从搜索引擎到社交网站）所塑造的新兴混合文化产品经济而言，获取信息至关重要。② 第三代移动电话的发展强化了这一趋势，3G 使得从更广的数据领域中更有效地获取信息成为可能。诚如我们所见，许多新的互动技术形态通常被归类为"Web 2.0"，数字乐观主义者将之解读为增强了普通人的权力。但是，这些技术强烈依赖于获取和出售用户信
333 息，引发了关于权力与监管的复杂问题。为了获得搜索引擎和社交网站提供的便利和愉悦，允许公司获取我们的个人信息是否值得？抑或这种信息获取行为代表着社会对人们的行为、爱好和价值观的构建方式迈出了令人担忧的一步？这远远超出了隐私和人们防范自身不受侵犯的问题，它更接近社会和文化权力的问题。

以谷歌为例。我在本书导言中解释过，谷歌不是一家文化公司或传媒公司，虽然它对文化产业产生了巨大的影响。它是一家搜索引擎公司，由一些将触角延伸到

---

① 在其他公司的网站上做广告，仅是网络商业的一部分。正如丹·席勒（Schiller，1999：132）所言，公司网站也必须被列入网络广告类目中，在过去的几年中，花费在公司网站上的广告高达数十亿美元。

② 富克斯（Fuchs，2011：8-9）提供了一份关于技术的不完全名单，在互联网的帮助下，这些技术扩展并强化了对消费者的监控，"cookies、数据挖掘、协同过滤、环境智能、点击流分析、间谍软件、日志文件分析"。

其他领域的软件工程师负责运作（Auletta，2010：16）。它不生产内容，而是通过 YouTube 和 GoogleBooks 等发行和传播内容，但这项业务几乎不赚钱。其收入的绝大部分来源于广告。例如，2008 年谷歌全部收入为 210 亿美元，其中 97%来自广告（Auletta，2010：15）。谷歌的广告业务主要有两块［这里我引用了奥利塔（Auletta，2010：6－8）的数据］：

- AdWords——潜在广告主可以通过它在关键词搜索结果网页中竞标投放小型文本广告。谷歌通过为每个关键词设置竞价底价而获取价差（米奇·李（Lee，2011）详细描述了其运作过程）。
- AdSense——这一自动化程序可以将广告主与正确的目标网站相匹配。只有当用户点击广告时广告主才付费，广告费用以确定好的“单位点击成本”为基准。

如果没有对 cookies 的应用（用户浏览器上会留下软件文件），谷歌的这些技术就不能实现。Cookies 使得谷歌能够追踪用户所提出的搜索问题，他们访问了哪些网站，停留了多少时间，在什么时候做出购买行为。2007 年，谷歌收购了 DoubleClick（见本书第六章），继而控制了这一数字平台，在该平台上，各家网站均可出售在线广告供广告主和代理商购买。DoubleClick 的用户信息数据库让他们有能力做到这点。将 DoubleClick 和谷歌的资源整合在一起，就是一种前所未有的能量。在其他因素等同的情况下，获取的信息越好、越丰富，谷歌的追踪行为就越多。经济学家所称的“网络效应”强化了市场的支配地位：在电信和信息技术网络，那些具有市场支配地位的节点获得的优势呈指数级增长。此外，具有支配地位的搜索引擎所提供的信息可能比稍次一些的搜索引擎所提供的信息在精准度上更高，因为具有支配地位的公司所获得的数据量更大，所以广告主愿意找谷歌。

与之类似，Facebook 的大部分收入来自向第三方提供用户信息。因为人们在 334
Facebook 上发布了大量关于他们自己的信息，包括习惯、品位和做法，所以 Facebook 与其广告搭档微软一起（2008 年，微软在与谷歌的竞标中由于出价高而成为 Facebook 的主要营销合作方）能够帮助广告主更为精准地瞄准目标顾客。

精准营销向广告主承诺营销支出浪费极小，它是广告业巨大变革的基础，而广告业则是市场营销产业的一个分支。约瑟夫·图罗（Turow，2012）撰文论述了这种变革及其可能对社会和文化产生的破坏作用。

> 每天，大部分（就算不是全部）使用互联网的美国人，与来自这个星球的上亿用户一起，在线上世界里游走，静悄悄地从事着偷窥、猛戳、分析和标记的工作。毫无疑问，政府实施了一系列窥探行为，某些地区的情况可能更严重。但是在北美、欧洲和其他许多地区，为市场营销人员服务的公司，已经带头秘密地将大量用户的行为和背景“大卸八块”，这是建立在虚拟的“一分钟计”（minute by minute）的基础上的。它们的目的是查明如何培育个体的购买冲动，这样他们就能够卖给我们更多的产品了。但是它们的工作也有更广泛的社会和文化影响。它打破了传统的出版规则，强迫传媒业务采用它们的编辑内容，以满足广告主的公关需求和“大卸八块”的需要。但是这种运作方式是非

常矛盾的，它既有良好的社会形象，又具有社会歧视的成分。它在市场营销信誉的基础上，将媒介内容个性化，但是我们甚至不知道我们是否还有市场信誉。(Turow，2012：2)

图罗认为市场营销人员的行为从根本上破坏了文化生产，他们通过不道德的途径去获取普通人的行为和价值观。他还指出，通过监管手段保护消费者免受这一体制的最坏影响，目前还没有必要。我们所签订的允许他人使用我们数据的协议缺乏透明度。协议的措辞对许多用户来说难以理解。

在一些马克思主义研究者看来，最好将依赖于互联网和社交网站用户行为数据的数字商业理解为一种剥削。在一篇重要文章中，提兹安娜·泰拉诺瓦（Tiziana Terranova）写到了“免费劳动力”现象，她将之描述为“资本主义社会中一
335 种重要的却不被承认的价值资源”（Terranova，2004：73）。[①] 她写道，免费劳动力“自愿奉献，不求回报，享受着被剥削的过程”，他们的工作包括“建立网站、修订软件包、阅读和参与制作邮件列表、创建虚拟空间”（Terranova，2004：74）。其他人则采用类似的视角对电视和游戏形态进行了研究。格雷格·德·皮特和尼克·戴尔·怀特福德（Peuter & Witheford，2005）解释了自20世纪90年代以来，“编辑工具逐渐和电脑游戏打包在一起，这有助于培育或改进欣欣向荣的参与式游戏模块文化”。他们认为，游戏模块制作者是一种免费劳动力，是一种对集体智慧的剥削，这种方式成为未来游戏产业开发劳动力的非正式培训手段。马克·安德耶维奇（Mark Andrejevic）反对媒介研究中对“积极的观众”(active audiences）的赞美，他强有力地描述了“在新兴在线经济的大环境下，创意活动和剥削如何相互依存、相互渗透”（Andrejevic，2008：25）。安德耶维奇说，在线浏览者对电视制片人来说有两个好处：通过提供反馈，为制片人省下昂贵的市场调研的钱；通过传播电视节目，为制片人节省市场营销费用。安德耶维奇对于将“用户参与”和“真实民主和共享控制下的行为”等同起来持批判态度，他声称，监管体制和逐利的迫切性削弱了在线参与的愉悦度和进步性。安德耶维奇还将这些观点应用到YouTube上。他认为Web 2.0企业剥削了用户的劳动。安德耶维奇说，Web 2.0商务模式因为帮助用户摆脱了疏离感而大受欢迎，“它将在线社区和社群建立在私人控制的网络架构之上，作为回报，会给用户提供少量的创意产品支配权”（Andrejevic，2008：419)，并让自身处于监管之下。在安德耶维奇看来，“用户创造的内容”和“用户生成的数据”有重要的区别(Andrejevic，2008：418)。是后者而不是前者，在私有制的前提下被提炼出来并转换为商品。对安德耶维奇来说，这与传统的女性屈从于男性是一个道理。他写道，感性的劳动者在建立社会关系上花费时间，既是自愿的，也有屈服于被剥削的成分。活跃在YouTube这类社交网站的不成熟的劳动者就是这样。关于媒介产业如何通过将观众的注意点卖给广告商从而将观众转变为商品这个老话题，这里有一些回应（参见专栏9—4）。

---

① 泰拉诺瓦的文章最早出版于2000年，2004年又稍作修改，收录在《网络文化》一书中。

专栏 9—4 336

（数字）受众为文化产业效力？

1977 年，颇具影响力的马克思主义政治经济学家达拉斯·斯麦兹（Dallas Smythe）写了一篇文章，内容大致是：其他马克思主义者，包括传播政治经济学家，为什么没有分析传媒及相关产业（如市场营销和公关）为资本主义和资本家服务的功能？他说，这是西方马克思主义传统的盲点（虽然他也没有提到非西方马克思主义传统）。政治经济学家格雷厄姆·莫多克（Murdock，1978）对斯麦兹的经济简化论（economic reductionism）观点进行了批评。但是，随着数字网络的诞生导致广告的本质发生了变化，斯麦兹的一些观点在后来被其他研究者广泛采用，并恢复了生机。斯麦兹也有一些追随者（Jhally & Livant，1986）。他说，广告主为文化产业广告付费，他们所购买的其实是“可以预见的受众细分服务，因为这些受众中的一部分会关注广告，在不同的时间有不同的传播途径”（Smythe，1977：5）。因此，人们被变成了受众和商品。此外——和近期关于“免费劳动力”的论争有联系——斯麦兹说，这种服务也是一种工作：“受众会员为广告主所做的工作，就是学着购买特定品牌的消费品，然后相应地花掉自己的收入。简言之，他们的工作是为广告商品创造需求，这就是作为垄断资本家的广告主的目的。”（Smythe，1977：6）换句话说，媒介受众为广告主服务，为整个资本主义服务。不知怎么导致了一种情形，在这种情形下，对所有人（除了非常富有的人和没有可支配收入的非常贫穷的人）来说，实际上不存在任何“自由时间”或“休闲时间”。除了睡眠，我们所有的工作外的时间，都用于试图弄清我们准备消费什么（Smythe，1977：14）。媒介产品只是一顿“免费午餐”，一种通过提供服务收买用户的廉价方法。斯麦兹还说，如果欧洲的读者对这一观点有所怀疑的话，那是因为他们相对于美国人民来说较少受到“垄断资本主义”之苦。

后来的一些学者就斯麦兹的作品进行了讨论，认为他虽然是个多产的作家，但是其作品在最初出版的时候存在很大的问题。这就是我们所知的“受众商品论”，有时候又被称为“盲点论”（Lee，2011）——显然他们冒险混淆了“受众商品”这一具体概念和斯麦兹得出的关于马克思主义的观点。近年来，由于搜索引擎和社交网站看上去特别依赖于对受众行为的追踪以及自由工作者或免费劳动力，许多学者试图澄清对“受众商品”这一概念的困惑，以便评估其在数字化和互联网时代与文化生产和消费的潜在关 337
联。与将受众视为媒介产业服务不同，戈兰·博林（Goran Bolin）引用米汉（Meehan，2000）的话假设道，将统计学意义上的受众视为由市场调研机构和市场部投入到商品中的原材料更有意义，“真正起作用的不是观众，而是统计学家”（Bolin，2009：359）。

在理查德·马克斯韦尔（Maxwell，1991）早期观点的基础上，米奇·李（Lee，2011）就受众商品论进行了辩说。他认为，谷歌的纵向一体化和非竞争性结构创造了一种古怪的信息市场，这一市场根植于对商品的膜拜，广告主会为了关键词而盲目竞价，却根本不了解谷歌的运作机制。在米奇·李看来，受众商品论（此处不采用斯麦兹最初的表述）提供了一种有潜在价值的方法，可以帮助人们理解和批评在线世界里广告业不断变化的本质。最后，布雷特·卡拉韦（Caraway，2011）批评了斯麦兹的观点，并引起了后来一些学者如安德耶维奇的回应。卡拉韦的写作采用的是马克思主义观点，但是会谈及代理、矛盾和斗争。对于“受众提供服务并开展工作，但他们自己却没有意识到”这一假设，卡拉韦认为是有问题的。他声称，斯麦兹高估了受众衡量技术的准确度，而研究监管情况的后来者，则低估了被监管者对监管技术的质疑和躲避能力。将媒介、搜索引擎和社交网站描述为提供“免费午餐”的人，需要多加关注人们从这些产品中获得的“使用价值”。相比劳动力，将广告中的经济交易行为理解为租金可能更好。在为基于“用户创造内容”的网站创作内容的过程中，人们从事着某种形式的工作，但是我们应该小心谨慎，不要假设这种工作完全是受到控制的，就像很多分析所暗示的那样。

斯麦兹的观点是粗糙的，具有简化论和功能主义的成分，完全低估了当代社会中的矛盾与斗争。他的一个潜在的但是未流行起来的观点是：我们花费的所有时间，都贡献给了一个巨大的、消极的机制，它的名字叫做资本主义，没有任何事物可以摆脱其控制。由他的观点所生发出来的讨论，几乎没有跳出这个圈子。他的观点还引发了关于如何从批判的视角去理解文化产业、技术公司和观众之间不断变化的关系的争论，而这一争论对我们具有潜在的帮助。

338 我在近期一篇关于“用户创造内容”的文章中（Hesmondhalgh，2010b）试图说明安德耶维奇的分析实际上是建立在**自由和意识形态（freedom and ideology）**的问题之上，而不是基于逻辑性更强的**剥削（exploitation）**概念本身。现代社会高度评价各种无偿行为，而我则试图强调对“免费劳动”光环下的社会行为进行批判的重要性。此外，我在那篇文章中还说，对社会行为商业化的批判如果终结了，就是一种危险信号，因为这暗示着，所有为产业创造利润的无偿社会行为都是受剥削的劳动。我给出的一个例子是作为志愿者的足球教练，他们的足球天赋有限，没什么可供足球俱乐部利用的，他们对足球产业利润的贡献是无意的。最起码，我们需要在“免费劳动”所创造的社会利得及其导致的社会危害中做出平衡。这里存在的一个问题是，“免费劳动”这类观点是以非常随意的学术口吻提出的。近年来，我在各种会议和学术对话上频繁地听到各个版本的“免费劳动”理论——这类观点迟早会变成公共话题，这只是时间问题。[①] 泰拉诺瓦和安德耶维奇（Terranova & Andrejevic）的评论没有这么粗糙，如果他们的观点被别人断章取义并简化，这也不是他们的错。但是，在关于 Web 2.0 公司如何利用信息的问题上，如果他们想将自己的观点概念化，也应该更加小心谨慎。在这一方面，雅克博森和斯蒂尔森斯特（Jakobsson & Stiernstedt，2010）做出了有价值的贡献。他们将这种行为归结为如下观点：在社交网站，社交关系的质量——社会互动所需的社区感受和社会信任——也被商品化了。这是因为他们向我们展示了社交是如何被纳入法律框架的。随着所谓的“私人网站”的泛滥，谷歌和 Facebook 涉嫌盗用文化资料，其每一个字节都在向法律发起挑战，但是美国和欧盟的法律框架通过一系列规则对这些

① 关于“免费劳动”理论最通俗的版本与 Facebook 有关力。其含义如下：这类无薪酬的劳动者是被剥削的，我们应该考虑不再使用 Facebook。沿着“免费劳动”这一线索，我所引用的更为老到也更具批判性的评论，参见科恩（Cohen，2008）和赫恩（Hearn，2008）的著述——关于后者，我在本书第十一章将讨论更多细节。

大公司进行保护，因为用户的活动数据对他们同样有用。这表明，至少在一个最重要的方面，用户确实不像数字乐观主义者所声称的那样被赋予了更大的权力。不管数字乐观主义者们说得多么花哨，用户并不拥有知识产权。相反，采集用户数据的问题在隐私权的层面上得到了体现，隐私权是一个难以描述的概念，鉴于此，企业大可声称，用户可以通过自己对IT产业的监管进行自我保护，而不是通过更为强有力的政府监管。但是，我们进行评论的基础是商品化，而不是免费或者无薪 339
劳动。

★★★

对于数字乐观主义者关于数字化和互联网对文化生产和消费之影响的观点，需要谨慎对待。他们的观点建立在这样一种特定论调的基础上：计算机具有解放性的影响，IT产业和消费电子产业对于宣传推广计算机有很大的兴趣。当然，数字化和互联网的确带来了各种各样的好处，我也试图一一指出——包括对一些特别悲观的观点进行了批评。但是，说它们完全改变文化生产的规则，这一点应该驳回。即使文化产业与电信、IT和消费电子产业以新的方式进行互动，资本主义现代性的一些特点还将继续在文化产业中体现出来。就算享有特权的个人有能力接触新的、令人兴奋的创意机会，不平等、权力集中、不受监管的商业主义的负面影响仍将存留于21世纪的文化产业之中。

评论及拓展阅读

我遇到过的对数字化和互联网之解放性影响的极端观点的最好的批判性著作，是马修·欣德曼（Matthew Hindman）的《数字民主的神话》（*The Myth of Digital Democracy*，2009）。与之对立，下面这部杰出著作是有关互联网激励民主参与的：斯蒂芬·科尔曼和杰伊·布鲁默（Stephen Coleman & Jay Blumler）的《互联网与民主公民》（*The Internet and Democratic Citizenship*，2009）。虽然我对数字乐观主义者持批评态度，但是，本克勒、卡斯特斯和詹金斯（Benkler，Castells & Jenkis）的文字还是非常富有启发性和智慧的。安娜贝拉·斯瑞伯尼和戈兰姆·基亚巴尼（Annabelle Sreberny & Gholam Khiabany）的《博客斯坦》（*Blogistan*，2010）一书对伊朗的互联网和政治进行了很好的研究。在搜索引擎方面，欣德曼《数字民主的神话》关于谷歌的一章很不错，此外还有希瓦·维迪亚那桑（Siva Vaidhyanathan）的《谷歌化的反思》（*The Google-ization of Everything*，2011）、亚历山大·哈拉瓦伊斯（Alexander Halavais）的《搜索引擎社会》（*Search Engine Society*，2008）和伊丽莎白·范·库弗林（Elisabeth van Couvering，2011）关于搜索引擎发展的政治经济学阐述。克里斯蒂安·富克斯（Christian Fuchs）的《互联网与社会》（*Internet and Society*，2008）运用广泛的社会学理论，对数字化进行了批判性的思考。肯·奥利塔（Ken Auletta）的《谷歌化》（*Googled*，2010）一书非常生动且信息量大，虽然其对于谷歌的领悟（谷歌导致了我们所认识的世界的终结）有点令人生厌。约瑟夫·图罗（Joseph Turow）的《每日的你》（*The Daily You*，2012）关于互联网如何转变广告业的论述非常值得一读，虽然他的论述方式令人焦虑。下一章的结尾，我会推荐一些 340
关于互联网对其他文化产业之影响的书籍和资源。

在线阅读

以下所列线上资料都能够免费获得，地址是 http：//www. sagepub. co. uk/hesmondhalgh。只需点击“Sample Materials”标签即可找到每篇文章的链接。

琼斯·凡·迪克（José van Dijck）（参见其 2009 年和 2012 年的作品）关于社交网络、用户原创内容和其他问题的一系列出色的文章表明，她即将出版的有关社交网络的书也值得一读。布雷特·卡拉韦关于受众商品的文章（Caraway，2011）是令人困惑的论战中非常受欢迎的调合剂。米奇·李关于谷歌广告的文章也富有洞见（Lee，2011）。如上所示，我发现雅克博森和斯蒂尔森斯特（Jakobsson & Stiernstedt）的文章对于盗版的讨论颇有助益。

- Caraway，Brett（2011），“Audience Labor in the New Media Environment：A Marxian Revisiting of the Audience Commodity，” *Media*，*Culture & Society*，33（5）：69-708.
- Jakobsson，Peter and Stiernstedt，Fredrik（2010），“Pirates of Silicon Valley：State of Exception and Dispossession in Web 2.0，” *First Monday*，15（7），available at http：//www. firstmonday. org/htbin/cgiwrap/bin/ojs/index. php/fm/article/view/2799/2577.
- Lee，Micky（2011），“Google Ads and the Blindspot Debate，” *Media*，*Culture & Society*，33（3）：433-447.
- van Dijck，José（2009），“Users Like you? Theorizing Agency in User-generated Content，” *Media*，*Culture & Society*，31（1）：41-58.
- van Dijck，José（2012），“Facebook as a Tool for Producing Sociality and Connectivity，” *Television & New Media*，13（2）：160-176.

第十章 341
互联网和数字化对当前文化产业的影响

本章建立在前一章的基础之上，并深入考察以下问题：数字乐观主义者呼吁增强用户和观众的控制能力，这是否带来了文化产业中权力的去中心化？本章还考察了互联网和网络对四大产业的影响，它们是音乐产业、电视产业、报纸产业和图书出版产业。本章最后一部分考察最近20年跟随数字技术发展起来的数字游戏产业。

一、危机四伏的音乐产业：从真实中鉴别炒作行为

数字化带给唱片产业的最大挑战是数字唱片的复制相对来说更为精确和容易。正如我们在导论中所见，要在文化产业中赚取利润，离不开人为制造的产品**稀缺性**（**artificial scarcity**）。数字化使得任何信息的复制都变得异常容易，因此对稀缺性造成了威胁。进一步说，与其他非印刷媒介相比，音乐所占据的磁盘空间和带宽都很
小，可以通过计算机来获得体验而不会让人感觉不适（不像印刷媒介）。这就是为 342
什么在面临数字化对文化产业的冲击时，唱片产业首当其冲。在21世纪第一个10年，唱片销售收入急速下滑。①

在所有的文化产业中，个人计算机和互联网的发展使得数字化成为一个亟待解决的大问题。许多相互关联的技术创新使得数字化成为唱片产业中一个不容忽视的问题（Bakker，2005）。

- 20世纪90年代早期MP3压缩标准的发展及其后与压缩标准相关的其他产品的发展。通过压缩，大量的数字音频信息可以被压缩到易于管理的文件中。
- 统一费率（flat rate）和高宽带连接（high bandwidth connections）的

① 根据国际唱片业协会（International Federation of the Phonographic Industry，IFPI）的数据，全球唱片音乐销售额在1999年达到巅峰，为269亿美元，到2009年则下滑至170亿美元。

发展，如 ISDN、ASDL 和电缆，以及以下不容忽视的事实：虽然在 20 世纪 90 年代末和 21 世纪初，家里可能尚无法接入网络，但是在工作和学习场所等地方已经能够上网了。

- 具有更大存储能力、更强声卡、CD 播放器和音箱的多媒体计算机的出现。
- 免费且使用方便的软件，能够将 CD 转化为 MP3 格式，通过计算机网络远程搜索和下载 MP3 文件。

这些技术的出现都是为电信产业和计算机软件产业所驱动的。文化产业和这些产业之间的冲突，恰恰是早些时候文化产业与消费电子产业之战的再现，例如，关于录像带和录音带的战争及其是否对文化产业公司的知识产权造成了威胁。在美国，文化产业部门本来是希望能够对计算机著作权的发展施加严格控制的，然而软件和电信产业部门却不愿意采取这些措施。作为回应，唱片产业的主要武器就是游说。

因此，到了 21 世纪，主宰音乐产业的唱片公司面临着两大问题。第一，对通过 ***P2P*（*peer-to-peer*）**网络共享文件的担忧，集中于产权和所谓的盗版的问题。第二，如何找到一种两全其美的方法，既可以用数字化的方式发行唱片（而不是采取黑胶唱片、录音带、CD 等硬复制的形式），又可以从中赚钱。

343

1. 文件共享

在 2000 年之前，用户都是通过 P2P 网络共享音乐文件，其中最著名且应用范围最广的就是 Napster。但不久 Napster 就由于被美国众多唱片公司告上法庭而被迫关闭。其他的 P2P 文件共享网站（例如 Grokseter 和 Kazaa）取代了 Napster 的位置，实际上，这些网站只不过是提供给用户一种软件，让他们可以搜索对方计算机中的音乐文件，因此不太会惹上官司。

主要的唱片公司及为其代言的同业公会（trade association）迅速采取行动以对抗文件共享的威胁。在成功地关闭了 Napster 之后（虽然 Napster 这个名字后来被一家合法的下载网站收购），他们继续拿起法律武器对抗提供这类服务的第二代文件共享公司，并将音乐下载器公司告上法庭。美国唱片业协会（Recording Industry Association of America，RIAA）起诉了成千上万的个人侵权者，并引起了世界上大部分地区同业公会的效仿。然而，"不合法"的文件共享仍在继续，文件共享软件公司和网站仍然能够保护自身不受文化产业海量资源的冲击。追溯个人用户和软件发行者的联合战略，制止了许多不合法的、为少数忠实的特别用户提供保护的文件共享网站（Bakker，2005）。

2. 数字发行合法化

对新千年的大部分普通用户来说，购买音乐的主要方式仍然是到唱片店里购买 CD。逐渐地，越来越多的人转而在线购买 CD，与在线下商店购买相比，还能免去消费税。随着 2003 年苹果 iTunes 的问世和其他数字零售商的出现，通过在线或者移动电话购买数字文件的小众群体的规模越来越大。在这一转型时期，唱片公司和已有的零售商（在大部分国家，它们从唱片产业中分离出来）努力去适应数字化发行和数字化购买方式。但也存在一个主要的症结，即唱片公司想要寻求一种方法以阻挠消费者大量复制数字音乐文件。大量的时间和精力花费在**数字版权管理（*digital rights management*，*DRM*）**系统的发展上。这给唱片公司带来了巨大的挑战，一定程度上是各种硬件公司、软件公司和电信公司相互较量的结果，并且导致了对唱片公司的大量负面宣传，因为它们看上去行动迟缓、不负责任，并且限制了文化的流动。截至 2010 年，更温和的保护形式（例如，对可以播放文件的设备数量进行限制）已经非常普遍。“合法化”音乐下载服务蓬勃发展，许多消费者正习惯于通过 Spotify 等网站（Spotify 的收入依靠订阅和广告，其中一部分收入又转移给唱片公司和艺术家）在线购买或者宣泄情感。 344

精力充沛和/或技术能力足够强的消费者能够很容易地绕过保护系统。随着大部分消费者经历了音乐消费的不确定与困惑时期，在大力宣传在线音乐的市场，尤其是在最大、最“发达”的市场，利润在暴跌（虽然随着经济的发展，在某些市场中也出现了增长态势）。这导致投资者及提供建议的分析人员从唱片产业中相继撤离，并导致了股价的下跌。虽然销售和利润的下滑趋势相对缓和，但这也难以扭转大局，因为人们认为唱片产业在劫难逃，这与全球金融炒作关系重大。与其他零售商相比，苹果 iTunes 的音乐销售额并不大，但其成长态势非常惊人——从零起步的增长通常看上去更为显著。实际跟我们相关的是，它代表了未来的发展方向。

这些发展导致了大量关于音乐产业衰退甚至灭亡的报道（Barfe，2003；Mann，2000）。一本关于数字化对音乐之影响的读者甚广的著作，将主流音乐公司（music majors）视为举步维艰的官僚主义巨头，他们“挣扎着不肯放权，希望能维持现状”，同时赞美以网络为根基的音乐产业家的机智灵活（Alderman，2001：1－2）。许多评论家（那些在本书前一章中经常引用反主流文化论调的评论家）希望从混乱中衍生出一种更为民主的生产关系，在这种生产关系中，艺术家能够通过网络直接向消费者推广和销售自己的产品，而无须通过跨国娱乐公司。**在多大程度上，数字技术的引入导致了这种民主化？在多大程度上，这些发展赋予消费者、创作人员和小型公司更大的权力？随着数字化的引入，国际垄断巨头在多大程度上有了兵临城下之感？**当然，随着生产和发行业务被售予第三方，也存在纵向的瓦解，但是不能将之解读为“去中介化”（即移出创作者和消费者之间的中介）的民主信号。主流音乐公司仍然严格控制着市场营销和促销工作，这在很大程度上决定了消费者能够听到和了解到的是什么样的音乐。确实，为了制作出最受欢迎的作品，市场营销工作越来越密集。与此类似，电影产业也日益强调大众宣传，以创造更大的首映周末票房，正如第七章所讨论的。同时，随着 21 世纪初唱片产业遭遇危机，唱片公司的名单被大大删减了，首当其冲的就是跨国公司海外分支机构的非英语机构（*Music and Copyright*，2004－06－23），已经高度集中化的产业形势进一步巩固，挣扎中的主流音乐公司结成联盟或者在监管机构允许的情况下进行合并。唱片公司将自身重新定义为“知识产权创作者和开拓者”（*Music and Copyright*，2004－09－01）。 345
音乐出版的高收益、低成本，以及版权拓展工作带来的机会，使得版权越来越成为音乐企业的核心。正如我们在第五章所看到的，这导致唱片公司及其同业公会越来越密集地游说政府，其目的是增加版权表现形式和实施更强的版权手段，而且它们通常能够获得成功。这些措施限制了公共领域利益，迎合的是个人和公司的利益，尽管大量的小众消费者依然能够通过使用数字网络共享文件来避开这种严格的控制。

音乐产业所涵盖的内容远远超出唱片公司向消费者销售 CD 等商品。它通常围绕着其他方式的版权开发进行，例如授权在公共场所或全球广播和电视频道播放唱片或演唱歌曲。在过去几十年，通过广播和电视频道播放唱片或演唱歌曲呈现扩张趋势。跨国唱片公司也从成长的新兴市场中获益良多。毫无疑问，21 世纪第一个 10 年对主流唱片公司绝对是个巨大的挑战。但是我们知道，文化产业具有高风险性，在这一市场上没有常胜将军。纵观唱片产业的历史，它经历了一系列危机，尤其是在 20 世纪 30 年代和 70 年代（Hesmondhalgh，2009b）。

那么，流行音乐文化是否受益于 21 世纪初数字发行技术的引入？对这一问题的思考有以下几种思路：

- 所售文本的质量。
- 媒介消费水平：例如，选择、控制、受众体验的多样性和质量。
- 生产水平：数字化和互联网使得音乐产业的民主化成为可能。

上述第一个问题最难解释。文本之争是本书第十一章的主题，但是这里只用了寥寥几个词。许多人谴责当代流行音乐缺乏创意和创新精神，还有些人认为这与唱片产业的危机有关。例如，由于 21 世纪初唱片公司对多媒体融合的探索，一种结合了流行音乐和电视才艺表演的节目类型诞生了。早先的音乐黄金时代看来要对接下来的几十年惋惜不已了。怀旧的人看上去过分专注于人们对音乐历史的看法。很多人认为 20 世纪 70 年代是欧洲和北美摇滚乐和流行乐的黄金时代，但同时，很多受众却哀叹这些音乐类型的华而不实和纵欲主义。

346 然而看上去，那些对流行音乐的兴趣比较中庸、能够上网和使用其他数字技术的消费水平相对较高的受众，他们受益于数字化改革。截至 2010 年，以下行为的相对低成本成为可能：

- 通过主流网站如 Spotify 等接触到大量节目。
- 通过亚马逊、苹果 iTunes 等网站购买音乐产品快速且便捷。
- 通过网络购买各种类型的 CD 容易且便捷（在有些网站还能买到 10 年以前的 CD)；通过专业零售商仍然能够便利地购买到黑胶唱片。

此外，关于音乐和音乐家的有用且有趣的辅助信息也像炸弹一样爆开了。

- 通过互联网歌词网站可以容易且快速地获得大量歌词（可能会突然跳出来令人讨厌的广告）。
- 通过访问全音乐（AllMusic）和维基百科等网站以及各类音乐出版社的网站，可以很容易地找到关于音乐家的相对可靠且权威的评介。
- 很多人缅怀传统音乐出版，认为它已是明日黄花；互联网见证了网站的繁荣，其报道也比印刷媒体容易保存。新兴互联网音乐出版社正在走国际化之路。迫于公关和营销部门的压力，各种类型音乐的评论标准惊人地高（Lobato & Fletcher，2012）。但是，与其他许多互联网形态一样，它依赖的是专业性很强的免费劳动力。

- MySpace、Facebook 和 Twitter 使得跟踪音乐人的行踪（旅行、新唱片发行、媒介上露脸、参加业余活动）异常容易。

这些特征表明，随着媒体的碎片化和多元化，消费者拥有了更大程度的选择和控制，包括体验不同平台或技术的更大的能力（Napoli，2011）。当然，这种消费形态也有其负面性，我们在前一章讨论过这些问题：跟踪和监督音乐人的方式、权力的集中决定了流向受众的信息流、接触这场音乐盛宴和次级文本（secondary text）大餐的不平等。

这意味着，生产和流通的民主化呼吁走得太远了。例如，在 21 世纪初，无需音乐产业的协助，音乐人通过网络名声大振非常普遍。报纸和电视台记者大量报道 347
那些运用网络技术宣传自己作品大获成功的音乐人。英国谢菲尔德的一个乐队——北极猴子（Arctic Monkeys）在 2005—2006 年非常火，其专辑在英国首发一周就售出几十万张。他们的成功很大程度上归功于互联网，尤其是 MySpace，这是一家社交网站，一度被预测为代表了 Web 2.0 的未来。但是当该乐队建立了自己的音乐网站后（可供网友下载音乐），他们在采访中指出，在他们的首支单曲获得成功之时，他们甚至从来没听说过 MySpace。他们的成功主要归功于在传统媒体尤其是电视中的重复曝光。

几个月后，《星期日泰晤士报》（*The Sunday Times*，2006-03-06）报道了音乐产业如何被网络转型的另一个例子：

> 从谢菲尔德郊区走向全球的北极猴子乐队蹿红之后，24 岁的苏格兰人桑迪·汤曼（Sandi Thom），在她位于伦敦南部陶亭（Tooting）的维多利亚风格的联排别墅家中，坐在由从宜家购买的单价 3 英镑的 6 把椅子构成的地下室里表演，每晚在网络上娱乐观众 6 万人以上……汤曼使用网络摄像头把每天的表演录制下来，晚上再传到网上。在过去的 8 天，她娱乐了全球超过 25 万粉丝。与之形成鲜明对比的是，在英国各个俱乐部演出时，她的现场观众通常只有 200 人。汤曼网络巡演的巨大成功向我们展示了新一代不知名歌手和乐队在获得成功之前如何通过网络直接与粉丝进行互动。

又或者如《泰晤士报》（*Times*，2006-05-22）所言：

> 关于人的力量如何改变流行趋势，汤曼是一个真实的例子……在网络直播之前，汤曼曾录制过一张专辑，但只有一家由一名渔夫创办的小型苏格兰公司愿意发行。现在，她的首发单曲《我希望自己是一个朋克摇滚歌手》（*I Wish I Was a Punk Rocker*），在发行后第二周就成为电视台主打歌曲，她的头像也出现在了广告牌上。

真实情况更加复杂。抛开网民最初的兴趣不谈，汤曼的成功实际上源自主流媒体的大量报道，其中不乏公关公司的身影。成千上万的音乐人都可能用这种技术，却仍然默默无闻。这里的问题依然与发行量/曝光度有关：如何让人们知道产品的存在和必要性？用商学院的术语来说，如何做到“产品差异化”（product differentiation）？大部分人还是通过广播、电视和其他传统媒体知道唱片的存在。接近这
348 类传统媒体的最有把握的途径就是与主流唱片公司签订垂直整合的合同，这些公司拥有资源、专家和目标消费者。为了能够签到这样的合同，音乐人仍需与经纪人合作以提高技艺并获得一点名气。数字技术使其更容易发生，但是运用它们的时候很有技巧——只有有限数量的艺人能获得成功。只有少量艺人及其经纪人能够通过在正确的场合进行现场表演而出名。关于数字化和互联网在大规模提高“利基”产品需求量上的积极作用，有各种各样的观点，其中最著名的就是前一章所提到的长尾理论（Anderson，2006；Napoli，2011）。但是正如我们在第七章所见，这类需求就算真的存在，看上去它也并没有显著地增强未来创意工作者——例如成千上万渴望用音乐营生的天才音乐人——获得高质量工作的能力。

总之，毋庸置疑，至少在北美和欧洲，唱片产业及与之紧密相关的音乐出版产业在21世纪第一个10年经历了危机和转型。唱片公司由于缺乏创新而遭到严厉批评，来自高技术产业部门的新进入者如苹果公司，则因为提供了新的发行方式而受到赞美——即使下载到标价虚高的硬件上播放也花费不菲。唱片产业仍然离不开对人才的寻觅，新的技术形式有助于转变人才发展方式。自19世纪现代音乐产业发展以来，转型就一直不曾停歇。权力仍掌握在少数机构手中，但是这些机构的身份变了，除了数量日益减少的跨国娱乐集团，还包括亚马逊、苹果等高技术产业公司。

二、电视：意味深长的消费者控制？

从时间花费和收入来看，全世界最重要的文化产业仍然是电视。虽然在20世纪90年代早期未来学家就宣判了电视的死期（Gilder，1994），这一预言自那时起就一直存在，但预言终究没有实现。1970年，在电视的影响力和到达率的巅峰时期，美国人平均每周花费1.226小时观看电视。到2009年，这一数字增长到1.774小时，增长率达42%。花费在看电视上的主要休闲活动时间（数字上显著增加）所
349 占比重几乎没有下降，1970年的数据是46.5%，2009年的数据是42.1%。2009年，在商业互联网服务提供者让全球都能接入互联网的15年后，美国人每年每人平均花费在互联网上的时间是755小时（占主要休闲娱乐活动时间的17.9%），远少于他们花在电视上的时间。这种情况有可能会发生变化，但重点是目前还未见端倪，我们唯一能确认的是已经发生了什么，而不是将要发生什么，虽然推测未来很有意思。[①]

数据表明，互联网已经取代电视这一看法应该成为我们怀疑的对象。例如，

① 本段所有数据均来自沃格尔（Vogel，2011：10）。

2006 年 3 月，一些报纸报道说英国人上网的时间超过了看电视的时间。《卫报》新闻资讯版（2006－03－08）报道说，“英国人均”每天花费的上网时间是 164 分钟，而花费在看电视上的时间是 148 分钟。但是这些数据是受访者在回答调研者提问时据估测得出的。人们几乎总是低估他们看电视的时间。运用更可靠的电子技术监测到的数据表明，在过去几年，人们收看电视的时间实际上一直在增加。例如，表 10—1 给出了英国广播电视观众调查局（Broadcaster's Audience Research Bureau）提供的数据（2010 年数据的增长也许反映了所使用的衡量工具更加精确）。

表 10—1　　英国人日均收看电视时间（2001—2010）　　（单位：小时）

2010 年	2009 年	2008 年	2007 年	2006 年	2005 年	2004 年	2003 年	2002 年	2001 年
4.03	3.75	3.74	3.64	3.60	3.65	3.71	3.73	3.54	3.62

资料来源：Broadcaster's Audience Research Bureau，2011.

关于“后网络”电视和“后广播”电视的文献不计其数（Lotz，2007；Turner and Tay，2009）。然而在美国，虽然各地数据略有差异，但主要网站的受众占有率（相当于电视收视率）显著下滑是不争的事实。在英国，新闻集团甚至斥巨资，通过旗下 BSkyB 公司挑战四家“地面”（与卫星频道相对）电视台；政府致力于制订大规模的监管计划以确保所有电视台在 2012 年之前实现数字化，然而四家主要电视台的收视率并没有发生多大变化（见表 10—2）。2010 年，观众所收看的超过 70％的电视节目都是由这四家公司的下属频道运作的。

虽然互联网上有大量关于电视作为媒介即将消失的大肆炒作，但 21 世纪第一个 10 年，电视产业收入却增长迅速。在本书第八章讨论全球电视的增长时，表 8—1 中已经有所涉及。2008 年以来的全球性金融危机导致广告收入减少，继而干扰了 350
电视的发展，但是人们预测全球范围内付费电视的发展会引领未来收入的进一步增加。

表 10—2　　地面频道的收视率（2001—2010）

	2010 年	2009 年	2008 年	2007 年	2006 年	2005 年	2004 年	2003 年	2002 年	2001 年
BBC	32.90	32.62	33.54	34.07	34.46	35.21	36.65	38.28	38.50	38.13
ITV	22.86	23.13	23.23	23.21	23.12	24.13	24.14	24.66	24.87	26.96
C4	11.18	11.24	11.57	11.71	12.09	11.00	10.48	10.36	10.81	10.34
Five	5.91	6.12	6.08	5.99	5.87	6.43	6.57	6.46	6.29	5.75

资料来源：Broadcaster's Audience Research Bureau，2011.

互联网不会取代电视和其他文化形态，而是成为它们的补充，新媒体技术的引入和传播通常如此。互联网也不会吞并电视。相反，互联网和电视会以复杂的方式混合在一起。这与过去的技术发展趋势雷同，例如，20 世纪五六十年代电视的崛起及其对电影的影响。长期来看，电视可能会衰落，但现在预测它会发生什么变化还为时尚早。实际上，由于欠发达国家电视消费的剧增，20 世纪 90 年代，电视收视率实际上获得了很可观的增长（UNESCO，1999）并持续到 21 世纪（CIA World Factbook，2003）。

毫无疑问，21 世纪第一个 10 年，电视发生了极大的变化。最主要的变化就是互联网驱动，例如通过计算机收看电视节目这种新方式。最著名的例子当然是

YouTube（参见专栏 10—1）。还有一些变化与数字电视的发展有关，数字电视摆脱了互联网的冲击：在许多国家，电视持续繁荣发展；在某些国家，主要电视网进一步扩大收视率，在某些国家更甚。一种新兴的现象——“非线性电视收看”（non-linear television watching）崛起了，通过 BBC 的 i-Player 及类似产品提供的按需服务，电视时间转化成为可能。这类产品可以在数字电视、联网的计算机、移动电话和 iPad 等平板设备上使用。“电视死亡”或者“电视终结”的预言基于这样一种观念，即更年轻的观众特别倾向于通过计算机和移动设备收看电视节目和使用时间转换技术。对于这些论据，我们要谨慎对待。表 10—3 所列的尼尔森数据表明，互联网上的重要观众其实是 25～34 岁年龄段的人。与其他用户相比，更年轻的观众通过移动电话观看的视频更多，但是还不够多。对所有年龄段的人来说，通过传统电视机收看电视节目的人比通过其他方式观看的人要多。即使在收看非线性电视节目最为突出的美国，到 2010 年，这种收看方式所占比重也不过增加了 10%。
351 其他主要市场的数据，如德国、法国、意大利、西班牙则更低，在未来的很多年估计也不会增长 10%那么多（*Screen Digest*，July 2011）。

表 10—3　　美国不同平台的每周收看电视节目小时数（2010）

年龄段	2～11 岁	12～17 岁	18～24 岁	25～34 岁	35～49 岁	50～65 岁	65 岁以上
通过传统电视机收看	24:52	22:24	24:17	28:08	32:58	41:04	46:16
收看时移电视	01:30	01:29	01:30	02:57	03:07	02:42	01:42
在计算机上使用互联网	00:30	01:25	04:02	06:03	05:50	04:58	02:38
在互联网上看视频	00:07	00:21	00:45	00:50	00:35	00:23	00:12
通过移动电话收看视频	NA	00:20	00:17	00:12	00:05	00:01	<00:01

资料来源：Nielsen，*The Cross Platform Report*，5.

专栏 10—1

YouTube：新型混合文化形态

YouTube 创造了一种新型的屏幕观看模式，并对内容进行了前所未有的混合。它在 21 世纪前 10 年的崛起令人瞩目，被视为 Web 2.0 时代参与式文化（participatory culture）的主要代表。作为对 YouTube 自身话语的回应，老到的分析家们极力强调 YouTube 对“社区”元素的依赖。例如，法学家和知识产权活动家劳伦斯·莱斯格（Lessig，2008：194-196）认为 YouTube 是一种新型的混合经济形态，它基于人们在网络社区里的互动，“这个社区完全是免费的，虽然互动的动机也许与商业行为有关或者无关”（Lessig，2008：186）。

威廉·尤里奇奥（Urrichio，2009）指出，YouTube 上的互动受制于 Web 2.0 条款：你能够上传，却不能下载。而在其他一些基于所谓的“用户原创内容”的网站，绝大多数用户自己不制作视频（Dijck，2009）。此外，正如希瓦·维迪亚那桑（Siva Vaidhyanathan）所指出的，在讨论移动 YouTube 网站上的内容多麻烦时，其实该网站还没有建立起与其内容相关的社区规范。维迪亚那桑（Vaidhyanathan，2011：36-39）指出，这种标准的缺失触发了战争，“相互竞争的政治活动家声称对方的视频是不恰当的”。

业余爱好者创造了海量素材，其中很多只被屈指可数的观众观看。还有很多素材是由各类小制片人制作的，他们拥有成为专业文化制片人或者进入更广大观众心灵的灵感。这些产品往往被错误地认为出自业余人士之手。那些点击量最多的内容，很多都出自大型文化产业机构之手。2011 年 11 月，YouTube 点击率最高的十大视频中，只有两个是“用户原创内容”：《查理咬了我的手指》和《Parto in un letto》，后者是几个人恶搞表演婴儿出生的剪辑。剩下的主要是音乐视频——两个来自歌手埃米纳姆（Eminem），三个来自歌手贾斯汀·比伯（Justin Bieber）。电视节目剪辑，特别是搞笑节目剪辑，尤其受欢迎。21 世纪前 10 年，对文化产业所制作的视频节目的绝对依赖，导致了谷歌（2006 年收购了 YouTube）和版权所有者（最著名的是维亚康姆）之间的战争。直到法院开始介入，受版权保护的幼儿跳舞视频才从 YouTube 上移除了。其结果对文化产业而言是有利的。YouTube 为谷歌盈利很少，却为文化产品的营销提供了大量草根论坛。 352

YouTube 不仅是文化产业的营销论坛，它还是人们分享内容的新方式，就像电子邮件、移动电话和社交网站一样。它惊人的资源宝库，是软件工程的丰功伟绩。它改变了人们分享文化和评论文化的方式。但是它不像某些评论家所声称的那样，是基于网络社区的文化生产民主化的代表。

如同音乐消费一样，这类现象与人们体验电视的方式的多样化有关。它至少也会造成观众对电视消费极大程度的控制。观众可以便捷地选择在哪里看电视、在什么时间看电视。毫无疑问，这些变化对商业电视赖以生存的广告收入来说是一种威胁。部分原因是独立电视节目收视率下滑了，因为在大多数国家，电视面临着其他休闲活动（占比正在增加）的竞争。如今，只有一些特定人口还保持着较高比例的电视收视率，主要是电视选秀节目和重要体育赛事。收视率最高的选秀节目几乎不可能创造新的观众。互动数字电视技术，例如按需服务电视，让观众可以跳过广告。但是正如我们在第八章所见（见表 8—1），电视收入实际上一直在增长。究其原因，可能是付费电视的增长——观众已经准备好为内容而付更多的钱。

关于新电视环境中观众控制的程度和本质通常会被夸大。菲利普·那波利（Philip Napoli）在其著作中阐释了媒介产业在理解观众上所发生的变化，他认为近年来媒介观众的本质发生了两个主要的变化：**观众细分（*audience fragmentation*）**和**观众自治（*audience autonomy*）**。关于后一个术语，那波利的意思是，新媒介环境的一些特色（互动、移动、按需、用户原创内容的增加）“强化了观众对媒介消费过程的控制”（Napoli，2011：8）。至于这些特色如何构建有意义的消费者控制和消费者自治，则是另外一回事。这些特色中的大部分是令人愉快的，或者使人感到 353
便利的。但是“自治”这种术语具有强烈的政治含义，远远超出了相对细枝末节的消费者特色，例如使用远程控制设备以便在足球比赛中看清楚运动员，或者在电视音乐节不同时段的三四个节目中作出选择。在现代社会，观众到底在多大程度上运用了对体验、观点和知识发行的控制权呢？只有当人们真正能够制作和发行自己的内容时，我们才能说这一观点是正确的。当然，这正印证了我们之前看到的 You-

Tube 的例子，以及凡·迪克（Dijck，2009）在一项重要著作中的观点：业余爱好者所制作的原创内容曝光度极低。

我们也不应该低估为了说服人们相信互动装置及类似产品值得拥有而做的大量工作。詹姆斯·卡伦（Curran，2011：99－110）追溯了 20 世纪 80 年代和 90 年代，英国媒体是如何对待不同的“新媒体”技术的，包括有线电视、社区电视、互联网以及互动数字电视。对于互动数字电视，卡伦引用了 20 世纪 90 年代英国大报的一些内容，包括一些现在我们已经很熟悉的论调——它可能导致“权力从电视导演到住家观众的根本转变”*Sunday Times*，1995－04－30；Curran，2011：101）。卡伦还提供了一些证据，这些证据解释了心不甘情不愿的观众是如何接受了这一事实，以及早就预料到的互动技术为什么如此姗姗来迟（Curran，2011：101－102）。根据卡伦的分析，记者们言过其实的主张，其实源于有关支持引进新技术的商业利益群体的错误信息，这些群体原则上包括互动电视开发公司如 BSkyB、英国电信，但也包括支持“信息社会”理念的政客、总是先人一步的金融业顾问和专家，以及渴望曝光（publicity-hungry ）的学者（Curran，2011：105－106）。专栏 10—2 归纳了数字电视崛起背后的原因。

专栏 10—2

数字电视的崛起

赫南·加尔佩林（Galperin，2004：25－52）总结了数字电视崛起的三大主因：

● 20 世纪 80 年代经济下行趋势下，美国管治者认为有必要拯救每况愈下的消费电子产业——那时，高清电视（HDTV）被认为是消费电子产业的前沿产品，而日本公共电视网财团则引领着高清电视的发展。对美国和欧洲公司来说，数字化是对抗日本的途径之一。对于数字化对相关产业的溢出效应，人们也抱持乐观态度。

354 ● 信息社会政策。克林顿政府的国家信息基础结构（NII）计划，是信息社会构想的关键步骤之一。而“数字视频”（digital video）被认为是实现 NII 计划的主要驱动力。美国担心日本，欧盟则担心美国，于是欧盟效仿美国提出了方案，其中最有名的就是 1994 年的《班格曼报告》(Bangemann Report)。

● 频谱资源匮乏。正如我们在第四章所见，随着市场化下频谱提供的合法化，频谱资源匮乏不再是问题。但是随着 20 世纪 90 年代移动通信的崛起（第三代移动通信技术被认为是促进高科技产业扩张的关键），频谱资源匮乏又成为关键问题。模拟电视“占用频谱”，而数字电视则是解决方案。出人意料的是，通过拍卖移动通信频谱资源，政府将数以亿计的美元收入囊中，进而加速了全球数字化的进程。

这些进展导致的结果就是，到 20 世纪 90 年代末，向数字电视转型成为美国和欧盟政策制定者们的第一要务。其动因，从根本上来说还是出于经济的考虑。毫无疑问，这使得消费电子产业、电信产业和文化产业的企业从中受益。21 世纪前 10 年，电视销量呈井喷态势，机顶盒和高清电视成为主流。但是，其导致的社会和文化影响却更加不确定，正如我们在本章这一部分所讨论的那样。

那么，数字电视在生产和发行方面对文化产业的主要影响可能是什么呢？

第一，数字电视的引入与各类战略联盟有关，从某种程度上来讲，这在任何其他媒介中都是没有的，关于这一点我们已经在第六章进行了讨论。公司之所以联合起来是因为有许多昂贵的技术难题只有通力合作才能解决，才能搭建出一个运作良好的系统。其中最重要的就是有条件准入系统（conditional access system），它涉及把需要传输的节目进行加密，然后通过机顶盒进行解码。这项技术还涉及机顶盒（如果有必要）和卫星电视碟形天线的安装，以及发送解码卡、订阅账单和节目预告。为了获得最大订阅量以吸引广告商，也为了获得研发、专业技能和基础设施建设所需的大量资源，对设备安装进行补贴很有必要，这也让我们明白了，为什么如今在许多国家，来自电信、有线电视、计算机和文化产业的公司结成联盟，共同主 *355*
宰电视产业。

第二，成百上千的新电视频道需要海量的内容。这对以下群体有利：

- 现存视听材料目录中的版权所有者。它让我们更加确信版权的重要性，虽然很多年来都是如此（见本书第五章）。
- 好莱坞电影公司、美国电视网，以及那些位于美国全能型内容创意产业核心的公司。
- 新的独立制片人——在一些国家，尤其是美国，其中最大的一些独立制片人已经成为行业内的重要玩家和游说者。还有一些人通过在国际上出售节目构思和节目形式而赚取了巨额利润。他们吸引了风投公司和其他投资者的目光。目前，那些较大的“独立”制片人彻底和金融资本联姻了。
- 位于名人群体最顶端的“创意人才”，包括运动明星及其经纪人和经理人。正如米亚基（Miège，1989）所言，这加剧了未被充分利用的创意储备人才和薪酬过高的少数人之间的巨大不平等（见本书第七章）。到 20 世纪 90 年代末，这些明星逐渐开创了自己的公司，而那些重要的独立制作公司则像卫星一般围绕在其周围。

第三，虽然内容越来越重要，为内容所支付的报酬越来越多，但是在数字时代，发行依然是电视产业的核心动力。数字电视发行系统的运作者在频道选取上有很大的话语权。虽然政府监管者试图确保制片人和“出版人”（即那些自己制作节目或者从其他制片人处购买节目的电视频道）不受到歧视，但是毫无疑问，发行人可以利用其竞争优势偏爱并支持他们自己的节目，例如在电子节目指南的设计上。

所有这些意味着，电视的商业化进程向前迈进了重要的一步。公共电视网四面楚歌，它们为维持其正统性而战，就像当初受到报纸媒体（这些报纸媒体通常隶属于对电视市场有强烈兴趣的公司）的攻击而应声反击一样。有条件准入系统催生了付费机制，为商品化带来了新的利润源。具有较高可支配收入的那部分公众看来已经接受了这个事实：为那些比以前好不了多少的事物付更多的钱，也是值得的。所有那些关于选择和互动的论点，其中大部分都源于数字乌托邦主义，数字电视最终还是维持了模拟电视时代就已经拥有的自上而下的核心媒介地位。

356 三、报纸、期刊和图书

在唱片音乐和电视发展的同时，其他产业也受到了与之相关却又有所不同的转型的影响。这里，我将论述三种“基于印刷”的文化产业形态。正如音乐产业一样，我的焦点将放在2000—2012年间究竟发生了什么，而不是猜测未来可能会发生什么。

在报纸和仅次于报纸的期刊（例如杂志）产业，广告投放收入有着深远的影响。本地报纸一直以来高度依赖分类广告（通常是个人所投放的低成本广告）。21世纪前10年，eBay和Craigslist等网站日益流行，成为报纸分类广告的替代者。同时，通过网络获取新闻越来越触手可及，越来越方便快捷且更新及时，这严重侵蚀了报纸的读者数量。互联网的另外一个影响就是正在改变人们的生活方式。年轻的专家——备受广告商青睐的人群——不像他们的前辈那样习惯于每天阅读报纸。正如科林·斯帕克斯（Sparks，2004：311）所言，互联网侵蚀了基于物理空间的优势。报纸（以及电视机构）也许能够在某一个城市、某一个地区或者某一个国家具有主宰地位，但是从理论上来说，在线报纸、电视电台等，无处不在，无时不有。2008年以来欧洲和北美的经济问题，使得互联网技术对报纸造成的困境更加复杂。

由于产业衰落，大量的美国报纸不得不关门大吉，这引发了人们关于新闻危机的讨论（McChesney & Nichols，2010：第11章）。21世纪前10年，大部分报纸和期刊都将内容免费放到网上，用印刷广告收入、销售收入、一些在线广告收入和非主营收入（销售商品和服务，例如旅游产品、游戏、音乐和图书）补贴网站运营的支出。这些成本被作为不确定的未来投资和/或以建立出版品牌的名义进行冲销。唯一的主要例外就是21世纪前10年商业出版物（《金融时报》、《华尔街日报》）和产品评论类出版物（product review publication）（例如英国消费者杂志《Which?》和美国的《消费者报告》），其潜在的有价值信息值得人们去订阅。21世纪前10年末期，情况发生了变化。2010年，新闻集团开始为其范围较广的报纸的内容构建“壁垒”，远不止《华尔街日报》一家。《纽约时报》于2011年引入了基于用户自愿注册的软付费墙（soft paywall），并初见成效。iPad的成功让一些评论家误以为向数字版本的转型未免太容易了。Slovakia引入了一项创新性方案，市民付很少的钱就可以获得九大新闻财团的内容。但是，这样就对数字化时代报纸和杂志的未来下断言，还是有点操之过急。

与电视和报纸一样，关于纸质印刷图书即将终结的预测也是不绝于耳。电子书
357 自20世纪90年代初以来就一直存在。在20世纪90年代末和21世纪初，很多咨询师预测，电子书将在极短的时间里占据图书市场的大部分份额。但是这种情况并没有发生，电子书销售所占份额仍然很小，有力地驳斥了分析家们的预测。那一时期，发生在很多国家的更大的转型是，独立书店衰落了，20世纪80年代和90年

代，独立书店就由于巨型零售连锁图书超市（Rønning & Slaata，2011）及亚马逊和 IT 零售巨头的崛起而受到威胁。①

在约翰·汤姆森（Thompson，2005、2010）看来，图书业真正的数字革命发生在*生产过程*（*process*）之中，包括运营系统、内容管理、销售和市场营销、内容传递等环节，都进行了彻底的重置。但是，数字预言家也一直强调说，新一代电子书读者将为姗姗来迟的*产品*（*product*）数字革命铺平道路。2006 年索尼公司推出了电子书阅读器，亚马逊随后于 2007 年则推出了 Kindle。这些产品使用非反射性屏幕，“墨水”也更加接近真实的印刷效果。到 2010 年，随着新进入者斥巨资为其电子书设备提供内容，Kindle 的售价大幅下滑，这导致购买 Kindle 的人如潮水般涌来，免费下载电子书的数量也出现井喷。这是否标志着印刷图书的终结已初见端倪？关于电子书革命进程如此缓慢且不稳定的原因，汤姆森（Thompson，2010：331－333）给出了几大原因。

● 阅读设备往往比较笨重。甚至在电子书阅读器更新换代的新时期，民意测验依旧显示，绝大多数读者更喜欢印刷图书（参见英国《卫报》2010 年 7 月 21 日的报道“Better read than dead”）。

● 存在太多令人眼花缭乱的制式，导致消费者害怕过时，而且不同设备之间缺乏兼容性。

● 出版商对于版权保护存在很大的不确定性。

● 电子书的生产成本高昂，但是要消费者为电子书付费（虽然费用低于纸质图书），消费者却反应强烈——数以千万计的读者还是更加钟爱纸质图书。

许多评论家断言或者假设，音乐产业所发生的一切，是其他数字化进程中的文化产业将要发生的变化的先兆。根据这一观点，CD 销量的下滑预示着图书销量的下滑。但是汤姆森总结了一些原因，解释了为什么图书出版产业中一些怀疑论者感到“用音乐来类比图书是一个很笨的想法”（Thompson，2010：319）。

● 许多消费者想听单曲而不是专辑，也喜欢在音轨之间跳跃，在图书中这 *358*
不可能发生。

● 对大部分读者来说，虽然有了电子墨水技术，在屏幕上阅读还是没有阅读印刷图书的那种舒适感。

● 很明显，携带装有大量音乐的 iPod 等移动设备是一项优势。与经常旅行的学者或者专家相比，大部分人不需要随身携带大量图书和出版物——“有一本书就足够了”（Thompson，2010：319）。

汤姆森（Thompson，2010：318）明智地评论道，虽然数字化必将转变图书业，但是断言这一现象什么时候会发生还为时过早。只要更多的评论家能够考虑周详就好。

---

① 亚马逊利用其日益增长的图书零售主宰地位，进行产品的多样化经营，因此被称为“网上沃尔玛”（*The Economist*，2011－10－01）。但是，其边际利润却一直较低，因为它不得不和苹果公司竞争为用户提供“云计算”。

四、数字游戏产业

最后，让我们来讨论数字游戏。它们很有趣，不仅因为它们代表了一种新的文化产业形态：它们是脱胎于数字化本身，而不受数字化影响的文化产业。我们因此可以提出一些关于这一新媒体之新颖性的有趣问题：数字游戏产业从本质上不同于“前数字”产业吗？数字游戏产业依赖于数字技术，它们到底有多特别？随着文化产业技术的发展，数字游戏产业会告诉我们关于数字化的哪些事情？

不言而喻，随着在20世纪90年代和21世纪初的发展，游戏产业逐渐建立在以下行业的基础之上：游戏机或游戏手柄生产行业、游戏开发行业、游戏宣传和发行业（名义上控制着发行环节）、零售行业。与其他文化产业不同，游戏产业由任天堂（Nintendo）、世嘉（Sega）和索尼（Sony）等日本公司控制。这种控制地位源于游戏产业相比其他文化产业更聚焦于软件和硬件的协同作用。受委托制作创意文本的小公司极度依赖硬件产业的发展，反过来，硬件公司则依靠软件获取利润，因为销售游戏机所获得的边际利润很少，而游戏软件则有很高的附加值（Caves，2000：215）。[①]

在软件（即游戏）开发和发行部门，数字游戏产业顺应了文化产业中已经建立了的大众化形态。在组织形态上，数字游戏产业沿袭了米亚基（Miège，1987）所
359 定义的图书、唱片和电影的生产逻辑（或曰“编辑模式”）。这一文化生产模型特点如下：

- 文本“按照特定格式进行复制，从而形成一种独有的特性”。
- 出版商或制片人组织生产。
- 许多中小型公司聚集在垄断公司周围。
- 创作人员通过版税获得报酬。

米亚基将“编辑模式”与其他生产“逻辑”主要是电视节目的“逻辑”进行了比较：电视节目具有流动性，因为电视不是以单个商品进行销售，它强调的是娱乐不被打断地连续流动（这是米亚基从费里奇那里借用的一个概念）。此外，米亚基还将其与手写信息产品（主要是报纸，也包括杂志出版）进行了比较。

根据这一分析，计算机游戏产业的“软件”部分也像图书、音乐和电影那样被组织起来。自2001年以来，索尼、任天堂和微软垄断了该产业的核心部分——游戏机和手持设备，但是它们也对发行有很大的兴趣；美国艺电公司（Electronic Arts）是第四大发行商，但是它未涉足硬件领域。这些大公司自己设计游戏，不过

① 1999—2000年，世嘉的Dreamcast游戏机的销售量不及索尼的PlayStation 2，世嘉退出了游戏机生产领域。2001年，微软携带其X-box，做好进入这一市场的准备，不久便确立了其在游戏机生产和游戏制作方面第三把交椅的地位。

现在逐渐委托给最专业的公司制作。要获得游戏产业的行业知识，需要花费大量金钱，而大公司则通过与游戏爱好者创办的小公司进行交易获得这些知识：在这方面，游戏产业与流行音乐产业是一样的（见本书第七章）。

多年来，人们总是谴责和担心游戏这种简单而又暴力的事物对青少年的影响。太多的游戏看上去如出一辙，其他许多新的文化形态也是如此。然而直到 20 世纪 90 年代，游戏产业明显走势最好。虽然三大游戏公司及其软件联盟公司争夺市场份额的竞争异常激烈，但是随着二三十岁的忠实游戏迷持续购买游戏产品，同时，下一代青少年也加入到消费者队伍中来，这块市场蛋糕越做越大。这也推动了强大的创意和创新。《银幕文摘》将游戏产业的成功归于“产品质量远远高于电影娱乐市场”（*Screen Digest*，October 1999）。许多作者的文章中都注意到了游戏的高水平和高质量。游戏的类型也非常多，普尔（Poole，2000：35 - 38）列举如下：

- 枪战游戏；
- 驾驶游戏；
- 平台动作游戏；
- 格斗游戏； 360
- 战略游戏；
- 体育游戏；
- 角色扮演游戏；
- 益智游戏。

詹金斯（Jenkins，2000）注意到，新一代游戏产业可能会将数字游戏作为正统的新兴流行艺术形式，正如 20 世纪头 10 年和 20 年代的电影产业将尚处襁褓中的电影院作为正统一样。

一些人错误地解读了游戏产业的发展，认为游戏正在取代音乐、电影、图书或电视（或者其他经历了危机时期的产业，尤其是如果年轻一代观众正逐渐消失）。毋庸置疑，数字游戏产业在 21 世纪初有很高的增长率（Kerr，2006：50），尽管唱片产业的利润停滞不前甚至下滑。阿芙拉·克尔（Kerr，2006：51 - 52）说，认为游戏产业超过其他产业，往往基于不准确的数据。例如，硬件（游戏机、手持设备）销售额和软件销售额都被囊括在内，也许还包括 DVD 播放器和录像带的销售额。拿这些数据与单独的电影票房数据进行对比，忽略了“次级”电影市场如 DVD 的销售和租赁。把游戏（与游戏机等设备相对）销售收入与电影票房、DVD 销售和租赁利润进行对比会发现，游戏产业规模确实不小且发展迅速，但是还不足以大到与电视产业甚至电影产业为伍。这种情况一直持续到 2012 年。

直到 2006—2007 年第七代游戏机的推出（任天堂的 Wii、微软的 X-Box 360、索尼的 PlayStation 3），视频游戏产业才真正迎来了商业上的成熟。兰迪·尼古拉斯（Randy Nichols）提供了 21 世纪头 10 年末期全球各国游戏产业的结算数据。到这一阶段，随着视频游戏在发达国家成为人们日常生活的一部分，关于玩游戏对年轻人影响不好的争论也微乎其微了。玩家的平均年龄上升了。美国游戏玩家的平均年龄从 2004 年的 29 岁上升到 2010 年的 35 岁。女性玩家和女性购买者所占比重逐渐增加——根据地区、玩家年龄和游戏类型估计，尼古拉斯认为这一比重在20%至40%之间。微软、任天堂、索尼和艺电公司垄断了软件发行。随着该产生日益依赖于通过宣传造势来发布新产品，如《使命召唤：现代战争3》（*Call of Duty*：*Modern Warfare* 3）于2011年11月在三种主要游戏设备上同步发行，游戏产业的产品开发费用和市场营销预算持续高涨。

在21世纪第二个10年的开端，游戏产业看上去发生了重要的变化。在数字移动设备（如iPhone）上玩游戏日益流行，推动了新进入者如芬兰公司Rovio和加利福尼亚公司Zynga的强大，这些公司主要为以苹果和Facebook为代表的公司制作
361 产品。与此同时，任天堂和索尼则在苦苦挣扎。但是，Rovio公司开发的《愤怒的小鸟》等游戏，也只是一时的流行吗？

随着休闲时间及支出的增加，数字游戏产业等新的文化产业形态很好地融入了文化产业大家庭，没有摧毁也没有消融已有的文化产业形态。从中我们也可以发现各种各样的协同——游戏基于电影，电影基于游戏，音乐发行通过游戏，游戏发行通过音乐等等。数字游戏产业是文化产业大家庭的新人，也是一种有趣且重要的文化形态。但是它们并不能够代表文化产业主流结构和组织形态的主要转变。

★★★

文化产业中数字技术的引入，是第二次世界大战之后计算机和消费电子产业发展的最终生产力。自1980年以来，没有一项技术发展像数字化那样，获得了人们如此狂热的欢呼［费尔德曼（Feldman，1998）举了一个盲目乐观对待数字媒体的例子］。本书最后两章说明，如果不是在*具体*（*specific*）应用领域和*特殊*（*particular*）数字技术环境中来讨论，“数字化”这一术语没有多大意义。电脑游戏被作为危险事物对待，但是它们却创造出令人振奋的创新。互联网曾被歌颂为最具民主性的传播技术，令人兴奋，具有进步意义，但是却面临被商业主义和再集权主义淹没的危险。基于选择和互动，数字电视出现了，但是考虑到其巨额成本和各个产业巨大的商业利益，数字电视并没有赋予消费者多少真正的进步。更何况，它无法逃离广播电视商品化的趋势，这一趋势比起其他趋势更为彻底。

互联网和网络，连同移动通信、数字电视，有限地改变了现存的社会生产和消费关系。它们导致了海量的小规模文化活动。它们为人际传播提供了新的渠道，使信息的获取迅速而便捷。它们为强化政治行动提供了体制机制。互联网上充满了各种各样的节目，既有神秘的、奇异的、机智的，也有笨拙的、单调的、平庸的。那些小规模的破坏、反抗和怀疑性行为，并不能消除文化产业的权力集中现状，但是它们被认为代表着一种*骚动*（*disturbance*）。问题是，现有文化生产和消费关系中的这种骚动，主要发生在全球人口中一个非常具体的部分。互联网潜在的激进性，在一定程度上（幸好不是全部）被利润导向的大型文化产业整合趋势抑制了。监管仍然是关注的重点。

本书最后两章所讨论的技术问题都对文化产业有重要的影响，但是就目前互联网和数
362 字电视产生的影响来看，我们还不能说新的文化生产时代已经到来。新产业，如数字电视、ISP和电脑游戏，都在很大程度上继承了先前的文化生产组织方式。在数字化时代——甚至只要一直是电视主宰的时代，复合型专业化时代的特征就依然完好无缺。

评论及拓展阅读

音乐

本章中我关于音乐数字化的更具体的分析，可以在我另外一本著作（Hesmondhalgh，2009b）中找到。西蒙·弗里斯（Simon Frith）和李·马歇尔（Lee Marshall）的《音乐与版权》（*Music and Copyright*，2004）对版权问题的分析很有洞见。音乐学者乔安娜·德默斯（Joanna Demers）的《窃曲》（*Steal This Music*，2006）就知识产权如何影响音乐创意这一问题来说是一本很好的研究著作。帕特里克·伯卡特（Patrick Burkart）和汤姆·麦考特（Tom McCourt）的《数字音乐战争》（*Digital Music Wars*，2006）提供了强有力的政治经济学分析。伯卡特最近的著作《音乐与网络自由》（*Music and Cyberliberties*，2010）探讨了活跃分子对版权持有人的反抗。格雷戈·考特（Greg Kot）的《全速前进："连线一代"如何彻底改变音乐》（*Ripped*：*How the Wired Generation Transformed Music*，2009）是一部值得一读的音乐产业发展史，重点聚焦了摇滚乐和说唱音乐（rock and rap）。它对唱片产业持批评态度，而对 IT 产业的不加批判则非常隐蔽。

电视

赫南·加尔佩林（Hernán Galperin）的《新电视、旧政治》（*New Television*，*Old Politics*，2004）提供了关于英国和美国数字电视转型的最具权威性的研究成果。托比·米勒（Toby Miller）的《电视研究基础》（*Television Studies*：*The Basics*，2010）激情满满地认为，电视不会消亡，甚至不会濒临消亡。林恩·施皮格尔和简·奥尔森（Lynn Spigel & Jan Olsson）主编的《后 TV 电视》（*Television After TV*，2004）一书收录了关于电视转型的很多不错的文章。格雷姆·特纳（Graeme Turner）和郑金娜（Jinna Tay）的《后 TV 电视研究》（*Television Studies After TV*，2009）对此做出了审慎的回应，并分析了近期国际上发生的诸多变化。琼·伯吉斯（Jean Burgess）和乔舒亚·格林（Joshua Green）的小书《YouTube》（*YouTube*，2009）对于数字乐观主义基调来说是一种巧妙的制衡。佩勒·斯尼卡斯（Pelle Snickars）和帕特里克·旺德鲁（Patrick Vonderau）主编的《YouTube 读者》（*The YouTube Reader*，2009）也是一部有用的文集，其中收录了马克·安德乔维奇（Mark Andrejevic）的一篇文章，马克对于日益数字化的电视的批判性研究颇有建树。

报纸

罗伯特·W·麦克切斯尼（Robert W. McChesney）和维克托·皮卡德（Victor Pickard）的《最后一位记者请关灯》（*Will the Last Reporter Please Turn Out the Light*，2011）一书，就美国新闻危机及其拯救行动提供了真正有价值的广阔视角，包括记者的、学者的和评论家的角度。另外一本集子——《新媒体、旧新闻》（*New Media*，*Old News*，2011），由纳塔莉·芬顿（Natalie Fenton）主编，阐述了数字化对新闻和民主的影响——见第十一章。

图书 363

阿尔伯特·N·格莱科（Albert N. Greco）的《图书出版业》（*The Book Publishing Industry*，2005，第二版）及其与克拉拉·E·罗德里格斯（Clara E. Rodriguez）、罗伯特·M·沃顿（Robert M. Wharton）合著的《21 世纪出版业的文化与贸易》（*The Cul-

ture and Commerce of Publishing in the 21 st Century，2007）一书，信息量很大。约翰·汤姆森（John B. Thompson）的《文化商人：21 世纪的出版事业》（*Merchants of Culture*：*The Publishing Business in the Twenty-First Century*，2010）是近年来出版的关于个体文化产业（individual cultural industry）最好的著作。他早先的一本书——《数字时代的图书》（*Books in the Digital Age*，2005）聚焦于学术出版问题，也非常不错。还有一本非常经典的书值得一读，那就是科瑟、卡杜辛和鲍威尔（Coser，Kadushin & Powell ）的《图书》（*Books*，1982）。

游戏

史蒂芬·普尔（Steven Poole）的《嗜战》（*Trigger Happy*，2000）一书提供了媒体对数字游戏的报道，内容有趣且信息量大。克兰、戴尔-韦斯福德和德普特（Kline，Dyer-Witheford & de Peuter）的《数字游戏》（*Digital Play*，2003）用马克思主义研究方法对游戏产业进行了研究，水平很高，值得一读。阿芙拉·克尔（Aphra Kerr）的《数字游戏》（*Digital Games*，2006）一书有一章是关于游戏产业的，很有用。

露西·金（Lucy Küng）、罗伯特·皮卡德（Robert Picard）和鲁思·陶斯（Ruth Towse）主编的论文集《互联网与大众传媒》（*The Internet and the Mass Media*，2008）考察了互联网对文化产业的影响。

在线阅读

以下所列线上资料都能够免费获得，地址是 http：//www. sagepub. co. uk/hesmondhalgh。只需点击“Sample Materials”标签即可找到每篇文章的链接。

伊莱休·卡茨（Elihu Katz）和帕迪·斯坎内尔（Paddy Scannell）主编的《美国政治和社会科学学会会刊》［*Annals of the American Academy of Political and Social Science*，2009，9（625)］的众多作者，就“我们所知道的电视终结：（目前为止）对世界的影响”进行了讨论。罗恩宁和斯拉塔（Rønning & Slaata，2011）的文章分析了图书产业的变迁。

- Katz，Elihu and Scannell，Paddy（eds.）（2009），“The End of Television as We Know It：Its Impact on the Worldcso far），” *Annals of the American Academy of Political and Social Science*，625（1）.
- Rønning，Helge and Slaatta，Tore（2011），“Marketers，Publishers，Editors：Trends in International Publishing，” *Media*，*Culture & Society*，33（7）：1109－1120.

第十一章 文本：多元化、质量与逐利 364

本章，我关注文化产业对文化、社会和民主的深远影响：文化产业的产品——文本，在现代社会中传播，受众以各种各样的方式消费它们，或予以关注，或漠不关心。那么，对于本书所讨论的变迁与延续对文本的影响，我们又应该如何考虑呢？20 世纪 80 年代早期，文本是以何种重要方式发生改变的呢？文本的变迁与延续又是如何与文化产业制度、组织和经济相互影响的呢？这显然涉及广域的知识范畴，囊括当代生活中媒 365
体所占地位的话题。由于本书篇幅所限，我们只能在本章中讨论其中几个议题。

我将根据我在第二章评估框架中处理文本问题时所提出的问题，将我的讨论粗略地划分为三个领域：其一，选择、多元化和多样性；其二，与文本有关的社会公正问题；其三，美学层面的“质量”问题。要解决这些问题，有两条思路。第一，针对大众文化批评家和左翼评论家的主张和假设日益减少的情况，我旨在说明文化产业产品其实依然复杂和矛盾。事实上，随着前面几章所讨论的 20 世纪 80 年代以来的文化和制度变迁，质量问题日益突出。第二，与许多媒体经济学家和分析家自命不凡的假设和主张不同，我也考虑到现代社会文化产业中一些关于文本自然属性的重要问题。我知道为与文本话题有关的问题提供明确的答案有多么困难，但我还是不得不说。

一、选择、多元化与多样性

复合型专业化时代文化产业所生产的文本的一个突出特征就是繁荣。

- 美国出版的新书数量从 1960 年的 15 012 种上升到 1996 年的 68 175 种（Greco，Rodriguez & Wharton，2007：17－18）。正如人们所知，这个数字还是被低估了。当《鲍克年鉴》[①]更改了其对图书出版物的追踪方法后，这一数字

---

① *Bowker Annual*，即现今的《美国图书馆与图书销售业年鉴》。——译者注

从 2001 年的 141 703 种飙升到 2004 年的 195 000 种（Greco，Rodriguez & Wharton，2007：17－18）。

● 在美国，院线上映的电影从 1980 年的 233 部上升到 2001 年的 454 部，再到 2010 年的 560 部，在 2008 年时达到了历史最高峰——634 部（Motion Picture Association of America）。

● 有趣的是，唱片的数量在 2008 年也达到峰值——一个不寻常的数字——106 000 种，而 2006 年这个数字大约为 75 000 种。这是一种对以前时代的巨大超越。

● 1990 年，全欧洲仅有 104 个有线电视和卫星电视频道。到 1994 年，这一数字达到了 198 个，几乎翻了一番。但是到 1998 年，数字几乎又增长了两倍，包括数字地面电视在内的有线电视和卫星电视频道总数达到 659 个（*Screen Digest*，May 1999）。

366 ● 有研究显示，2005 年，美国出版的杂志达 1 万种以上（Industry Profile：Magazine Publishers，http：//www. researchandmarkets. com）。《杂志周刊》（Magazine Week）的数据表明，2008 年，英国出版的杂志有 3 300 种。

● 虽然经济衰退和数字化同时冲击了新闻业，但其依然欣欣向荣。在发达工业国家，我们所能接触到的新闻比以前更多，这些新闻以广播电台和电视台的滚动新闻、互联网报刊新闻的形式展现在我们面前，虽然印刷报纸已经关门大吉。

在不同的文化产业中，除了产出的日益增加外，我们多数人日常生活中使用的媒介技术的数量也在上升。很明显，我们正将自己暴露给前所未有的海量娱乐资讯和信息。但是，让我们回想一下第二章所讨论的，日益集团化、整合和公司成长状况下的繁荣，是代表了“真正的”多元化，还是仅仅是“无意义的”多样性呢?（Mosco，1995：258）在第七章，我认为，多频道电视这一个案表明，由于各种新频道趋向于只提供旧有电视频道已提供节目的简单的翻版，因此，即使频道数量急剧增长，多元化却未必获得真正增长。最重要的是，许多频道、杂志、电影的随处可得，并不等同于受众对于更广泛的文化形式有了新的知识或意识。我们在此又回到文化产业的发行集中化问题上来。任何一个规模适中的城市中的书店、录影店和唱片店都充斥着我们大多数人十年（甚至也许是一生）也消费不完的产品。即使在数字配送年代，在任何发达国家的规模适中的城市中，文化产品（图书、DVD、CD、电子游戏）的数量依然呈现井喷态势。互联网为我们提供了超过上百万种产品，或者通过在线购买，或者产品本身就是数字格式。我们如何从中选择?作为消费者，我们依赖于被宣传和公开的信息，或者朋友们帮助我们过滤的信息。我们对这些产品中的大部分一无所知，就好像它们根本不存在。我们不应该假设繁荣等同于多元化。

以电影消费为例。我们中的大部分人主要消费美国或者居住国的电影。虽然其他国家的电影在录影店也有销售，但是，我们大部分人“选择”不看它们。这也许是由于懒惰：“我为什么要看一部带字幕的电影呢?”（虽然在许多国家，不少非美国电影都有配音）也许是由于傲慢的狭隘性，也许是这些人感到他们不可能对外国

（美国除外）的任何事物感兴趣。也许由于美国电影很棒，其他国家的电影没那么好。但是，这看起来不太可能：虽然美国有更多的资源，为什么基于美国平台的人就应该比其他地方的人更具创造性呢？最具可能性的解释是，受众对于非美国的外 *367*
国电影所带来的快乐几乎没有概念，因为这些电影并没有得到宣传。因此，即使在繁荣时期，消费面的狭窄仍然是一个问题，因为信息受众总是乐于接受唾手可得的产品。

繁荣未必等同于多元化，那么，有没有关于多元化趋势的硬性统计资料呢？就整个文化产业研究而言，即使那些关注集中化、集团化和整合趋势的评论家，也很难提供多元化下降的有力证据。例如，桑切斯-塔伯内罗等人（Sánchez-Tabernero et al.，1993：151－160）在有关媒介集中化的结果的一章中，几乎没有提供关于繁荣和多元化潜在关系的观察结果，他们认为这种关系是不能被证明的。纽曼——一个紧紧抓住多元主义传播实证研究不放的著名学者，也仅能引用一个20世纪70年代繁荣和多元化之间令人怀疑的相关性来证明（Neuman，1991：141－142）。

某些关于文本多元化趋势的最具生命力的争论出现在流行音乐研究中。接下来，我会介绍一些关于音乐集中化和多元化关系的不同观点，那些试图寻找足够的衡量要素的学者的失败很具启发性，虽然他们的努力也具有建设性。同样具有启示作用的还有，试图说清楚任何可感知的多元化趋势的原因是非常困难的。

1. 如何衡量多元化？以流行音乐为例

彼得森和伯格（Peterson & Berger，1990、1995）所写的一篇具有开创性但略有瑕疵的文章试图量化音乐产业的多元化和创新性，并考察变化中的产业结构与音乐文本之间的关系。其焦点锁定在1948—1973年这一时期，他们声称要为两个假设寻找证据。这两个假设是：其一，集中化和多元化/创新性之间呈现出一种微弱的负相关关系（即公司产权越集中，多元化程度越弱）；其二，这种负相关关系形成了一系列循环，在长期且持续的集中化和同质化之后，随之出现的是竞争和创造性的短暂爆发。

彼得森和伯格的研究在方法论上有严重的缺陷。虽然直到20世纪60年代末70年代初，专辑一直是一种重要的形式，然而，他们用排行前十名的单曲作为取样基 *368*
础，而排行榜对销售量的衡量并不精确。他们用歌词（lyrics）而不是音乐形态来衡量多元化。除了这些关于如何定义多元化的问题之外，他们的研究也表明，在“证明”集中化和多元化之间的各种关系上，他们还简单地使用了太多难以量化的变量。例如，他们提供的1964—1969年的数据表明，集中化和多元化都有所增长——这似乎反驳了他们关于“集中化和多元化之间存在着微弱的负相关关系”的假设。他们通过谈及社会文化和组织机构的因素来解释该问题，例如，美国民权运动和越南战争所带来的歌词的多元化，以及垄断公司间由于争夺音乐天才而引起的创作自主权的日益增强。类似的，在他们看来，1970—1973年的再集中化时期，日益突出的多元化趋势，是由集团内部设立相互竞争的独立部门引起的。这些提议很具有成效，以至于我们很难不将这些社会文化和组织结构的因素视为比产权集中更重要的原因。

伯奈特（Burnett，1992）将彼得森和伯格的分析方法应用到20世纪80年代的音乐产业之中，并发现了历史上高水平的集中化和多元化现象——这对于垄断批评者来说是一个麻烦的结论。洛佩斯（Lopes，1992）强化了这一结论。伯奈特（Burnett，1995：107－110）感到，在这一显然令人震惊的结论背后，隐藏的主要因素是组织结构层面的。他的解释是，成熟的唱片产业在充满风险的音乐市场中，已经找到了一种能够处理创新问题的方法，即通过与独立唱片公司联手，与它们在相互依赖的网络中合作（见本书第六章）。

从统计学角度考察任一文化产业集中化、多元化和创新性的尝试中，我发现克里斯廷内（Christianen，1995）的论述最为缜密，他获得了1975—1992年荷兰发行的所有唱片专辑的数据库，比前人的研究更进一步。他根据27种不同流行音乐类型的唱片总量来分析多元化，并且发现，在集中趋势总体下降的时期，多元化和创新性大体上是增加的，表现为荷兰市场中每种类型的唱片数量均有所上升。这支持了彼得森和伯格的观点，但是他发现，在决定多元化和创新性方面，总需求比集中化更重要。克里斯廷内的透彻分析引发了一些关于多元化定义的问题。他试图用类型作为思考多元化的手段，这令人钦佩但又是错乱的。他的类型划分是以20世纪80年代和90年代早已不再使用的旧产业模型为标准的，例如，在他的划分中，有一种叫做“流行共存者”（pop coexists）的难以区分的超级类型，该类型涵盖了几十种地方民族音乐和一小部分边缘类型（如军乐或类似音乐）。类型的变异、混生、消失、出现变化得如此之快，以至于没有一种类型划分能够熬得住三四年。

蒂莫西·多德（Dowd，2004）从历史视角总结了美国1940—1990年的音乐排
369 行榜，为这场论战谱写了最后一章。与伯奈特和洛佩斯一样，他强调独立网络或曰去中心化生产的重要性，并且认为这导致歌手和公司更加多元化，以此向两位前辈致敬。多德说，新歌手和独立公司并未创作出比主流歌手和公司更多的多元化音乐作品，相反，音乐多元化的兴起是因为主流歌手和公司派生出了更多的风格（Dowd，2004：1445）。多德所理解的音乐多元化就是主流市场上新歌手和新唱片的数量，但是他也指出，这也与音乐内容更加多元化有关，相关问题他已经在早期的研究中展示过了（Dowd，2000）。在他的早期研究中，音乐内容的多元化是用29种特征来衡量的，这些特征包括旋律、节奏、弦乐、键盘乐和主歌等。而他的取样方法，是从1955—1990年美国Billboard音乐排行榜榜首的781张专辑中随机抽取110份无偏样本。毫无疑问，多德的研究是目前为止关于这场论战最彻底也最让人印象深刻的贡献。问题是，排行榜榜首的作品真的足以衡量多元化吗？当然，考虑到榜单作品对其他歌手的影响，样本本身是不错的。但是，如果不能穷尽所有可能（时间和精力），音乐内容多元化这个概念不是用某个国家某段时期的资料就能够简单地量化的。就算样本选择得再好，也难以公正地衡量音乐多样化这一概念。

2. 老调重弹：同质化主张

流行音乐中的集中化和多元化关系的论战向我们展示了应用经验主义定量方法解决这些难题的问题所在。文化评论有时候牵涉这一类问题：关于同质化和文本标准化的主张和假设，有时候是在没有足够证据或分析的基础上得出的。在数字化大

行其道的时代，读到或者听到人们对以前年代产品的误解非常普遍，例如“工业时代”，已经想当然地被“数字时代”或“信息时代”取代（见本书第九章）。这是将批评放大化了，通常基于事情总是越变越好的乐观信念。这是对旧时文化分析思路的一个逆转。20 世纪，拥有不同政治信仰的文化悲观主义者，通常会对文化产业的产出和题材、类型的标准化感到担忧。其中最深刻的版本就是西奥多·阿多诺对 20 世纪 30 年代和 40 年代流行歌曲的批判。两种思路的奇妙融合在曼纽尔·卡斯特斯（Manuel Castells）《网络社会的崛起》（*The Rise of the Network Society*，1996）一书中发生了。曼纽尔·卡斯特斯写道：“在 20 世纪 90 年代后半期，在全球化、商业化的大众传媒和电脑媒介传播之外，一种新的电子传播系统已经开始形成。”[①]（Castells，1996：364）该书的出版日期表明该书最迟在 1996 年 3 月就已经截稿，因此，作者用过去时的表述方法就非常奇怪且耐人寻味。卡斯特斯承认，“多媒体的新奇性”使得评估其在文化上的应用变得非常困难（Castells，1996：369），但是，他一旦不再那么谨慎而开始说好听的空话，便继续阐述关于多媒体大熔合（fusion）[②] 的文化变革理论，虽然用他自己的话来说，这种熔合也是在他的书完成以后才开始出现的！他所讨论的某些变迁，如受众的差异化和分层化，已争论了数年之久，下面我们还要进行讨论。但是，他讨论的关键变革是文本方面的。第一，信息整合（或融合）的“共同认知类型”（Castells，1996：371）：新闻、教育和娱乐混合在一起。为了说明这一点，他引用了各种类型相互借用的电视节目的变革。用电视作为参照物以描述多媒体的未来并不十分准确。但是，信息和娱乐的混合情况比他的假设更为复杂和矛盾（Curran，2010）。第二，多媒体“在其领域内部捕捉到了多元化的大部分文化形态”（Castells，1996：372）。视听和印刷媒介之间、流行和学术文化之间、娱乐和信息之间的区别，都逐渐消失了。结果是出现了一种“真实的虚拟文化……真实本身完全被捕捉，并全然沉浸在一个虚拟的图像设置中，继而融进一个虚构的世界之中”（Castells，1996：373）。换句话说，如果你不在此系统中，你就没有有效的存在。这种真实的虚拟文化在卡斯特斯关于社会变革的全部说明中非常重要，因为它导致了空间体验（Castells，1996：376－428）和时间体验（Castells，1996：429－468）的深远变化。 *370*

这的确阐明了社会和文化理论中未来学的危险性（虽然卡斯特斯对媒介的空洞分析似乎没有引起该书读者的注意）。卡斯特斯所描述/预测的“融合导致同质化”似乎不可能。在预测中，卡斯特斯展示了最坏的大众文化批判的影响。复合型专业化时代，电视仍居于支配地位，但新技术还是不断补充着已有的模式，并非将其取代或兼并，这导致了单个设备的增长。实际上，卡斯特斯看起来正在描述的是电视，因为电视在复合型专业化时代就已经存在了。

把焦点放在卡斯特斯著作的这一个方面看上去有点残酷，因为他的聪明成就在许多领域都是那么令人印象深刻。他关于融合的讨论也许说明，即使最渊博的分析也会陷入一般化的泥淖。我的主要观点是，多元化不应该被概念化为多元化产品

① “开始”一词的英文原文为“started”，作者用的是过去时。——译者注

② 卡斯特斯用的是熔合（fusion）一词，本书作者用的是融合（convergence）一词，特此区分。——译者注

（这有时候是经济学家和政策制定者所渴望的）；同样，我们在评论文化产业的产品的时候，务必小心谨慎地使用“同质化”一词。我们必须把目光放在比经验主义或
371 者推断更远的视角来讨论多元化的概念化问题。从本书的观点（聚焦于多元化与文化、权力、平等和社会正义之间的关系）来看，我之所以对多元化感兴趣，是因为多元化能够影响对传播权的分配（Baker，2007：12－16）。那么，我们就需要仔细想一下了，文化产业到底会不会对文化、社会和民主的多元化产生强化作用？

3. 后网络时代，电视能带给我们更为多元化的体验和视角吗？

考虑到电视在当代文化和传播中的中心地位，它看上去是一个合适的例子，可以帮助我们仔细考虑文化产业的形式、叙述方式和体验的范围是扩大还是缩小了。随着电视在20世纪90年代的改革，迈克尔·柯汀（Curtin，1999）为我们提供了对电视文本变革的更为充分的理解。柯汀概括了包括电视作为大众媒介在内的“强网络时代”（high network era）的一种转型，提供了广泛共享的政治和文化体验，其前提是“一个包括大众生产、大众市场、大众消费和国家规制的连锁体制”（Curtin，1999：59）。在20世纪80年代以来的有线电视和卫星电视的新网络时代，文化产业一直在追求新的跨国战略（见本章前面所述）、细分战略，并日益聚焦于利基营销。结果是，现在文化产业执行者通过“信息和表达的复合路线来曝光文本。他们……较少寻求流行文化的同质化，而是组织和开发有利可图的多元创作形式”（Curtin，1999：60）。虽然关于早些时期电视同质化的问题还有讨论的余地，但是柯汀的分析还是给我们指出了一条明路，可以帮助我们思考在文化产业的变革时期，文本意义的新的轮回。

根据柯汀的观点，跨国化和细分的双重战略围绕着双重文本战略，一个聚焦于全国或全球市场的大众文化的形式，对人的要求较低；另一个瞄准特定受众，旨在提供/发行“边缘”文本，对受众要求的反应十分强烈。作为第一种战略所产生的文本类型的例子，柯汀讨论了Los del Rio所演唱的歌曲《玛卡莉娜》（*Macarena*）在全球的巨大成功。该曲早先只是西班牙一首不太出名的单曲，但是，贝塔斯曼集团下属的BMG唱片公司却以混合形式将其在全球范围内发行，使其最终成为1996年的点击量赢家。得以在全世界展示的这支单曲的录像，对该曲内容的描述极为复杂：玛卡莉娜被描绘成一个充满力量、能够掌握自己生活的女性。但最终，录像还是“容忍”了她的女性欲望——两个赞美她的中年男性歌手极具鉴赏力地凝视着她，而这种凝视将玛卡莉娜对快乐的积极追求转变为男性幻想的镜像（Curtin，1999：62）。对于第二种战略，柯汀讨论了两个文本。第一个是《绝对神话》（*Absolutely Fabulous*），BBC 1992年出品的、在特定有线电视/卫星电视台喜剧频道播
372 出的重量级剧目，该剧将女性欲望描绘成“贪婪且不能控制的”（Curtin，1999：62）。与《玛卡莉娜》（歌曲与录像）不同，该剧几乎没有作出明显努力来扩大女主人公的魅力。（柯汀非常明白，该节目的挑战性特质是其受众——发达工业国家的中产阶级女性——所允许的。）第二个是阿丽莎·齐奈（Alisha Chinai）1995年的印度流行音乐录像，该录像是“印度制造”，它“将男性躯体改造成奇观视觉”，使得柯汀感到它对女性欲望的显性描绘发生了颠倒，因此引发了一些难以超越的问

题，诸如“印度女人想要什么，她们需要什么，她们应得到什么”（Curtin，1999：64）。

类似的文本多元化在美国国家电视系统中也非常明显。阿曼达·洛茨（Lotz，2007：239）在其讨论中提供了一些见解，她认为在美国，“对于电视化的叙述方式，受众现在有更多的选择，这比媒介历史上的任何时刻都要多得多”。为了演示这种选择的多样性，洛茨（Lotz，2007：第5章）提供了五个不同的文本分析案例（都是21世纪前10年的），我将她对细节的繁杂讨论归纳如下：

- 《欲望都市》（*Sex and the City*，1998—2004）。该剧是新有线电视网以小众为对象，旨在扩大收视群体的典型案例。在本案例中，小众是指年轻的职业女性。
- 《幸存者》（*Survivor*，2000年至今）。没有人预料到这部电视剧竟然如此成功。这部没有剧本的野外环境真人秀节目，正吸引着越来越多的目标受众。
- 《盾牌》（*The Shield*，2002—2008）。该剧是有线电视网（新闻集团旗下FX有线电视网从FOX有线电视网购得该剧）寻求更广的身份认同，支持重要创新的典型剧作。该剧通过聚焦于一个无赖警探的形象推动了警匪剧的发展。
- 《发展受阻》（*Arrested Development*，2003—2006）。作为在网络电视而不是有线电视上播出的创新型节目的典型代表，该剧向主流情景喜剧的套路（表现典型的家庭生活）发起了挑战，而网络电视的支持也使该剧的收视率扶摇直上。
- 《兼职战士》（*Off to War*，2004—2006）。这是一部在极小众频道——Discovery Times（探索频道和《纽约时报》的合资公司）上播出的纪录片，介绍了战争对兼职士兵的影响。该剧在某种程度上描绘了美国南部乡村劳动者阶层不同寻常的经历和体验。

洛茨没有过多地把关注的焦点放在这些节目的文本丰富性或者其意识形态的含义上面，她也没有采用历史比较法与之前的时代进行比较。相反，她展示了一些随处可见的形式和内容。柯汀的见解则表明，多元化可能还有更为国际化和跨阶层的维度。

考虑到以上对于多元化的各种见解，我认为需要设置两个限制条件。第一，我们可能要问：**多元化对谁来说是切切实实随处可见的**？多元化对那些受过良好教育的收看小众有线电视创新剧集的人来说也是随处可见的吗？第二，这也许只是一个案例，即电视或者特别的国家系统如美国后网络时代电视系统，可能在其多元化外表的内部植入同质化的意识形态。当然，某些关键的节目可能证实确实有政治同质性存在（见下文“娱乐政治学”标题）。但是，它与**多元化匮乏论**是不同的。只有当与形式和内容的多样性交锋时，多元化匮乏论方能有点效果。 373

4. 英国媒体的多元化或其他

也许，在说明文化产业同质化和多元化问题的时候，处理信息比处理娱乐更容易。其中一个个案就是汉弗莱（Humphreys，1996：77）所讨论的英国全国性日报。这类报纸读者层次广泛，政治影响巨大，随着第二次世界大战后报纸产权的集中，这类报纸在政治立场上也经历了显著的同质化过程。

1945 年，英国的全国性日报中仅有 4 家保守党报纸、两家自由党报纸和两家工党报纸。但是，截至 1987 年大选（General Election），11 家全国性日报中有 7 家支持保守党，两家支持工党，两家没有表态。虽然工党在大选中的得票率在 30%～42%，然而这两家工党报纸仅代表了读者总数的 20%。自由党报纸的读者人数则更少。1992 年，“70%的全国性日报读者和 60%的周日报读者被劝告投票支持保守党”（Humphreys，1996：77）。

这些数字只能从一个侧面说明政治同质化的进程。因为自 20 世纪 80 年代以来，在公共政策领域，英国媒体总是毫无例外地支持保守党和新自由党，有时候还带有强烈的党派偏见。20 世纪 80 年代，用詹姆斯·卡伦和简·西顿（Curran & Seaton，2010：73）的话来说，“国家媒体的一个大部门……与政府联合了”。这一联合于 20 世纪 90 年代瓦解，数家传统的保守党报纸，如默多克旗下的《太阳报》（*Sun*），在 1997 年、2001 年和 2005 年连续三年支持工党（或者说支持工党领袖托尼·布莱尔，这可能反映了英国政治日益增长的“总统化”现象）。

374 政治联盟的变化折射出政治同质性的宽泛性（Curran & Seaton，2010：76ff）。大多数报纸支持工党是基于工党在拉动经济增长上比保守党做得更好，而不是因为工党委婉地阐明要维护公平和社会正义。英国报纸产权的高度集中使得实现这种效果变得可能；三家最大的传媒集团的日报发行量占全国的 62%，星期天版日报的发行量则占到 79%。国家媒体政治立场的摇摆可能源于工党对两个男人——鲁伯特·默多克和理查德·戴斯蒙德（Richard Desmond）——的奉承，后者后来拥有多家电视台的软色情频道和出版物，以及可能是英国最差的日报——《每日快报》（*The Daily Express*）。

与 20 世纪 80 年代和 90 年代的情况相反，到了 21 世纪的最初 10 年，英国国家媒体对工党的支持超越了历史：在 2001 年的大选中，有 70%的读者被劝告投票给工党。虽然钟摆指向了另一边，但在影响力上，媒体仍然支持经济保守主义。当然，最后只有 43.2%的投票人选择工党这一事实折射出，在选举中直接劝告别人支持谁通常只有有限的影响力。更重要的问题是，媒体多年来持续不断地为保守主义和新自由主义政策提供支持，而不论哪个政党掌权（这对英国以外的读者来说可能有些令人困惑）。这种支持不仅局限于知名专栏和特稿文章，毫不夸张地说，其头版标题往往占据整版报纸的一半，其政治陈述更像是一种宣传描述。2011 年 11 月 30 日，为了反对政府削减养老金，将近 300 万英国工人举行了罢工。《每日邮报》（*The Daily Mail*）的头版标题是《你还认为罢工是个好主意?》（*Still think striking is a good ides*?），文章的内容则完全采取政府对罢工的视角。

但是，报纸的政治形象比其新闻报道中对政治和社会事件的观点表达要复杂得多。例如《每日邮报》，作为现在英国最卓越的报纸，在对政治议程的影响方面，在大多数事件上都站在右翼的立场上，但是其电视和娱乐版却富有同情心地布满了暗藏改革论调的肥皂剧故事情节——这可能源于这些版面的作者具有较大的编辑自主权。在英国国家媒体对公共事务的报道显著下滑的大环境下，这也是可以理解的（Curran & Seaton，2010：88，89）。但这严重抑制了文化产业民主功能的发挥，这一落差只能靠英国传统的公共电视网和一小部分质量相对较高的小众报纸（broadsheet newspaper）来做一点点弥补了——这就是靠在新闻版面和头版标题中日益增长的社论。

20 世纪 80 年代以来，紧跟文化产业扩张而出现的文本的繁荣，并非当然地意味着多元化。我们也不能想当然地假设，文化产业公司规模和范围的增长导致了同
质化和标准化。评判委员会仍在台下监视我们的一举一动。我们的任务是，从更精 375
确严密的角度讨论多元化，以及讨论多元化是对谁来说的。上面所讨论的定量研究方法以及流行音乐中的集中化和多元化可能对我们有所帮助，但还远远不够。

二、社会公正与文本变迁

第六章指出，文化产业公司的规模和范围都获得了极大的增长。这些公司是一些对维持社会内部现有权力关系十分感兴趣的人士拥有和运作的。20 世纪 80 年代以来，从这些公司所支持的利益群体以及他们在宣传或抑制社会公正追求上所扮演的潜在角色上来看，文化产业所生产的文本的性质是否发生了变化？（见本书第二章的相关讨论）

1. 广告、促销与商业化

我认为，就某个方面而言，一个清晰的答案显而易见。20 世纪 70 年代以来，文化产业在使得我们的日常生活空前商业化。这样一来，文化产业公司扩展了其在复合型专业化时代就已经承担的角色，成为其自身公司利益（总是其首要利益）和整体商业利益的宣传者。我们回顾一下第七章所讨论的关于艺术、创造性和知识之间的关系问题以及商业规则问题，以及第九章所讨论的与互联网有关的商业化问题。

媒体和社会中的广告越来越多，原因是多方面的。用迈克尔·舒德森（Michael Schudson）的话说就是：

> 广告美化了消费者选择权的愉悦感和自由感，它捍卫消费者的私人生活和自由选择权，理想化了消费者和消费行为，或含蓄或明白地坚持认为自由、成就和个人转型在商品世界中得以展现。（Schudson，1993［1984］：XIX）

舒德森引用著名作家和评论家约翰·伯格（John Berger）的话说，广告“建议我们通过购买更多的东西而转变我们自身，或者转变我们的生活”（Schudson，

> 1993 [1984]：XIX）。舒德森认为，资本主义国家中的广告和社会主义国家中的现实主义是等价物：苏联的官方艺术被指控可能会推进斯大林主义。与社会主义现实主义一样，广告的**资本主义现实主义**被要求用简化的和类型化的方法描绘真实性；
> 376 它所描绘的生活不是生活的本来面目而是它应该有的面目；它携带着乐观主义的气氛，代表着积极的奋斗；它应该聚焦于创作令人愉悦的现代生活画面。（Schudson，1993 [1984]：216）

广告本身是一种文化产业，然而，几乎其他所有文化产业也都担当了广告媒介的角色。事实上，大部分广告都是通过嵌入其他媒介进入我们的视线的，除了广告牌和以其他形式公开展示的广告（从某种意义上说，这些广告实际上嵌入了我们的生活环境）。C·埃德温·贝克用重要而老到的分析方法考察了广告对报纸的影响，他认为，广告在赞助媒介消费的同时，也导致美国报纸内容的多元化呈现衰退迹象，并帮助建立起一种以意识形态为承载的特殊新闻类型，这种新闻类型以专业客观性概念为核心（Baker，1994：第1章）。贝克指出，广告不但对新闻业产生了间接的结构化影响，而且通过其他很多方式影响了媒介内容。广告鼓励媒介修剪内容：

> - 对新闻报道中的广告产品和广告主的利益更加温和；
> - 创造一种购物的气氛，使读者或者观众倾向于喜爱广告；
> - 减少党派性和争议，避免冒犯广告主的潜在消费者；
> - 取悦中产阶级和具有较高购买力的高收入群体，他们对广告主来说最有价值。（Baker，1994：44）

有一个可观的证据表明，在媒体和现代社会中，文化产业的发展已经完全与广告量的增长联系起来。除了第三章所讨论的广告支出数据，还有很多其他的证据。例如，20世纪90年代，美国的主要电视网增加了每小时内的广告时间。罗宾·安德森（Andersen，2000）引用了四大媒体1991—1996年广告时间的数据：

> - ABC从每小时9分钟增加到每小时11分26秒；
> - CBS从每小时9分10秒增加到10分29秒；
> - Fox从每小时11分3秒增加到11分40秒；
> - NBC从每小时9分57秒增加到10分33秒。

到21世纪的前10年，根据马修·麦卡利斯特（McAllister，2005：219）引用的数据，在美国，靠广告支持营生的广播和有线电视，差不多将四分之一的时间投给了商业信息和促销信息，而这个数字还在增长。平均每个儿童观众每年被曝光在4万个电视商业广告面前，这个数字几乎是20年前的两倍。

377 与广告占用的空间日益增加一样，在那些我们不认为是广告的文化产业文本中，加载大量宣传材料的情况也有上升趋势。安德森（Andersen，2000：3）声称，在电影中安放商标行为的大量涌现，是在电影《ET外星人》（史蒂芬·斯皮尔伯格导演，1982）中一个叫做ET的外星人吃了某种品牌的糖果继而该产品销售额增长两倍之后。安德森提供了许多植入式广告的近期例子，并引用证据表明，当产品浸没在电视节目当中时，产品的受众回忆率是单独做广告的2.5倍。安德森还提出了节目中植入软广告的道德问题，软广告不是直白地做广告，而是将广告产品悄无声息地融入节目中。植入产品广告的人相信，在节目中放置产品比单独打广告更为有效，因为“观众认为电影或电视中所展示的产品是明星的选择，因此该产品会受到观众的默认”（Andersen，2000：2）。植入式广告经常通过伪装表现得“时髦且玩世不恭”（hip cynicism）。安德森提取了《婚礼歌手》（*The Wedding Singer*，1998）中的一个例子，该剧由明星亚当·桑德拉出演。

> 扮演婚礼歌手的桑德拉正躺在床上，由于未婚妻的离去而非常沮丧。一个朋友来拜访他，躺在他的床上（床上铺着床单）对他说：“嘿，这床单真柔软。你用多尼牌（Downy）的吗？”桑德拉回答道：“不，我用的是神效牌（all-tempa-cheer）。你可以在任何温度下洗衣服而不掉色。”

这里的幽默没有损害影片，正如在《物归原主》（*Repo man*，阿莱克斯·考克斯导演，1985）中一样。电影制作者如此显眼地安放广告，是非常可笑的。也许这没有大多数放置产品的隐性广告那么讨厌，但也差不多了。

但是，广告只是市场和促销文化这部巨型机器的一个零件（Wernick，1991），是商业化通过文化渠道的更广泛的传播（Ruskin & Schor，2009），包括所建造的城市环境（Gendelman & Aiello，2010）。过去30年，文本所发生的另一个重要变革是，某一文本也经常宣传同一公司所生产的其他文本。我们可以从两个层面来考虑这一问题。第一，某一特殊频道或产品对自身进行宣传。1999年，美国电视网ABC为其自身节目播放了7 000个广告片，几乎是10年前的2倍（McAllister，2000：111）。但是，集团化和公司协同战略（见本书第六章）的结果是，公司逐渐策划和设计一些文本以鼓励辅助性的、往往质量不高的副产品。其中，市场上最有影响、预算最高的作品之一就是《蝙蝠侠》（*Batman*）（Meehan，1991）。华纳传播（Warner Communications）在收购了DC Comics之后便购买了该剧版权。除了复兴喜剧，华纳（1990年后成为时代华纳）还生产了三部电影，以及音乐、小说和大 *378*
量商品。电影和戏剧很有价值，但是，宣传词中对副产品的质量也说得天花乱坠。专栏11—1是协同战略的另外一个例子，但没有《蜘蛛侠》系列那么扣人心弦。[1]

专栏11—1

跨媒体促销和含糊的第二文本

2005年，电影《纳尼亚传奇：狮子、女巫与魔衣橱》（*The Chronicles of Narnia: The Lion, the Witch and the Wardrobe*）的发行和销售说明，在公司协同时代，核心文本会剧烈增生成为超级文本。这部改编自C.S.刘易斯（C.S.Lewis）纳尼亚系列童书的电影一开始是派拉蒙电影公司看中的，但五年后放弃了，随后被安舒茨电影集团（Anschutz

① 广告和商业主义当然会对新闻业产生影响，有关细节我将在接下来的“质量”标题下阐述。

Film Group，AFG）接手。AFG 就版权特许问题与 C. S. 刘易斯的继子协商了很长时间，并成功拥有了纳尼亚系列 7 本书的电影改编权。AFG 与华特迪士尼公司合作发行本片，迪士尼则承担一半的电影制作成本。不像其竞争对手时代华纳和索尼电影公司，迪士尼没有“署名电影”（signature movie），而纳尼亚系列正好填补了这个空白。

这部电影酿造了一大批“第二文本”（secondary text），第二文本是指依赖于已经存在的“第一文本”（primary text）的文本（第一文本不见得质量更高或更低）。当然，书在电影之前，但是电影却引起了 C. S. 刘易斯小说的再一次畅销。为了配合电影上映，AFG 和迪士尼的合资公司华登传媒（Walden Media）与本书的出版商哈珀柯林斯出版集团（HarperCollins，目前属于新闻集团）紧密合作，一起发行本书的 19 个新版本。华登传媒为美国 200 多个地区的图书馆免费更换新书。超过 10 万名美国教师也收到了赠书，同时收到的还有关于这本书的教学指导，包括与书中引申出来的一些问题有关的课程计划。哈珀柯林斯出版集团的子公司桑德凡（Zondervan）出版社把纳尼亚系列成功打入了基督教书店和礼品店。迪士尼互动工作室（Disney Interactive Studios）还发行了任天堂版和 PlayStation 版的纳尼亚游戏。

与电影同时发行的还有官方音乐专辑。一马当先的是《〈纳尼亚传奇〉原声大碟》，2005 年 9 月由百代音乐公司（EMI）分销并由斯帕罗唱片公司（Sparrow Records）发行。该原声大碟是由几名基督教艺术家通力合创的。2005 年 12 月，传统的电影音轨也发行了（华特迪士尼唱片公司出品），同时发行的还有一张 CD+DVD 特别版电影音轨，其特色在于扩充了背景音乐的配乐。

379 除了众多的第二文本，我们还能识别出巨量的第三文本（tertiary text）和旨在促进和宣传这部电影的诸多活动。在发行首部纳尼亚电影《纳尼亚传奇：狮子、女巫与魔衣橱》之前，迪士尼公司在大约 2 000 万张 DVD 上安置了纳尼亚的预告片，包括迪士尼旗下 ABC 有线电视网发行的一些剧集 DVD，如热门电视剧集《迷失》（*Lost*）的第一季。纳尼亚的宣传信息还出现在 ABC 有线电视网的热播剧《三军统帅》（*Commander In Chief*）的字幕上。

《纳尼亚传奇》的营销手段借用了迪士尼 1994 年的电影《狮子王》的营销方式。超过 60 种纳尼亚产品被授权。营销伙伴包括联合利华、通用磨坊、Georgia-Pacific 和麦当劳。促销信息出现在欧乐 B（Oral-B）的牙刷上、Quilted Northern 的厕纸上（以及 Georgia-Pacific 公司的纸巾和餐巾纸上）、麦当劳的开心乐园餐上（有 8 种印有不同《纳尼亚传奇》人物的立体书）、Verizon 的移动电话包装盒上、劲量电池上以及通用磨坊公司的 21 种品牌的谷物上。此外，在大商场里还有圣诞节展示活动，孩子们可以在电影场景的道具中探访圣诞老人。

迪士尼还借用了获得极大成功的电影《耶稣受难记》（*The Passion of The Christ*，2004）的营销战略，并雇用基督教公司 Movie Marketing 控制了教堂中的荧屏，推动成立了以纳尼亚为主题的《圣经》研究班。最后，跟《魔戒》（又译《指环王》）一样，旅游公司开始邀请游客参观位于新西兰的《纳尼亚传奇》电影拍摄地。

由于一开始就特意考虑到电影衍生品和续集，这部电影到底有多好？电影评论家安东尼·莱恩（Lane，2005）在《纽约客》上评论说，这部单调乏味的寓言故事“在最精彩之处戛然而止……甚至彼得的正义之师与女巫的邪恶大军的巅峰对决，也有一种欺骗的味道，因为我们所目睹的不是你死我活的战争，牙齿和爪子上都沾满了血，而是思想的交锋”。但是电影及其续集（《纳尼亚传奇 2：凯斯宾王子》，2008；《纳尼亚传奇 3：黎明踏浪号》，2010）赢得了一些好评。三部电影的导演安德鲁·亚当森（Andrew Adamson）（前两部）和迈克尔·艾普特（Michael Apted）（第三部）都是天才，安德鲁还导演了《怪物史瑞克》，而迈克尔则导演了纪录片《七年》（*7 Up*）。虽然票房回报递减，但是依然很可观。然而，年轻人或成人对这部电影却不太喜爱。看上去特别不太可能的是，许多人通过《〈纳尼亚传奇〉原声大碟》提高了他们的生活质量。

《纳尼亚传奇》的特许经销权（系列电影的一种营销术语，基于衍生品开发）只是商业主义的一个佐证，其对利益的追逐是否导致巨大的支出换来的只是质量一般的文化产品？

［资料来源：Albright，2005；Grove，2005；Mar，2005；Prichar，2005；Rowa，2005；Toynbe，2005；Wasserma，2005］

当代文化（第七章我们讨论了文化生产中创造性和商业之间关系的变化这一话题）对促销、市场营销和品牌的日益强调甚至扩展到我们对作为个人、作为个体的自己的认识。正如艾莉森·赫恩（Hearn，2008：197）所指出的，自我提升（self promotion）并不是一个新概念。但是随着灵活的新自由资本主义在 20 世纪 80 年代变得根深蒂固，当代文化开始强调品牌本身的重要性，对公共服务或体制制度的评论反而变得不那么重要了。赫恩（Hearn，2008）描述了电视真人秀（realty television）和社交网站（social network sites）是如何扩展品牌概念的，这个概念最早是由汤姆·彼得斯（Tom Peters）这类管理大师提出来的。正如赫恩所指出的，《美国偶像》和《超模大赛》这类电视节目“拥有自我品牌化的中心主题叙事模式，拥有明确的操作方法以管理品牌名誉需求，并能有效地展示其拥有的知名品牌”（Hearn，2008：202）。很明显，这种情况与大众社会文化的发展有关（Giddens，1991），但也可以看作是 20 世纪 90 年代和 21 世纪前 10 年为争夺观众和利润而展开的密集媒介战争的间接影响。电视真人秀不用花费很多钱就能够创造出成百上千个层次较低的名人，他们游刃有余地活跃于各大媒体，比那些名气日益攀升的一线电影明星和音乐人更加平易近人，而这些一线明星们则比以前更需要寻求免受媒体干扰的方法。 *380*

通过为数十亿人提供打造自我品牌的居间论坛，社交网站使个人的自我提升上了一个新台阶。当然，Facebook 现象要比这复杂得多。在对 Facebook 的人类学研究中，丹尼尔·米勒（Miller，2011）指出了 Facebook 是如何唤起并延展了我们在社交中的复杂情感的，包括交谈越来越少。一些特别热闹的社交论坛会让人觉得这里的每个人都互相熟识，知道其他人在做什么（这是米勒对特立尼达人生活环境研究中的一个案例），而 Facebook 为他们提供庇护所。然而，正如赫恩所指出的，Facebook 这类社交网站的逻辑是“鼓励用户将他们自己和其他人看作市场上供人挑选和消费的商品”（Hearn，2008：205）。如果和我第九章所讨论的对用户的监督和监管的发展结合起来看，Facebook 等社交网站确实已成为文化产业运作方式（以及我们自身作为文化产业的一部分如何以不可预料的方式工作）的核心代表。

如果我们关心所消费的文化的质量和品格，那么这些发展当然是重要的。也许文本商业化最显著的特点就是，它可以强化当代资本主义社会中政治主体这一概念的持续转变。我们越来越没有勇气作为公民去思考，我们越来越多地被当作消费者。文化产业并不是这一转变的发起者，商业企业的逐利行为和政府对经济增长的追求应为这一转变负主要责任。如果认为文化产业的全部功能就是为商业企业、政
381 府或抽象的资本主义制度的利益服务，那就大错特错了。同时，资本主义生产和文化流通会在很大程度上与政府和公司力量联合，其联合方式令人瞩目。我们需要再次认识到资本主义制度下对文化生产进行批判性研究所面临的**矛盾性**。如果我们采取更广阔的视角，追溯过去 40 年娱乐文本的变迁与延续，对这一问题的研究就能够更深入。

2. 娱乐政治学

在过去 40 年的种种变迁和延续中，娱乐文本是否呈现出更顺从、更可能迎合社会中统治者利益的趋势，而与社会公正和广义的平等背道而驰？

仔细思考社会文化变迁的多个驱动因素和作为本书主题的产业和经济变迁，这特别重要。20 世纪 70 年代以来文化产业的爆炸式增长和文本的繁殖，与政治领域一些关键的发展是同步的。也许最显著的就是那些以前由于身份而被边缘化或被权力排斥的人，他们获得了更高层次的尊重、认同，并能够为他们所属的群体发声。女性通过各种女性主义渠道挑战被边缘化和压迫；有色人种通过各种反种族主义、多元文化活动和激进主义方式向种族主义发起挑战；同性恋和变性人与性别歧视和偏见相抗争。随着这些以及其他相关政治观点的发展，符号创作者将之拾起，他们中的很多人非常善于用新的方式撰写娱乐文本。让一名女汉子成为科幻电影的核心人物，就像西格妮·韦弗（Sigourney Weaver）饰演的人物艾伦·雷普利（Ellen Ripley）成为《异形》（*Alien*）四部电影的主人公一样，这在几十年前是无法想象的。一些演员也很关注文化产业，他们认为演员应该在关键位置上有更高水平的表现。结果导致文化产业所生产的文本和当代社会关键领域的不平等之间的关系更加复杂。

然而，虽然对种族主义、性别歧视和其他形式的社会分歧等问题的关注日益增加（至少在现代社会的某些领域如此），文化产业所生产的娱乐文本仍然激化了这些矛盾，我们也许能够指出这种情况发生的很多途径，尽管在同样的题材甚至同样的文本中存在四个共生性问题。

- 视觉或听觉效果持续欠佳，至少在一些特定的题材中。例如，当代好莱坞和印度电影中缺乏有趣的、丰满的、有缺陷的角色。
382 ● 继续运用负面的、老套的和有问题的相对弱势群体的代表。在某些案例

中，这可能是对女性主义、多元文化主义或社会主义毅然决然的“反击”。在另外一些例子中，原因可能是俗套的故事和形象缺乏让人感兴趣的内容或常识。一个有代表性的例子可能是 20 世纪 90 年代和 21 世纪头 10 年北美和欧洲地区流行起来的男性杂志所表现出的性别歧视（Jackson et al.，2001）。另一个例子是，特定的“美化”程序无意识地对工人阶级的生活方式进行了极为失礼的编码。这一程序建议我们，获得名望、爱与尊重的唯一途径，是穿着和行为要像中产阶级那样。

● “后女性主义”和“后民事权利”的复杂设置看上去能够使已获得的自由和平等更具价值，这些已获得的自由和平等是通过女性主义、反种族歧视和社会主义运动得来的，但是却有别于它们。正如萨拉·巴尼特-韦泽（Sarah Banet-Weiser，2007）所指出的，与之相关的文本可能会将这些运动描绘为极端的或者异常阴沉的，正因为如此，有人在文本中注入了强烈的情感以对抗这些政治运动，而这会潜在地冲蚀其他人的自由。

● 一些明显受政治动机驱动的善良的制片人，试图挑战现存的权力关系，他们会发现自己正在重复生产有问题的陈词滥调、表述和观点，这是产业动力学的结果之一——萨哈（Saha，2011）在其关于亚裔英国人的独立唱片公司的著作中论述了这一点。他指出，欲望而不是被边缘化引导一些亚裔英国制片人投入全部热情与大公司做生意，导致他们被市场化或者品牌化，以一种重复表达他们应该在榜首（first place）中超越的方式。

设想女性主义、反种族歧视甚至国内上层中产阶级权威［例如《换妻》（*Wife Swap*）类的节目］在当代娱乐文本中的广泛渗透，已经将娱乐民主化了，这是错误的——我重提这一问题，是考虑到对于质量或者说真人秀节目下滑的论争。但是，娱乐节目在涉及例如国家安全、消费主义和经济繁荣等问题时，很可能更不具批判性。例如，有证据显示，与美国军队和安全服务有关的流行剧，如《24 小时》（*24 Hours*）（2001—2010），“赞美并评价了美国的国家安全”，因为国家为该剧提供了支持和资助（Curran，2010：45）。

然而毋庸置疑，与这种令人担忧的趋势如影相随的是，媒介和流行文化充满情感和深情，而非简单地迎合商业或资本主义、种族主义、帝国主义或父权制权威的 383
利益。例如，鲁伯特·默多克通过旗下的报纸持续赞助社会上和政治上最保守的党派，但正如第七章所讨论的，这只是其个人行为；相反，其旗下的福克斯电视新闻网却授权和传播《辛普森一家》（*The Simpsons*），该剧强烈指责（有时候是政治上的）对美国人民造成的心灵创伤和生活中的种种限制（Downey，2006），以及电视广告、情景喜剧和新闻等对当代文化的恶搞（Gray，2006）。再拿 HBO 电视剧《欲望都市》（*Sex and the City*）来说（之前我们在洛茨关于美国当代电视节目多样性的观点中提到过），简·亚瑟（Arthurs，2003）向我们展示了该剧如何毫不隐讳地将性和强烈的女性主义论调融入电视喜剧，从而为知识女性打造了一个空间，用以质问她们自己在物欲横流的世界中的罪与罚，以及她们的自恋与自我陶醉，并最终威胁到自己的幸福。[1]

这只是所有不对现存社会关系进行赞助的成千上万的例子中的两个，至少根本没有“赞助”的意思。不仅在文化产业周边，在文化产业核心、在高峰时期、在黄金时间，都可以发现更多关于价值、情感和经历的节目，而且它们拥有广大的观众。

● 流行文化中充斥着玩世不恭、愤怒恼火、挖苦讽刺，以及对懒惰的享乐主义的赞美。讽刺和模仿随处可见，甚至在广告中也如此。在 20 世纪 80 年代“创意广告”兴起之前，广告一直不是评论界的讽刺对象。从这种意义上来说，媒介文本通常会变得更能折射出其自有行为。如果陈词滥调得以发展，那么通常（虽然不总是如此）会有许多喜剧作家排队等候为某一个节目准备脚本。[2]

384 ● 在众多文本对权力和财富进行奉承之余，在塑造富人和有影响力人士的迷人画像的过程中，也有证据表明，人们表现出了对权贵的极度怀疑和对权威的质疑。对权贵和有声望的人的描写时常表现得颇具讽刺性。英国皇室在某些媒介产业中享受崇拜和尊敬的礼遇，然而在别处又是被嘲笑奚落的话题和绯闻主角。

● 在媒介和流行文化中，充满了有关愤怒和狂暴的证据。媒介和流行文化经常直接或间接地反对那些在社会中没有真正力量的人（例如，Hip Hop 歌词含蓄地直指皇族假想敌）。但是，诸如 Hip Hop 和金属打击乐等文化形态，也引导我们关注广泛存在的社会遭遇，反对其他流行文化感伤而又乐观的含蓄主张。

● 整个 20 世纪的流行文化都表现出对一个更美好的世界、一个更美好的社会的乌托邦式信仰（Dyer，1981），这种信仰也继续展现在其他许多音乐文化（例如 20 世纪 80 年代末至 90 年代英国的锐舞文化[3]）和流行电影之中。

这些思想和情感模式很难对压倒一切的经济和政治力量产生直接的颠覆性效果。它们并不能消除不平等，不过却折射出并强化了一个事实，即现有权力关系的自然化绝不是全面的。

与这些变迁相联系的是对文化权威的改装和部分质疑（这一问题是由关于后现代主义的争论引发的，但却很少得到社会学方面的充分解释）。“高尚”文化和“低俗”文化之间出现了新型关系。这种关系被完全民主化了，富人继续持有并享受着

---

① 然而，其他人将该剧视为后女性主义媒介文化最坏的反面教材（Gill，2007：242）。即使亚瑟是正确的，她充满同情心的评论也不适用于 2010 年令人震惊的电影《欲望都市 2》，它几乎遭到整个评论界的严厉批评，根本没有体现出亚瑟在以前剧集中所窥探到的那种复杂性和影射［又见卡伦（Curran，2010）对这部电视剧的富有同情心的评价］。这可以成为研究不同生产条件如何影响文本输出以及此类生产研究如何解释不同水平的质量和批评的一个很有意思的个案。到底是什么让这部电影的生产如此糟糕、无趣、盲目？

② 《再探卢旺达》（*Rwanda Revisited*）……来自《老大哥 2》（*Big Brother* 2）获奖者布莱恩·道林（Brian Dowling）的一个令人伤心的报告。2006 年 9 月播放的喜剧《临时演员》（*Extras*）中的一集描写了电视台通过使用明星提醒人们关注贫穷的努力完全是误人歧途的拙劣作秀。

③ 锐舞（rave），是美国年轻人在无人居住的房子里跳舞、吸毒的狂欢聚会。——译者注

与穷人完全不同的文化习惯和文化品位。正如彼得森和科恩（Peterson & Kern，1996）所言，受过良好教育的人的品位变得更加杂食化：他们沉迷于低俗文化，同时又保持着对高尚文化的兴趣。我们可能容易错误地认为，后现代社会模糊了高尚文化和低俗文化的界限；但是，受教育程度不高的人继续被排除在高尚文化之外，当然，也许他们对所谓的高尚文化毫无兴趣。

当代文化产业所生产的娱乐文化当然不等同于文化解放。一些研究者夸大了观众颠覆现有传统（例如男性杂志的性别歧视）的能力。当代娱乐一定是充满矛盾的。正如我在本书导论中所指出的，这种矛盾源于一个事实，即只要能够赚钱（或者能够赢得可间接转换为利润的声誉），文化产业公司很愿意散布愤世嫉俗甚至愠怒的政治作品。但是，他们可能不愿意把全面分析权力关系的信息提供给读者。在新闻和时事报道方面，又有哪些不同呢？

3. 新闻报道对权力失声？ 385

新闻在为公民提供信息资源方面扮演着非常重要的角色，它可以确保公民代表和专业人员对社会公正的追求能够持续下去。我们在第七章看到，新闻机构所受的商业压力比以前更大了，我也有证据表明，这对于新闻报道的某些方面产生了影响。那么，新闻报道挑战权威、宣扬社会公正的气势和意愿是否减弱了？

有些人会毫不含糊地回答“是”。罗伯特·W·麦克切斯尼在20世纪90年代末撰文说，近期的新闻趋势表明专业新闻标准（其目标是提供客观报道和公共服务）正在瓦解。随着20世纪美国专业新闻的发展，麦克切斯尼谨慎地指出了其局限性：新闻记者并非如他们声称的那么客观，他们经常迫于商业和政府压力而不顾职业道德。他特别指出了新闻报道中长时期不受关注的话题，包括不可思议的美国军队预算，以及中央情报局的活动。然而，他将第二次世界大战之后的时期描绘成黄金时代，此时，“专业新闻得以繁荣发展，并从所有者、广告商的命令和整个公司产业中获得了一定程度的自主权”（McChesney，1999：51）。随后的衰退表现在明显的裁员和写软新闻（例如名人生活格调新闻、法庭案例、飞机失事、犯罪故事等）的增长趋势上，毫无疑问，这些报道非常容易获得。他引用的数据表明，国际新闻数量从20世纪70年代初占所有电视新闻总量的45%削减到1995年的13.5%。同时，电视新闻播放犯罪故事节目的年度总量在1990—1992、1993—1996年间都增长了两倍（McChesney，1999：54）。正如我们在第七章（日益商业化对新闻权威部门的影响）和第十章（互联网对报纸的影响）所看到的，更多的近期情况——尤其是报纸发行量和利润的下滑以及从业人员数量的缩减——招致一些评论家的悲观评论，包括麦克切斯尼及其合作者约翰·尼古拉斯都认为新闻业已经危在旦夕了。

其他很多分析家，包括许多专业新闻记者，对麦克切斯尼的观点做出了回应。21世纪前10年，在一些关键事件的报道上，许多国家的新闻机构看起来让民众失望了，这进一步削弱了民众对新闻的信任。班尼特、劳伦斯和利文斯顿（Bennett，Lawrence & Livingston，2007）分析了新闻界未能质问布什政府赞成出兵伊拉克的

行为及其在报道美军在伊拉克阿布格莱布监狱（Abu Ghraib）对待囚犯的问题上令
386 人震惊的处理方式。他们将原因归于华盛顿特区新闻记者、政治家和政府官员之间达成的共识，“在很大程度上是由政府新闻官员及其公共关系代理人塑造的”（Bennett，Lawrence & Livingston，2007：169）。

但是，其他人却持有这样的观点：新技术（例如摄像机和移动电话、互联网和万维网）的发展，正指引着新闻报道的民主化进程，而这将是对新闻业的最终救赎。2006年，公民新闻（citizen journalism）的倡导者之一，杰伊·罗森（Jay Rosen）在大媒体（Big Media）发表了一篇博文，列出了他对媒介和新闻环境发展的所见所得：

> 你们曾经是（独一无二的）新闻编辑，选择头版应该放什么内容。现在，我们可以编辑我们的新闻，选择我们自己的头版内容……现在，公民对公民的水平新闻流动，像垂直的流动一样真实和重要。

最知名也最经常被引用的例子是韩国的Ohmynews网站，该网站有许多自由撰稿人，他们是对专业记者和编辑队伍的有力补充。其所提供的新闻通常很有趣，且与正规新闻机构有很大不同。詹姆斯·卡伦（Curran，2011：117）总结了互联网对新闻业作出贡献的几种方式，例如全球的人都可以看到纳达·索尔坦（Nada Soltan）和伊恩·汤姆林森（Ian Tomlinson）2009年分别在德黑兰和伦敦游行中被殴打致死的电视画面。虽然这些发展令人钦佩和激动，但是它们依赖于好的新闻制度和技术（最突出的就是移动电话）的持续互动。有关公民新闻获取胜利的评价，往往局限于少数个案［参见艾伦和索尔森（Allan & Thorsen，2009）的著述，他们提供了不寻常的范围更广的国际案例］。正如卡伦所指出的，绝大多数新兴网络企业未能获得足够的广告支持。

让我们再次回到第九章和第十章讨论的范畴。我们已经看到，有一些因素限制了互联网对文化生产进行民主化和去中心化的能力，包括互联网接入和使用技巧的不平等、关注点和权力的持续甚至增长的集中态势、猖獗的商业化和监控。还有人指出，对业余报道或者说公民新闻的赞美面临着风险，它低估了处于最佳状态的专业新闻的重要性和权威性。好的新闻离不开基础训练和商业支持（Keen，2007：46－50）。许多互联网新闻实际上严重依赖于传统媒体资源。正如麦克切斯尼和尼古拉斯（McChesney & Nicholas，2010：16－17）所指出的：

> 从重要的程度来讲，互联网新闻网站是传统媒体所采集的新闻的聚合，它们并非新闻内容生产者。线上所讨论的信息仍然是由报纸和广电记者采集的，同时有少数重要的记者从传统编辑部转到了博客圈，他们试图像新闻评论家而
> 387 不是新闻收集者那样工作。领先的新闻网站都是附属于传统媒体的，许多博主的博客也都出自传统媒体的数字形态。

丹尼尔·C·哈林（Daniel C. Hallin）提前预示了博客和公民新闻所产生的影响，并指出了一些与本书论题高度相关的问题：网络化了的新闻能否促进当代社会、文化和民主的发展？他列举了美国新闻界发生的一些转变：

- 新闻媒介细分，更多消遣性信息都自称是新闻。
- 新闻和娱乐的界限模糊不清。
- 新闻记者对自身角色的定位也越来越不确定——他们应该是客观的信息通告者，还是应该采取偏袒姿态，展现其对所讨论人物的同情？（Hallin，2000：211）

对于这些转变，哈林概括了许多原因。一部分原因是商业层面的，例如，地方新闻竞争的加强、新闻杂志节目的兴起，以及媒介集团对“底线”的更大关注。还有政治层面或文化层面的原因，包括第二次世界大战之后公共事务威望的下降、女性和少数族裔人士在新闻编辑部出现频率的增加（女性、拉丁美洲人、非裔美国人等新闻工作者逐渐察觉到，在所谓的客观性中仍然存在着偏见，由专业客观性构成的早期新闻编辑部模式越来越难以维持）、女性主义者和媒介报道要求划分私人空间和公共空间（哈林因此呼吁文本要回归文化产业）。

哈林拒绝将过去几十年新闻的变迁描绘成彻头彻尾的衰退或者稳定的改进。他发现，政治论争的新表现形式确实具有一种黄金时代所没有的特定含义。与那些因“信息娱乐化”[①] 兴起而感到遗憾的人相反，他认为新闻和娱乐从来没有绝对分离，好的新闻记者也应该是好的故事讲述者。哈林声称，市井电视时常将发言权给予那些从未接触过旧有新闻体制的独立个体。哈林说，在公共生活中，那些被专业新闻记者抱怨为“软新闻”的故事——例如，当剧中人和演员艾伦·德詹尼丝（Ellen DeGeneres）以同样的名字在同期连续剧中以女同性恋的身份亮相时——与华盛顿题材（华盛顿题材在黄金时代被专业新闻记者称为“硬新闻”）同样重要。然而，哈林也不能确定，解释性新闻报道（记者将自己的主观反应施加到新闻故事中）趋势是否一定代表了新闻标准的下滑。

然而，哈林却非常清楚新闻发展中的负面因素，即出现了大量对根本不值一提的琐碎小事的耸人听闻的报道。电视和报纸上的八卦新闻，“过度依赖于对恐怖事件的挖掘和放大”（Hallin，2000：231）。专业化的中立立场有助于抵抗所有者的专横，但在 20 世纪 80 年代和 90 年代，新闻的中立立场却日渐消失。尽管目前尚未回归到报纸担当其所有者发言人角色的时代，哈林（Hallin，2000：233）还是担心，“新的福克斯新闻台……将折射出其老板鲁伯特·默多克的政治观，而之前，这种新闻机构代表其所有者政治观点的做法，自从《时代》杂志创始人亨利·鲁斯（Henry Luce）去世之后就已经销声匿迹了”。 388

在欧洲，新闻宣扬社会公正的潜能也是许多论争的焦点所在。公共电视网的衰退与美国新闻质量下滑所引起的论争何其相似。但是，纸质新闻更具党派性，不管是八卦小报还是大版面报纸都是如此。在英国，印刷小报甚至在集团化时代之前就严重依赖煽情主义和流言蜚语。2011 年，当媒体自身最终开始解释批判性新闻研究者多年来都写了些什么时，这些趋势被再次证实：许多英国报纸存在严重的道德问题。是什么让新闻故事更有力量？是良好的调查式新闻。我们已经知道，有时候

① infotainment，该词是 information 和 entertainment 的合成。——译者注

《世界新闻报道》（*The News of the World*，新闻集团所属公司，英国销量最大的周末报）的记者会通过非法途径获取新闻故事。《卫报》（*The Guardian*）制造了一系列启示：用黑客方法对手机的监听不仅局限于名人（虽然这是见不得光的），他们还会入侵谋杀案目击者等其他很多人的电话，而且该报对这种方法的应用，比你们见识到的还要纯熟。然而，这类新闻故事可能看起来强化了数字乐观主义者的观点，即“大媒体”是必然的，但应该注意到，这个故事是通过老牌传统媒体发布的，调查性新闻这种运作形式对于以互联网为根基的低成本运作来说很难维持下去。这个故事还揭示了与媒介产业相关的好的政府行为的重要性，因为它展现了英国报业投诉委员会（Press Complaints Commission）操纵下的“自我监管”体制的彻底失败，该体制实际上就是没有监管。在欧洲其他国家，正如罗德尼·贝森（Benson，2011）所指出的，公共基金有助于维持一定程度的新闻独立性。

三、社会分裂与市场细分

20世纪80年代以来，另一个非常重要也经常被讨论的变化是，越来越多的文本被生产出来，以满足特殊读者群的需求，而非“大众化”、毫无差异的读者的需求。从某一层面来讲，这种现象出现的原因是，随着发达工业国家中人们休闲时间
389 和可支配收入的增长，更多的产品进入了文化市场；也可能是随着人们消磨休闲时间的途径日益多样化，社会逐渐分裂的结果。

那么，社会分裂的主要原因是什么呢？在纽曼（Nueman，1991：116－117）看来，关键原因在于受教育程度的提高（在统计学意义上，受教育程度最能用来预测文化程度），“一种由社会差异所燃起的自豪感”，以及未婚的（纽曼的意思可能是指“无儿女的”）、精力充沛的、拥有更多可支配收入的年轻人数量的增加。我们可以假设，文化产业发展的结果是产生了大量可供选择的产品，而可供选择的文化类型的增加又加速了社会分裂。

在约瑟夫·图罗（Joseph Turow）看来，广告人和广告一直以来扮演着重要的角色。自从19世纪晚期广告业大规模兴起以来，大众营销和目标市场营销一直都是共生的，但是到20世纪80年代，“几十年来被认为处于广告业相对边缘位置的目标市场营销战略，忽然间受到追捧，成为时髦甚至核心的战略”（Turow，1997：19）。我们在第七章所讨论过的人口统计信息和市场研究，在20世纪60年代末70年代初指导着广告业和电视网谈论节目的方式，但直到80年代，目标市场营销战略才真正开始固定下来。图罗（Turow，1997：36）写道，它不是技术变革的产物，因为技术变革“本身就是发生在美国的更深远变革的征兆”。

市场细分也是执行者和经理们构思其与受众之间关系的方式发生改变的结果。例如，费尔（Feuer，1984：3－4）描述了20世纪70年代初美国电视网的目标受众从“全部受众”向“人口统计学意义上的受众”的转移。他发现，18～49岁的年轻城市成人（尤其是女人）是电视广告产品的主要消费者。这使得在70年代初

各家电视网除了提供自50年代末电视广泛流行以来就已经形成的“大众化”黄金时间节目之余，还竞相提供针对人口统计学群体的节目。斯蒂芬・卓沃尔和安德鲁・格里斯潘（Driver & Glliespie，1993：186）描述了随着20世纪60—80年代英国大众市场杂志发行量的下降，杂志出版商是如何把焦点放在目标读者和小众市场上的。广告主日趋倾向于选用专业媒体，以便瞄准目标消费者，这有助于带动杂志产业的繁荣。

有些评论家担心，受众细分意味着电视作为“公共领域”制造者角色的终结，而公共领域总是突出显示社会普遍关注的问题［参考史蒂文森（Stevenson，1999）对相关问题的详尽讨论］。在这里，我们看到了受众细分与社会公正之间的联系。这是欧洲学者们（Keane，1991）特别关注的问题，因为公共电视网引导人们关注新主题和思考方式的能力给这些学者留下了深刻的印象。但是，我们不应该在未曾 *390*
考察更多证据的情况下就轻率地相信关于受众细分的预言。

那么，是否诚如某些评论家（例如Castells，1996：340-341）所言，20世纪80年代和90年代文化产业的变迁导致了大众化时代向市场细分和专业化时代的转变？在那些鲜明的女性电影、女性杂志、女性电视剧中，受众一直都是细分的，特别是社会性别的细分。而大众市场仍然是文化产业的核心。杂志也许是所有文化产业中最为“小众化”的媒介，美国杂志出版商协会（MPA）的数据显示，仅1997年一年，美国在版的消费者杂志和商业杂志就超过18 000种。然而，从《广告时代》（*Advertising Age*）提供的数据来看，前十大消费者杂志的广告和发行收入相当于前300种杂志收入总量258亿美元的26%（*Standard & Poor：Publishing Industry Survey*，1999-05-13）。仅《电视指南》（*TV Guide*）一家杂志就赚了11亿美元。正如我们所见，电影产业仍然追求大众市场的轰动效应，唱片产业也仍然追逐畅销作品，追逐那些通过发行一系列唱片创造了“品牌”的超级明星。

首先，多频道电视和互联网的兴起，导致关于市场细分和社会分裂的言论和焦虑与日俱增。三大电视网在黄金时间的收视率从20世纪70年代的90%降至1996—1997年的50%（Caves，2005：30）。在美国，20世纪80年代只有不到1 800万户家庭拥有有线电视，但是这一数字到2002年增长到7 300万；截至1999年，家庭户均能够收看的电视频道达到60个（Caves，2005：127）。

但是，这些数字也不能被过度解读。詹姆斯・G・韦伯斯特和帕特丽夏・F・法伦（Webster & Phalen，1997：114）总结了20世纪90年代中期许多令人印象深刻的受众研究成果，并得出结论：“以大众为诉求点的电视网络仍然支配着美国的媒介消费，短期内不会有所改变”。社会分裂所导致的细分，其过程是渐进的、坎坷的，但它也可以分享消费性畅销文本。

根据市场细分对社会的影响，我们应该如何看待它？（参见专栏11—2）我们当然不能像驱赶坏的事物那样驱赶它。我们很难反对某些电视台为迎合极少数观众而提供节目。然而，我们也能够指出一些令人遗憾的事：细分后的收视实践反映和强化了社会分裂的消极影响，这与拥有哈贝马斯式“公共空间”思维的分析家们的担忧是一致的。

以下现象长期存在并且可能持续存在：在美国，黑人和白人已经且日益消费着不同的媒介产品。奥斯卡·甘地（Gandy，2000）针对这一问题引用了一组统计数字：黑人观众和白人观众观看的收视率排名前十的电视节目中，共同的只有《星期一晚足球》（*Monday Night Football*）。这一方面表明高度商业化
391 的美国体育领域至少为白人和黑人提供了某种类型的共同文化，另一方面表明这两种不同族群的品位之间存在着令人惊讶的巨大鸿沟。当然，我们可以尊重差异，并认识到不同的人可能会有不同品位这一事实。但是，这种不平等的存在，使我们很难想象出“能够让白人美国公民和黑人美国公民共同关注”的无论什么类型的公共话题。

托德·吉特林（Todd Gitlin）指出，这里的问题既不在于民主离不开公共空间或者公共空间集合，也不在于“将公共空间分裂”。互联网也许可以丰富社会公众的多元性，正如吉特林（Gitlin，1999：173）所说，但是这种情况取决于一个假设和一种情境：这个假设是“资源大体上均衡”，这个情境是“社会不会被深刻的分裂因素弄得支离破碎（虽然不同群体成员之间缺乏持续性的协商共识，会加深和恶化社会分裂趋势）”。

专栏 11—2

HBO 模式：美国的高质量电视，但并非所有人都能看

在记者乔伊·普雷斯（Press，2004）看来，21 世纪初的几年，是“电视迷的伟大时代——当然，前提是你有电视网络”。

市场细分有令人担忧的一面，即节目规划离不开汗水、技术和创意（这些都需要花钱），也只有比较富裕的、受教育程度较高的观众能看得起，而留给工人阶层的节目则是廉价的、没有声望的。

在旧有电视体制下，相比工人阶层，城市中上阶层更倾向于收看《希尔街的布鲁斯》（*Hill Street Blues*）——20 世纪 80 年代早期美国非常有名的电视剧，但是美国和其他引进了该片的国家的工人阶层也能够通过电视网观看此剧。随着剧集的发展，该片赢得了大批观众（Feuer et al.，1984）。

截至 20 世纪 90 年代晚期和 21 世纪初，美国的电视公司制作了一大批高质量的电视节目。这招致了一些评论人士，例如斯蒂芬·约翰逊（Johnson，2005）的批评：电视节目（与其他文化类型一样，如游戏和电影）变得越来越贵、越来越复杂。记者达娜·斯蒂芬斯（Dana Stevens）在与约翰逊的对话中指出：约翰逊在赞美电视剧《24 小时》能够在 60 分钟的片长中设置如此复杂剧情的同时，却没有提到，其中整整三分之一的时间都是由一个个一分钟广告构成的（*Slate*，May 2005，http://slate.msn.com）。

许多质量上乘的电视节目都是有线频道制作的。这是因为截至 20 世纪 90 年代晚期和 21 世纪初，美国的有线电视已经发展到似乎直接用泵就能够把精彩内容注入节
392 目的地步，而不是像以前那样，放放老片子或者廉价地模仿其他节目（Caves，2005：

127-154)。(欧洲的有线电视和卫星电视频道还停留在这一阶段，即制作价值高但数量少的节目。)

美国电视节目质量攀升还有一个相关因素，即有线电视频道努力通过曝光和精致的节目来塑造品牌，例如，Showtime电视台的《拉字至上》(*The L World*)、福克斯电视台的《盾牌》(*The Shield*)、AMC电视台的《广告狂人》(*Mad Men*)和《绝命毒师》(*Breaking Bad*)。HBO频道是美国高质量电视节目的典型，其代表作有《黑道家族》(*The Sopranos*)、《六英尺之下》(*Six Feet Under*)、《死木》(*Deadwood*)。原则上讲，HBO也为工人阶层观众服务，前提是他们付得起钱，其目标观众是追求较高生活品位的中上阶层。[可以与BBC的优秀剧《街道》(*The Street*)进行对比。]这可能会成为真正的新闻——富裕阶层和受教育程度较高的人自认为对国家政策的制定负有责任，他们得到的是硬新闻，而工人阶层得到的是媚俗的电视节目。对国家公共领域腐化问题的争论，有助于引起人们对市场细分潜在消极影响的注意。

四、质量下滑了？

现在，我来谈谈有关文化产业扩张时期当代文化质量是下滑了还是上升了这一争论的各个方面。鉴于本书的兴趣点是文化产业整体，因此涉及权力、权威和民主问题是不可避免的。

1. 短暂注意力、冲击与文化权威：真人秀

文化产业所生产文本的繁荣真的是垃圾繁荣吗？大卫·哈维(Harvey, 1989)说道，文化越来越易变，朝生暮死，昙花一现。他将其解释为“时间—空间”被压缩的结果，而压缩现象的发生又是由资本家企业积聚利润的需求导致的。速度的增加显示在受众行为上。受众研究表明，由于人们对自己的日常生活越来越在意，文化消费者日益需要规模较小、可以携带的块状产品，并将其放在小格子里(Wolf, 1999: 38-40)。文本之间出现了跃迁趋势，不仅表现在CD选择者在频道冲浪或频道转换之间跃迁，还表现在各类供出售的媒介之间的转换。转换会带来乐趣，但是，这是否诚如许多文化评论家所言，对文化文本的质量产生了消极影响呢？ 393

文本的繁荣意味着，文化产业公司面临着寻找新方法的任务，以捕捉并维持受众关注度，这对人类的叙述和辩论体验具有潜在的消极影响。渴望上排行榜的制片人日益诉诸短期策略以维持受众关注度。这意味着，更大尺度的色情暴露可能向规矩守礼和清教主义发出挑战，在某些情况下，可能还鼓励人们去尝试不同形式的性行为和性认同。但是，在许多情况下，这也意味着，它只是一种无关痛痒的和乏味的“非色情”情色描写。一项又一项研究显示，这种冲击性的刺激也导致了更高层

次的电视暴力。至于这是否导致人们变得更加暴力却不得而知。

当然，繁荣不代表充足。为了在海量产品中为自己的产品营造一种特别的感觉，企业在宣传上的花费越来越多。达扬和卡茨（Dayan & Katz，1992）所提出的“媒介事件”（media event）这一概念，用来描述那些不值得报道但又被报道了的事件，这离不开“制造事件”的支持，即使这些事件本身远远不及主要体育赛事、加冕典礼、皇家婚礼以及皇家葬礼重要。电视剧《宋飞正传》（*Seinfeld*）的最后一集和1999年的电影《星战前传：魅影危机》（*Star Wars*：*The Phantom Menace*）的发布，就是文化产业公司大力宣传某一文本以营造受众特别关注氛围的两个成功例子。随着电视消费行为的变化，以及人们不再习惯于收看以七天为一周期的预定节目，电视商将精力投入到诸如《老大哥》（*Big Brother*）和《幸存者》（*Survivor*）等“事件电视”（event television）上以提高收视率。

其结果是人们没有预料到的，也是非常复杂的。例如，现场直播节目令人惊奇地复兴了，现场直播是早期电视节目的普遍特征，但是由于风险很高，所以随着20世纪60年代录像和电影变得廉价和容易操作，现场直播节目也开始让位于提前录制的节目。尼克·库卓（Couldry，2003：99）采取了文化研究中涂尔干式的非同一般的反思性批判视角，在他看来，这导致了对媒体（尤其是电视）状态的重新判断，即媒体可以享受“直通社会核心的特别优待”。

为了展现竞争性而制造事件——“饮水机电视”（water cooler television）目前是英国文化新闻中最被滥用的一个短语——是真人秀节目得以发展的原因之一。这一短语涉及很广的内容领域，但是近些年最常被用于两种相关的节目类型：

394 ● 游戏展示。向我们展示人们生活或个性的真实性，不论这个人是名人还是普通人。

● 真实展示。向我们展示普通人如何（普通人通常意味着劳动阶级，或者至少具有劳动阶级的背景）面对挑战或突发状况。

《老大哥》和《换妻》也许是两种类型的典型代表，至少在英国是这样。这类节目由于其偷窥心理而遭到严厉批评，但是我对这种批评并不感兴趣。这类节目中的某些内容由于品位较差而被拒播，但是大部分没有。实际上，它们也获得了大量的投资、策划和研究。这类节目所隐藏的政治性也需要我们严肃对待——这里让我们再次回到之前所讨论过的商业主义和娱乐政治学上。正如格雷姆·特纳（Turner，2010）所指出的，真人秀节目隐藏的政治性是很复杂的。它们展示了招致观众反感的行为方式，但同时也建议观众以“观看大众化娱乐表演的心态”（Turner，2010：51）来观看，因为这些节目最终会挑战权威。在一些意味深长的语境中，这种对权威的挑战是否等同于解放是另外一个问题，正如特纳所言。海伦·伍德和贝芙·斯凯奇（Wood & Skeggs，2008）选取了多种电视节目类型（尤其是化妆秀），并调查它们如何提供精彩的表演（这些表演归根结底还是与道德问题脱不了干系）。这些节目关注人们进行自我管理以自谋生路的重要性。更何况，在真人秀和化妆秀节目中，人们被置于这样一种情境——“他们只能失控，这使他们看起来完全毫无能力”（Wood &

Skeggs，2008：190）。类似地，阿妮塔·贝尔斯和希瑟·纳恩（Biressi & Nunn，2005：155）将工人阶层对真人秀节目和其他真人类节目的不同表现进行对比。他们发现，真人秀节目通常“极为保守”，关闭了进步潜能的大门。劳丽·韦莱和詹姆斯·海（Ouellette & Hay，2008）采用了法国历史学家福柯的观点，认为近期的一些社会变化解释了这些高度肯定自我管理和自我负责的电视节目繁荣的原因。以上评论反驳了精英阶层对真人秀和其他节目类型的驳斥。他们的著作表明，关于“质量”的浮夸争论会分散对文化和社会的争论。

这引发了关于文化生产权威对人们产生影响的更广义的问题。这里我并不打算跳入关于整体影响的复杂争论之中。但是我们有必要注意到，文化及相关产业的发展意味着文化生产不再像以前那样“独特”了。随着低成本媒体的繁荣，电视已经失去了其在20世纪60年代和70年代的文化权威。如果媒介对于观众对电视观点的表述有任何依据，20世纪初发生在英国等地（特别是日本）的关于“纪实肥皂剧”和脱口秀的争论，标志着对电视节目的怀疑和逐渐觉醒。这种对电视和其他媒介的光环的怀疑，是一种积极的进步。问题是，这种怀疑主义论调和对电视的潜在信任是同时存在的，正如库卓所强调的。 395

在一些人看来，创新发生在那种看上去强烈反对商业化的文化生产类型之中：替代性生产（alternative production）或者地下生产（underground production）。这里我们再次回顾一下“创意—商业”的二元对立，正如我已经表述过的，它有时候表现得很幼稚，但绝不足以成为质疑文化产业的运作方式的根基。

然而，文化生产的地下世界日益受到竞争与合作（co-optation）的影响。这些文本继而被介绍给另外的受众，这些受众经常被原初的受众看作“主流”。早期萌芽阶段发展起来的专业记者，通过报道地下行为获得了财富和信任，然后，他们或者以喜剧、科学幻想杂志、音乐类别的形式，或者以电影制作者举办活动的形式让这些地下行为获得更广泛的受众关注。地下运动作为一种远离商业亵渎的神圣政治领域仍未消失殆尽，也许还因为该领域的制度化进程得以加强了。地下运动者很少真正“反抗”那些支配文化产业的大公司，但是，他们经常对这些公司提出质疑。① 地下运动有助于维持文化产业中的独立因素，至少在企业集团把目光投到新领域之前是如此。

2. 质量比较：图书出版

繁荣和加速也导致了相互矛盾的结果。现在，让我们直面这一问题，即文本整体的质量是否下降了。许多人断言确实如此，然而，提供充分的证据却并不容易。拨开重重迷雾，要解决这个问题，首先要考察某一领域的文本质量是否恶化了。美国政治经济学家马克·克里斯宾·米勒（Miller，1997）关于集团化时期图书出版质量下滑的讨论有助于解决这一问题，他的论述罕见而勇敢。

---

① 布尔迪厄有关“限量生产”的著作在这里非常重要而且很有用（Bourdieu，1993；Hesmondhalgh，1998），但最终我发现，他关于小规模生产的研究方法太傲慢而且愤世嫉俗。

米勒认为，虽然在日益占支配地位的连锁店［美国的鲍德斯书店（Borders）、巴诺书店（Barnes & Noble）、英国的水石书店（Waterstones）］中，图书看似繁
396 荣，但是，图书出版却表现得很差。他将20世纪90年代中期的图书出版与前集团化时期进行了对比，那时的出版还不是“以利益为中心的产业，而是一种真正的职业热爱”（Miller，1997：113）。米勒说，对利益的关注导致了质量的严重下滑。他承认，普通的文学运作通常是“品质低下的”（Miller，1997：114），“重新读读那些看似属于‘黄金时代’的书，你会发现大部分都是垃圾”。继而，他对黄金时代进行了归纳总结，“不会再有黄金时代了——图书也变得更糟，各方面都很糟”。

那么，米勒究竟提供了哪些证据来证明质量的下滑呢？他讲述了三大出版公司［小布朗（Little Brown）、兰登书屋（Random House）、班坦图书（Bantam Books）］被集团接管之后质量标准下降的故事。这三大出版公司曾经出版伟大的小说和严肃评论，但现在却在销售米勒所反对的各种其他图书。这些图书包括有可能被电影制片厂拍成电影的小说（Miller，1997：108）、名人浪漫史（Miller，1997：111），以及其他集团发行的有关明星和娱乐产品的书（Miller，1997：108）。米勒似乎强烈反对有关厨艺、园艺和室内设计的书（Miller，1997：111）。他也声称，校对标准整体下降（开玩笑而已），许多图书没有索引和注释。贫乏的写作行为导致了许多图书编辑得很糟糕，论述也是又臭又长，他同时引用了《纽约时报书评》（*New York Times Book Review*）的评论来加以证明。

在对比集团化前后的两个时期时，米勒说，前一时期主要出版社的图书列表中没有“纽特·金里奇（Newt Gingrich）的书《重塑美国》（*To Renew America*）中那种半生不熟、病态且粗鲁的文风，也没有南希·弗莱迪（Nancy Friday）的书《美女的诱惑》（*The Power of Beauty*）中那种冗长、混乱和自我中心主义”（Miller，1997：116）。同时，约克公爵夫人（Duchess of York）的回忆录“空洞而且充满了自私自利”，而儿童图书除了“鼻屎、放屁或呕吐”之外，言之无物（Miller，1997：116）。

米勒似乎想提出两个观点：第一，图书整体质量在下降；第二，这与集团层面上过度看中利润和缺乏职业道德有关。第二个观点似乎应该排在第一个观点前面，因为首先是集团出版了坏书。米勒不厌其烦地对过度商业化进行道德谴责，同时痛斥低劣的审美标准。例如，他反对生活格调类的图书，因为这种书使得同一集团内部的个体出版商（如厨艺、园艺和室内设计杂志）之间可以相互配合、优势共享。他写道：

> 精明的出版商……无休止地出版着破烂儿；但是对他们来说，这是一个必不可少的罪恶——这就是昔日与今日的关键区别。作为图书爱好者和商业人士，他们生产大量“垃圾”，从而有经济实力购买他们所喜爱的“珍宝”（虽然珍宝也可能转手出售）。（Miller，1997：117）

397 米勒说，今天，“废话不是手段，而是目的”。不过，关于这一论点，他的主要论据是：那些以前培育优良作品的公司现在除了出版好作品还出版垃圾。因此，他

的论述底线是美学层面上的，即现在生产的文本比以前拙劣了。

问题在于，关于整体质量下滑的论点不可能得到证实。对两个时期进行全面比较也是不可能的：1950 年出版的全部图书，一个人一辈子也读不完；2000 年出版的全部图书，12 个强大的研究小组 30 年也读不完。任何统计学意义上的重要取样，其样本总体都太巨大，在现实层面难以把握。米勒因此可能被认为做的是文化批评的工作。然而，他至少没有否认，人们也许会发现，主要大型出版公司也会出版令人愉快、有用且漂亮的图书。他的论述也是建立在他自己对图书的特殊品位上的。

米勒的品位十分明显：他喜欢知识分子写的文学小说，以及严肃的政治和文化评论。他关于图书质量下降（与“商业胜过创意”相对）的论述最终依赖于他的一个观点，即知识分子写的文学小说和其他严肃著作，例如政治评论，在图书出版产业中严重供应不足。但是，关于这一论点的论据，他只是简单地列举了三家以前出版专业图书、现在更多出版商业图书的大公司。

我很肯定，米勒的焦虑不仅在于他的品位是否能够得到满足。他担心的是，市场上最有权力的公司正在怂恿他人阅读次等书。这是一种观点上站得住脚的担心。问题在于，他不能运用主要来自于他个人品位的简短说明，以及三大公司从独立走向集团成员的变化等证据，来证明这种现象正在发生。他暗示道，出版集团内部对已出版图书的质量关注不足，但是，他除了说明公司图书的排版错误比以前更多以外，仅能通过提及以下事实加以证明，即他和一小部分评论家发现，这些书在很多方面表现出浮夸、肤浅，没有实质内容。

我谨慎阅读米勒的分析，以便厘清与文化产业美学质量批判相关的诸多问题。仔细阅读他的这篇文章，不仅因为他写得很糟糕，而且我怀疑，米勒这么做就是想引起争论。但是，这篇文章也表明了政治经济学领域许多作品所共有的典型问题：论述总是建立在假设之上，以至于读者只能被迫接受作者的审美品位。当然，考察品位差异的问题并不总是行之有效。不过，米勒所用研究方法的缺陷表明，对于那些论述不充分的研究成果，我们要谨慎对待。

3. 质量、独立性与利基市场：美国电影 398

让我们通过讨论另一个重要的文化产业——电影——来进一步讨论质量问题。话说在前面，我不是说我们应该为文化产业所生产的产品质量而沾沾自喜，也不是说过度关注质量会掩盖其他重要的问题。过去 30 年，美国独立电影提供了关于文化产业和由此产生的文本之间的颇为有用的个案研究。

许多评论家感到，自 20 世纪 70 年代以来，随着特效电影的兴起（Biskind，1998），美国主流电影的质量标准有所下滑。另一方面，许多年轻的城市影迷可能会指出，20 世纪 80 年代和 90 年代，美国电影制作尤其是美国独立电影极为丰富。

特别是在电影和流行音乐领域，经常会让人感到制度上的“独立”（正如我们所见，这一术语由于定义问题而有所混淆）有助于培育更好的电影。流行音乐也对此做出了回应（见本书第五章）。独立电影在 20 世纪 90 年代被大量报道，诸如《落水狗》（*Reservoir Dogs*，1992）等受到顶礼膜拜和赞美，《低俗小说》（*Pulp*

Fiction，1994）和《女巫布莱尔》（*The Blair Witch Project*，1999）也是票房热门。独立电影制作空前繁荣：1999 年，1 716 部独立电影参映圣丹斯电影节（Sundance Film Festival）——该电影节是全世界首屈一指的独立电影盛会。

有强烈趋势表明，观众和电影批评家将独立和审美冒险相结合。用美国独立电影史的话来讲就是，独立电影被视为“特立独行的电影”（Merritt，2000）。正如以马利·列维（Emmanuel Levy，1999：21）所言，独立电影制片人“创造了不同类型的另类电影，用想象力挑战着被保守的主流压抑和忽视的（电影产业）现状”。

在 20 世纪 60 年代，好莱坞电影制片厂遭遇了观众和利润双双下滑的危机。但是在 1967 年，电影《邦妮和克莱德》[*Bonnie and Clyde*，导演亚瑟·佩恩（Arthur Penn)] 在全世界年轻观众中的巨大成功使好莱坞相信，针对年轻观众的创新电影，而不是他们自 20 世纪 50 年代以来就极度依赖的大预算豪华家庭影片，可能是他们的救星，这一趋势随着电影《逍遥骑士》[*Easy Rider*，1969，导演彼得·方达（Peter Fonda)] 的意外成功而得以加强。好莱坞进入了一个新时期，通过与独立制片人的一揽子交易，年轻导演、制片人和剧作家在电影系统内部获得了较大的创作自主权。但是，随着《大白鲨》[*Jaws*，1975，导演史蒂芬·斯皮尔伯格] 和《星球大战》 [*Star Wars*，1977，导演乔治·卢卡斯（George Lucas)] 的成功——这两部影片都是新兴年轻导演用以复兴好莱坞的电影——电影制片厂又重新回到旨在促进青少年电影市场萌发的大预算特效电影上来。到了 20 世纪 70 年代末 80 年代初，针对老观众的电影越来越少。不过，随着 80 年代中期电影《蓝丝绒》[*Blue Velvet*，1987，导演大卫·林奇（David lynch)] 和《稳操胜券》[*She's Gotta Have It*，1986，导演斯派克·李（Spike Lee)] 的成功，情况又发生了改变。《性、谎言与录像带》[*Sex，Lies and Videotape*，1989，导演史蒂芬·索德伯格（Steven
399 Soderbergh)] 经常被视为一个重要的转型，因为该影片打破了独立电影和艺术电影的二分天下，带来了多元化浪潮。这表现为该片的低投入与高回报：产品成本 100 万美元，利润 2 500 万美元。很明显，处理私人关系的令人心动的低成本电影，以及吸引老观众的电影，都能够挣到大钱。随着电影《此情可问天》（*Howard's End*）、《哭泣游戏》（*The Crying Game*）、《玩家》（*The Player*）和《鲍勃·罗伯特》（*Bob Robert*）等得到满堂彩和可观的经济效益，列维将 1992 年描述为独立电影的“奇迹年”。1994 年，新潮的虚无主义电影《低俗小说》打入青少年市场，并被拉入惊悚电影和病态喜剧之列。

列维概括了多项促进新美国独立电影作为一种另类电影系统而兴起的条件。

- 年轻电影制作人自我表达的需要，他们需要表现私人视角，而非主要依据好莱坞类型片的传统来运作。
- 好莱坞日趋倾向于制作大预算电影，个人电影市场的空白等待独立电影来填补。
- 独立电影获得资本和经济支持的机会日益增加：国际化是其中原因之一，因为国际化意味着可以利用国外资本；另一个原因是电视频道繁荣导致了视觉素材的需求大大增加。

- “观众支持”，即年长的、受过高等教育的观众正在寻找“更为成熟理性的主题”。
- 外语片和欧洲艺术电影的衰落。
- 美国电影学院的繁荣，导致“大量野心勃勃的电影制作人渴望抓住”制作独立电影的新机遇。
- 圣丹斯电影节——列维眼中的全世界第二重要的电影节——为独立电影提供了重要的展示机会；此外，还有许多其他电影节和电影组织，例如，独立故事片项目（Independent Feature Project）以及支持独立电影制作的布莱克电影制作人基金会（Black Film-makers Foundation）等。
- 独立电影的商业成功，及其在奥斯卡金像奖上的不断胜利。

考察观众对独立电影的支持问题，需要我们更深层次地探讨质量问题。列维在没有引用任何文献的基础上，列举了独立电影的“典型观众”：

- 在校大学生和大学毕业生；
- 单身人士和无子女夫妻（丁克家庭）；
- 寻求刺激性娱乐的有鉴赏能力的观众；
- 对新电影和新导演充分关注的、敏感而见多识广的观众；
- 常看电影的人（每月至少去一次电影院）。

以上这些人基本上都可以归入到城市中受教育程度较高且相对富裕的观众之 *400*
列。无疑，列维认为，独立电影比电影公司拍的电影更好。在他看来，好莱坞电影公司每年都依靠拍摄少量引起巨大关注的电影来拯救自己（Levy，1999：500）。对列维来说，1998 年是好莱坞异乎寻常的好年份，因为它制作了五部“伟大或几近伟大的电影”：《拯救大兵瑞恩》（*Saving Private Ryan*）、《楚门的世界》（*The Truman Show*）、《吹牛顾客》（*Bulworth*）、《单挑》（*He Got Game*）、《都是爱情惹的祸》（*Rushmore*）。列维并未停止对“伟大”进行界定，但是，毫无疑问，他赞同高收入、受过高等教育的观众的独立电影品位。因而，对独立电影作品的赞扬实际上只是赞扬那些符合其他受过高等教育之人品位的电影，这种赞扬是危险的。因为这些人的品位会随着时间的流逝而改变。近年来，这些观众日趋喜欢有思想的、感性的、有关人事关系的电影，或者新潮的、充满活力的讽刺电影，以及充满流行文化和精英文化符码参照资讯的电影。这反映出这类观众对文化的包容性。

认为高质量的独立电影仅仅代表了某类富有的城市精英的特定市场，也许是过于愤世嫉俗了。认为此种电影品位仅仅是富有且受教育程度高的观众的专利，却不免过于悲观。人们能够享受的各种不同的文化体验，比社会学家和市场研究人员眼中的多得多。在电影产业可能存在一个假设：某些观众对某类产品不感兴趣。第七章所讨论的有关市场调研的可信度问题会强化这一倾向。

★★★

在本章，我试图对 20 世纪 80 年代以来文化产业所生产文本的变迁做出评估。但是，我的讨论不断回到一些难点上来，对我所讨论的问题进行历史衡量和评价也非常困难。多元化是一个难以捉摸的概念。学者们确定有同质化趋势，却拿不出证据。对质量进行足够的纵向比较也是不可能的。萦绕在品位周围的社会问题久久不离文本评价：自称具有创新性和冒险性的文本可能仅仅是针对知识分子的特定市场而言的。很明显，我自己的分析比较关注文本在宣扬或抑制社会公正上所扮演的角色。我确信，商业化是 20 世纪 80 年代以来文本发展的重要方面（虽然商业化的宽度和广度还不足以表明我们已经进入了文本生产的新时代）。但是，对社会公正问题的关注，却将人们在文本中寻找的体验——各种形式的审美娱乐——边缘化了。某些人的解决方法是将审美体验简化为有关独立电影姿态的道德问题；但是，这根本不可行。也许在二者之间建立桥梁，并且认可二者之间具有细小的、间接的、矛盾的联系，才是解决办法。但是在本书中，我所得出的一个主要结论是，社会学意义上的美学反思尚处于襁褓之中；而大众文化批判周围也萦绕着许多采取美学视
401 角的政治经济学著作。从这一方面来讲，我感到本章似乎有点虎头蛇尾。文化产业之所以重要的原因之一，就在于它制造文本。历史语境中的文本批判如此之难，以至于我似乎想要完全放弃文本分析。但我并不提倡这么做。虽然内容分析仍然是媒介和流行文化分析领域中最难啃的骨头。但这并不意味着该项任务就应被抛弃。文化产业学者和研究者需要与愉悦、阐释和意义交战。

拓展阅读

关于娱乐业的产业/制度变迁与文本变迁之间的联系，参看乔斯坦·格利普思若（Jostein Gripsrud）的《豪门恩怨年代》（*The Dynasty Year*，1995），杰森·汤因比（Jason Tonybee）的《制造流行音乐》（*Making Popular Music*，2000），以及乔治娜·博恩（Georgina Born）关于 BBC 的书《不确定的视野》（*Uncertain Vision*，2005）。关于新闻多样性和新闻质量的问题，参看丹尼尔·哈林（Daniel Hallin）的《我们把美国放在世界顶端》（*We Keep America On Top of the World*，1994），詹姆斯·卡伦（James Curran）的《媒介与民主》（*Media and Democracy*，2011），迈克尔·舒德森（Michael Schudson）的《为什么民主需要不可爱的新闻》（*Why Democracies Need an Unlovable Press*，2008）和《新闻社会学》（*The Sociology of News*，2012，第二版），W. 兰斯·班尼特（W. Lance Bennett）的《新闻：政治的幻象》（*News: the Politics of Illusion*，2012，第七版），麦克切斯尼和尼古拉斯（McChesney & Nichols）的《美国新闻业的死亡与生命》（*The Death and Life of American Journalism*，2010）。娜塔莉·芬顿（Natalie Fenton）的《新媒体、旧新闻》（*New Media, Old News*，2010）提供的一些分析表明，与互联网有关的发展可能实际上制约了好的新闻的发展。关于图书出版的比较中立的分析，参看约翰·B·汤姆森（John B. Thompson）的《文化商人》（*Merchants of Culture*，2010）。与商业化有关的一部杰出论文集是《广告与消费文化读者》（*The Advertising and Consumer Culture Reader*，2009），由约瑟夫·图罗（Joseph Turow）和马修·迈克阿里斯特（Matthew P. McAllister）主编。格雷姆·特纳（Graeme Turner）的《普通人与媒介》（*Ordinary People and the Media*，2010）富有卓见地讨论了关于当代流行文化（包括名人文化、电视真人秀节目和新闻）在各个方面所表现出来的“平凡性”的争论。

在线阅读

以下所列线上资料都能够免费获得，地址是 http：//www.sagepub.co.uk/hesmondhalgh。只需点击“Sample Materials”标签即可找到每篇文章的链接。

贾拉米罗（Jaramillo，2002）论述了“优质电视”（quality television）的生产环境。萨哈（Saha，2012）饶有趣味地探讨了生产过程和文本表现之间的关系。

- Jaramillo，Deborah L.（2002），“The Family Racket：AOL Time Warnet，HBO，the Sopranos，and the Construction of a Quality Brand，” *Journal of Communication Inquiry*，26（1）：59－75.
- Saha，Anamik（2012），“Beards，Scarves，Halal Meat，Terrorists，Forced Marriage：Television Industries and the Production of race，” *Media*，*Culture & Society*，34（4）：424－438.

402 # 结 论 文化生产的新时期

本书有三个目的：衡量、评估并解释20世纪80年代以来文化产业的变迁。

一、变迁的程度

我对变迁的研究超越了大多数文化产业研究中难以跳出的历史时间框架。我借用了雷蒙德·威廉斯对不同历史时期文化生产中不断变化的社会关系的研究，以便将近期的变迁纳入漫长的历史环境中去。

威廉斯描述了以资助为基础的社会关系是如何在19世纪让位于他所谓的“专业市场体系”，以及后者又是如何在20世纪反过来让位于“专业公司”的市场关系的。我将威廉斯的术语“专业公司”修改为“复合型专业化”，并用这一术语描述文化生产和消费的整体形态。文化生产和消费在20世纪初期就已出现了，然而在20世纪50年代之前却完全被隐藏。

这种状况集中在主要创意人员（符号创作者）、其他工作人员和雇主之间的特殊关系上，其一个重要特征就是对创意投入的从宽控制与对复制及发行环节从严控制的结合。正如我在第二章所描述的，复合型专业化时代也有一些关键特征：

403 ● 在劳动力市场，某些创作人员收益颇丰而大部分人失业或报酬过低；
● 大型公司尤其是纵向一体化公司日益出现；
● 美国文化产业主导了国际化趋势；
● 技术、消费和政策相互联结。

本书的余下部分主要评估产生于20世纪中期的文化生产特性在20世纪80年代和90年代以及21世纪第一个10年是否依然明显，其程度如何。这使我们进一步直面以下问题：20世纪80年代以来是否是一个与复合型专业化时代不同的文化生产新时期，就像复合型专业化时代脱胎于专业市场时期一样？

第四章和第五章评估了政府传播政策的变化。世界各国政府的市场化政策都在很大程度上发生了改变：以营利为基础的文化商品及服务的生产和交换，是在文本生产和消费中获得效率和公平的最佳途径。为政府高度干预文化产业进行辩护的各种理论依据受到了包括文化产业公司在内的许多团体的系统性攻击。结果导致：

- 公共电信机构和某些公共电视网的私有化；
- 电视系统向其他地面电视和商业电视服务商以及有线电视和卫星电视公司开放；
- 不同产业之间的监管壁垒得以拆除；
- 有关内容、媒介所有权和津贴的法律和法规也发生了显著的变化。

在欧洲，公共电视网受到重创，但一些国家在抵制这些冲击时却获得了奇迹般的成功。在许多国家，威权式政府让位于贯彻新自由主义经济政策的“民主”政府。

到 20 世纪 90 年代，许多重要的国际政体都追求新自由主义。尤其重要的是版权范畴的扩大和版权时间的延长，包括所有权的国际影响力越来越大。同样重要的还有文化政策的变化，以民主化的名义，文化政策与政府刺激文化产业投资的努力紧密相连。所有这些促成了政策环境的巨大转型；这其中有许多变化对于驱动文化产业剧变与重组极其重要。

这是否代表了一个全新的政策时代？在发达工业国家，向来稳定的政策体制 404
（许多政策起源于国内）所关注的重点发生了变化——调和市民/选民的利益与占优势地位的商业利益之间的紧张关系。然而，新自由主义潮流涌动，并被如此多的国家采纳，折射出 20 世纪末的全球互联趋势。其他地方所受的影响可能更显著。例如，印度等国家正在经历从国家保护主义向全球化的转变，从互不相连的国家文化经济体制，参与到全球文化贸易系统中来。这是更广义的政治经济学和社会文化学上的转变，也许还能被视为这些特殊的国家社会历史新阶段的开始。这反过来有助于发达工业国家发生划时代的变化。但是，我们还未生活在文化生产的“全球专业化”时代。民族政府仍然是文化产业活动的主要舞台。

政策变化有助于创造视文化产业为有益投资的商业环境。第六章展示了大型文化产业公司的扩张，其增长似乎在 20 世纪 90 年代末的泡沫繁荣中达到了顶峰。这些文化产业公司在国际上赢得了空前的机会和利益。集团化帮助公司成长，但其并非文化产业中的新事物；集团化其实是复合型专业化时代的特征。正如我们在第六章看到的，集团化和反集团化是共存的。集团化战略随着时间而变化，我们必须警惕那种将任何战略（例如硬件/软件的整合）都视为未来战略的分析方法。纵向一体化也助力了大型公司的成长；但从 20 世纪 80 年代开始到 21 世纪初的纵向一体化，与早期发生的纵向一体化并无本质的不同。确实，某些产业出现了反一体化（disintegration）趋势，这不仅是因为监管者采取了行动，也因为一些公司发现，反一体化更有利可图。有人将集团公司的一体化和反一体化视为划时代转变的标志，对于这种观点，我们应该秉持怀疑态度。各种商业流行元素和商业战略你方唱罢我登场，如同潮来潮去。同时，小公司在文化产业中继续扮演着非常重要的角色。小公司的繁荣也正印证了20世纪中期流行起来的扩张战略。但一个关键变化是，大公司和小公司都日益独立，相互缠绕在复杂的执照、资金和分销网络中。

所有这些都是在当代经济体中文化产业重要性日益增加的标志。但是，这种增长并非评论家们所声称的那样（尤其是那些在信息社会语境下特别赏识文化产业的
405 评论家）。我们在第六章已经看到，文化产业公司没有一家能够在利润规模上剑指全球最大的公司。文化产业企业的增长，只是某一进程的延展，这一进程早在20世纪初就已经发生，并不足以证明文化产业已经成为或即将成为新的全球商业核心。构成这些变迁和延续基础的，一直以来都是文化商品化漫长进程的缓和加速与延伸。商品化是一种非常重要的方法，可以帮助我们理解稍后将要考察的积极变迁和消极变迁。

第七章继续考察20世纪80年代到21世纪初文化产业中的特殊组织形式，以及文化工作者的环境和状况。考虑到我对文化生产社会关系的强调，这是评估变迁的关键领域。纵观整个文化产业，符号创作者继续实践着程度相对较高的操作自主权，而当文本进入发行领域时，他们的权力就变得非常微弱。虽然一些记者的自主权受到了攻击，但它在新闻体制中依然非常重要。某些文化产业表面上表现出对创意工作的从宽控制，然而我已经论证过，这一流行趋势实际上是朝其相反方向发展的，即从严控制（虽然相对其他产业来说相对较宽松）。这表明，市场和市场调研在文化生产的创意阶段日益重要。但仍然有一种混合趋势，即某些产业的某些部门允许创作者拥有比以前更大的创意自主权（例如广告），另一些则倾向于更严格、更官僚的控制形式（如剧场美术），还有一些趋势表现出高度矛盾性。

文化产业国际化及其文本并非新事物，但是，这一过程于20世纪80年代在和90年代在很大程度上得以加速发展。复合型专业化时代经历了复杂的文化混杂现象，地缘文化在全世界得以发展，美国通常占据主宰地位但并不稳定，地方或区域性文化产品经常与美国产品一样流行——如果不是风头更劲的话。正如我在第八章所述，20世纪90年代和21世纪初，文化产业继续重新洗牌。我对以电视运作为基础的拉丁美洲文化产业公司进行了评估，同时考察了跨国传输（包括旅外侨民电视）的迅速成长。这两者都是重要且有意思的发展，但是远没有威胁到主要位于北美、欧洲和亚洲的跨国公司的主宰地位。跨国电视公司的权力结构仍然毫发无伤。我展示了20世纪80年代和90年代好莱坞电影的更深层主宰地位，但也考察了在20世纪80年代获得相当大的成功的中国香港、印度电影。虽然这些电影代表了与
406 好莱坞体制决然不同的模式，但此种国产电影在全球视听市场中并非新现象。我们不应该将香港电影的衰落看作是好莱坞主宰地位提高的象征，因为后者的垄断呈现周期性上升和回落。最后，虽然有人反对，但诸如世界音乐和欧洲流行乐等新类型，还是很难扰乱自第二次世界大战就已流行起来的音乐作品的地域发行秩序。文化产品的国际发行模式总是比“核心/外围”模型更为复杂，后者受到了辛克莱等人（Sinclair，Jacka & Cunningham，1996）的质疑。然而，全球市场、国际声望及影响力的进入渠道却存在着极大的不平等。这种不平等至今依然存在。

与数字化相关的变迁是否足以让我们言称，一个新的文化生产数字时代已经来临？关于我对这一问题的考虑详见本书第九章。所有时代都有创新，但也许20世

纪最后 30 年的创新密集程度比以往任何时期都要大。这当然不可能与从文化领域获取利润的机会增加了没有一点关系。不论情况是否如此，生产关系、商业战略以及生产和消费之间的不均衡关系，复合型专业化时代的所有特征都完好无损地保留下来了。一个重要的变化是，IT 公司正在与文化产业公司争夺发行控制权，而发行控制权正是文化权力的核心。我们从谷歌对搜索引擎的主宰地位上就能显而易见地证明这一点。

第九章追溯了数字化和互联网对文化产业诸方面的影响。唱片业走过了危机时期，作为不愿意或不能够适应变革的文化产业部门而趋于稳定下来。音乐零售业（music retailing）的本质属性发生了转变，苹果和亚马逊等 IT 公司成为了主要的玩家。一小部分公司仍然主宰着唱片业，但是寻找人才和版权控制仍然是核心。IT 公司进军文化产业，正如当初文化产业公司与相邻产业公司（如消费电子公司）携手联盟又相互竞争一样。数字电视改变了人们对电视的体验，也在一定程度上对公共电视网造成了冲击。电视仍然是占主宰地位的文化形式。数字化有助于创造廉价内容以满足大众需求。密集化的竞争加速了商业化进程。在一些国家，特别是美国，数字化引发了印刷报纸的终结和新闻业的危机。有些书向我们展示，“印刷已死”的预言慢慢地成为现实，又或者根本就没有实现。最后，游戏产业的崛起表明，新的文化产业仍然遵循了曾经主宰旧有形式的原则和动力。

由于数字电视的表现高度差异化，其影响也应该是高度差异化的；实际上，将“数字媒介”作为一种文化类别根本毫无意义。数字化设备依从设计者的要求而运作，并依赖于许多其他因素，除了在市场上被宣称有效且方便之外，其“0-1”本质在技术应用方面几乎没有发言权。这表明“数字时代”（digital era）或“数字化 407
生存”（being digital）等术语（Negroponte，1995）是冒着技术简化论的危险的。但即使承认这些不同技术只是一个更大的系统性变迁的一部分，这些变迁也还不足以支撑以下观点，即我们已经进入到一个远离复合型专业化时代的生产新时代——数字时代。

我衡量变迁所得出的全部结论是，充足的延续因素打破了“我们已经进入文化生产新时代”的假设。相反，我们应该将 20 世纪 80 年代以来视为复合型专业化时代的一个新阶段，其显著特征是，文化产业在经济中更具竞争力且趋向于集中，但是近来受到了来自电信和 IT 产业的巨大压力。20 世纪中期就已建立起来的文化产业的根本特征仍然存在。

某些学者，尤其是拉什和尤里（Lash & Urry，1994）认为，其他产业与文化产业日益相似，因为所有产业都开始强调审美、设计、信息、策划和知识。其他学者，例如帕蒂奥劳（Padioleau，1987）则认为，文化产业正日益“标准化”，变得越来越缺少特色，这一点更像其他产业。实际上，在整个复合型专业化时代，在形式差异化与对其他产业战略的模仿之间一直存在着紧张关系。导论中所提出的问题和解决方法依然是文化产业的驱动因素（见专栏 0—2）。但是，认为文化产业正在构成发达工业经济新核心的观点是不成熟的，这可以从第六章关于文化产业公司相对规模与其他大型公司规模的对比数字中得到证明。但也许存在着一种以文化、信息和符号为基础的经济转向。不过，至今还没有一个人真正生活在“知识经济”或

“信息时代”中。

二、评估变迁与延续

第二章（见表 2—1）提出的一些主要问题引导我对文化产业的变迁进行评价。最大公司的持续和加速成长是一个不容置疑的事实，其日益增长的范围和力量（通过巩固、各种类型的集团化以及纵向一体化或签约公司之间的合作等方式，见第六章）也产生了重要影响。

这些公司拥有追求利益的资源和专长，并以此来挑战无处不在的商业风险。其
408 最主要的利益就是追求利润。为了这一目标，公司将与通常意义上的竞争对手组成团队进行合作，旨在成为其所在产业的共同领跑者。他们的逐利本性经常有害于民众利益，即使他们为消费者意义上的我们提供了更多选择和休闲时间控制权。作为商人，他们倾向于维持政治和经济的平衡，经常反对促进社会公正的努力。他们提供了一种通常来说是消极的文化商业运行模型。他们是否对文本感兴趣，这还是个问题，但是，从他们的政府说客身份和商业战略中无疑能够看出他们对利润的向往。

第七章认为，虽然集中化和集团化的路途并不平坦（参见第六章），文化产业公司对创意工作的控制仍然相对宽松，市场营销人员的重要性和地位日益突出，尤其是在创意构思阶段，这对创意自主权有潜在的破坏作用。在很多环境下，新闻自主权也受到媒介所有者商业指令的威胁，但仍然坚守着职业道德，反抗执行官们的要求。第七章还认为，创作人员的回报和工作条件未见起色——有证据显示还有恶化趋势。大部分符号创作者仍旧待遇较低或就业率低，而超级明星的薪酬之高令人瞠目。文化生产的新加入者更加意识到其所面临的危险，契约及合同的改进也较明显。

第八章考察国际化，我发现，文化生产“核心”领域之外的生产者进入发行网络的机会非常之少。地域上的集中趋势依然明显，虽然这一趋势并不像某些学者极力让我们相信的“文化帝国主义”那么严重。

第九章和第十章展示了数字化和互联网向特定文化产业公司发起的重大挑战，但还没有严重威胁到公司内部的权力观念。但是，它创造出基于互联网和计算机技术的新一代 IT 巨人（著名的有微软、谷歌、苹果、亚马逊以及稍次一些的雅虎），这些公司会与文化产业公司竞争，有时候还会联合起来与文化产业公司竞争。数字乐观主义者认为，数字化和互联网很大程度上加强了文化生产对文化、社会和民主的贡献力度，但第九章提出了反对意见，并总结了数字化和互联网存在的一些问题：进入壁垒、技术和活动的不平等；发行控制和注意力的集中；商业化、监控和无偿工作。第九章同时讨论了互联网对文化和传播的一些积极贡献，这些内容在第十章也有所涉及。

409 我对文本变迁的分析，凸显出那些草率地对文本变迁持乐观或悲观态度的观点

的问题。第十一章一开始便关注 20 世纪 80 年代以来文化生产的一个显著特色：文本的巨量繁殖。但是，多元化增强了吗？自由多元主义传播研究试图对其进行客观衡量。同样，文化评论经常陷入有关同质化的并不重要的假设泥潭中去。多元化仍然是一个难以定义的复杂概念。

文本商业化的变迁却明显得多。广告和宣传材料激增，我认为已经达到了损害社会的程度。广告讯息怂恿人们相信，只有购买物品和体验服务，才是获得幸福的首要方法。当然，我们所购买的物品和服务能够在许多方面改善我们的生活。但是，此种商业讯息鼓动我们为获得这些物品和服务而积累财富与金钱，而这导致了压力、悲伤、孤独、污染和冲突。隐藏的宣传讯息将符号创作贬低为积累财富和金钱的需要。但是有了这些，我们还是不能说文本变得越来越满足于权贵的利益需求。顺从、保守、自满，与怀疑主义、愤怒和乌托邦共存。流行文化仍旧纠缠于矛盾之中。虽然有些人看到了新闻标准的下滑，但随着某些严肃新闻类型的自负感被平庸和追求私人情感的努力取代，该领域仍然充满着正反两方面的矛盾。

同时，受众跨文化体验的加速趋势意味着，符号创作者不能再依赖于既有的受众吸引模式（如果他们确实曾经吸引了受众的话）。但是，此种不稳定性也鼓励了对媒介权威的怀疑。对整个文化产业的产品质量进行历史纵向比较如此之难，以至于此种做法毫无意义。关于文本转型的简单故事随处可见，但却禁不住推敲。

综上所述，任何对文化产业的评估都必须顾及米亚基所说的作为资本主义文化生产特征的复杂性、矛盾性和争议性（见导论）。大型公司的成长非常重要，但是其工作方式却比某些政治经济学者的哀叹更为微妙、更为复杂。我作出此种论述，并非承认我赞成公司资本主义。相反，这是对“从文化中制造资本”这一非常真实且复杂的状况进行清醒分析的结果。正如引用雷蒙德·威廉斯历史社会学理论来支持自己分析的汤因比（Toynbee 2000：2）所指出的，大部分“文化属于资本主义，但其内部有种与资本主义相悖的因素”。一个关键问题是，第六章所描述的文化产业商品化的稳定趋势，是否对文化自主权产生了威胁。本书认为这些威胁包括：文化作品权利归属的排外性增强并对人们的文化体验产生了影响，市场研究和收视率威胁着创意自主权（见第七章）。 *410*

三、解释变迁与延续

如果符号创作者的“根本非理性”行为与“现代资本主义的计算、积累逻辑相冲突”（Ryan，1992：104），那么，这将非常有助于解释我们在本书中所看到的众多纠缠不清且矛盾的问题。对我来说，思考这一冲突的最好方式是通过我在第二章和第六章讨论文化商品化时所提出的问题，以及在理解文化实践中创意和商业之间关系时我所强调的重点。随着资本主义的发展，人们认为艺术领域应该免受商业规则之害。这一原则同样适用于特定种类的信息和知识。但这种保护是不全面的——商品化和文化杂糅、交织在一起。随着从文化中攫取利润的机会越来越多，文化坚守的底线也不得不一步步后撤。

文化产业公司追逐利润并运用循环战略来实现这一目的。但是，文化产业的内部动力绝不足以解释发生在其中的变迁和延续。第三章概括了用以理解变迁的主要外部环境。为了避免简化论的错误，我概括了四种驱动变迁与延续的因素类型：

- 政治经济的变迁，作为对经济大衰退的新自由主义的响应；
- 商业战略的变迁，表现为投资向服务产业、国际化和组织创新的转变；
- 社会文化的变迁；
- 以及技术的变迁，特别是计算机和各类消费类电子设备的发展。

也许很明显，我对最后一个因素——技术——的特权角色表示怀疑。虽然技术非常重要且具有真实的影响，但是，技术简化论仍是现存研究环境中所存在的切实危险。我希望我已经向大家说明，有许多原因使得我们必须避免技术简化论；相反，我只是展示了其中最重要的几个原因是多么复杂难缠。如果文化产业公司的行为比其他权贵更有特权，这是因为我相信，文化产业公司的动机确实对文化、经济和政治的进步具有很大影响。而且，这毕竟是一本关于文化产业的书。

411 四、对未来研究的启示

本书强调，**将文化产业视为文本生产商非常重要**。文化产业是与社会意义的生产关系最为直接的产业，因为他们制造并发行旨在提供信息和/或娱乐的文本和作品。这是理解身兼特殊角色的文化产业与经济、政治、社会和文化力量之间关系的纽带。文化产业研究把对文本的考虑纳入其中；文本研究也不得不对文化产业进行严肃分析。最具批判性的政治经济学的研究方法和社会学的研究方法都认识到了意义的重要性，但是，只有极少数学者认识到文本意义与文化生产之间的确切关系。很多学者对此都有贡献（Born，2005；Gitlin，1983；Gripsrud，1995；Toynbee，2000)。通过将文本变迁纳入我对文化产业变迁与延续的评估与解释中来，我希望在媒介、流行文化和大众传播研究中重新强调集中性，以及符号工艺与公司财务和生产组织之间的关系。

我所使用的多元化、质量和逐利等概念，代表了一种思考文本的方式，即将焦点定位于文本在当代社会人们日常生活中发挥的功能。通过仔细思考人们赋予文本的评价标准，我们能够克服腐蚀各类文化批评的概括性倾向。很明显，我没有时间评价文化生产组织为什么会愚昧地将高尚的分析师解职。同样，我也不认为文化产业在当今世界扮演着一个完全进步的角色。毫无疑问，有人对流行文化的赞扬过于自负。在我们周围存在着大量毫无想象力、毫无信息性、非常乏味的文本，我们必须质疑、探察，甚至加以训斥。换句话说，重述我在本书较前部分所借用的伯纳德·米亚基（Bernard Miège）的公式，我们需要认识到文化的复杂性、矛盾性和争议性（但是，米亚基对文本并不感兴趣）。我所呼吁的是**一种虚心且无偏见的态**

度，人们可以从文本中得到各种类型的用途和愉悦感。至于虚心且无偏见这个短语，我仅仅指的是一种态度，即不能预先判断或假设文本在社会中扮演着消极角色。对“人们如何以及为什么评价文本”进行受众研究，是由此处我所采取的方法延伸出来的一个绝对重要的推论。当然，我没有多余的空间赘述此种受众分析：研究 20 世纪 50 年的文化生产本身就是一项浩大工程。

媒介和流行文化的激进主义研究的主要成就之一就是，其在考虑与文化生产有关的权力和社会公正问题上，同样有效地论述了道德问题的重要性。我试图通过强调当代文化的纵向信息分析来建立这一论点。任何青睐历史研究的人都会对这些原 412
因表示赞同。良好的历史分析能够帮助我们打破对现状及不远未来的或然性假设，有助于把我们自己的状况带入到研究视角之中，还能帮助我们理解事物为何会以此种形式出现，以及如何能够变得更好。通过运用威廉斯的历史的文化社会学理论，我试图用长远视角来处理文化产业的近期问题。

媒介和文化研究通常采取一种肤浅的态度对待历史。除了少数个例，大部分电影研究和电视研究均如此。实际上，本书便是建构在变迁与延续的历史相关问题之上的。这是因为，“事物真实的变化到底达到什么程度”等问题随时会随着时间而突然出现，并重现于我的教学经验，以及我与朋友（也有陌生人）对文化产业的一般讨论之中。21 世纪初有关数字化和互联网的讨论是对这些讨论的延续（见本书导论）。

许多人为了使自己引起他人的注意而有意夸大变迁的程度，毫无疑问，这正好有助于我们将社会变革和文化变革提上议程。在我看来，学术著作的有用功能之一似乎就是仔细审查这种夸张观点。在那些非常注重共时性研究方法（synchronic research methods）的学科中，例如人类学研究方法和访谈，变迁问题更能激发历史性思考。最后，在我看来，学术作家另一个有价值的任务似乎是解释为什么他们认为事物会按其既有轨道发生，因此，本书非常强调“解释”。

本研究的最重要方面（我借用了文化产业的方法，但是在某种程度上借用了实证的文化社会学研究方法），是**聚焦于符号创作者**。我在第一章和第二章对“文化产业研究理论极度不重视文化工作者”的研究风气做出了评论。我的第一个关注焦点是符号创作者，原因我在第七章已经解释过了：因为我特别强调要思考文化产业创造基于信息、知识和意义的产品的能力，从而对社会的其他方面产生重要的影响。我希望我对文化工作者的大量关注，能够激励媒介所有者与代表被压榨员工利益的组织进行合作，并且在大学研究者的目标和非大学行动者的目标之间搭起一座座桥梁。

20 世纪 90 年代，在一些研究者、教师和学生看来，文化生产研究等同于对大公司的枯燥的研究。自从本书第一版于 2002 年出版以来，关于文化生产和文化劳动者的研究蓬勃发展起来。这使得本书后两版的修订和更新之路更加坎坷、内容延 413
伸更广，当然也更加让人着迷。我希望用一系列学科方法和视角来分析权力、文化和生产之间的关系，21 世纪的这一波学术研究与我不谋而合。希望本书能够激励研究者和读者们仔细斟酌符号创意、知识和表达在人类生活中的特殊地位，以处理权力、文化和生产之间的关系。

术语表

414 **analogue 模拟的** 广播或录音系统，将文字、图像、声音等转换为模拟信号。这些信号与所传播的最初行为类似，即与之相似或相一致。模拟系统逐渐让位于数字系统。

autonomy 自主权 不受外部控制或影响的独立性或自由。在文化产业中，该术语通常被用来说明**符号创作者（symbol creators）**或者符号制作机构不受类似控制或影响的相对独立性（例如，不受母公司所有者的影响，不受代表公司利益的经理的影响）。完全的自主权是不存在的，但它是许多符号创作者梦寐以求的目标，对文化生产机构有着重要的影响。

blockbuster syndrome 大片综合征 制作成本和市场营销成本通常非常高昂的极少量的产品，大体上统治了某种媒介或流行文化，因此将小规模的、资源不够丰富的产品类型排挤出局。

bullshitters 满嘴胡说的人 根据哲学家哈里·法兰克福（Harry Frankfurt）的观点，满嘴胡说的人想方设法表达他们自己的感想，却不考虑事情是否果真如此。他们就是喜欢偷偷地改变话语（或写作）规则，这样关于真实与谎言的说法就无关紧要了。某些对文化生产进行的分析全是胡说，尤其是关于文化生产转型的预测。

circulation 发行 文化生产流程中将产品传达给观众的那一阶段。涉及市场营销、宣传、分销或传播。

commodification of culture 文化商品化 随着时间的延伸和空间的拓展，文化产品和服务逐渐在资本市场上进行买卖的过程。又见**文化产业化（industrialisation of culture）**。

complex professional 复合型专业化 既指文化生产的一种形态，又指文化生产的一个时期。改编自雷蒙德·威廉斯关于文化生产“公司专业化”的概念，始于20世纪早期，在20世纪中期获得发展，其表现形式有作品的创作愈加复杂化和组织化、新媒体技术
415 出现、广告的作用日益重要、前所未有的大量人员投身到文化产业之中。

concentration 集中 市场集中或产业集中是指一个市场或产业在多大程度上为最大的若干家企业所支配。通常以数据来表现，即最大的四家或五家公司（或者通过其他相关途径）所占市场份额的百分比。当然，某些经济学家可能会区分市场集中和产业集中，但在本书中这属于细枝末节。“市场集中”和“产业集中”这两个术语有时候也用来指代若干家最大的企业逐渐具有支配地位的过程。

conglomerate，conglomeration 企业集团，集团化 企业集团是指由若干经营不同产品或服务的企业构成的公司。集团化是指一个产业、部门或经济由于企业集团的出现和影响而变得更加显著的过程。

convergence 整合 关于电信、计算机和媒介逐渐合并的一种理念，有时候还加上消费电子。这种将不同的产业合并为一种产业的观念，也时不时受到质疑。

copyright 著作权 “如果一件作品有著作权，那么著作权所有者有权对这部作品作一些不同的处理，而没有著作权的人则无权这么做。”（Frith and Marshall，2004：7）著作权包括以下排他权：复制作品，改编作品或利用作品的一部分制作衍生品，向公众发行复制品，在公共场合表演作品，通过电视或广播播放作品。最好将著作权视为与创意作品相关的一揽子排他权，而不是一项单独的权利。又见**知识产权（intellectual property rights）**。

creative cities 创意城市 创造性水平很高的城市。在20世纪90年代和21世纪第一个10年，政策制定者认为城市“创意”可能会对经济繁荣和社会福利做出重大贡献。

creative clusters 创意集群 位于同一地区（城市或区域）的一些相关企业或者其他机构，由于互联互通而竞争制胜。在20世纪90年代和21世纪第一个10年，政策制定者使用“创意集群”这一术语描述了这种假定的文化产业现象。

cultural imperialism 文化帝国主义 文化产业批评家用以描述发达工业国家和西方国家对欠发达国家尤其是非西方国家施加消极影响的一个术语。

creative industries 创意产业 许多作者和政策制定者用之来替代文化产业。作为一个政 416
策性概念，这一术语倾向于把广义的产业活动（包括商业产业和非商业产业）进行分类处理。那些偏爱该术语的研究者喜欢采用实用主义的方法研究政策与权力——参见本书第五章。

deregulation 放松监管 去除管制。**新自由主义（neo-liberalism）**的拥护者通常使用该术语描述20世纪80年代、90年代和21世纪第一个10年的政策变迁。这类变迁通常旨在促进文化生产的**市场化（marketisation）**进程。

determination 决定论 通常出现在马克思主义话语中，认为客观条件（例如经济的或政治的因素）会对结果产生因果影响，或者会限制结果的发生。

digital 数字的 电子存储和传输，即将图像、文字、声音等转变成能够被计算机读取和存储的二进制编码。

digital optimism 数字乐观主义 我从格雷姆·特纳（Graeme Turner，2010：126）处借用的一个术语，虽然我并不确定该术语是否为特纳原创。在本书的语境中，数字乐观主义是指这样一种观点，即数字化和互联网让文化生产和消费变得民主化了。

digital rights management 数字权利管理 控制和/或限制数字数据接入的手段。

digitalisation 数字化 文化生产和发行中逐渐使用**数字的（digital）**存储和传输方式，逐渐使用数字系统而非**模拟（analogue）**系统。

fair use 合理使用 著作权法一般会要求著作权人选择是否授权别人使用他们的资料。“合理使用”通常适用于美国以及这一著作权条款的例外情况，也就是说，未经许可就可以使用某些资料。

file-sharing 文件共享 将数字文档（包括音乐、电影、电视节目和其他文化产品）上传到互联网和其他网络以便他人共享。

financialisation 金融化 一种“利润更多的是通过金融渠道而非贸易和商品生产的财富积累类型”（Krippner，2005：174）；或者从更广义上讲，一种逐渐加强的，对其他经济部门如制造业、零售业或文化产业产生了影响的金融投资和投机决策趋势。

417 **flow logic or model　流动逻辑或模型**　伯纳德·米亚基（Bernard Miège，1987、1989）界定的一种商品生产模型，被认为是广播、电视和新媒体产品生产的特征。其关键特征包括：基于媒体日常沟通和节目规划人员和/或调度人员核心作用的持续的工作流。又见**生产逻辑或模型（publishing logic or model）**。

format　格式　（1）供出售的电视剧或广播节目的理念或概念。（2）比尔·赖安（Bill Ryan，1992）开发的一个术语，指文化产业公司为了将**风险（risk）**最小化，在不同的产品系列中使用相同的元素。采用明星、类型与系列作品的方式，是他鉴别出的主要方法。

geocultural markets　地缘文化市场　不仅在一个单一民族国家传播的文化市场，这些国家之间通过共享文化特征而相互联系。这些文化特征可能包括语言、宗教和生活方式。

globalisation　国际化　一个关于变迁的术语，用来描述为世界上不同的地区带来了更大程度的互联互通。

government policy　政府政策　参见**政策（policy）**。

horizontal integration　横向一体化　又叫水平整合，是指一家企业收购本产业或本部门其他企业的过程。对受众来说，横向一体化通常会导致竞争程度的降低。

industrialisation of culture　文化产业化　重要的投资、劳动力的机械化生产和分配被引入文化生产领域。又见**文化商品化（commodification of culture）**。

information society　信息社会　一个用来指代当今社会或未来社会的术语，持此观点的人相信，信息和知识从来没有像现在这样（或者即将如此）接近社会运作的核心。信息社会论论调是指基于这一观点的写作、演讲或者思考。

integration　一体化　参见**横向一体化（horizontal integration）**、**多部门和多媒体整合（multisector and multimedia integration）**以及**纵向一体化（vertical integration）**。

intellectual property rights　知识产权　知识、理念和艺术作品等各种表达方式所附带的一揽子排他权。主要包括专利权、商标权和**著作权（copyright）**。

418 **internationalisation　国际化**　某个国家或某些特定国家的企业收购其他国家的企业或者与之合作的过程。又指这些关联关系的逐渐显现。

liberalisation　解放　在政策领域，一个用来指代解除限制的术语（但是这一术语往往对以下状况轻描淡写："限制"有可能从根本上强化平等和自由）。

Long Downturn　经济大衰退　随着第二次世界大战后所谓黄金时代的结束，全球经济增长放缓和衰退的时期。通常认为，经济大衰退始于1973年，终于（也许只是暂时性的?）20世纪90年代中期。

long tail, the　长尾　商业企业将逐渐以"需求相对较少的利基产品"为导向提供产品。长尾这个名字来源于销售数据图，在该图上，销量最高的产品在左侧，而成千上万种销量很小的产品在右侧构成了一条长长的尾巴。但是，长尾理论认为，向这些市场销售商品可能有助于企业维持生计，因为数字化使得发行成本更为低廉。

marketisation　市场化　在本书中，这一术语是指市场交换（商品、服务和权利的买卖）渗透进文化产业及相关产业的过程。又见**放松管制**（deregulation）。

media mogul　媒介巨头　对其所拥有的媒介公司有强势控制权的人。

multisector and multimedia integration 多部门和多媒体整合 文化产业公司收购与文化产业生产相关的其他领域的公司，以确保能够进行交叉宣传。它是**集团化（conglomeration）**的一种特殊类型。

neoclassical economics 新古典经济学 19 世纪末出现的一种多样的经济分析方法，试图超越早期的古典经济学。新古典经济学假设，消费者是具有经济理性的个体，竞争会带来幸福的最大化。虽然存在许多非正统的经济学流派，而且在新古典经济学范式内部也存在分支，新古典经济学仍然统治着经济学这一学科。

neo-liberalism 新自由主义 “一种政治经济学理论，认为人类的幸福可以通过在有关私有产权、自由市场和自由贸易的强大的制度框架内，解放个体的具有企业家精神的自由和技能而获得发展。”（Harvey，2005：2）

peer-to-peer networks（P2P） 个人对个人网络 在 P2P 网络中，每台计算机同时作为代理端和服务器来运作，为网络中的其他计算机提供服务。互联网本身就基于这一理念，但是当 P2P 被用于**文件共享（file-sharing）**时，它对文化产业而言就变得异常重要了。

policy 政策 政府政策（government policy）或公共政策，指政府颁布和实施的法律和 419
法规。

polysemy 多义性 文本能够被多角度解读的性质。

project team 项目团队 负责文化生产创意阶段工作的一群人。这一概念之所以重要，是因为它重点关注了围绕文化产品生产的复杂的劳动分工，尤其是在**复合型专业化（complex professional）**时代。

public domain 公共领域 公共领域中的知识和创意本身可以被公众免费使用，因为其不为私人所拥有。所有权已经过期的作品也在其中。

public service broadcasting（PSB） 公共电视网 旨在为国家、地区和/或社区提供服务的电视网，通常采用非商业化模式，由政府或者与政府相关的代理机构来运作。公共电视网有各种形式（见本书第四章），但是公共责任、公共财政、全球服务和呼吁观众行使公民权是其共同特征。

publishing logic or model 出版逻辑或模型（或编辑模型） 伯纳德·米亚基（Miège，1987、1989）界定的一种商品生产模型，被认为是图书、唱片和电影生产的特征。关键特征包括：个体所拥有的文本的销售，出版商/制片人的生产组织管理，许多中小型公司集聚在垄断公司周边的现象。又见**流动逻辑或模型（flow logic or model）**。

reductionism 简化论 当一个人相信一种社会理论、方法或者解释，过分地将复杂的程序简化为简单的程序，他或她也许会说，这种社会理论、方法或者解释犯了简化论的错误。相比“决定论”（见本书第三章），我更喜欢“简化论”这一术语。

regeneration 新生/重生 在城市政策和经济政策语境中，假设城市或乡镇获得发展的过程。它含有强烈的含义，指那些已经进入衰退期的地区重新获得了生机。但是，对于新生的努力，可能会导致新的排外和边缘化。

risk 风险 在商业环境中失败的可能性。风险是文化产业分析中一个关键的概念，因为所有企业都面临并且试图控制风险。有人说，文化产业是所有现代产业中风险最高的产业之一。

search engines 搜索引擎 被设计用来在互联网上寻找信息的程序。

social networking sites　社交网站　一种在线服务，提供渠道供人们就相同的兴趣和活动相互交流。

420 **symbol creators　符号创作者**　从事符号创作（**symbol creativity**）的人。（相比“艺术家”，我更喜欢“符号创作者”这个术语，原因我在导论中解释过了。）

symbol creativity　符号创作　人类社会共有的一种劳动过程，通过它，符号（主要包括文字、声音和图片）被赋予意义。（相比“艺术”，我更喜欢“符号创作”这个术语，原因我在导论中解释过了。）

synergy　协同　一家企业内部两个或多个不同的部门合作，销售额或利润可能会超过两个或多个部门单独工作之和。

text　文本　在文化分析中，这一术语的使用方式比较特殊，指代具有意义的物体、人工制品和事件。一些分析家认为，世界上的任何物体、人工制品或事件都具有被作为文本进行分析的潜能。我在本书中对这一术语的限定较窄，但还是广义上的，用来指代文化产业所生产的所有“作品”的集合名称，例如电视节目、电影、唱片、图书等。该术语在本书中并不具有其本义——写出来或者印刷出来的文字的措辞，但是它也指代印刷的人工制品。

vertical integration　纵向一体化　又叫垂直整合，是指一家企业收购生产和发行流程中不同环节企业的过程。企业可以收购“下游”企业，例如一家从事电影制作的企业收购一家 DVD 分销商；企业也可以收购“上游”企业，例如一家从事发行或传播的公司（如有线电视公司）收购一家节目制作商。

参考文献

报纸、杂志和行业刊物的参考文献，我在本书正文中已经列出，此处不再重复（除非给出了作者的名字）。下面的参考文献中，有些会有两个时间，第一个时间是我所引用的图书、章节或者文章版本的出版时间，第二个时间是这些文献的原出版时间。由于篇幅所限，我省略了大部分文献中作者的原标题，在此表示歉意。

Adorno, Theodor (2002) *Essays on Music,* new translation by Susan H. Gillespie. Berkeley, CA: University of California Press.

Adorno, Theodor and Horkheimer, Max (1977[1944]) 'The culture industry: enlightenment as mass deception', in James Curran, Michael Gurevitch and Janet Wollacott (eds), *Mass Communication and Society*. London: Edward Arnold. pp. 349–83.

Ahlkvist, Jarl A. and Fisher, Gene (2000) 'And the hits just keep on coming: music programming standardization in commercial radio', *Poetics,* 27(5–6): 301–25.

Aksoy, Asu and Robins, Kevin (1992) 'Hollywood for the 21st century: global competition for critical mass in image markets', *Cambridge Journal of Economics*, 16: 1–22.

Albright, Mark (2005) 'The season for synergy', *Campaign for a Commercial-Free Childhood*, 16 November, available at www.commercialexploitation.org (last accessed September 2006).

Alderman, John (2001) *Sonic Boom*. London: Fourth Estate.

Alford, Robert (1998) *The Craft of Inquiry*. New York: Oxford University Press.

Allan, Stuart and Thorsen, Einar (eds) (2009). *Citizen Journalism*. New York: Peter Lang.

Allen, Rod (1998) 'This is not television ...', in Jeanette Steemers (ed.), *Changing Channels*. Luton: University of Luton Press. pp. 59–71.

Amezaga Albizu, Josu (2007) 'Geolinguistic regions and diasporas in the age of satellite television', *International Communication Gazette,* 69: 239–61.

Amin, Ash and Thrift, Nigel (eds) (2004) *The Blackwell Cultural Economy Reader*. Oxford: Blackwell.

Amin, Hussein (1996) 'Egypt and the Arab world in the satellite age', in John Sinclair, Elizabeth Jacka and Stuart Cunningham (eds), *New Patterns in Global Television*. Oxford: Oxford University Press. pp. 101–25.

Ampuja, Marko (2010) *The Media and the Academic Globalization Debate*. PhD dissertation, University of Helsinki.

Anand, N. and Peterson, Richard A. (2000) 'When market information constitutes fields: sensemaking of markets in the commercial music industry', *Organization Science,* 11(3): 270–84.

Andersen, Robin (2000) 'Introduction', in Robin Andersen and Lance Strate (eds), *Critical Studies in Media Commercialism*. Oxford: Oxford University Press. pp. 1–21.

Anderson, Chris (2006) *The Long Tail*. New York: Hyperion.
Anderson, Christopher (2007) 'Creating the twenty-first-century television network: NBC in the age of media conglomerates', in Michelle Hilmes (ed.), *NBC – America's Network*. Berkeley, CA: University of California Press, pp. 275–90.
Andrejevic, Mark (2008) 'Watching television without pity', *Television & New Media*, 9(1): 24.
Andrejevic, Mark (2009) 'Exploiting YouTube: contradictions of user-generated labour', in Pelle Snickars and Patrick Vonderau (eds), *The YouTube Reader*. Stockholm: National Library of Sweden. pp. 406–22.
Ang, Ien (1985) *Watching* Dallas. London and New York: Methuen.
Ang, Ien (1991) *Desperately Seeking the Audience*. London: Routledge.
Anjum, Zafar (2005) 'Hollywood's Indian adventures', *Asia Times Online*, 2 December, available at www.atimes.com (last accessed September 2006).
Armstrong, Philip, Glyn, Andrew and Harrison, John (1991) *Capitalism Since 1945*. Oxford: Blackwell.
Arsenault, Amelia and Castells, Manuel (2008) 'The structure and dynamics of global multi-media business networks', *International Journal of Communication* 2: 707–48.
Arthur, Michael B. and Rousseau, Denise M. (eds) (1996) *The Boundaryless Career*. New York and Oxford: OUP.
Arthurs, Jane (2003) '*Sex and the City* and consumer culture: remediating postfeminist drama', *Feminist Media Studies*, 3(1): 83–98.
Aufderheide, Patricia (1999) *Communications Policy and the Public Interest*. New York: Guilford Press.
Augarten, Stan (1984) *Bit by Bit*. London: Unwin.
Auletta, Ken (1997) 'American keiretsu', *The New Yorker*, 20 and 27 October, pp. 225–7.
Auletta, Ken (2010) *Googled*. London: Virgin Books.
Bagdikian, Ben H. (2000) *The Media Monopoly* (6th edn). Boston, MA: Beacon Press.
Bagdikian, Ben H. (2004) *The New Media Monopoly*. Boston, MA: Beacon Press.
Bailey, Michael (ed.) (2008) *Narrating Media History*. Abingdon and New York: Routledge.
Baker, C. Edwin (1994) *Advertising and a Democratic Press*. Princeton, NJ: Princeton University Press.
Baker, C. Edwin (2002) *Media, Markets, and Democracy*. Cambridge: Cambridge University Press.
Baker, C. Edwin (2007) *Media Concentration and Democracy*. Cambridge: Cambridge University Press.
Bakker, Piet (2005) 'File-sharing – fight, ignore or compete: paid download services vs. P2P networks', *Telematics and Informatics*, 22(1–2): 41–55.
Banet-Weiser, Sarah (2007) 'What's your flava? Race and postfeminism in media culture', in Yvonne Tasker and Diane Negra (eds), *Interrogating Postfeminism*. Durham, NC: Duke University Press. pp. 201–226.
Banks, Mark (2007) *The Politics of Cultural Work*. Basingstoke: Palgrave.
Banks, Mark and Hesmondhalgh, David (2009) 'Looking for work in creative industries policy', *International Journal of Cultural Policy*, 15(4): 1–16.
Barfe, Louis (2003) *Where Have all the Good Times Gone?* London: Atlantic Books.
Barker, Chris (1997) *Global Television*. Oxford: Blackwell.
Becker, Howard S. (1982) *Art Worlds*. Berkeley, CA: University of California Press.
Belfiore, Eleonora (2002) 'Art as a means of alleviating social exclusion: does it really work? A critique of instrumental cultural policies and social impact studies in the UK', *International Journal of Cultural Policy*, 8(1): 91–106.

Bell, Daniel (1974) *The Coming of Post-industrial Society*. London: Heinemann.
Benkler, Yochai (2006) *The Wealth of Networks: How Social Production Transforms Markets and Freedom*. New Haven, CT: Yale University Press.
Bennett, Tony (1998) *Culture*. London: Sage.
Bennett, W. Lance (2012) *News* (9th edn). New York: Longman.
Bennett, W. Lance, Lawrence, Regina G. and Livingston, Steven (2007) *When the Press Fails*. Chicago, IL: University of Chicago Press.
Benson, Rodney (2011) 'Public funding and journalistic independence', in Robert W. McChesney and Victor Pickard (eds), *Will the Last Reporter Please Turn Out the Lights*. New York: The New Press. pp. 314-19.
Benson, Rodney and Erik Neveu (eds) (2005) *Bourdieu and the Journalistic Field*. Cambridge: Polity.
Berwanger, Dietrich (1998) 'The Third World', in Anthony Smith with Richard Paterson (eds), *Television: An International History* (2nd edn). Oxford: Oxford University Press. pp. 188-200.
Bettig, Ronald V. (1996) *Copyrighting Culture*. Boulder, CO: Westview Press.
Bianchini, Franco and Parkinson, Michael (eds) (1993) *Cultural Policy and Urban Regeneration*. Manchester: Manchester University Press.
Bilton, Chris (1999) 'Risky business: the independent production sector in Britain's creative industries', *Cultural Policy* 6 (1): 17-39.
Biressi, Anita and Nunn, Heather (2005) *Reality TV*. London and New York: Wallflower.
Biskind, Peter (1998) *Easy Riders, Raging Bulls*. London: Bloomsbury.
Bloom, Allan (1987) *The Closing of the American Mind*. New York: Simon & Schuster.
Blumler, Jay G. (1992) *Television and the Public Interest*. London: Sage, in association with the Broadcasting Standards Council.
Blumler, Jay G. and Gurevitch, Michael (1995) *The Crisis of Public Communication*. London: Routledge.
Bolaño, César, Mastrini, Guillermo and Sierra, Francisco (2004) 'A Latin American perspective for the political economy of communications', *Javnost/The Public*, 11(3): 47-58.
Bolin, Göran (2009) 'Symbolic production and value in media industries', *Journal of Cultural Economy*, 2(3): 345-61.
Boltanski, Luc and Chiapello, Eve (2006) *The New Spirit of Capitalism*. London: Verso.
Bordwell, David (2000) *Planet Hong Kong*. Cambridge, MA: Harvard University Press.
Bordwell, David, Staiger, Janet and Thompson, Kristin (1985) *The Classical Hollywood Cinema*. London: Routledge & Kegan Paul.
Born, Georgina (1993) 'Against negation, for a politics of cultural production: Adorno, aesthetics, the social', *Screen*, 34(3): 223-42.
Born, Georgina (1995) *Rationalizing Culture*. Berkeley, CA: University of California Press.
Born, Georgina (2005) *Uncertain Vision*. London: Vintage.
Bouquillon, Philippe and Combès, Yolande (2007) *Industries de la culture et de la communication en mutation*. Paris: L'Harmattan.
Bourdieu, Pierre (1984) *Distinction*. Cambridge, MA: Harvard University Press.
Bourdieu, Pierre (1993) *The Field of Cultural Production*. Cambridge: Polity Press.
Bourdieu, Pierre (1996) *The Rules of Art*. Cambridge: Polity Press.
Boyd, Douglas (1998) 'The Arab world', in Anthony Smith with Richard Paterson (eds), *Television: An International History* (2nd edn). Oxford: Oxford University Press. pp. 182-7.

Boyd-Barratt, Oliver (1980) *The International News Agencies*. London: Constable.
Boyle, James (1996) *Shamans, Software and Spleens*. Cambridge, MA: Harvard University Press.
Brants, Kees and Siune, Karen (1992) 'Public broadcasting in a state of flux', in Karen Siune and Wolfgang Truetzschler (eds), *Dynamics of Media Politics*. London: Sage. pp. 101-15.
Braverman, Harry (1974) *Labor and Monopoly Capital*. New York: Monthly Review Press.
Brenner, Robert (1998) 'Uneven development and the Long Downturn: the advanced capitalist economies from boom to stagnation, 1950–1998', *New Left Review*, I(229): 1–267.
Brenner, Robert (2000) 'The boom and the bubble', *New Left Review*, 11(6): 5–43.
Bruns, Axel (2008) *Blogs, Wikipedia, Second Life and Beyond*. New York: Peter Lang.
Burgess, Jean and Green, Joshua (2009) *YouTube*. Cambridge: Polity.
Burkart, Patrick (2010) *Music and Cyberliberties*. Middletown, CT: Wesleyan University Press.
Burkart, Patrick and McCourt, Tom (2006) *Digital Music Wars*. Lanham, MD: Rowman & Littlefield.
Burke, Peter and Briggs, Asa (2009) *A Social History of the Media* (third edition). Cambridge: Polity.
Burnett, Robert (1992) 'The implications of ownership changes for concentration and diversity in the phonogram industry', *Communication Research*, 19(6): 749–69.
Burnett, Robert (1995) *The Global Jukebox*. London: Routledge.
Burnett, Robert and Marshall, P. David (2003) *Web Theory*. London: Routledge.
Burns, Rob (2004) 'German television', in John Sinclair and Graeme Turner (eds), *Contemporary World Television*. London: BFI. pp. 70–4.
Burns, Tom (1977) *The BBC*. Basingstoke: Macmillan.
Burston, Jonathan (1999) 'Spectacle, synergy and megamusicals: the global industrialisation of the live entertainment economy', in James Curran (ed.), *Media Organizations in Society*. London: Arnold. pp. 69–83.
Bustamante, Enrique (2004) 'Cultural industries in the digital age: some provisional conclusions', *Media, Culture and Society* 26: 803-20.
Calabrese, Andrew (2005) 'The trade in television news', in Janet Wasko (ed.), *A Companion to Television*. Malden, MA and Oxford: Blackwell. pp. 270–88.
Calabrese, Andrew and Sparks, Colin (eds) (2004) *Towards a Political Economy of Culture*. Lanham, MD: Rowman & Littlefield.
Caldwell, John Thornton (2008) *Production Culture*. Durham, NC: Duke University Press.
Canclini, Nestor García (1995) *Hybrid Cultures*. Minneapolis, MN: University of Minnesota Press.
Caraway, Brett (2011) 'Audience labour in the new media environment', *Media, Culture and Society*, 33(5): 693–708.
Carr, Nicholas (2005) 'The amorality of Web 2.0', *Rough Type* blog, 3 October, available at www.roughtype.com (last accessed September 2006).
Castells, Manuel (1989) *The Informational City*. Oxford: Blackwell.
Castells, Manuel (1996) *The Rise of the Network Society* (volume I of *The Information Age*). Oxford: Blackwell.
Castells, Manuel (2008) *Communication Power*. New York and Oxford: Oxford University Press.
Caves, Richard E. (2000) *Creative Industries*. Cambridge, MA: Harvard University Press.

Caves, Richard E. (2005) *Switching Channels*. Cambridge, MA: Harvard University Press.

Centre for Cultural Policy Research (CCPR) (2003) 'Baseline study on Hong Kong's creative industries'. Hong Kong: University of Hong Kong.

Chambers, Iain (1994) *Migrancy, Culture, Identity*. London: Routledge.

Chan-Olmsted, Sylvia M. and Chang, Byeng-Hee (2003) 'Diversification strategy of global media conglomerates: examining its patterns and determinants', *Journal of Media Economics*, 16(4): 213–33.

Christianen, Michael (1995) 'Cycles in symbol production? A new model to explain concentration, diversity and innovation in the music industry', *Popular Music*, 14(1): 55–94.

Christians, Clifford G., Glasser, Theodore, McQuail, Denis, Nordenstreng, Kaarle and White, Robert (2009) *Normative Theories of the Media* Urbana, IL: University of Illinois Press.

Christophers, Brett (2009) *Envisioning Media Power*. Lanham, MD: Lexington.

Christopherson, Susan (2011) 'Hard jobs in Hollywood: how concentration in distribution affects the production side of the media entertainment industry', in Dwayne Winseck and Dal Yong Jin (eds), *The Political Economies of Media*. London: Bloomsbury. pp. 123–140.

Christopherson, Susan and Storper, Michael (1986) 'The city as studio, the world as back lot: the impact of vertical disintegration on the location of the motion picture industry', *Environment and Planning D: Society and Space*, 4: 305–20.

Christopherson, Susan and Storper, Michael (1989) 'The effects of flexible specialization on industrial politics and the labor market: the motion picture industry', *Industrial and Labor Relations Review*, 42: 331–47.

Clark, Kenneth (1969) *Civilisation*. London: BBC.

Clifford, James (1988) *The Predicament of Culture*. Cambridge, MA: Harvard University Press.

Coase, Ronald H. (1974) 'The economics of the First Amendment', *American Economic Review*, 64(2): 384–91.

Coffey, Steve and Stipp, Horst (1997) 'The interactions between computer and television research', *Journal of Advertising Research*, 37(2): 61–7.

Cohen, Nicole (2008) 'The valorization of surveillance: towards a political economy of Facebook', *Democratic Communiqué*, 22(1): 5–22.

Cohn, Nik (1989[1969]) 'Awopbopaloobop Alopbamboom', in *Ball the Wall*. London: Picador. pp. 49–139.

Coleman, Stephen (2005) 'Blogs and the new politics of listening', *Political Quarterly*, 76 (3): 273–80.

Coleman, Stephen and Blumler, Jay (2009) *The Internet and Democratic Citizenship*. Cambridge: CUP.

Collins, Richard (1986) 'Wall-To-Wall "Dallas"? The US-UK Trade in Television', *Screen* 27(3–4): 66–77.

Collins, Richard and Murroni, Christina (1996) *New Media, New Policies*. Cambridge: Polity Press.

Commission of the European Communities (1984) *Television Without Frontiers: Green paper on the establishment of the common market for broadcasting especially by satellite and cable*. Brussels: COM (92) 480 final.

Commission of the European Communities (1994) *Europe and the Global Information Society: Recommendations to the EC* (The Bangemann Report). Brussels: European Commission, 25 May.

Compaine, Benjamin (1982) *Who Owns the Media?* White Plains, NY: Knowledge Industry Publications.

Compaine, Benjamin and Gomery, Douglas (2000) *Who Owns the Media?* (3rd edn). Mahwah, NJ: Lawrence Erlbaum.
Cooper, Mark (2002) *Cable Mergers and Monopolies*. Washington, DC: Economic Policy Institute.
Corner, John (2000) '"Influence": the contested core of media research', in James Curran and Michael Gurevitch (eds), *Mass Media and Society* (3rd edn). London: Hodder Arnold. pp. 376–97.
Coser, Lewis A., Kadushin, Charles and Powell, Walter W. (1982) *Books*. New York: Basic Books.
Couldry, Nick (2000) *Inside Culture*. London: Sage.
Couldry, Nick (2003) *Media Rituals*. London: Routledge.
Couldry, Nick (2010) *Why Voice Matters*. London: Sage.
Council of the European Communities (1989) *Directive of the Coordination of Certain Provisions Laid Down by Law, Regulation or Administrative Action in Member States Concerning the Pursuit of Television Broadcasting Activities*, 89/552/EEC, *Official Journal of the European Communities*, L298/23, 17 October.
Cowhey, Peter F. and Aronson, Jonathan D., with Abelson, Donald (2009) *Transforming Global Information and Communication Markets*. Cambridge, MA and London: MIT Press.
Coyle, Diane (1999) *The Weightless World*. London: Capstick.
Craig, David and Cotterell, Gerard (2007) 'Periodising neoliberalism?' *Policy and Politics*, 35(3), 497–514.
Creative and Cultural Skills (2009) *Creative and Cultural Industry Impact and Footprint*. London: Author.
Croteau, David and Hoynes, William (2002) *Media/Society* (3rd edn). Thousand Oaks, CA: Pine Forge.
Crouch, Colin (2011) *The Strange Non-death of Neo-liberalism*. Cambridge: Polity.
Cultural and Creative Skills (2009) *Creative and Cultural Industries, Impact and Footprint Presentation*. London: Creative and Cultural Skills.
Cunningham, Stuart D. and Higgs, Peter L. (2008) 'Creative industries mapping: where have we come from and where are we going'? *Creative Industries Journal*, 1(1): 7–30.
Curran, James (1986) 'The impact of advertising on the British mass media', in Richard Collins, James Curran, Nicholas Garnham, Paddy Scannell, Philip Schlesinger and Colin Sparks (eds), *Media, Culture and Society*. London: Sage.
Curran, James (1990) 'Culturalist perspectives on news organizations', in Marjorie Ferguson (ed.), *Public Communication: The New Imperatives*. London: Sage. pp. 114–34.
Curran, James (1998) 'Newspapers: beyond political economy', in Adam Briggs and Paul Cobley (eds), *The Media: An Introduction*. Harlow: Addison Wesley Longman. pp. 81–96.
Curran, James (2002) *Media and Power*. London: Routledge.
Curran, James (2010a) 'Entertaining democracy', in James Curran (ed.) *The Media and Society*. London: Bloomsbury. pp. 38–62.
Curran, James (ed.) (2010b) *The Media and Society*. London: Bloomsbury.
Curran James (2011) *Media and Democracy*. Abingdon and New York: Routledge
Curran, James and Michael Gurevitch (eds) (2005) *Mass Media and Society* (5th edn). London: Hodder Arnold.
Curran, James and Park, Myung-Jin (eds) (2000) *De-Westernizing Media Studies*. London: Routledge.
Curran, James and Seaton, Jean (2010) *Power without Responsibility* (7th edn). London: Routledge.

Curtin, Michael (1999) 'Feminine desire in the age of satellite television', *Journal of Communication*, 49(1): 55–70.

Curtin, Michael (2003a) 'Media capital: towards the study of spatial flows', *International Journal of Cultural Studies*, 6(2): 202–28.

Curtin, Michael (2003b) 'The future of Chinese cinema: some lessons from Hong Kong and Taiwan', in Chin-Chuan Lee (ed.), *Chinese Media, Global Contexts*. London: RoutledgeCurzon. pp. 237–56.

Curtin, Michael (2007) *Playing to the World's Biggest Audience*. Berkeley, CA: University of California Press.

Curtin, Michael and Shattuc, Jane (2009) *The American Television Industry*. Basingstoke: Palgrave Macmillan/British Film Institute.

Cvetkovski, Trajce (2012) *Copyright and Popular Media*. Basingstoke: Palgrave Mcmillan.

Dale, Martin (1997) *The Movie Game*. London: Cassell.

Davis, Howard, and Scase, Richard (2000) *Managing Creativity*. Milton Keynes: The Open University Press.

Dayan, Daniel and Katz, Elihu (1992) *Media Events*. Cambridge, MA: Harvard University Press.

DCMS (1998) 'Creative industries mapping document 1998'. London: UK Department for Culture, Media and Sport.

DCMS (2001) 'The creative industries mapping document 2001'. London: UK Department for Culture, Media and Sport.

DCMS (2005) 'Creative industries economic estimates'. London: UK Department for Culture, Media and Sport.

De Kloet, Jeroen (2010) *China with a Cut*. Amsterdam: University of Amsterdam Press.

De Peuter, Greig and Dyer-Witheford, Nick (2005) 'A playful multitude? Mobilising and counter-mobilising immaterial game labour', *Fibreculture*, Online.

Demers, Joanna (2006) *Steal This Music*. Athens, GA: University of Georgia Press.

DiMaggio, Paul (1977) 'Market structure, the creative process and popular culture: towards an organizational reinterpretation of mass-culture theory', *Journal of Popular Culture*, 11: 436–52.

Dowd, Timothy J. (2000) 'Diversificazione musicale e mercato discografico negli Stati Uniti, 1955–1990', *Rassegna Italiana di Sociologia*, 41(2): 223–63.

Dowd, Timothy J. (2004) 'Concentration and diversity revisited: production logics and the U.S. mainstream recording market, 1940–1990', *Social Forces*, 82(4): 1411–55.

Downey, John (1998) 'XS 4 all? "Information society" policy and practice in the European Union', in John Downey and Jim McGuigan (eds), *Technocities*. London: Sage. pp. 121–38.

Downey, John (2006) 'The media industries: do ownership, size and internationalization matter?' in David Hesmondhalgh (ed.), *Media Production*. Maidenhead and Milton Keynes, Open University Press/The Open University. pp. 7–48.

Downing, John (2001) *Radical Media*. London: Sage.

Doyle, Gillian (2002) *Understanding Media Economics*. London: Sage.

Drake, Philip (2008) 'Distribution and marketing in contemporary Hollywood', in Paul McDonald and Janet Wasko (eds), *The Contemporary Hollywood Film Industry*. Malden, MA and Oxford: Blackwell. pp. 63–83.

Driver, Stephen and Gillespie, Andrew (1992) 'The diffusion of digital technologies in magazine print publishing: organizational change and strategic choices', *Journal of Information Technology*, 7(3): 149–59.

Driver, Stephen and Gillespie, Andrew (1993) 'Structural change in the cultural industries: British magazine publishing in the 1980s', *Media, Culture and Society*, 15: 183–201.

Drucker, Peter (1992/1968) *The Age of Discontinuity*. New Brunswick, NJ: Transaction.

du Gay, Paul and Pryke, Michael (eds) (2002) *Cultural Economy*. London: Sage.

du Gay, Paul, Hall, Stuart, Janes, Linda, Mackay, Hugh and Negus, Keith (1997) *Doing Cultural Studies*. London: Sage.

Dunkley, Christopher (1985) *Television Today and Tomorrow: Wall to Wall* Dallas? Harmondsworth: Penguin.

Durham Peters, John (2005) *Courting the Abyss*. Chicago, IL: University of Chicago Press.

During, Simon (1993) *The Cultural Studies Reader*. London and New York: Routledge.

Dyer, Richard (1981) 'Entertainment and utopia', in Rick Altman (ed.), *Genre: A Reader*. London: Routledge & Kegan Paul. pp. 175–89.

Edwards, Lee and Hodges, Caroline (eds) (2011) *Public Relations, Society and Culture*. Abingdon: Routledge.

Eikhof, Doris and Haunschild, Axel (2007) 'For art's sake! Artistic and economic logics in creative production', *Journal of Organizational Behaviour*, 28: 523–38.

Einarsson, Ágúst (2005) *Cultural Activities and Creative Industries in Iceland*. Reykjavik: University of Iceland.

Einstein, Mara (2004) *Media Diversity*. Mahwah, NJ: Lawrence Erlbaum.

Elliott, Philip (1977) 'Media organizations and occupations: an overview', in James Curran, Michael Gurevitch and Janet Wollacott (eds), *Mass Communication and Society*. London: Edward Arnold. pp. 142–73.

Epstein, Edward Jay (2005a) 'Gross misunderstanding', *Slate*, 16 May, available at http://slate.msn.com (last accessed September 2006 - search by article title).

Epstein, Edward Jay (2005b) 'Concessions are for girlie men', *Slate*, 9 May, available at http://slate.msn.com (last accessed September 2006 - search by article title).

ERC Services Subcommittee (Workgroup on Creative Industries) (2002) 'Creative industries development strategy: propelling Singapore's creative economy'. Singapore: ERC Services Subcommittee.

Ettema, James S. and Whitney, D. Charles (1994) *Audiencemaking*. London: Sage.

Euromedia Research Group (1997) *The Media in Western Europe*. London: Sage.

European Commission (1997) *Green Paper on the Regulatory Implications of the Telecommunications, Media and Information Technology Sectors: Towards a common approach to information society services* (DGXIII). Brussels: European Commission.

Evans, David S. (2009) 'The online advertising industry: economics, evolution, and privacy', *Journal of Economic Perspectives*, 23(3): 37–60.

Evans, Graham and Shaw, Phyllida (2004) *The contribution of culture to regeneration in the UK*. London: London Metropolitan University.

Ewen, Stuart (1996) *PR!* New York: Basic Books.

Fejes, Fred (1981) 'Media imperialism: an assessment', *Media, Culture and Society*, 3(3): 281–9.

Feld, Steven (1994) 'From schizophonia to schismogenesis: on the discourses and commodification practices of "world music" and "world beat" ', in Charles Keil and Steven Feld (eds), *Music Grooves*. Chicago, IL: University of Chicago Press. pp. 257–89.

Feldman, Tony (1998) *An Introduction to Digital Media*. London: Routledge.

Fenton, Natalie (2011) *New Media, Old News*. London: Sage.

Feuer, Jane (1984) 'MTM Enterprises: an overview', in Jane Feuer, Paul Kerr and Tise Vahimagi (eds), *MTM 'Quality Television'*. London: BFI. pp. 1–31.

Feuer, Jane, Kerr, Paul and Vahimagi, Tise (eds) (1984) *MTM 'Quality Television'*. London: BFI.

Fiske, John (1987) *Television Culture*. London: Methuen.

Fiske, John (1990) *Introduction to Communication Studies* (2nd edn). London: Routledge.

Fitzgerald, Scott (2012) *Corporations and Cultural Industries*. Lanham, MD: Lexington Books.
Flew, Terry (2007) *Understanding Global Media*. Basingstoke: Palgrave Macmillan.
Flew, Terry (2009) 'The cultural economy moment?' *Journal of Cultural Science*, 2(1). Online.
Flew, Terry (2011) *The Creative Industries*. London: Sage.
Flichy, Patrice (1980) *Les industries de l'imaginaire*. Grenoble: Presse Universitaires de Grenoble.
Flichy, Patrice (1999) 'The construction of new digital media', *New Media and Society*, 1(1): 33–8.
Fligstein, Neil (1990) *The Transformation of Corporate Control*. Cambridge, MA: Harvard University Press.
Florida, Richard (2002) *The Rise of the Creative Class*. New York: Basic Books.
Florida, Richard (2005) *The Flight of the Creative Class*. London: HarperCollins.
Forester, Tom (ed.) (1985) *The Information Technology Revolution*. Oxford: Blackwell.
Forester, Tom (1987) *High-tech Society*. Oxford: Blackwell.
Fox, Elizabeth and Waisbord, Silvio (eds)(2002) *Latin Politics, Global Media*. Austin, TX: University of Texas Press.
Frank, Robert H. and Cook, Philip J. (1995) *The Winner-Take-All Society*. New York: The Free Press.
Frank, Thomas (1997) *The Conquest of Cool*. Chicago, IL: University of Chicago Press.
Frankfurt, Harry G. (2005) *On Bullshit*. Princeton, NJ: Princeton University Press.
Fraser, Nancy (1997) *Justice Interruptus*. London: Routledge.
Freedman, Des (2006) 'Internet transformations: "old" media resilience in the "new media" revolution', in James Curran and David Morley (eds), *Media and Cultural Theory*. Abingdon: Routledge. pp. 197–208.
Freedman, Des (2008) *The Politics of Cultural Policy*. Cambridge: Polity.
Freidson, Eliot (1990) 'Labors of love: a prospectus' in Kai Erikson and Steven Peter Vallas (eds), *The Nature of Work*. New Haven, CT: Yale University Press. pp. 149–61.
Frith, Simon (1978) *The Sociology of Rock*. London: Constable.
Frith, Simon (1981) *Sound Effects*. New York: Pantheon Books.
Frith, Simon (1991) 'Anglo-America and its discontents', *Cultural Studies*, 5(3): 263–9.
Frith, Simon (1993) 'Popular music and the local state', in Tony Bennett, Simon Frith, Lawrence Grossberg, John Shepherd and Graeme Turner (eds), *Rock and Popular Music*. London: Routledge. pp. 14–24.
Frith, Simon (1996) *Performing Rites*. Oxford: Oxford University Press.
Frith, Simon (2000) 'The popular music industry', in Simon Frith, Will Straw and John Street (eds), *The Cambridge Companion to Pop and Rock*. Cambridge: Cambridge University Press. pp. 26–52.
Frith, Simon and Marshall, Lee (2004) *Music and Copyright* (2nd edn). Edinburgh: Edinburgh University Press.
Frow, John (1997) *Time and Commodity Culture*. Oxford: Oxford University Press.
Fuchs, Christian (2008) *Internet and Society*. Abingdon: Routledge.
Fuchs, Christian (2011) 'The contemporary World Wide Web: social medium or new space of accumulation?', in Dwayne Winseck and Jin Dal Yong (eds), *The Political Economies of Media*. London: Bloomsbury. pp. 201–220.
Galperin, Hernán (1999) 'Cultural industries in the age of free-trade agreements', *Canadian Journal of Communication*, 24(1): 49–77.
Galperin, Hernán (2004) *New Television, Old Politics*. Cambridge: Cambridge University Press.
Gandy, Oscar H., Jr (1992) 'The political economy approach: a critical challenge', *Journal of Media Economics*, 5(2): 23–42.

Gandy, Oscar H., Jr (2000) 'Race, ethnicity and the segmentation of media markets', in James Curran and Michael Gurevitch (eds), *Mass Media and Society* (3rd edn). London: Arnold. pp. 44–69.
Gans, Herbert J. (1979) *Deciding What's News*. New York: Vintage.
Garfield, Simon (1986) *Expensive Habits*. London: Faber and Faber.
Garnham, Nicholas (1990) *Capitalism and Communication*. London: Sage.
Garnham, Nicholas (1996) 'Convergence between telecommunications and audio-visual: consequences for the rules governing the information market: regulatory issues'. Brussels: European Commission, Legal Advisory Board.
Garnham, Nicholas (1998) 'Media policy', in Adam Briggs and Paul Cobley (eds), *The Media: An Introduction*. Harlow: Addison Wesley Longman. pp. 210–23.
Garnham, Nicholas (2000) *Emancipation, the Media and Modernity*. Oxford: Oxford University Press.
Garnham, Nicholas (2001) 'Afterword: the cultural commodity and cultural policy', in Sara Selwood (ed.), *The UK Cultural Sector*. London: Policy Studies Institute. pp. 445–58.
Garnham, Nicholas (2004) 'Class analysis and the information society as mode of production', *Javnost/The Public*, 11(3): 93–104.
Garnham, Nicholas (2005) 'From cultural to creative industries: an analysis of the implications of the "creative industries" approach to arts and media policy making in the United Kingdom', *International Journal of Cultural Policy*, 11(1): 15–30.
Garnham, Nicholas (2011) 'The political economy of communication revisited', in Janet Wasko, Graham Murdock and Helena Sousa (eds), *The Handbook of Political Economy of Communications*. Malden, MA and Oxford: Wiley-Blackwell. pp. 41–61.
Garofalo, Reebee (1993) 'Whose world, what beat? The transnational music industry, identity, and cultural imperialism', *The World of Music*, 35(2): 16–32.
Gendelman, Irina and Aiello, Giorgia (2010) 'Faces of places: façades as global communication in post-Eastern Bloc urban renewal', in Adam Jaworski and Crispin Thurlow (eds), *Semiotic Landscapes: Language, Image, Space*. London: Continuum. pp. 256–73.
Geraghty, Christine (1991) *Women and Soap Opera*. Cambridge: Polity Press.
Ghemawat, Pankaj and Ghadar, Fariborz (2000) 'The dubious logic of global megamergers', *Harvard Business Review*, July/August: 65–71.
Gibson, Lisanne (2008) 'In defence of instrumentality', *Cultural Trends* 17, 4: 247–57.
Gibson, Chris and Robinson, Daniel (2004) 'Creative networks in regional Australia', *Media International Australia*, 112: 83–100.
Giddens, Anthony (1991) *The Consequences of Modernity*. Stanford, CA: Stanford University Press.
Gilder, George (1994) *Life After Television* (revised edn). New York: Norton.
Gill, Ros (2007) *Gender and the Media*. Cambridge: Polity.
Gillespie, Marie (1995) *Television, Ethnicity and Cultural Change*. London: Routledge.
Gillespie, Marie (ed.) (2006) *Media Audiences*. Maidenhead and Milton Keynes: Open University Press/The Open University.
Gillespie, Marie and Toynbee, Jason (eds) (2006) *Analysing Media Texts*. Maidenhead and Milton Keynes: Open University Press/The Open University.
Gillett, Charlie (1971) *The Sound of the City*. London: Sphere.
Gillmor, Dan (2004) *We the Media*. New York: O'Reilly.
Gilroy, Paul (1993) *The Black Atlantic*. London: Verso.
Gitlin, Todd (1983) *Inside Prime Time*. New York: Pantheon Books.
Gitlin, Todd (1997) 'Introduction', in Patricia Aufderheide, Erik Barnouw, Richard M. Cohen, Thomas Frank, Todd Gitlin, David Lieberman, Mark Crispin Miller, Gene Roberts and Thomas Schatz (eds), *Conglomerates and the Media*. New York: The New Press. pp. 7–13.

Gitlin, Todd (1998) 'The anti-political populism of cultural studies', in Marjorie Ferguson and Peter Golding (eds), *Cultural Studies in Question*. London: Sage. pp. 25–38.

Gitlin, Todd (1999) 'Public sphere or public sphericules?' in James Curran and Tamar Liebes (eds), *Media, Ritual and Identity*. London: Routledge. pp. 168–74.

Glasgow Media Group (1976) *Bad News*. London: Routledge & Kegan Paul.

Glyn, Andrew (2005) *Capitalism Unleashed*. Oxford and New York: Oxford University Press.

Goldberg, David, Prosser, Tony and Verhulst, Stefaan (eds) (1998) *Regulating the Changing Media*. Oxford: Clarendon Press.

Golding, Peter (2000) 'Forthcoming features: information and communications technologies and the sociology of the future', *Sociology*, 34(1): 165–84.

Golding, Peter and Murdock, Graham (2005) 'Culture, communications and political economy', in James Curran and Michael Gurevitch (eds), *Mass Media and Society* (4th edn). London: Arnold. pp. 60–83.

Gomery, Douglas (2005[1986]) *The Hollywood Studio System*. Basingstoke/London: Macmillan/BFI.

Goodwin, Andrew and Gore, Joe (1990) 'World beat and the cultural imperialism debate', *Socialist Review*, 20(3): 63–80.

Grabher, Gernot (2002) 'The project ecology of advertising: tasks, talents and teams', *Regional Studies*, 36(3): 245–62.

Grainge, Paul (2008) *Brand Hollywood*. Abingdon: Routledge.

Grant, Peter S. and Wood, Chris (2004) *Blockbusters and Trade Wars*. Vancouver/Toronto: Douglas & McIntyre.

Gray, Brandon (2011) '2011 previews: sequels - now, more than ever', available at http://boxofficemojo.com/news/

Gray, John (1998) *False Dawn*. London: Granta Books.

Gray, Jonathan (2006) *Watching with the Simpsons*. New York: Routledge.

Greco, Albert N. (1995) 'Mergers and acquistions in the US book industry, 1960–89', in Philip G. Altbach and Edith S. Hoshino (eds), *International Book Publishing: An Encyclopedia*. New York: Garland Publishing. pp. 229–42.

Greco, Albert N. (1996) 'Shaping the future: mergers, acquisitions, and the U.S. publishing, communications, and mass media industries, 1990–1995', *Publishing Research Quarterly*, 12(3): 5–16.

Greco, Albert N. (2005) *The Book Publishing Industry* (2nd edn). Mahwah, NJ: Lawrence Erlbaum.

Greco, Albert, Rodríguez, Clara, Wharton, Robert M. (2007) *The Culture and Commerce of Publishing in the 21st Century*. Stanford, CA: Stanford University Press.

Greenfield, Steve and Osborn, Guy (1994) 'Sympathy for the devil? Contractual constraint and artistic autonomy in the entertainment industry', *Media Law and Practice*, 15: 117–27.

Grindstaff, Laura (2002) *The Money Shot: Trash, Class, and the Making of TV Talk Shows*, Chicago: University of Chicago Press.

Gripsrud, Jostein (1995) *The* Dynasty *Years*. London: Routledge.

Gronow, Pekka (1998) *An International History of the Recording Industry*. London: Cassell.

Grossberg, Lawrence (1995) 'Cultural studies vs. political economy: is anybody else bored with this debate?', *Critical Studies in Mass Communications*, 12(1): 72–81.

Grover, Ronald (2005) 'The lion, the witch, and the franchise', *Business Week* online, 7 November, available at www.businessweek.com (last accessed September 2006).

Guback, Thomas H. (1985) 'Hollywood's international market', in Tino Balio (ed.), *The American Film Industry*. Madison, WI: University of Wisconsin Press. pp. 463–86.

Hafez, Kai (2007) *The Myth of Media Globalization*. Cambridge and Malden, MA: Polity Press.
Hafner, Katie and Lyon, Matthew (1996) *Where Wizards Stay Up Late*. New York: Simon & Schuster.
Halavais, Alexander (2008) *Search Engine Society*. Cambridge: Polity.
Hall, Stuart (1992) 'Cultural studies and its theoretical legacies', in Lawrence Grossberg, Cary Nelson and Paula Treichler (eds), *Cultural Studies*. London: Routledge. pp. 286-94.
Hall, Stuart (1994) 'Cultural identity and diaspora', in Patrick Williams and Laura Chrisman (eds), *Colonial Discourse and Post-colonial Theory*. Hemel Hempstead: Harvester Wheatsheaf. pp. 392–403.
Hall, Stuart (1997a) 'The centrality of culture: notes on the cultural revolutions of our time', in Kenneth Thompson (ed.), *Media and Cultural Regulation*. London: Sage. pp. 207-38.
Hall, Stuart (ed.) (1997b) *Representation*. London: Sage.
Hall, Stuart and Jacques, Martin (eds) (1990) *New Times*. London: Lawrence & Wishart.
Hallin, Daniel C. (1986) *The "Uncensored War"*. New York: Oxford University Press.
Hallin, Daniel C. (1994) *We Keep America on Top of the World*. London: Routledge.
Hallin, Daniel C. (2000) 'Commercialism and professionalism in the American news media', in James Curran and Michael Gurevitch (eds), *Mass Media and Society* (3rd edn). London: Arnold. pp. 218–37.
Hallin, Daniel (2008) 'Neoliberalism, social movements and change in media systems in the late twentieth century', in in David Hesmondhalgh and Jason Toynbee (eds.), *The Media and Social Theory*. Abingdon and New York: Routledge. pp. 43-58.
Hallin, Daniel C. and Mancini, Paolo (2004) *Comparing Media Systems*. Cambridge: CUP.
Hamelink, Cees (1983) *Cultural Autonomy in Global Communications*. London: Longman.
Hardy, Jonathan (2004) 'Safe in their hands? New Labour and public service broadcasting', *Soundings*, 27: 100–14.
Hardy, Jonathan (2008) *Western Media Systems*. Abingdon and New York: Routledge.
Hardy, Jonathan (2010) *Cross-Media Promotion*. New York: Peter Lang.
Hargittai, Eszter and Walejko, Gina (2008) 'The participation divide: content creation and sharing in the digital age', *Information, Communication and Society*, 11(2): 239–56.
Harrison, Bennett (1994) *Lean and Mean*. New York: Basic Books.
Hartley, John (1999) *Uses of Television*. London: Routledge.
Hartley, John (ed.) (2005) *Creative Industries*. Malden, MA: Blackwell.
Hartley, John and Cunningham, Stuart (2001) 'Creative industries: from blue poles to fat pipes', in Malcolm Gillies (ed.), *The National Humanities and Social Sciences Summit: Position Papers*. Canberra: Department of Education Science and Training.
Harvey, David (1989) *The Condition of Postmodernity*. Oxford: Blackwell.
Harvey, David (2005) *A Brief History of Neoliberalism*. Oxford: Oxford University Press.
Harvey, David (2010) *The Enigma of Capitalism*. London: Profile.
Hatch, Martin (1989) 'Popular music in Indonesia', in Simon Frith (ed.), *World Music, Politics and Social Change*. Manchester: Manchester University Press. pp. 47–67.
Hauser, Arnold (1962 [1951]) *The Social History of Art*. London: Routledge and Kegan Paul.
Havens, Timothy (2006) *Global Television Marketplace*. London: BFI.
Havens, Timothy, Lotz, Amanda D. and Tinic, Serra (2011) 'Critical media industry studies: a research approach', *Communication, Culture and Critique* 2,2: 234-53.
Havens, Timothy and Lotz, Amanda D. (2012) *Understanding Media Industries*. New York: Oxford University Press.
Haynes, Richard (2005) *Media Rights and Intellectual Property*. Edinburgh: Edinburgh University Press.

Healy, Kieran (2002) 'What's new for culture in the new economy?', *Journal of Arts Management, Law and Society*, 32(2): 86–103.
Hearn, Alison (2008) 'Variations on the branded self: theme, invention, improvisation and inventory', in David Hesmondhalgh and Jason Toynbee (eds.), *The Media and Social Theory*. Abingdon and New York: Routledge. pp. 194–209.
Held, David, McGrew, Anthony, Goldblatt, David and Perraton, Jonathan (1999) *Global Transformations*. Cambridge: Polity Press.
Henwood, Doug (2003) *After the New Economy*. New York: The New Press.
Herman, Edward S. and Chomsky, Noam (1988) *Manufacturing Consent*. New York: Pantheon.
Herman, Edward S. and McChesney, Robert W. (1997) *The Global Media*. London: Cassell.
Hermes, Joke (1995) *Reading Women's Magazines*. Cambridge: Polity Press.
Hesmondhalgh, David (1996) 'Flexibility, post-Fordism and the music industries', *Media, Culture and Society*, 15(3): 469–88.
Hesmondhalgh, David (1997) 'Post-punk's attempt to democratise the music industry: the success and failure of Rough Trade', *Popular Music*, 16(3): 255–74.
Hesmondhalgh, David (1999) 'Indie: the aesthetics and institutional politics of a popular music genre', *Cultural Studies*, 13(1): 34–61.
Hesmondhalgh, David (2002) *The Cultural Industries*. London: Sage.
Hesmondhalgh, David (2005) 'Producing celebrity', in Jessica Evans and David Hesmondhalgh (eds), *Understanding Media: Inside Celebrity*. Maidenhead and Milton Keynes: Open University Press/The Open University. pp. 97–134.
Hesmondhalgh, David (2006a) 'Bourdieu, the media and cultural production', *Media, Culture and Society*, 28(2): 211–32.
Hesmondhalgh, David (ed.) (2006b) *Media Production*. Maidenhead and Milton Keynes: Open University Press/The Open University.
Hesmondhalgh, David (2007) *The Cultural Industries* (2nd edn). London: Sage.
Hesmondhalgh, David (2009a) 'Politics, theory and method in media industries research', in Jennifer Holt and Alisa Perren (eds), *Media Industries*. Malden, MA: Blackwell. pp. 245–55.
Hesmondhalgh, David (2009b) 'The digitalisation of music', in Paul Jeffcut and Andy C. Pratt (eds), *Creativity and Innovation in the Cultural Economy*. London: Routledge. pp 57–73.
Hesmondhalgh, David (2010a) 'Media industry studies, media production studies', in J. Curran (ed.), *Media and Society* (5th edn). London: Arnold. pp. 145–63.
Hesmondhalgh, David (2010b) 'User-generated content, free labour and the cultural industries', *Ephemera: Theory and Politics in Organization*, 10(3–4): 267–84.
Hesmondhalgh, David and Baker, Sarah (2008) 'Creative work and emotional labour in the television industry', *Theory, Culture and Society* 25: 97-118.
Hesmondhalgh, David and Baker, Sarah (2011a) *Creative Labour: Media Work in the Cultural Industries*. Abingdon and New York: Routledge.
Hesmondhalgh, David and Baker, Sarah (2011b) 'Towards a political economy of creative labour', in Janet Wasko, Graham Murdock and Helena Sousa (eds), *Handbook of Political Economy of Communications*. Oxford and Malden, MA: Blackwell. pp. 381–400.
Hesmondhalgh, David and Toynbee, Jason (2008) 'Why media studies needs better social theory', in David Hesmondhalgh and Jason Toynbee (eds), *The Media and Social Theory*. Abingdon and New York: Routledge. pp 1–24.
Hill, Annette (2005) *Reality TV*. Abingdon: Routledge.
Hindman, Matthew (2009) *The Myth of Digital Democracy*. Princeton: Princeton University Press.

Hirsch, Paul M. (1990/1972) 'Processing fads and fashions: an organization-set analysis of cultural industry systems', *American Journal of Sociology*, 77: 639–59.
Hirsch, Paul M. (2000) 'Cultural industries revisited', *Organization Science*, 11(3): 356–61.
Hjarvard, Stig (2008) 'The mediatisation of society: a theory of the media as agents of social and cultural change', *Nordicom Review*, 29(2): 105–33.
Hobsbawm, Eric (1995) *Age of Extremes*. London: Abacus.
Hoffman-Reim, Wolfgang (1996) *Regulating Media*. New York: Guilford Press.
Holden, John (2004) *Capturing Cultural Value*. London: Demos.
Holt, Jennifer (2003) 'Vertical vision: deregulation, industrial economy and prime-time design' in Mark Jancovich and James Lyons (eds), *Quality Popular Television*. London: BFI Publishing. pp. 11–31.
Holt, Jennifer (2011) *Empires of Entertainment*. New Brunswick: Rutgers University Press.
Holt, Jennifer and Perren, Alisa (eds) (2009) *Media Industries*. Oxford: Wiley-Blackwell.
Horwitz, Robert B. (1989) *The Irony of Regulatory Reform*. New York: Oxford University Press.
Horwitz, Robert B. (2005) 'On media concentration and the diversity question', *The Information Society*, 21(3): 181–204.
Hoskins, Colin, McFadyen, Stuart and Finn, Adam (1997) *Global Television and Film*. Oxford: Oxford University Press.
Hoskins, Colin, McFadyen, Stuart and Finn, Adam (2004) *Media Economics*. Thousand Oaks, CA: Sage.
Hotelling, Harold (1929) 'Stability in competition', *Economic Journal*, 34: 41–57.
Howard, Philip (2010) *The Digital Origins of Dictatorship and Democracy*. New York and Oxford: Oxford University Press.
Howard, Toby (1998) 'Survey of European advertising expenditure, 1980–1996', *International Journal of Advertising*, 17(1): 115–24.
Howkins, John (2001) *The Creative Economy*. London: Allen Lane.
Huet, Armel, Ion, Jacques, Lefebvre, Alain and Miège, Bernard (1978) *Capitalisme et industries culturelles*. Grenoble: Presses Universitaires de Grenoble.
Hui, Desmond (2006) 'From cultural to creative industries: strategies for Chaoyang District Beijing', *International Journal of Cultural Industries* 9: 317–331.
Humphreys, Peter J. (1996) *Mass Media and Media Policy in Western Europe*. Manchester: Manchester University Press.
Hunter, Dan, Lobato, Ramon, Richardson, Megan and Thomas, Julian (eds) (2012) *Amateur Media*. Abingdon and New York: Routledge.
IDATE (2010) *TV 2010 Markets and Trends, Facts and Figures*. Montpellier: IDATE.
IJOA (1998a) 'Africa and the Middle East – focus on the smaller adspend regions', *International Journal of Advertising*, 17(4): 515–20.
IJOA (1998b) 'Adspend in the Americas – a tale of two regions', *International Journal of Advertising*, 17(3): 393–8.
IJOA (2000) 'World advertising expenditure', *International Journal of Advertising*, 19(1): 139–44.
Introna, Lucas D. and Nissenbaum, Helen (2000) 'Shaping the web: why the politics of search engines matters', *The Information Society*, 16: 169–85.
Iosifides, Petros (1997) 'Methods of measuring media concentration', *Media, Culture and Society*, 19: 643–63.
Iwabuchi, Koichi (2002) *Recentering Globalization*. Durham, NC: Duke University Press.

Iwabuchi, Koichi (2003) 'Feeling glocal: Japan in the global TV format business', in Albert Moran and Michael Keane (eds), *Television Across Asia*. London: Routledge. pp. 21-35.

Iwabuchi, Koichi (2010) 'Globalization, East Asian media cultures and their publics', *Asian Journal of Communication*, 20(2): 197-212.

Jackson, Peter, Stevenson, Nick and Brooks, Kate (2001) *Making Sense of Men's Magazines*. Cambridge: Polity Press.

Jackson, William (2009) *Economics, Culture and Social Theory*. Cheltenham: Edward Elgar.

Jakobsson, Peter and Stiernstedt, Fredrik (2010) 'Pirates of Silicon Valley: state of exception and dispossession in Web 2.0', *First Monday* [Online], Volume 15, Number 7 (7 July).

Jakubowicz, Karol (2004) 'Ideas in our heads: introduction of PSB as part of media system change in Central and Eastern Europe', *European Journal of Communication*, 19(1): 53-75.

Jarvie, Ian (1992) *Hollywood's Overseas Campaign*. Cambridge: Cambridge University Press.

Jayne, Mark (2004) 'Culture that works? Creative industries development in a working-class city', *Capital and Class*, 84: 199-210.

Jenkins, Henry (2000) 'Art form for the digital age', *Technology Review*, 103(5): 117-19.

Jenkins, Henry (2006) *Convergence Culture*. New York: NYU Press.

Jensen, Pia Majbritt (2007) *TV Format Adaptation in a Transnational Perspective*. PhD dissertation, Aarhus University, Aarhus.

Jhally, Sut and Livant, Bill (1986) 'Watching as working: the valorization of audience consciousness', *Journal of Communication*, 36(3): 124-43.

Jin, Dal Yong (2011) 'Deconvergence and deconsolidation in the global media industries: the rise and fall of (some) media conglomerates', in Dwayne Winseck and Dal Yong Jin (eds), *The Political Economies of Media*. London: Bloomsbury Academic. pp. 167-82.

Johnson, Richard (1986/7) 'What is cultural studies anyway?' *Social Text*, 6: 38-90.

Johnson, Steven (2005) *Everything Bad is Good for You*. London: Allen Lane.

Jones, Candace (1996) 'Careers in project networks: the case of the film industry' in Michael Arthur and Denise Rousseau (eds), *The Boundaryless Career*. New York and Oxford: OUP. pp. 58-75.

Jones, Geoffrey, Arora, Namrata, Mishra, Surachita and Lefort, Alexis (2008) *Can Bollywood Go Global?* Boston, MA: Harvard Business School.

Jones, Paul (2004) *Raymond Williams's Sociology of Culture*. Basingstoke: Palgrave Macmillan.

Jordan, Tim (1998) *Cyberpower*. Abingdon: Routledge.

Kahn-Harris, Keith (2007) *Extreme Metal*. Oxford: Berg.

Karagiannis, Thomas, Broido, Andre, Brownlee, Nevil, claffy, kc and Faloutsos, Michalis (2004) 'Is P2P dying or just hiding?', available at www.caida.org/outreach/papers (last accessed September 2006).

Kato, Hidetoshi (1998) 'Japan', in Anthony Smith with Richard Paterson (eds), *Television: An International History* (2nd edn). Oxford: Oxford University Press.

Kealy, Edward R. (1990/1974) 'From craft to art: the case of sound mixers and popular music', in Simon Frith and Andrew Goodwin (eds), *On Record*. New York: Pantheon. pp. 207-20.

Keane, John (1991) *The Media and Democracy*. Cambridge: Polity Press.

Keane, Michael (2004) 'Asia: new growth areas', in Albert Moran and Michael Keane (eds), *Television Across Asia*. London: RoutledgeCurzon. pp.9-20.

Keane, Michael, Fung, Anthony and Moran, Albert (2007) *New Television, Globalisation and the East Asian Cultural Imagination*. Hong Kong: Hong Kong University Press.
Keat, Russell and Abercrombie, Nicholas (eds) (1991) *Enterprise Culture*. London: Routledge.
Keen, Andrew (2007) *The Cult of the Amateur*. London and Boston: Nicholas Brealey.
Kelly, Mary, Mazzoleni, Gianpetro and McQuail, Denis (eds) (2004) *The Media in Europe*. London: Sage.
Kennedy, Helen (2011) *Net Work*. Basingstoke: Palgrave Macmillan.
Kerr, Aphra (2006) *Digital Games*. London: Sage.
Kittler, Friedrich (2011[2002]) *Optical Media*. Cambridge: Polity.
Kit-wai Ma, Eric (2000) 'Rethinking media studies: the case of China', in James Curran and Myung-Jin Park (eds), *De-Westernizing Media Studies*. London: Routledge. pp. 21–34.
Klein, Bethany (2009) *As Heard on TV*. Burlington: Ashgate.
Kleinsteuber, Hans J. (1998) 'The digital future', in Denis McQuail and Karen Siune (eds), *Media Policy*. London: Sage. pp. 60–74.
Kline, Stephen, Dyer-Witherford, Nick and De Peuter, Greg (2003) *Digital Play*. Montreal: McGill-Queen's University Press.
Klinenberg, Eric (2007) *Fighting for Air*. New York: Metropolitan Books.
KMU Forschung Austria (2003) 'First report on creative industries in Austria'. Vienna: KMU Forschung Austria.
Kot, Greg (2009) *Ripped*. New York: Scribner.
Kraidy, Marwan M. and Khalil, Joe F. (2009) *Arab Television Industries*. Basingstoke: Palgrave Macmillan/British Film Institute.
Kraidy, Marwan and Sender, Katherine (eds) (2010) *The Politics of Reality Television*. New York: Routledge.
Krippner, Greta (2005) 'The financialization of the American economy,' *Socio-Economic Review* 3:173–208.
Kulturdokumentation, Mediacult and Wifo (2004) 'An analysis of the economic potential of the creative industries in Vienna'. Vienna: Kulturdokumentation, Medicault and Wifo.
Küng, Lucy, Picard, Robert and Towse, Ruth (eds) (2008) *The Internet and the Mass Media*. Los Angeles and London: Sage.
Lacroix, Jean-Guy and Tremblay, Gaëtan (1997) 'The "Information Society" and cultural industries theory', *Current Sociology*, 48(4): 1–62.
Laing, Dave (1985) *One Chord Wonders*. Buckingham: Open University Press.
Laing, Dave (1986) 'The music industry and the "cultural imperialism" thesis', *Media, Culture and Society*, 8(3): 331–41.
Laing, Dave (1992) '"Sadeness", scorpions and single markets: national and transnational trends in European popular music', *Popular Music*, 11(2): 127–40.
Laing, Dave (2004) 'Copyright, politics and the international music industry', in Simon Frith and Lee Marshall (eds), *Music and Copyright* (2nd edn). Edinburgh: Edinburgh University Press. pp. 70–85.
Lampel, Joseph, Shamsie, Jamal and Lant, Theresa K. (2006) *The Business of Culture*. Mahwah, NJ and London: Lawrence Erlbaum.
Lanchester, John (2010) *Whoops*. London: Penguin.
Landry, Charles (2000) *The Creative City*. London: Earthscan.
Landry, Charles and Bianchini, Franco (1995) *The Creative City*. London: Demos.
Lane, Anthony (2003) *Nobody's Perfect*. London: Allen Lane.

Lane, Anthony (2005) 'New frontiers', *The New Yorker*, 12 December, available at http://www. newyorker.com/critics/content/articles/051212cri_cinema (last accessed October 2006).
Lash, Scott and Urry, John (1994) *Economies of Signs and Space*. London: Sage.
Lax, Stephen (2008) *Media and Communication Technologies*. Basingstoke: Palgrave Macmillan.
Leadbeater, Charles (2000) *Living on Thin Air*. London: Penguin.
Leadbeater, Charles and Oakley, Kate (1999) *The Independents*. London: Demos.
Lee, Chin-Chuan (ed.) (2003) *Chinese Media, Global Contexts*. London: RoutledgeCurzon. pp. 237–56.
Lee, David (2009) *Precarious Creativity: Working Lives in the UK Television Industry*. PhD thesis, Goldsmiths, University of London.
Lee, Micky (2011) 'Google ads and the blindspot debate' *Media, Culture & Society*, 33(3): 433–47.
Lent, John A. (1990) *The Asian Film Industry*. London: Christopher Helm.
Lent, John A. (1998) 'The animation industry and its offshore factories', in Gerald Sussman and John A. Lent (eds), *Global Productions*. Cresskill, NJ: Hampton Press. pp. 239–54.
Leong, Anthony C.Y. (2002) *Korean Cinema*. Bloomington, IN: Trafford.
Lerner, Preston (1999) 'Shadow force', *Los Angeles Times Magazine*, 7 November.
Lessig, Lawrence (2001) *The Future of Ideas*. New York: Random House.
Lessig, Lawrence (2008) *Remix*. New York: Penguin.
Levitas, Ruth (1998) *The Inclusive Society?* Basingstoke: Palgrave Macmillan.
Levy, Emanuel (1999) *Cinema of Outsiders*. New York: New York University Press.
Liebes, Tamar and Katz, Elihu (1993) *The Export of Meaning*. Cambridge: Polity Press.
Ling, Rich and Donner, Jonathan (2009) *Mobile Communication*. Cambridge: Polity.
Lister, Martin, Dovey, Jon, Giddings, Seth, Grant, Iain and Kelly, Kieran (2003) *New Media: A Critical Introduction*. London: Routledge.
Little, Matthew (2005) 'The Western connection', *The Epoch Times*, 19 March, available at www.theepochtimes.com/news/5-3-19/27189.html (last accessed September 2006).
Livingstone, Sonia (2010) *Children and the Internet*. Cambridge: Polity.
Lloyd, Richard (2006) *Neo-Bohemia*. New York and Abingdon: Routledge.
Lobato, Ramon and Fletcher, Lawson (2012) 'Prestige and professionalisation at the margins of the journalistic field: the case of music writers', in Hunter, Dan, Lobato, Ramon, Richardson, Megan, Thomas, Julian (eds), *Amateur Media*. New York and Abingdon: Routledge.
Lomax, Alan (1978/1968) *Folk Song Style and Structure*. New Brunswick, NJ: Transaction.
Looseley, David (2004) 'The development of a social exclusion agenda in French cultural policy', *Cultural Trends*, 50: 15–26.
Lopes, Paul D. (1992) 'Innovation and diversity in the popular music industry, 1969-1990', *American Sociological Review*, 57(1): 56–71.
Lorenzen, Mark and Taübe, Florian A. (2008) 'Breakout from Bollywood? The roles of social networks and regulation in the evolution of Indian film industry', *Journal of International Management*, 14: 286–299.
Lotz, Amanda D. (2004) 'Textual (im)possibilities in the U.S. post-network era: negotiating production and promotion processes on Lifetime's *Any Day Now*', *Critical Studies in Mass Communication*, 21(1): 22–43.
Lotz, Amanda D. (2007) *The Television Will Be Revolutionized*. New York: New York University Press.

Lovink, Geert and Rossiter, Ned (eds) (2007) *My Creativity Reader*. Amsterdam: Institute of Network Cultures.
Lowery, Shearon and DeFleur, Melvin L. (1995) *Milestones in Mass Communication Research* (3rd edn). London: Longman.
Lundby, Knut (ed.) (2009) *Mediatization*. New York: Peter Lang.
Lyotard, Jean-François (1984) *The Postmodern Condition*. Minneapolis, MN: University of Minnesota Press.
MacDonald, Dwight (1963) *Against the American Grain*. London: Victor Gollancz.
Magder, Ted and Burston, Jonathan (2002) 'Whose Hollywood? Changing forms and relations inside the North American entertainment economy', in Vincent Mosco and Dan Schiller (eds), *Continental Integration for Cybercapitalism*. Lanham, MD: Rowman & Littlefield. pp. 207-34.
Mancini, Paolo and Hallin, Daniel (2001) 'Italy's television, Italy's democracy', posted 19 July, *OpenDemocracy*, available at www.opendemocracy.net/ media-publicserv-ice/ article_59. jsp (last accessed September 2006).
Mankekar, Purnima (1999) *Screening Culture, Viewing Politics*. Durham, NC: Duke University Press.
Mann, Charles C. (2000) 'The heavenly jukebox', *Atlantic Monthly*, 286(3): 39-73.
Mansell, Robin (1993) *The New Telecommunications*. London: Sage.
Marchetti, Gina and Kam, Tan See (2007) *Hong Kong Film, Hollywood, and the New Global Cinema*. London: Routledge.
Marglin, Stephen A. and Schor, Juliet B. (eds) (1992) *The Golden Age of Capitalism*. Oxford: Clarendon.
Marr, Merissa (2005) 'Selling "Narnia" ', *The Wall Street Journal* online, 25 November, available at http: / / online.wsj.com (last accessed September 2006).
Marsh, David (2002) 'Pluralism and the study of British politics: it is always the happy hour for men with money, knowledge and power', in Colin Hay (ed.), *British Politics Today*. Cambridge: Polity Press. pp.14-37.
Marshall, Lee (2006) *Bootlegging*. London: Sage.
Martin, Ron and Sunley, Peter (2003) 'Deconstructing clusters: chaotic concept or policy panacea?' *Journal of Economic Geography*, 3(1): 5-35.
Maslow, Abraham (1987/1954) *Motivation and Personality* (3rd edn). New York: Harper and Row.
Mastrini, Guillermo and Becerra, Martin (2011) 'Media ownership, oligarchies, and globalization: media concentration in South America', in Winseck, Dwayne and Jin, Dal Y. (eds) (2011) *The Political Economies of Media*. London: Bloomsbury Academic. pp. 66-83.
Mato, Daniel (2009) 'All industries are cultural', *Cultural Studies*, 23(1): 70-87(18).
Matos, Carolina (2008) *Journalism and Political Democracy*. Lanham, MD: Lexington.
Mattelart, Armand (1991) *Advertising International*. London: Routledge/Comedia.
Mattelart, Armand and Mattelart, Michèle (1990) *The Carnival of Images*. New York: Bergin & Garvey.
Mattelart, Armand and Mattelart, Michèle (1998) *Theories of Communication*. London: Sage.
Maxwell, Richard (1991) 'The image is gold: value, the audience commodity and fetishism', *Journal of Film and Video*, 43:1-2 and 29-45.
Maxwell, Richard (ed.) (2001) *Culture Works*. Minneapolis, MN: University of Minnesota Press.
Maxwell, Richard (2003) *Herbert Schiller*. Lanham, MD: Rowman & Littlefield.
May, Christopher (2000) *A Global Political Economy of Intellectual Property Rights*. Abingdon: Routledge.

May, Christopher (2004) 'Capacity building and the (re) production of intellectual property rights', *Third World Quarterly*, 25(5): 821-37.
May, Christopher (2007) *The World Intellectual Property Organisation*. Abingdon: Routledge.
Mayer, Vicki (2011) *Below the Line*. Durham, NC: Duke University Press.
Mayer, Vicki, Banks, Miranda J. and Caldwell, John Thornton (eds) (2009) *Production Studies: Cultural Studies of Media Industries*. New York and Abingdon: Routledge.
Mazzoleni, Giuseppe (1995) 'Towards a videocracy: Italian political communication at a turning point', *European Journal of Communication*, 10(3): 291-319.
McAllister, Matthew P. (2000) 'From flick to flack: the increased emphasis on marketing by media entertainment corporations', in Robin Andersen and Lance Strate (eds), *Critical Studies in Media Commercialism*. Oxford: Oxford University Press. pp. 101-22.
McAllister, Matthew P. (2005) 'Television advertising as textual and economic systems', in Janet Wasko (ed.), *A Companion to Television*. Malden, MA and Oxford: Blackwell.
McChesney, Robert W. (1993) *Telecommunications, Mass Media and Democracy*. New York and Oxford: Oxford University Press.
McChesney, Robert W. (1999) *Rich Media, Poor Democracy*. Urbana and Chicago, IL: University of Illinois Press.
McChesney, Robert W. (2004) *The Problem of the Media*. New York: Monthly Review Press.
McChesney, Robert W. (2008) *The Political Economy of Media*. New York: Monthly Review Press.
McChesney, Robert W. and Nichols, John (2010) *The Death and Life of American Journalism*. Philadelphia, PA: Nation Books.
McChesney, Robert W. and Pickard, Victor (eds) (2011) *Will the Last Reporter Please Turn Out the Lights*. New York: The New Press.
McDonald, Paul and Wasko, Janet (eds) (2008) *The Contemporary Hollywood Film Industry*. Oxford: Wiley-Blackwell.
McGuigan, Jim (1992) *Cultural Populism*. London: Routledge.
McGuigan, Jim (1996) *Culture and the Public Sphere*. London: Routledge.
McGuigan, Jim (1998) 'What price the public sphere?', in Daya Thussu (ed.), *Electronic Empires*. London: Arnold. pp. 91-107.
McLeod, Kembrew (2001) *Owning Culture*. New York: Peter Lang.
McQuail, Denis (1992) *Media Performance*. London: Sage.
McQuail, Denis (2005) *McQuail's Mass Communication Theory* (4th edn.) London: Sage.
McQuail, Denis and Siune, Karen (eds) (1998) *Media Policy*. London: Sage. pp. 95-106.
McRobbie, Angela (1998) *British Fashion Design*. London: Routledge.
McRobbie, Angela (2002) 'Clubs to companies: notes on the decline of political culture in speeded up creative worlds', *Cultural Studies*, 16: 516-31.
McRobbie, Angela (2005) *The Uses of Cultural Studies*. London: Sage.
McRobbie, Angela (2008) *The Aftermath of Feminism*. London: Sage.
Meehan, Eileen (1991) '"Holy commodity fetish, Batman!" The political economy of a commercial intertext', in Roberta E. Pearson and William Urrichio (eds), *The Many Lives of the Batman*. London: BFI and Routledge, Chapman and Hall. pp. 47-65.
Meehan, Eileen (2000) 'Leisure or labor? Fan ethnography and political economy', in Ingunn Hagen and Janet Wasko (eds), *Consuming Audiences? Production and Reception in Media Research*. Creskill, NJ: Hampton Press. pp. 71-92.
Meier, Werner A. and Trappel, Josef (1998) 'Media concentration and the public interest', in Denis McQuail and Karen Siune (eds), *Media Policy*. London: Sage. pp. 38-59.

Menand, Louis (2005) 'Gross points: is the blockbuster the end of cinema?', *New Yorker*, 7 February.
Menger, Pierre-Michel (1999) 'Artistic labour markets and careers', *Annual Review of Sociology*, 25: 541–74.
Menger, Pierre-Michel (2006) 'Artistic labor markets: contingent work, excess supply and occupational risk management' in Victor Ginsburgh and David Throsbt (eds) *Handbook of the Economics of Art and Culture*. Oxford: Elsevier, pp. 765-812.
Merritt, Greg (2000) *Celluloid Mavericks*. New York: Thunder's Mouth Press.
Miège, Bernard (1979) 'The cultural commodity', *Media, Culture and Society*, 1: 297–311.
Miège, Bernard (1987) 'The logics at work in the new cultural industries', *Media, Culture and Society*, 9: 273–89.
Miège, Bernard (1989) *The Capitalization of Cultural Production*. New York: International General.
Miège, Bernard (2000) *Les industries du contenu face à l'ordre informationnel*. Grenoble: Presses Universitaires de Grenoble.
Miller, Daniel (2011) *Tales from Facebook*. Cambridge: Polity.
Miller, David (1998) 'Promotional strategies and media power', in Adam Briggs and Paul Cobley (eds), *The Media: An Introduction*. Harlow: Addison Wesley Longman. pp. 65–80.
Miller, David and Philo, Greg (2000) 'Cultural compliance and critical media studies', *Media, Culture and Society*, 22 (6): 831–9.
Miller, Mark Crispin (1997) 'The publishing industry', in Patricia Aufderheide, Erik Barnouw, Richard M. Cohen, Thomas Frank, Todd Gitlin, David Liebermann, Mark Crispin Miller, Gene Roberts and Thomas Schatz (eds), *Conglomerates and the Media*. New York: The New York Press. pp. 107–34.
Miller, Paul (2005) 'Web 2.0: building the new library', *Ariadne*, 45, October, available at www.ariadne.ac.uk/issue45/miller (last accessed September 2006).
Miller, Toby (2010) *Television Studies*. New York: Routledge.
Miller, Toby, Govil, Nitin, McMurria, John, Maxwell, Richard and Wang, Ting (2005) *Global Hollywood 2*. London: British Film Institute.
Mitchell, Tony (ed.) (2001) *Global Noise*. Middletown, CT: Wesleyan University Press.
Mommaas, Hans (2004) 'Cultural clusters and the post-industrial city: towards the remapping of urban cultural policy', *Urban Studies*, 41: 507–32.
Montgomery, Sarah S. and Robinson, Michael D. (1993) 'Visual artists in New York: what's special about person and place?' *Journal of Cultural Economics*, 17: 17–39.
Moran, Albert (1998) *Copycat TV*. Luton: University of Luton Press.
Moran, Albert and Keane, Michael (eds) (2004) *Television Across Asia*. London: RoutledgeCurzon.
Moran, Joe (1997) 'The role of multimedia conglomerates in American trade book publishing', *Media, Culture and Society*, 19: 441–55.
Morin, Edgar (1962) *L'esprit du temps*. Paris: Bernard Grasset.
Morley, David (1986) *Family Television*. London: Comedia.
Morley, David and Chen, Kuan-Hsing (eds) (1996) *Stuart Hall*. London: Routledge.
Morris, Meaghan (1992) 'The man in the mirror: David Harvey's "condition" of post-modernity', *Theory, Culture and Society*, 9: 253–79.
Morris, Nancy and Waisbord, Silvio (eds) (2001) *Media and Globalization*. Lanham, Maryland and Oxford: Rowman & Littlefield.
Mosco, Vincent (1996) *The Political Economy of Communication*. London: Sage.
Mosco, Vincent (2004) *The Digital Sublime*. Cambridge, MA: MIT Press.
Mosco, Vincent (2009) *The Political Economy of Communication* (2nd edn). London: Sage.

Mosco, Vincent and McKercher, Catherine (2009) *The Laboring of Communication*. Lanham, MD: Lexington.
Murdock, Graham (1982) 'Large corporations and the control of the communications industries', in Michael Gurevitch, Tony Bennett, James Curran and Janet Wollacott (eds), *Culture, Society and the Media*. London: Methuen. pp. 118–50.
Murdock, Graham (1978) 'Blindspots about Western Marxism: a reply to Dallas Smythe', *Canadian Journal of Political and Social Theory* 2(2): 120–9.
Murdock, Graham (1990) 'Redrawing the map of the communications industries: concentration and ownership in the era of privatization', in Marjorie Ferguson (ed.), *Public Communication: The New Imperatives*. London: Sage. pp. 1–15.
Murdock, Graham (2000a) 'Digital futures: European television in the age of convergence', in Jan Wieten, Graham Murdock and Peter Dahlgren (eds), *Television Across Europe*. London: Sage. pp. 35–57.
Murdock, Graham (2000b) 'Reconstructing the ruined tower: contemporary communications and questions of class', in James Curran and Michael Gurevitch (eds), *Mass Media and Society*. London: Arnold.
Murdock, Graham (2011) 'Political economies as moral economies: commodities, gifts, and public goods', in Janet Wasko, Graham Murdock and Helena Sousa (eds), *The Handbook of Political Economy of Communications*. Malden, MA and Oxford: Wiley-Blackwell. pp. 13-40.
Murdock, Graham and Golding, Peter (1974) 'Towards a political economy of the media', in Ralph Miliband (ed.), *Socialist Register 1974*. London: Merlin. pp. 205–34.
Murdock, Graham and Golding, Peter (1977) 'Capitalism, communication and class relations', in James Curran, Michael Gurevitch and Janet Wollacott (eds), *Mass Communication and Society*. London/Milton Keynes: Edward Arnold with The Open University Press. pp. 12–43.
Murdock, Graham and Golding, Peter (1999) 'Common markets: corporate ambitions and communication trends in the UK and Europe', *The Journal of Media Economics*, 12(2): 117–32.
Murdock, Graham and Golding, Peter (2004) 'Dismantling the digital divide: rethinking the dynamics of participation and exclusion', in Andrew Calabrese and Colin Sparks (eds), *Towards a Political Economy of Culture*. Lanham, MD: Rowman & Littlefield. pp. 286–306.
Myerscough, John (1988) *The Economic Importance of the Arts in Britain*. London: Policy Studies Institute.
Naficy, Hamid (1993) *The Making of Exile Cultures*. Minneapolis, MN: University of Minnesota Press.
Napoli, Philip M. (2001) *Foundations of Communications Policy*. New York: Hampton.
Napoli, Philip M. (2003) *Audience Economics*. New York: Columbia University Press.
Napoli, Philip M. (2011) *Audience Evolution*. New York: Columbia University Press.
Neff, Gina (2012) *Venture Labor*. Boston, MA: MIT Press.
Negroponte, Nicholas (1995) *Being Digital*. London: Hodder & Stoughton.
Negus, Keith (1992) *Producing Pop*. London: Edward Arnold.
Negus, Keith (1997) 'The production of culture', in Paul du Gay (ed.), *Production of Culture/Cultures of Production*. Milton Keynes/London: The Open University/Sage. pp. 67–118.
Negus, Keith (1999) *Music Genres and Corporate Cultures*. London: Routledge.
Negus, Keith (2006) 'Rethinking creative production away from the cultural industries', in James Curran and David Morley (eds), *Media and Cultural Theory*. Abingdon: Routledge. pp. 197–208.
Neuman, W. Russell (1991) *The Future of the Mass Audience*. Cambridge: Cambridge University Press.

Nichols, Randy (forthcoming) Who plays, who pays? Mapping video game production and consumption globally', in Nina Huntemann and Ben Aslinger (eds), *Gaming globally: production, play and place*. New York: Palgrave MacMillan.

Nixon, Sean (1997) 'Circulating culture', in Paul du Gay (ed.), *Production of Culture/Cultures of Production*. Milton Keynes/London: The Open University/Sage. pp. 177–234.

Nixon, Sean (2011) 'From full-service agency to 3-D marketing consultants: "creativity" and organizational change in advertising', in Mark Deuze (ed.), *Managing Media Work*. Thousand Oaks, CA: Sage. pp. 199–209.

Noam, Eli M. (2001) *Interconnecting the Network of Networks*. New York and Oxford: Oxford University Press.

Noam, Eli M. (2009) *Media Ownership and Concentration in America*. New York and Oxford: Oxford University Press.

Norris, Pippa (2001) *Digital Divide*. Cambridge: Cambridge University Press.

Oakley, Kate (2006) 'Include us out—economic development and social policy in the creative industries', *Cultural Trends*, 15(4): 255–73.

Oakley, Kate (2011) 'In its own image: New Labour and the cultural workforce', *Cultural Trends*, 20(3–4): 281–9.

O'Connor, Justin (2004) '"A special kind of city knowledge": innovative clusters, tacit knowledge and the "creative city"', *Media International Australia*, 112: 131–49.

O'Connor, Justin (2010) *Arts and Cultural Industries*. Canberra: Australian Council for the Arts.

O'Connor, Justin and Gu, Xin (2012) 'Shanghai: images of modernity', in Yudhishthir Raj Isar, Michael Hoelscher and Helmut K. Anheier (eds), *Cities, Cultural Policy and Governance*. London: Sage.

Ofcom (2006) *Media Literacy Audit: Report on Adult Media Literacy*. London: Ofcom.

Ong, Aihwa (1999) *Flexible Citizenship*. Durham, NC: Duke University Press.

Orlowski, Andrew (2009) 'We were so keen to believe that web 2.0 would make the world a fairer place that we rejected all evidence to the contrary', *New Statesman*, 30 April, available at http://www.newstatesman.com/business/2009/05/

O'Reilly, Tim (2005) 'Web 2.0: compact definition?', *O'Reilly Radar* blog, 1 October, available at http://radar.oreilly.com (accessed September 2006).

Osborne, Thomas (2003) 'Against "creativity": a philistine rant', *Economy and Society* 32,4: 507–25.

Ó Siochrú, Sean, Girard, Bruce and Mahan, Amy (2002) *Global Media Governance: A Beginner's Guide*. Lanham: Rowman & Littlefield.

Østergaard, Bernt Stubbe (1998) 'Convergence: legislative dilemmas', in Denis McQuail and Karen Siune (eds), *Convergence*. London: Sage. pp. 95–6.

Ouellette, Laurie and Hay, James (2008) *Better Living Through Reality TV*. Malden, MA and Oxford: Blackwell.

Padioleau, Jean G. (1987) 'The management of communications', *Media, Culture and Society*, 9: 291–300.

Page, Will and Garland, Eric (2009) 'The long tail of P2P'. London: PRS For Music.

Papathanassopoulos, Stylianos and Negrine, Ralph (2011) *European Media*. Cambridge: Polity.

Passman, Donald S. (1998) *All You Need to Know about the Music Business* (revised and updated edition). London: Penguin.

Patelis, Korinna (1999) 'The political economy of the Internet', in James Curran (ed.), *Media Organizations in Society*. London: Arnold. pp. 84–106.

Paterson, Chris (2011) *The International Television News Agencies*. New York: Peter Lang.

Paterson, Richard (1998) 'Drama and entertainment', in Anthony Smith, with Richard Paterson (eds), *Television: An International History*. Oxford: Oxford University Press. pp. 57-68.

Peacock Report (1986) *The Report of the Committee on Financing the BBC*. London: HMSO.

Peiperl, Maury, Arthur, Michael, Goffee, Rob and Anand, N. (eds) (2002) *Career Creativity*. Oxford: OUP.

Pendakur, Manjunath (1990) 'India', in John A. Lent (ed.), *The Asian Film Industry*. London: Christopher Helm. pp. 229-52.

Peoples, Glenn (2011) 'Business matters: 75,000 albums released in U.S. in 2010 - down 22% from 2009', *Billboard.biz*, 18 February.

Perren, Alisa (2011) 'Producing filmed entertainment', in Mark Deuze (ed.), *Managing Media Work*. Thousand Oaks, CA and London: Sage. pp. 155-64.

Peterson, Richard A. (1976) 'The production of culture: a prolegomenon', in Richard A. Peterson (ed.), *The Production of Culture*. London: Sage. pp. 7-22.

Peterson, Richard A. (1997) *Creating Country Music*. Chicago, IL: University of Chicago Press.

Peterson, Richard A. and Berger, David G. (1971) 'Entrepreneurship in organizations: evidence from the popular music industry', *Administrative Science Quarterly*, 16: 97-107.

Peterson, Richard A. and Berger, David G. (1990/1975) 'Cycles in symbol production: the case of popular music', in Simon Frith and Andrew Goodwin (eds), *On Record*. New York: Pantheon. pp. 140-59.

Peterson, Richard A. and Kern, Roger M. (1996) 'Changing highbrow taste: from snob to omnivore', *American Sociological Review*, 61: 900-7.

Picard, Robert (2002) *The Economics and Financing of Media Companies*. New York: Fordham University Press.

Piore, Michael and Sabel, Charles (1984) *The Second Industrial Divide*. New York: Basic Books.

Pool, Ithiel de Sola (1977) 'The changing flow of television', *Journal of Communication*, 27: 139-49.

Pool, Ithiel de Sola (1983) *Technologies of Freedom*. Cambridge, MA: Harvard University Press.

Poole, Steven (2000) *Trigger Happy*. London: Fourth Estate.

Porat, Marc (1977) *The Information Economy*. Washington, DC: US Department of Commerce.

Porter, Michael (1990) *The competitive advantage of nations*. London: Macmillan.

Powdermaker, Hortense (1951) *Hollywood: The Dream Factory*. London: Secker & Warburg.

Power, Dominic (ed.) (2003) 'Behind the music: profiting from sound: a systems approach to the dynamics of the Nordic music industry - Final report', The Nordic Industrial Fund.

Pratt, Andy C. (2004) 'Creative clusters: towards the governance of the creative industries production system?', *Media International Australia*, 112: 50-66.

Pratt, Andy C. (2005) 'Cultural industries and public policy: an oxymoron?', *International Journal of Cultural Policy*, 11(1): 31-44.

Press, Andrea and Williams, Bruce (2010) *The New Media Environment*. Oxford: Wiley-Blackwell.

Press, Joy (2004) 'Out of the box', *The Village Voice*, 11-17 August, available at www.villagevoice.com/news/0432, press, 55810, 1 html (last accessed September 2006).

Preston, Paschal and Rogers, Jim (2011) 'Social networks, legal innovations and the "new" music industry', *Info* 13,6: 8-19.

Prichard, James (2005) 'Christian stores capitalize on "Narnia" tie-ins', *MSNBC*, Associated Press article, 9 December, available at www.msnbc.msn.com (last accessed September 2006).
Prindle, David F. (1993) *Risky Business*. Boulder, CO: Westview Press.
Queensland Government (2005) 'Creative industries in Australia and Queensland'. Brisbane: Queensland Government.
Quinn, Eithne (2004) *Nothing But a "G" Thang*. New York, NY: Columbia University Press.
Raboy, Marc (ed.) (1997) *Public Broadcasting for the 21st Century*. Luton: University of Luton Press.
Raphael, Chad (2001) 'Untangling the web', in Richard Maxwell (ed.), *Culture Works*. Minneapolis, MN: University of Minnesota Press. pp. 197–224.
Raphael, Chad (2005) *Investigated Reporting*. Urbana, IL: University of Illinois Press.
Rawnsley, Gary and Ming-Yeh Rawnsley (eds) (2010) *Global Chinese Cinema*. Abindgon: Routledge.
Reynolds, Simon (2005) *Rip It Up and Start Again*. London: Faber and Faber.
Rheingold, Howard (1992) *Virtual Reality*. London: Mandarin.
Rice, Ronald E. (2008) *Media Ownership*. Cresskill, NJ: Hampton Press.
Rigby, S.H. (1998) *Marxism* and *History* (2nd edn). Manchester: Manchester University Press.
Ritzer, George and Jurgenson, Nathan (2010) 'Production, consumption, prosumption', *Journal of Consumer Culture*, 10(1): 13.
Robertson, Roland (1990) 'Mapping the global condition: globalization as the central concept', in Mike Featherstone (ed.), *Global Culture*. London: Sage. pp. 15–30.
Roberts, Ken (2004) *The Leisure Industries*. Basingstoke: Palgrave Macmillan.
Robins, Kevin (1997) 'What in the world's going on?', in Paul du Gay (ed.), *Production of Culture/Cultures of Production*. Milton Keynes/London: The Open University/Sage. pp. 11–66.
Robins, Kevin and Cornford, James (1992) 'What is "flexible" about independent producers?', *Screen*, 33(2): 190–200.
Robotham, Don (2005) *Culture, Society and Economy*. London: Sage.
Rønning, Helge and Slaatta, Tore (2011) 'Marketers, publishers, editors: trends in international publishing', *Media, Culture and Society*, 33(7): 1109–20.
Ross, Andrew (1989) *No Respect*. London: Routledge.
Ross, Andrew (ed.) (1998) *No Sweat*. London: Verso.
Ross, Andrew (2000) 'The Mental Labor Problem', *Social Text*, 63, 18 (2): 1–31.
Ross, Andrew (2003) *No Collar*. Philadelphia, PA: Temple University Press.
Ross, Andrew (2009) *Nice Work If You Can Get It*. New York: New York University Press.
Rowan, David (2005) 'Disney's marketing menagerie', *Times Online*, 19 December, available at www.timesonline.co.uk (last accessed September 2006). '"Subdued" $100 million promotional campaign for "Narnia" ', ICV2.com 22 November 2006, available at www.icv2.com (last accessed September 2006).
Ruskin, Gary and Schor, Juliet (2009) 'Every nook and cranny: the dangerous spread of commercialized culture', in Joseph Turow and Matthew P. McAllister (eds), *The Advertising and Consumer Culture Reader*. New York: Routledge. pp. 410–15.
Ryan, Bill (1992) *Making Capital from Culture*. Berlin and New York: Walter de Gruyter.
Sadler, David (1997) 'The global music business as an information industry: reinterpreting economies of culture', *Environment and Planning A*, 29: 1919–36.
Saha, Anamik (2011) 'Negotiating the third space: British Asian independent record labels and the cultural politics of difference', *Popular Music and Society* 34(4): 437–54.
Said, Edward W. (1994) *Culture and Imperialism*. London: Vintage.

Sakr, Naomi (2005) 'Media policy in the Middle East', in James Curran and Michael Gurevitch (eds), *Mass Media and Society* (4th edn). London: Arnold. pp. 234–50.
Sánchez-Tabernero, Alfonso and Carvajal, Miguel (2002) *Media Concentration in the European Market*. Navarra: Universidad de Navarra.
Sánchez-Tabernero, Alfonso, Denton, Alison, Lochon, Pierre-Yves, Mounier, Philippe and Woldt, Runar (1993) *Media Concentration in Europe*. Dusseldorf: The European Institute for the Media.
Sassen, Saskia (1998) *Globalization and its Discontents*. New York: The New Press.
Sassen, Saskia (2000) 'Digital networks and the state', *Theory, Culture and Society*, 17(4): 19–33.
Sayer, Andrew (2000) *Realism and Social Science*. London: Sage.
Schatz, Thomas (1996) *The Genius of the System*. New York: Henry Holt.
Schiller, Dan (1994) 'From culture to information and back again', *Critical Studies in Mass Communication*, 11(1): 93–115.
Schiller, Dan (1997) *Theorizing Communication*. Oxford: Oxford University Press.
Schiller, Dan (1999) *Digital Capitalism*. Cambridge, MA: Harvard University Press.
Schiller, Herbert I. (1969) *Mass Communication and American Empire*. Boston, MA: Beacon Press.
Schiller, Herbert I. (1976) *Communication and Cultural Domination*. White Plains, NY: International Arts and Sciences Press.
Schiller, Herbert I. (1981) *Who Knows*. Norwood, NJ: Ablex.
Schiller, Herbert I. (1989) *Culture, Inc.* Oxford: Oxford University Press.
Schiller, Herbert I. (1998) 'Striving for communication dominance: a half century review', in Daya Thussu (ed.), *Electronic Empires*. London: Arnold. pp. 17–26.
Schlesinger, Philip (1978) *Putting 'Reality' Together*. London: Methuen.
Schlesinger, Philip (2007) 'Creativity: from discourse to doctrine', *Screen*, 48(3): 377–87.
Schlesinger, Philip and Tumber, Howard (1994) *Reporting Crime*. Oxford: Clarendon Press.
Schlesinger, Philip and Waelde, Charlotte (2012) 'Copyright and cultural work: an exploration', *Innovation: The European Journal of Social Science Research*, 25: 11–28.
Schudson, Michael (1993/1984)_*Advertising: the Uneasy Persuasion*. London and New York: Routledge.
Schudson, Michael (2012) *The Sociology of News* (2nd edn). New York: Norton.
Scott, Allen (2000) *The Cultural Economy of Cities*. London: Sage.
Scott, John (1995) *Corporate Business and Capitalist Classes*. Oxford: Oxford University Press.
Scott, Michael (2009) New Zealand's pop renaissance: *a creative industry as after 'neo-liberal' social policy*. PhD thesis, Auckland, NZ: University of Auckland.
Segrave, Kerry (1997) *American Films Abroad*. Jefferson, NC: McFarland & Company.
Shim, Doobo (2006) 'Hybridity and the rise of Korean popular culture in Asia', *Media, Culture and Society*, 28(1): 25–44.
Shirky, Clay (2008) *Here Comes Everybody*. London: Penguin.
Sinclair, John (1996) 'Mexico, Brazil and the Latin world', in John Sinclair, Elizabeth Jacka and Stuart Cunningham (eds), *New Patterns in Global Television*. Oxford: Oxford University Press. pp. 33–66.
Sinclair, John (1999) *Latin American Television*. Oxford: Oxford University Press.
Sinclair, John (2004) 'Latin American and Spanish television', in John Sinclair and Graeme Turner (eds), *Contemporary World Television*. London: BFI. pp. 90–3.
Sinclair, John (2009) 'Latin America's impact on world television markets', in Graeme Turner and Jinna Tay (eds), *Television Studies After TV*. New York and Abingdon: Routledge. pp. 141–8.

Sinclair, John (2011) 'Branding and culture', in Janet Wasko, Graham Murdock and Helena Sousa (eds), *The Handbook of Political Economy of Communications*. Malden, MA and Oxford: Wiley-Blackwell. pp. 206–25.

Sinclair John and Turner, Graeme (eds)(2004) *Contemporary World Television*. London: BFI. pp. 90–3.

Sinclair, John, Jacka, Elizabeth and Cunningham, Stuart (1996) 'Peripheral vision', in John Sinclair, Elizabeth Jacka and Stuart Cunningham (eds), *New Patterns in Global Television*. Oxford: Oxford University Press. pp. 1–32.

Singelmann, Joachim (1978) *From Agriculture to Services*. London: Sage.

Sinha, Nikhil (1997) 'India: television and national politics', in Marc Raboy (ed.), *Public Broadcasting for the 21st Century*. Luton: University of Luton Press. pp. 212–29.

Sinha, Nikhil (2001) 'State transformation and India's telecommunications reform', in Nancy Morris and Silvio Waisbord (eds), *Media and Globalization*. Lanham, MD: Rowman & Littlefield. pp. 55–76.

Siune, Karen and Hultén, Olof (1998) 'Does public broadcasting have a future?', in Denis McQuail and Karen Siune (eds), *Media Policy*. London: Sage. pp. 23–37.

Skeggs, Bev and Wood, Helen (2008) 'Spectacular morality: "reality" television, individualisation and the remaking of the working class', in David Hesmondhalgh and Jason Toynbee (eds), *The Media and Social Theory*. Abingdon and New York: Routledge. pp. 177-93.

Slater, Don and Tonkiss, Fran (2001) *Market Society*. Cambridge: Polity Press.

Smith, Anthony with Paterson, Richard (eds) (1998) *Television: An International History*. Oxford: Oxford University Press.

Smith, Chris (1998) *Creative Britain*. London: Faber and Faber.

Smythe, Dallas (1977) 'Communications: blindspot of Western Marxism', *Canadian Journal of Political and Social Theory*, 12(3): 1–27.

Snickars, Pelle and Vonderau, Patrick (2009)*The YouTube Reader*. Sweden: National Library of Sweden.

Sparks, Colin (2000) 'Media theory after the fall of European communism: why the old models from East and West won't do any more', in James Curran and Myung-Jin Park (eds), *De-Westernizing Media Studies*. London: Routledge. pp. 35–49.

Sparks, Colin (2003) 'Are the Western media really that interested in China?', *Javnost/The Public*, 10(4): 93–108.

Sparks, Colin (2004) 'The impact of the Internet on the existing media', in Andrew Calabrese and Colin Sparks (eds), *Towards a Political Economy of Culture*. Lanham, MD: Rowman & Littlefield. pp. 307–26.

Sparks Colin (2008) *Globalization, Development and the Mass Media*. London: Sage.

Spigel, Lynn and Olsson, Jan (eds) (2004) *Television After TV*. Durham, NC: Duke University Press.

Spivak, Gayatri Chakravorty (1988) *In Other Worlds*. London: Routledge.

Sreberny, Annabelle (1997) 'The many cultural faces of imperialism', in Peter Golding and Phil Harris (eds), *Beyond Cultural Imperialism*. London: Sage. pp. 49–68.

Sreberny, Annabelle and Khiabany, Gholam (2010) *Blogistan*.New York: I.B. Tauris.

Stahl, Matt (2009) 'Privilege and distinction in production worlds: copyright, collective bargaining and working conditions in media making', in Vicki Mayer, Miranda J. Banks and John Thornton Caldwell (eds), *Production Studies: Cultural Studies of Media Industries*. New York and Abingdon: Routledge. pp. 54–68.

Stahl, Matthew Wheelock (2006) *Reinventing certainties: American popular music and social reproduction*. PhD thesis, University of California, San Diego.

Starosielski, Nicole (2011) 'Underwater flow', *Flow*, 15(1), available at http://flowtv.org/2011/10/underwaterflow/

Steemers, Jeanette (ed.) (1998) *Changing Channels*. Luton: University of Luton Press.
Steemers, Jeanette (2010) *Creating Pre-School Television*. London: Sage.
Stein, Laura (2006) *Speech Rights in America*. Chicago, IL: University of Illinois Press.
Steinert, Heinz (2003) *Culture Industry* (trans. Sally-Ann Spencer). Cambridge: Polity.
Sterling, Christopher H. and Kittross, John M. (2002) *Stay Tuned* (3rd edn). Belmont, CA: Wadsworth.
Stevenson, Nick (1999) *The Transformation of the Media*. Harlow: Addison Wesley Longman.
Stokes, Lisa Oldham and Hoover, Michael (1999) *City on Fire*. London: Verso.
Straubhaar, Joseph D. (1997) 'Distinguishing the global, regional and national levels of world television', in Annabelle Sreberny-Mohammadi, Dwayne Winseck, Jim McKenna and Oliver Boyd-Barrett (eds), *Media in Global Context*. London: Arnold. pp. 284–98.
Straubhaar, Joseph D. (2004) 'Brazilian and Portuguese television', in John Sinclair with Graeme Turner (eds), *Contemporary World Television*. London: BFI. pp. 90–3.
Straubhaar, Joseph D. (2007) *World Television*. Los Angeles and London: Sage.
Straw, Will (1990) *Popular music as cultural commodity: the American recorded music industries 1976–1985*. Unpublished PhD thesis, Graduate Program in Communications, McGill University, Montreal.
Streeter, Thomas (1996) *Selling the Air*. Chicago, IL: Chicago University Press.
Streeter, Thomas (2004) 'Romanticism in business culture: the Internet, the 1990s, and the origins of irrational exuberance', in Andrew Calabrese and Colin Sparks (eds), *Towards a Political Economy of Culture*. Lanham, MD: Rowman & Littlefield. pp. 286–306.
Streeter, Thomas (2011) *The Net Effect*. New York: New York University Press.
Stringer, Julian (ed.) (2003) *Movie Blockbusters*. London: Routledge.
Sugimaya, Mitsunobi (2000) 'Media and power in Japan', in James Curran and Myung-Jin Park (eds), *De-Westernizing Media Studies*. London: Routledge.
Sun, Wanning and Zhao, Yuezhi (2009) 'Television culture with "Chinese characteristics": the politics of compassion and education', in Graeme Turner and Jinna Tay (eds), *Television Studies After TV*. New York and Abingdon: Routledge. pp. 96–104.
Tasker, Yvonne (1996) 'Approaches to the new Hollywood', in James Curran, David Morley and Valerie Walkerdine (eds), *Cultural Studies and Communications*. London: Arnold. pp. 213–28.
Teo, Stephen (2000) 'Hong Kong cinema', in John Hill and Pamela Church Gibson (eds), *World Cinema: Critical Approaches*. Oxford: Oxford University Press. pp. 166–72.
Terranova, Tiziana (2004) *Network Culture*. London: Pluto Press.
Théberge, Paul (1997) *Any Sound You Can Imagine*. Hanover, NH: Wesleyan University Press.
Thomas, Pradip N. (1998) 'South Asia', in Anthony Smith with Richard Paterson (eds), *Television: An International History*. Oxford: Oxford University Press. pp. 201–7.
Thomas, Rosie (1985) 'Indian cinema: pleasures and popularity', *Screen*, 26(3–4): 116–31.
Thompson, John B. (1995) *The Media and Modernity*. Cambridge: Polity.
Thompson, John B. (2005) *Books in the Digital Age*. Cambridge: Polity.
Thompson, John B. (2010) *Merchants of Culture*. Cambridge: Polity.
Thompson, Kristin (1999) *Storytelling in the New Hollywood*. Cambridge, MA: Harvard University Press.
Throsby, C. David (2010) *The Economics of Cultural Policy*. Cambridge: Cambridge University Press.
Thussu, Daya Kishan (1999) 'Privatizing the airwaves: the impact of globalization on broadcasting in India', *Media, Culture and Society*, 21(1): 125–31.
Toffler, Alvin (1980) *The Third Wave*. London: Pan.

Tomlinson, John (1991) *Cultural Imperialism*. London: Pinter.
Tomlinson, John (1997) 'Internationalism, globalization and cultural imperialism', in Kenneth Thompson (ed.), *Media and Cultural Regulation*. London/Milton Keynes: Sage/The Open University. pp. 119–53.
Towse, Ruth (1992) 'The labour market for artists', *Richerce Economiche*, 46: 55–74.
Towse, Ruth (ed.) (1997) *Cultural Economics*. Cheltenham: Edward Elgar.
Towse, Ruth (2002) 'Introduction', in Ruth Towse (ed.), *Copyright in the Cultural Industries*. Cheltenham: Edward Elgar. pp. xiv–xxii.
Toynbee, Jason (2000) *Making Popular Music*. London: Arnold.
Toynbee, Jason (2004) 'Musicians', in Simon Frith and Lee Marshall (ed.), *Music and Copyright* (2nd edn). Edinburgh: Edinburgh University Press. pp. 123–38.
Toynbee, Jason (2006) 'The media's view of the audience', in David Hesmondhalgh (ed.), *Media Production*. Maidenhead and Milton Keynes, Open University Press/The Open University. pp. 91–132.
Toynbee, Jason (2008)'Media making and social reality', in David Hesmondhalgh and Jason Toynbee (eds), *The Media and Social Theory*. Abingdon and New York: Routledge. pp. 265–80.
Toynbee, Polly (2005) 'Narnia represents everything that is most hateful about religion', *The Guardian* online, Special Report: Religious Affairs, 5 December, available at www.guardian.co.uk (last accessed September 2006).
Tracey, Michael (1998) *The Decline and Fall of Public Service Broadcasting*. Oxford: Oxford University Press.
Trappel, Josef, Meier, Werner A., d'Haenens Leen, Steemers, Jeanette and Thomass, Barbara (2010) *The Media in Europe Today*. Bristol: Intellect.
Tremblay, Gaëtan (2011) 'Creative economy statistics to support creative economy policies', *Media, Culture and Society*, 33,2: 289-98
Tuchman, Gaye (1978) *Making News*. New York: Free Press.
Tumber, Howard (ed.) (1999) *News: A Reader*. Oxford: Oxford University Press.
Tunstall, Jeremy (1971) *Journalists at Work*. London: Constable.
Tunstall, Jeremy (1986) *Communications Deregulation*. Oxford: Blackwell.
Tunstall, Jeremy (1993) *Television Producers*. London: Routledge.
Tunstall, Jeremy (1994) *The Media are American* (2nd edn). London: Constable.
Tunstall, Jeremy (1997) 'The United Kingdom', in Euromedia Research Group/Bernt Stubbe Østergaard (ed.), *The Media in Western Europe*. London: Sage. pp. 244–59.
Tunstall, Jeremy (2001) 'Introduction', in Jeremy Tunstall (ed.), *Media Occupations and Professions*. Oxford: Oxford University Press.
Tunstall, Jeremy (2008) *The Media Were American*. New York and Oxford: Oxford University Press.
Tunstall, Jeremy and Machin, David (1999) *The Anglo-American Media Connection*. Oxford: Oxford University Press.
Tunstall, Jeremy and Palmer, Michael (1990) *Liberating Communications*. Oxford: Basil Blackwell.
Turner, Fred (2006) *From counterculture to cyberculture*. Chicago: University of Chicago Press.
Turner, Graeme (2004) *Understanding Celebrity*. London: Sage.
Turner, Graeme (2010) *Ordinary People and the Media*. London: Sage.
Turner, Graeme and Tay, Jinna (eds) (2009) *Television Studies After TV*. New York and Abingdon: Routledge.
Turok, Ivan (2003) 'Cities, clusters and creative industries: the case of film and television in Scotland', *European Planning Studies*, 11(5): 549–65.

Turow, Joseph (1997) *Breaking Up America*. Chicago, IL: Chicago University Press.
Turow, Joseph (2012) *The Daily You*. New Haven, CT: Yale University Press.
Turow, Joseph and McAllister, Matthew P. (eds) (2009) *The Advertising and Consumer Culture Reader*. New York: Routledge.
UNCTAD (2008) *Creative Economy Report 2008*. Geneva: United Nations Conference on Trade and Development.
UNESCO (1980) *Many Voices, One World* (The MacBride Report). Paris: UNESCO.
UNESCO (1982) *The Cultural Industries*. Paris: UNESCO.
UNESCO (1999) *UNESCO Statistical Yearbook*. Paris: UNESCO Institute for Statistics.
UNESCO (2005) *International Flows of Selected Goods and Services, 1994–2003*. Paris: UNESCO Institute for Statistics.
Uricchio, William (2009) 'The future of a medium once known as television', in Pelle Snickars and Patrick Vonderau (eds), *The YouTube Reader*. Stockholm: National Library of Sweden. pp. 24–39.
Ursell, Gillian (2000) 'Television production: issues of exploitation, commodification and subjectivity in UK television labour markets', *Media, Culture & Society*, 22(6): 805–25.
Vaidhyanathan, Siva (2001) *Copyrights and Copywrongs*. New York: New York University Press.
Vaidhyanathan, Siva (2011) *The Google-ization of Everything*. Berkeley: University of California Press.
Van Dijck, José (2009) 'Users like you? Theorising agency in user-generated content', *Media, Culture and Society* 31: 41–58.
Van Dijck, José (2012) 'Facebook as a tool for producing sociality and connectivity', *Television and New Media* 13: 160–76.
Van Dijk, Jan A.G.M. (2005) *The Deepening Divide*. London: Sage.
Van Leeuwen, Theo (1999) *Music, Speech and Sound*. Basingstoke: Macmillan.
Varis, Tapio and Nordenstreng, Kaarle (1985) *International Flow of Television Programmes*. Paris: UNESCO.
Vink, Nico (1988) *The Telenovela and Emancipation*. Amsterdam: Royal Tropical Institute.
Vogel, Harold L. (1998) *Entertainment Industry Economics* (4th edn). Cambridge: Cambridge University Press.
Vogel, Harold, L. (2011) *Entertainment Industry Economics* (8th edition). Cambridge: Cambridge University Press.
VSS (2003) 'Communications industry overview'. New York: Veronis Suhler Stevenson.
VSS (2005) 'Communications industry forecast'. New York: Veronis Suhler Stevenson.
Waisbord, Silvio (1998) 'Latin America', in Anthony Smith with Richard Paterson (eds), *Television: An International History* (2nd edn). Oxford: Oxford University Press. pp. 254–63.
Wasko, Janet (1994) *Hollywood in the Information Age*. Cambridge: Polity Press.
Wasko, Janet (2001) *Understanding Disney*. Cambridge: Polity Press.
Wasko, Janet, Murdock, Graham and Sousa, Helena (eds) (2011) *The Handbook of Political Economy of Communications*. Oxford: Wiley-Blackwell.
Wasserman, Todd (2005) 'Tie-ins: big lists for Disney's Little and Narnia', *Inside Branded Entertainment*, 3 October, available at www.insidebrandedentertainment.com (last accessed 14 February 2006).
Waterman, Christopher Alan (1990) *Jújù*. Chicago, IL: University of Chicago Press.
Webster, Frank (2006[1995]) *Theories of the Information Society* (3rd edition). London: Routledge.
Webster, James G. and Phalen, Patricia F. (1997) *The Mass Audience*. Mahwah, NJ: Lawrence Erlbaum.

Wells, Alan (1972) *Picture Tube Imperialism?* Maryknoll, NY: Orbis.
Wernick, Andrew (1991) *Promotional Culture*. London: Sage
Whale, John (1977) *The Politics of the Media*. London: Fontana.
Wicke, Peter (1990) *Rock Music*. Cambridge: Cambridge University Press.
Willens, Michelle (2000) 'Putting films to the test', *The New York Times*, Section 2, 25 June.
Williams, Kevin (2005) *European Media Studies*. London: Hodder Arnold.
Williams, Raymond (1958) *Culture and Society*. London: Chatto & Windus.
Williams, Raymond (1961) *The Long Revolution*. London: Chatto & Windus.
Williams, Raymond (1974) *Television: Technology and Cultural Form*. London: Fontana.
Williams, Raymond (1977) *Marxism and Literature*. Oxford: Oxford University Press.
Williams, Raymond (1981) *Culture*. London: Fontana.
Williams, Raymond (1983) *Towards 2000*. London: Chatto & Windus.
Willams, Raymond (1989) *What I Came to Say*, London: Hutchinson Radius.
Williamson, Lucy (2011) 'The dark side of South Korean pop music', *BBC News*, available at www.bbc.co.uk/news/world-asia-pacific-13760064 (last accessed November 2011).
Willis, Paul (1990) *Common Culture*. Milton Keynes: The Open University Press.
Winseck, Dwayne (2011a) 'The political economies of media and the transformation of the global media industries', in Winseck, Dwayne and Jin, Dal Y. (eds) (2011) *The Political Economies of Media*. London: Bloomsbury Academic, pp. 3-48.
Winseck, Dwayne (2011b) 'Financialization and the "crisis of the media": the rise and fall of (some) media conglomerates in Canada', in Winseck, Dwayne and Jin, Dal Y. (eds) (2011) *The Political Economies of Media*. London: Bloomsbury Academic, pp. 142–66.
Winseck, Dwayne and Jin, Dal Y. (eds) (2011) *The Political Economies of Media*. London: Bloomsbury Academic.
Winston, Brian (1998) *Media Technology and Society*. London: Routledge.
Wolf, Michael J. (1999) *The Entertainment Economy*. London: Penguin.
Wolff, Janet (1983) *Aesthetics and the Sociology of Art*. Basingstoke: Macmillan.
Wolff, Janet (1993 [1981]) *The Social Production of Art* (2nd edn). Basingstoke: Macmillan.
Wyatt, Justin (1994) *High Concept*. Austin, TX: University of Texas Press.
Wyatt, Justin (1998) 'From roadshowing to saturation release: majors, independents and marketing/distribution innovations', in Jon Lewis (ed.), *The New American Cinema*. Durham, NC: Duke University Press.
Yoon, Hyejin and Malecki, Edward J. (2009) 'Cartoon planet: worlds of production and global networks in the animation industry', *Industrial and Corporate Change*, 19(1): 239–71.
Yúdice, George (2003) *The Expediency of Culture*. Durham, NC: Duke University Press.
Zhao, Yuezhi (2003) 'Transnational capital, the Chinese state, and China's communication industries in a fractured society', *Javnost/The Public*, 10(4): 53–73.
Zhao, Yuezhi (2008) *Communication in China*. Lanham, MD: Rowman & Littlefield.
Zhao, Yuezhi, and Schiller, Dan (2001) 'Dances with wolves? China's integration with digital capitalism', *Info*, 3(2): 137–51.
Zimmer, Michael (2005-2006) 'The value implications of the practice of paid search', *ASIS&T Bulletin*, December/January, available at www.asis.org/Bulletin/ Dec-05/zimmer.html (last accessed September 2006).
Zoellner, Anna (2010) *Project Development in Independent Documentary Production*. PhD thesis, University of Leeds.
Zukin, Sharon (1995) *The Culture of Cities*. Oxford: Blackwell.

译后记

20 世纪 70 年代和 80 年代以来，先进工业国家和地区为了拯救陷入长期衰退的经济，相继将目光转向第三产业，文化产业便是其中之一。随着私有化和政府传播政策的改变，以及信息技术的发展，文化产业及相关产业日趋成长、成熟。到 20 世纪 90 年代，西方国家各传统经济部门尤其是制造业的利润均在下降，而文化产业等新兴经济部门，俨然成为当时最具活力的经济增长集合体。

这一大趋势引起了本书作者大卫·赫斯蒙德夫的关注。在这位教授兼学者所描述的文化产业世界中，一个囊括了电视、广播、电影、音乐、广告、报刊、图书等媒介，以文本为核心、以创意为灵魂、以政策为框架、以技术为动力的文化奇观展现在我们面前。以往学者对文化产业的研究，或从横向角度剖析文化产业断代史，或从技术角度分析文化产业创新，或从经济角度强调文化产业中的"产业"而忽略文化，或者秉持怀疑的态度对文化产业进行批判……与其他学者对文化产业的研究角度和方式不同，赫斯蒙德夫从历史的角度，采用政治经济学的研究方法，解释、衡量并评价了文化产业的变迁与延续。他认为，作为一个历史的范畴，文化产业经历了市场保护、专业市场和复合型专业化三个时期。我们目前正处于复合型专业化时期，这一时期涉及重要国家传播政策的变化、文化产业公司商业战略的变化、数字化和新媒介的出现以及利益集团对文本质量的影响等等；同时，文化产业的某些特性又得以延续，例如电视作为日常信息和娱乐资源的地位得以保持，美国依然是全球流行文化的中心，好莱坞继续拍摄商业片，欧洲的文艺片仍有市场。

对文化产业的未来持乐观态度的赫斯蒙德夫，也对其某些潜在的产业性质表示担忧。当今文化产业群星闪耀，既有大规模集团公司，又有众多的小型公司。虽然小型文化公司为数不少，且在文本创意上独树一帜，但我们所消费的文本大部分是由大公司生产的，因此对文本同质化的担忧绝非杞人忧天。这些追求巨额利润的大公司倾向于维持国家政治和经济平衡，它们创建了一套刻板、消极的文化商业运作模式，使符号创作者的创意遭遇寒流。赫斯蒙德夫认为，只要国家政府依然是文化产业活动的主要舞台，我们就难以进入文化产业的新时代——"全球专业化"时期。

此外，赫斯蒙德夫努力将电信和计算机产业向文化产业靠拢，并赞成三者的融合趋势。私有化打破了曾备受监管的电信产业与文化产业之间的壁垒，电信作为一种伟大的传播手段，对文化传播的意义十分重大。计算机和新技术的发展为文本的创作和流通提供了快捷通道，从模拟到数字，文本的创作方式更加自由，成本日趋低廉，流通速度更快、范围更广，文化产业的商业价值得以凸显。

诚然，文化产业的重要性和影响力在增长，但赫斯蒙德夫相信它还不足以构成发达工业经济的新核心。但是我们有理由相信，只要作为消费者的我们不停止对美好精神生活的渴望，文化产业就不会吝于追求更佳的市场和业绩。

本书第一版中译本出版于 2005 年，那时我刚刚研究生毕业，时隔 10 年，翻译本书第三版，百感交集。这 10 年来，由于一直在文化产业中工作，我对文化产业也有了更深刻的体悟。感谢中国人民大学出版社十年如一日的信任，感谢最初把此书交与我翻译的导师周蔚华。本书作者赫斯蒙德夫知识渊博，对社会学、传播学、政治学、经济学均有所涉猎，这也为本书的翻译增加了难度。由于译者水平有限，书中若出现翻译不妥之处，敬请谅解，并请赐教，邮箱 30279364@qq. com。

张菲娜

2016 年 1 月

The Cultural Industries, 3e by David Hesmondhalgh

English language edition published by SAGE Publications of London, Thousand Oaks, New Delhi and Singapore,

图书在版编目（CIP）数据

文化产业：第三版/（英）大卫·赫斯蒙德夫（David Hesmondhalgh）著；张菲娜译. —北京：中国人民大学出版社，2016.6
（文化创意产业译丛）
ISBN 978-7-300-22950-8

Ⅰ.①文… Ⅱ.①大… ②张… Ⅲ.①文化产业-研究 Ⅳ.①G114

中国版本图书馆 CIP 数据核字（2016）第 119278 号

文化创意产业译丛
文化产业
第三版
[英] 大卫·赫斯蒙德夫 著
张菲娜 译
Wenhua Chanye

出版发行	中国人民大学出版社		
社　　址	北京中关村大街 31 号	**邮政编码**	100080
电　　话	010－62511242（总编室）		010－62511770（质管部）
	010－82501766（邮购部）		010－62514148（门市部）
	010－62515195（发行公司）		010－62515275（盗版举报）
网　　址	http://www.crup.com.cn		
经　　销	新华书店		
印　　刷	北京昌联印刷有限公司		
规　　格	185 mm×260 mm　16 开本	**版　　次**	2016 年 6 月第 1 版
印　　张	23.25	**印　　次**	2022 年 1 月第 4 次印刷
字　　数	489 000	**定　　价**	75.00 元